KB130576

놀이치료를 통한 아동과의 만남

-체험적 접근-

Carol C. Norton, Ed.D. · Byron E. Norton, Ed.D. 공저

박현숙 · 진미경 · 정호연 공역

Reaching Children Through Play Therapy

An Experiential Approach

학지사

Reaching Children Through Play Therapy: An Experiential Approach
by Carol Norton and Byron Norton

역자 서문

놀이치료에서 아동은 놀이로 자기를 표현합니다. 놀이가 아동의 언어로 사용된다는 사실을 모든 놀이치료사는 잘 알고 있습니다. 하지만 초심자인 놀이치료사들에게는 이러한 아동의 놀이와 언어를 해석하는 것이 매우 어려운 일이기도 합니다. 왜냐하면 아동은 놀이에서 은유적인 방법으로 상담자에게 자신을 표현하기 때문에 경험이 적은 초심자들에게는 이를 해석하고 이해하기가 힘들 때도 있기 때문입니다. 더불어, 아동치료에서 촉진적 반응을 어떻게 해야 하는지는 치료자들에게 가장 큰 숙제이기도 합니다. 이 책이 이러한 어려움과 숙제를 해소할 수 있는 문을 열어 줄 것이라 기대합니다.

역자는 2010년 Dr. Byron Norton과 Dr. Carol C. Norton을 Colorado에서 처음 만나며 어떻게 아동 놀이의 언어를 이해할 수 있는지, 다양한 촉진적 반응이 무엇인지를 더욱 잘 알고 이해할 수 있게 되었습니다. 두 저자의 저서인 『Reaching Children Through Play Therapy: An Experiential Approach』는 놀이치료의 시작부터 종료까지 아동이 자기를 어떻게 놀이치료 안에서 표현하고 어떤 과정과 절차를 체험하며 상담을 진전해 가는지를 정리하는 데 큰 도움이 되었습니다. 당시 역자는 Colorado에 있는 Dr. Norton 부부의 가족상담센터에서 Live Supervision을 받으며 Dr. Norton의 직관력과 통찰력에 감탄했을 뿐 아니라 아동에게 어떻게 체험적 놀이치료 과정을 제공해야 하는지를 배우는 매우 소중한 체험을 했습니다.

Dr. Byron Norton은 Association for Play Therapy의 설립자 중 한 사람이자 노던 콜로라도대학교(University of Northern Colorado)의 교수로 재직했었고, 역자가 만날 당시 막 퇴직한 직후였습니다. 그는 교수이면서도 임상가로서 수많은 아동과 만나며 다양한 임상 경험을 했을 뿐 아니라, 퇴직 후에는 현재까지 수많은 임상가에게 체험적 놀이치료 모델을 가르치며 훈련시키고 있습니다. 훈련 당시 역자에게 언어적 제한이 있었지만, 이 부분을 이해해 주시고 최선을 다해서 놀이치료 훈련 과정을 잘 마칠 수 있도록 노력해 주신 Dr. Norton 부부에게 이 책을 통해 다시 한번 감사의 인사를 드립니다.

오랫동안 원고를 붙잡고 탈고하지 못하는 역자를 인내심 있게 기다려 주신 학지사 편집부 직원들에게 미안함과 고마움을 전합니다. 또한 이 작업을 시작할 수 있게 도와주신 진미경 교수님, 마지막 마무리를 함께해 준 정호연 선생님에게 감사의 말씀을 드립니다.

마지막으로, 여러 가지 제한으로 인해 직접 가서 역자와 같은 체험을 하지 못하는 치료사들에게 이 책이 좋은 길잡이가 될 수 있기를 진심으로 바랍니다.

2024년 6월

박현숙

서문

Carol Norton과 Byron Norton의 저서 『Reaching Children Through Play Therapy: An Experiential Approach』 제3판의 서문을 쓰게 되어 매우 기쁜 마음입니다. 저는 두 분께 가르침을 받던 노던콜로라도대학교의 박사과정 학생이었으며, 그 이후로는 동료이자 친구로서 30년에 가까운 연을 이어 가고 있는 관계로, 무엇보다도 저서의 서문을 맡게 된 것을 정말로 기쁘게 생각합니다.

Carol Norton과 Byron Norton은 아동중심 놀이치료사로서 전문적인 경력을 쌓으셨습니다. 이분들은 관계에 기반을 두는 아동중심접근법의 원칙을 고수하면서도, 한편으론 아동발달의 원리를 민감하게 지각하고 놀이를 아동기의 은유적인 언어로 바라봄으로써 '체험적 모델'이라는 개념을 소개하였습니다. Carol Norton과 Byron Norton은 이 개념을 이해하고 활용하여 아동과 놀이치료사의 작업을 더욱 개선할 수 있을 것이라고 기대했습니다. 이제 '체험적 모델'은 놀이치료 과정에 대한 치료사들의 이해를 돕고, 놀이치료 과정 전반에 활용되는 촉진적 반응을 제시함으로써 세월이 흘러도 변치 않는 놀이치료 과정의 이론으로 계속 진화하고 있습니다.

또한 최근 신경과학 분야에서는 뇌 발달 영역의 풀리지 않던 궁금증과 뇌 분열이 인간의 사회·정서적 트라우마에 미치는 근본적인 영향을 밝혀내면서, 다시 한번 체험적 모델의 가치가 입증된 바 있습니다. 체험적 모델의 발달원리와 다양한 감각에 초점을 맞추는 것 그리고 경험에 기반을 두는 치료 과정 방식은 퇴행적이고 원시적인 뇌 장애를 중재하는 건강한 해결 방법을 제시할 수 있을 것입니다.

1997년, 『Reaching Children Through Play Therapy』는 이론적 발전의 이정표가 되었습니다. 체험적 모델은 놀이치료 과정의 이론과 더불어 아동이 치료 과정의 어디쯤 있는지를 치료사들이 이해할 수 있도록 돕는 의사소통 모델로 처음 소개되었으며, 치료 관계 정도에 적합한 촉진적인 반응을 구성하는 방법을 제공했습니다. 역사적으로, 아동 심리치료사를 위한 대부분의 지침서나 훈련은 치료 기술이나 활동을 가르치는 데 초점이 맞추어져 있었습니다. 많은 이론가가 치료 관계의 중요성을 형식적으로 인정하긴 했지만, 아동중심 학파만이 아동을 향한 따뜻함, 수용, 공감을 통해 관계를 발전시키는 데에 많은 관심을 기울였습니다. 다만, 아동중심접근법은 비언어적 반응이나 치료 과정의 역동에 따라 반응을 바꾸기보다는 언어적 반응에 일차적으로 초점을 맞추는 경향이 있었습니다.

반면, 기존의 모델과 달리 체험적 모델은 아동의 발달 및 단계적 특성에도 초점을 맞췄습니다. 이는 세상과의 상호작용에서 아동이 성인보다 훨씬 더 행동 지향적이고, 체험적이며, 비언어적이라는 것을 의미하는 것입니다. 아동은 적극적으로 세계를 감지하고 놀이를 통해 세상을 경험하는 반면, 대부분은 언어나 인지적인 이해에 대한 의존도가 성인에 비해 낮습니다. 이 독특한 발달적 특성은 아동이 어떻게 경험한 것을 배우고, 처리하는지를 설명합니다. Carol Norton과 Byron Norton은 치료 과정을 효과적으로 촉진하기 위해 아동의 적합한 발달적 특성을 이해하는 것이 중요하다고 여겼습니다. 요컨대, 치료자는 성인들이 아닌 아동들에게서 흔히 볼 수 있는 의사소통 수단과 방식으로 아동 치료를 진행해야 한다는 입장을 취했습니다.

이와 관련하여, 아동들이 정보를 처리하는 방식을 다음의 세 가지 차원에서 정의해 볼 수 있습니다. 첫째, 놀이의 단계란 치료자와 친해지는 것에서부터 치료자를 통해 문제를 해결하고 함께 지혜로운 방법을 찾아내는 것 그리고 치료 관계에서 작별 인사를 하는 데 이르기까지의 아동의 여정으로 정의할 수 있습니다. 이러한 과정은 분명 아동과 치료자의 관계에서 느껴지는 친밀감의 수준이 점차 발전된다는 것을 의미합니다. 둘째, 아동과 치료자 간의 상호작용에서 나타나는 친밀도를 정의해 볼 수 있으며, 이는 관찰되는 아동의 행동, 놀잇감을 통한 행동, 치료적 관계 또는 아동에 대한 피상적인 반응에서 개인적인 반응에 이르기까지 다양한 장면에서 이루어집니다. 셋째, 아동의 언어적 · 은유적 반응 혹은 놀이 활동에서 나타나는 반응으로 아동의 방식을 정의해 볼 수 있습니다. 이처럼 아동이 어떻게 자신의 세계에 대한 정보를 처리하는가에 대한 발달적 측면을 고려해 보았을 때, 단순히 언어로만 반응을 하는 것은 대부분의 아동에게 너무 고차원적일 수 있습니다. 이 세 가지 반응 차원을 통해 치료자는 아동과 치료자가 치료의 어느 단계에 있는지와 아동의 치료 과정을 가장 잘 촉진할 수 있는 방법을 이해할 수 있는 반응 매트릭스를 형성할 수 있습니다.

Bruce Perry, MD, phD, Besselvan der Kolk, MD와 같은 아동 외상 분야 연구자

들의 설명처럼, 아동의 외상 경험은 아동의 뇌에 외상 당시의 가장 활성화된 수준으로 축적됩니다. 뇌가 미성숙하고 충분히 발달하지 않은 경우, 큰 영향을 잘 받지 않을 수 있습니다. 뇌의 일부분이 다른 자극에 의해 활성화되면서 언어적 개입에는 적절히 반응하지 않을 수 있기 때문에, 우리는 아동의 외상 경험 당시의 발달 수준을 고려하여 접근 방식을 맞추어야 할 것입니다. 요약하자면, 적절한 개입을 하지 않은 뇌는 변화하기 어렵습니다. 많은 치료적 개입 방법이 인지적 또는 언어적인 방식에 기반을 두고 있기 때문에 인지적 · 이성적 · 언어적으로 접근할 수 있는 상황에서의 외상 경험에 개입하기에는 효과적입니다. 그러나 초기 트라우마를 겪은 아동의 경우 인지적 기술이나 언어적 기술로는 접근할 수 없는 뇌의 더 깊고 오래된 부분에 이 외상 경험이 쌓이기 때문에 이러한 개입 방법은 도움이 되지 않을 수 있습니다. 이 원리는 PTSD를 겪는 아동에게 나타나는 여러 특징과 외상환자에게 공통적으로 나타나는 자율신경계 이상에 대한 많은 부분을 설명합니다.

다시 말하자면, 체험적 모델은 치료가 기능적으로 민감하게 진행될 수 있도록 다양한 치료적 개입의 접근 방식을 제공합니다. 이 모델은 뒤흔들리는 아동의 욕구를 따뜻한 손길과 반영으로 수용해 주고, 나아가 이해와 숙달로 이어지는 체험으로 전환할 수 있도록 합니다. 각 단계의 놀이는 아동의 외상 경험으로 인해 손상된 뇌의 하부를 재구성하는 데에 도움이 되도록 다차원적으로 작용하며, 언어나 이성적 영역 외의 촉각, 시각, 움직임과 같은 일차원적인 감각 자극에 반응합니다.

놀이치료의 체험적 모델은 아동의 모든 경험과 감각적 자극을 활용하여 아동이 사회적 · 정서적으로 성장하고 성숙할 수 있도록 돕는 풍부한 자원의 방법론입니다. 이는 유아기를 재경험해야 하는 아동의 비언어적인 감각놀이와 그 이후에 있을 아동의 언어적 · 인지적 문제해결 방식에 적용됩니다. 이러한 체험적 모델은 어떠한 기술이나 언어적 개입에 기반을 두는 것이 아닌 치료자가 아동의 욕구와 발달수준에서 보이는 그 순간의 일치성으로 인해 성취되는 것입니다.

Richard L. Gaskill, Ed.D. RPT-S

Sumner 정신 건강 센터

Wellington, KS

저자 서문

놀이치료 철학을 이해하기 위해선 우선 저희가 아동을 바라보는 관점을 이해해야 할 필요가 있습니다. 아동을 관찰하고 있으면, 아동이 세상과 어떻게 관계를 맺는지 알 수 있습니다. 아동은 자신의 세계에서 새로운 것을 접하고, 배우는 과정에 매료됩니다. 아동은 새로운 것을 보고, 만지고, 냄새를 맡고, 이리저리 움직여 모든 각도에서 보기도 하며 손으로 조작하고, 때로는 입으로 조작해 보기도 합니다. 다시 말해, 아동은 새로운 것을 자신의 세계로 동화시키기 전에 그것을 경험하고 이해합니다.

이와 같이, 아동은 삶에서 직면할 수 있는 여러 사건, 상황을 자신의 지각 세계에 동화시키기 위해 많이 경험해 보아야 합니다. 부모들은 자신들이 생각하는 가치를 자녀에게 가르치기 위해 이러한 원리를 활용하며, 자녀들이 특정한 방식으로 행동할 것을 기대합니다. 자녀가 이를 따르지 않을 때, 사려 깊은 부모는 자녀가 그렇게 행동해야 하는 적절한 이유를 설명해 주면서 해야 할 행동을 알려 줍니다. 자녀들은 부모가 알려 준 대로 해 보는 과정에서 시행착오를 겪으며 배우게 되고, 마침내 부모들은 자신이 알려 준 대로 자녀가 가치를 동화시켰다고 여기게 됩니다.

아동이 살면서 일어나는 사건이 정서적으로 혼란스럽거나 외상으로 남게 되는 경우, 이들은 아직 발달과정 중에 있기 때문에 그 사건에 대해서 적절하게 인식하거나 그 이유를 이해하기 힘들며, 자신의 신념을 기본으로 한 자기 안녕을 안정적으로 가질 수 없게 됩니다. 이러한 이유들로 아동의 지각 세계는 왜곡됩니다. 아동은 자신이 당면한 상황, 자신 그리고 타인을 이해하기 위해 놀이에서 그 상황을 재구성할 것입니다. 물론 이 장면은 아동들의 인식을 통해 지각된 실제 사건들을 재연하는 것입니다. 이 장면은 여러 번 반복되며, 매번 아동의 경험에 축적됩니다. 놀이에서 상황에 대한 장면이 재연될 때마다, 아동은 당시 경험한 상황에 대한 영향력을 다시 경험합니다. 이에 대한 아동의 지각 패턴과 정서적 경험이 왜곡되기 전에, 아동이 지각하는 경험을 새로운 형식으로 경험시켜야 합니다. 아동은 매번 자신이 인식한 경험들을 재구성할 때마다 조금씩 변화가 이루어집니다. 아동이 체험적 놀이치료에 참여할 수 있다면, 치료자는 아동을 도와 아동이 건강한 방식으로 상황에 대한 새로운 시각을 얻을 수 있도록 하는 변화를 이끌어 냅니다.

이와 같은 아동에 대한 관점과 놀이치료 철학을 따른 결과, 저희는 많은 아동을 성공적으로 치료할 수 있었습니다. 그렇기 때문에 저희는 이를 다른 분들에게도 공유하려 합니다. 이 책에는 놀이치료의 체험적 모델 사례와 이론, 치료의 진행에 따른 놀이치료 과정이 소개되어 있습니다.

아동들의 놀이는 매우 은유적입니다. 이 책의 중요한 목적 중 하나는 전문가가 아동의 놀이에서 보이는 상징성을 이해하는 데 도움을 주는 것입니다. 우선, 아동의 은유적 표현을 이해하게 되면, 치료 목표를 향한 아동의 작업을 촉진하기 위해 아동에게 가장 적절히 반응하는 방법을 쉽게 알 수 있습니다. 이 책은 전문가들에게 즉각적으로 유용하게 쓰일 수 있어 실용적입니다.

이 책을 통해 전문가들이 지식을 획득하여 아동을 돌보는 일에 일조하는 것이 저희의 바람입니다. 아동들이 건강하게 사회에서 자라고, 고통에서 살아남도록 돕는 것보다 더 중요한 일은 없을 것입니다.

Carol C. Norton and Byron E. Norton

프롤로그

–현자의 이야기–

이 이야기는 어느 마을에서 시작된다. 이 마을에 사는 사람들은 가족을 위해 경작하고 옷과 쉼터를 만들며 생활한다. 이 마을에는 한 현자가 살고 있었다. 마을 사람들은 현자가 어디에 사는지 알고 있었다. 매일 많은 사람이 그 현자를 방문했다. 그들은 가족들과 함께 현자를 방문했다. 어린아이들은 현자에게 와서 "우리와 함께 놀아요." 라고 말했고, 그들은 놀고, 즐거워하고, 배우곤 했다. 부모들은 아이들이 행복해하는 것을 보며 기뻐했다.

이 행복은 몇 년간 지속되었지만, 현자는 곧 행복한 아이들이 적어졌다는 것을 알아차렸다. 그 어느 때보다도 불행한 아이들이 많아졌다. 현자는 이 아이들의 고통을 알아차렸다. 마을에 전염병이 돌고 있는데, 현자는 아이들을 고통스럽게 하는 전염병을 없애도록 도울 수 없었다. 현자는 이 아이들의 고통을 느끼기 시작했다. 더 이상 예전처럼 놀 수 없었다. 현자 또한 고통을 느끼기 시작했고, 전염병으로 자신 역시 시들고 망가지고 있는 것을 느꼈다.

어느 날, 현자는 마을을 산책하던 중 마을 의회 사람들이 신비한 분수에 대해 말하는 것을 듣게 되었다. 현자가 다가가자 그들이 현자에게 말을 건넸다. 현자는 그 분수가 놀라운 치유력을 가지고 있다는 것을 알게 되었다. 사람들이 분수에서 새로운 생명력을 얻어 돌아온다는 것을 들었다. 그러나 그 분수는 긴 여정의 끝에 존재했다. 그 여정은 인내하는 자만이 완성할 수 있는 것이었다. 이를 참는 사람들은 새 생명의 물을 가지고 돌아온다고 했다.

현자는 분수로 가는 길이 현자의 집 근처에서 시작된다는 것을 알게 되었다. 현자는 여행을 시작했다. 현자는 익숙하거나 새로운 땅, 매끄럽거나 들쭉날쭉한 지형 그리고 안전하거나 위험한 물길을 따라 여행했다. 현자는 여정을 그만둘 만큼 어려운 상황일 때 계속 길을 갈 수 있도록 도움이 되는 도구를 얻게 된다. 그 과정에서 현자는 모험, 두려움, 고통, 위험, 혼란, 명확함, 기쁨, 힘과 새로움을 만났다.

마침내 현자는 분수에 가까워진 것을 알아차렸다. 주위의 땅이 비옥해졌다. 현자의 발밑은 가장 부드러운 카펫을 밟는 것 같은 느낌이었으며, 현자가 이를 가로질러 움직일 때 현자의 연약한 피부를 어루만졌다. 나무와 풀은 밝은 색으로 물들었고, 황금빛 햇살이 스며들어 풍부한 음영을 드리웠다. 현자는 생명의 소리를 들었다. 땅은 깨어 있고 활력이 넘쳤다.

현자의 몸속에는 역병의 무거운 기운이 감돌고 있었지만, 동시에 활기로 깨어나는 것을 느꼈다. 현자는 활기의 거품이 지글지글 끓어오르는 소리를 들었다. 처음에는 작은 소리였지만 물이 튀어나오면서 점점 강렬해졌다. 물줄기가 자라면서, 다이아몬드처럼 반짝이며 햇빛에 빛났다. 만화경의 빛깔은 현자의 주위에 무지개를 만들어 냈다.

기다렸다는 듯, 현자는 모든 방법으로 그 물을 느끼기 시작했다. 첫째, 현자는 손가락 사이로 물이 흐를 정도로 손을 모아 물을 마셨다. 그러고 나서 몸을 상쾌하게 하기 위해 물속으로 들어가 옷이 흠뻑 젖는 것을 느꼈다. 현자는 물이 자신의 주위에 떨어지면서 튀는 소리를 들었다. 현자는 새로운 삶이 현자에게 흘러 들어오는 것을 느끼며 숨을 쉬고 노래를 불렀다. 현자는 전염병에 걸린 이후 느끼지 못했던 강렬함으로 빛나기 시작했다. 현자는 주위에 무지개가 빛나는 것을 보았다. 현자가 이미 가지고 있던 건강과 지혜가 더욱 증가했다.

분수에서 흘러나오는 물줄기가 줄어들면서 현자는 자신이 찾던 것을 얻었다는 것을 깨닫게 되었다. 친구를 두고 온 것만 같은 기분이 들긴 하지만 집으로 돌아가는 길은 분수대로 가던 길보다 훨씬 쉽고 짧아 보였다. 현자는 마을로 돌아와도 분수 소리와 반짝이는 물줄기의 광경을 떠올리며 여전히 상쾌한 기분을 만끽했다.

마을 사람들은 현자가 돌아온 것을 보고 다시 현자를 찾아갔다. 아이들이 다가오면 성자의 빛을 보고 평온함을 느낄 수 있었고, 성자의 새 생명이 그들에게 흐르면서 그들의 고통은 줄어들었다. 그리고 그들은 다시 놀고, 즐거워하고, 배웠다. 아이들 안의 새로운 생명은 그 아이들에게서 그들의 자녀에게로, 또다시 그들의 자녀에게로 흘렀다. 부모들은 그들의 아이들이 행복하다는 것을 알고 기뻐했다.

이제 현자는 분수로 향하는 첫 여정을 이루어 냈기 때문에, 자신이 생각했던 것보다 훨씬 더 가까운 곳에 분수가 있다는 것을 인식하게 되었다. 첫 여정에서 현자는 여러 번 길을 잃었다. 하지만 이제는 길을 알고 현자가 원할 때 언제든지 그 분수에 갈 수 있다는 것을 깨닫게 되었다.

차례

◐ 역자 서문 _ 3

◐ 서문 _ 5

◐ 저자 서문 _ 9

◐ 프롤로그 _ 11

제1장 체험적 놀이치료의 이해 17

발달과정에서 놀이의 중요성 _ 17

놀이기회의 박탈이 미치는 영향 _ 19

체험적 차원에서 아동에 대한 치료적 접근 _ 20

아동/치료자 관계의 중요성 _ 21

치료의 5단계 _ 22

치유를 향한 아동의 타고난 경향 _ 26

아동이 자신의 치료 방향을 향해 가도록 허용하는 것 _ 27

아동의 놀이를 구조화할 때 _ 33

요약 _ 37

체험적 놀이치료를 활용한 기대효과 _ 38

체험적 놀이치료에 적합한 내담 아동 _ 40

체험적 놀이치료에서 제한된 효과가 예상되는 장애 _ 54

제2장 놀잇감: 놀이치료자의 도구 59

아동이 놀잇감을 통해 표현을 개인화하는 방법 _ 59
놀이치료실 놀잇감 기준 _ 61
놀잇감 사용을 위한 유용한 지침 _ 65
놀잇감, 동물, 환경의 상징적 의미 _ 67

제3장 초기 상담 시 아동 평가 117

첫 방문 _ 118
과정 기록: 그날의 주제 _ 144
부모 상담 _ 146
건강한 아동의 놀이 대 취약한/학대 아동의 놀이 인식하기 _ 148

제4장 진단하기 155

장애 _ 156

제5장 탐색 단계 171

초기 탐색 _ 172
탐색 단계에서 아동이 일반적으로 하는 질문 _ 173
자발적인 놀이의 시작 _ 175
첫 회기의 마무리 _ 176
Maria의 치료 회기 _ 176

보호를 시험하는 단계: 안전한 제한 설정하기 189

Louie의 사례 _ 193
놀이치료실의 기본적인 제한 _ 197
Tyler의 사례 _ 199
함께 놀잇감 정리하기 _ 203

치료 작업 단계 205

의존 단계: 고통과 마주하기 _ 205
치료적 성장 단계: 권능감 경험하기 _ 225

'놀이의 은유' 향상 235

치료적 반응 _ 235
변화를 촉진시키기 위한 적절한 반응 시 고려해야 할 차원 _ 236
치료적 반응의 영향 추적하기 _ 261
은유적 이야기를 통한 놀이의 촉진 _ 263

종결 단계 281

적절한 종결: 종결을 위한 씨앗 심기 _ 282
Miguel의 사례 _ 290

부록

1 놀이치료실 기본 놀잇감 목록 _ 299
2 놀잇감의 상징적 의미 _ 300
3 놀이 배경이 가진 상징적 의미 _ 303
4 동물의 상징적 의미 _ 306
5 아동 정신병리의 평가 도구와 평정 척도 _ 309

◐ 참고문헌 _ 319
◐ 찾아보기 _ 329

제1장

체험적 놀이치료의 이해

발달과정에서 놀이의 중요성

아동은 인지적 측면보다 체험적 측면을 통해서 세상을 접한다. 놀이는 아동의 경험뿐 아니라 감정을 표현하는 도구이다. 사실 아동에게 놀이란 물고기에게는 물과 같고, 원숭이에게 정글과 같으며, 선인장에게 사막과 같은 것이다. 놀이는 아동의 기본적인 신체적 욕구를 지속적으로 충족시켜 주며, 삶에서 정서적 영양분과 인지적 풍요로움을 경험할 수 있도록 하며, 이러한 놀이의 기회는 아동들이 성인의 삶을 예행 연습할 수 있도록 한다(Lewis, 1993). 삶을 예행 연습해 볼 수 있는 이러한 놀이는 아동이 새로운 인지 및 사회적 기술, 가치와 도덕적 판단을 동화시키고 통합할 수 있게 한다.

놀이를 통한 체험적 성장은 성인이 되었을 때 인지적 형식의 기초가 된다. 오늘날 급속하게 발전하는 세상에서, 아동의 놀이를 단순히 시간을 보내는 수단으로 보거나 시간의 낭비 혹은 비생산적인 것으로 보는 시각을 가지고 있는 성인이 많다는 점은 흥미로운 일이다. 미래의 인지능력을 위한 토대를 마련할 수 있는 놀이를 통한 체험적 발달과정을 신뢰하지 않는 것이다.

놀이에 관한 연구들에서조차 놀이가 나중에 아동이 성장하여 성인이 되었을 때 갖

게 되는 인성적 · 정서적 · 지적 기능을 형성하는 데 큰 공헌을 하고 있다는 점을 입증하는 데에는 미흡한 점이 있다. 이는 아동의 놀이가 성인의 기능 양식과 관련이 있다고 증명하는 것이 어렵기 때문이다. 하지만 대학원생 Greg의 사례는 아동기 놀이 유형의 좋은 예를 보여 준다.

Greg은 놀이치료 수업에 참여하는 6명의 대학원생 중 1명이었다. 오리엔테이션이 끝난 후, 6명의 학생은 놀이치료실로 들어갔고 지시가 주어졌다. "이곳은 놀이를 할 수 있는 장소입니다. 놀이를 해 보세요. 여러분이 알아야 할 기본적인 룰은……."

학생들이 놀이를 시작하자, 교수는 놀이치료실 밖으로 나가 일방경 뒤에서 비디오를 켰다. 이는 각 대학마다 일반적으로 실시하는 절차였다. 그후에 학생들이 교실로 돌아오자, 교수는 "어땠어요?"라고 물었다.

그들은 이구동성으로 "어린 시절을 상기시켜 주었어요."라고 대답하였다.

그때 교수가 Greg에게 "저는 학생이 어떻게 이 대학을 선택하여 들어왔는지 놀이를 보고 추측할 수 있었어요"라고 했고, 그는 "놀이치료실 안에 있는 저를 보고 그런 것을 알 수 있다고요? 어떻게요?"라고 물었다.

교수는 설명하기 시작했다. "학생은 대학을 체크해 보고, 5~6개 대학을 선택하여 각 학교를 방문해 보고 나서 여기로 오기로 결정했을 거예요."

Greg은 교수를 쳐다보고는 "정말로 그랬어요. 그런데 어떻게 제가 놀이치료실에서 놀이를 하는 것을 보고 그런 것들을 알았어요?"라고 물었다.

그러자 교수는 "비디오를 보면서 학생의 놀이를 살펴봅시다."라고 말하고 비디오를 작동시켰다.

비디오 화면은 놀이치료실에 들어간 여섯 학생의 놀이 모습을 보여 주었다. 그중 5명은 곧장 놀잇감들을 가지고 놀이를 시작하였다. 하지만 Greg은 뒤로 물러서서 다른 사람들이 놀이하는 것을 살펴보았다. 그는 한 사람을 지켜보다가 다시 다른 사람에게 가서 보는 등 방 전체를 돌이다녔다. 이렇게 다섯 사람 모두와 잠시 동안 시간을 보내고 난 후에 본격적으로 놀이에 참여하였다.

교수가 이런 점을 지적하자 Greg은 놀라워했다. 사실 Greg의 놀이 과정은 그의 경험을 보여 주는 것으로, 의식적인 수준에서 자신이 어떻게 놀이를 하고 있는지를 깨닫지 못하고 있었다. 이런 점들을 교수에게 지적받고 자신의 놀이를 인지적인 수준에서 보았을

때, 즉시 그는 이 사실을 깨달을 수가 있었다. 어린 시절 그의 행동패턴들이 놀이를 통해 드러났던 것이다. 그는 의식적으로 알지 못했지만, 지속적으로 그러한 행동패턴을 발달시켰다.

놀이기회의 박탈이 미치는 영향

Piaget(1936/1952, 1937/1954, 1962)의 광범위한 연구들은 인지발달을 위한 아동들이 가져야 할 체험의 필요성뿐 아니라 다음 발달단계로 나아가기 위해서 일정 수준의 능력과 이해력, 성취의 중요성이 필수불가결한 것임을 보여 주었다. 아동들이 이러한 경험들을 하지 못할 때, 마치 신체적으로 발달하기 위해 영양가 있는 음식을 거부당한 것처럼 성인기에 사용하기 위한 삶의 경험을 개발하고 통합하는 능력에 부정적인 영향을 미친다(Delpo & Frick, 1988; Lewis, 1993).

불행히도, 신체적 · 정서적 · 성적 학대 혹은 이혼이나 사망으로 인한 외상[1]으로 많은 아동이 아동기의 놀이발달기회를 상실하게 된다. 이러한 아동들은 현재 발달단계에 도움을 주는 놀이보다는 외상을 해결하고 자신들을 보호하기 위해서 시간과 정서적 에너지를 더 많이 사용하기 위해 애쓸 수밖에 없다. 게다가, 충격적 사건이 발생했던 그 발달단계에 아동의 정서적 기억은 여전히 남아 있지만 치료적 개입(intervention) 없이 지나가게 된다. 안전, 편안함, 보호 등을 위협하는 외상적 사건이 그 발달 시기와 연관되면 그 외상이 곧 발달이 된다. 이는 아동이 새로운 각 발달단계를 경험하는 것을 방해하는 요인이 된다.

아동이 외상이라는 냉엄한 현실과 맞닥뜨리게 되면 일반적인 발달 경험으로 되돌아갈 수 없다. 그들의 존엄성과 권력, 통제력, 안녕(well-being)을 상실한 것이 바로 현실이다. 게다가, 고통스러운 현실의 기억이 아동의 의식 속으로 들어가면, 이는 아동을 무력감에 시달리게 할 수 있다. 놀이는 아동이 의사소통을 하는 언어이므로 놀

1) 외상은 실제로 발생했을 수도 있고 안 했을 수도 있다. 사건이 외상이 되려면 삶의 안녕에 위협이 되어야 한다. 신체에 장애가 생기거나, 침범을 당하거나, 죽음과 같은 경험을 실제로 했다면 트라우마가 될 수 있다.

이를 통해 체험적으로 그들의 고통과 맞서야 한다.

치료적 중재 없이 이러한 아동들이 성인이 되면, 성격의 중요한 부분이 손상될 수 있다. 예를 들어, 아동기 감정을 공감하기 어려운 경우도 있다(예: 하고자 하는 것을 성취할 수 없는 것에 대해 무능감을 경험하거나, 자신의 삶에 대한 통제감을 가지지 못해서 좌절감을 느끼는 것). 이는 자녀와의 관계를 어렵게 할 수도 있고 자녀의 놀이에서 자유를 허용하지 못할 수도 있다.

체험적 차원에서 아동에 대한 치료적 접근

사람들은 성인이 되어 자기 삶이 힘들다고 여겨지면 자신에게 도움이 될 만한 책을 읽는다거나 적극적으로 심리치료를 해 보기도 한다. 사람들은 책을 읽거나 상담자의 도움을 받는 동안 자신의 아동기 경험과 감정 그리고 현재 자신이 하는 행동 간에 관련이 있다는 것을 인지적으로 깨닫게 된다. 성인들은 자신의 대인관계 역동에 대해 새롭게 인식하고 이를 변화시키기 위해서 이 두 가지를 연관시킬 수 있다. 하지만 아동들은 치료뿐 아니라 (자신이 경험한) 체험적 차원을 통해서 자신의 세상을 이해한다. 아동들은 성인의 언어적 의사소통보다 덜 발달된 방법으로 그들의 감정을 드러내야 한다(Bow, 1988). 아동들에게는 DSM-IV[American Psychiatric Association(APA), 1994]나 DRG[Health Care Financing Administration(HCFA), 1984]와 같은 아동기 장애의 공식적인 분류진단은 물론, 대중 심리학 서적도 아무런 의미가 없다. 아동들은 '놀이'라는 자신의 매개체를 통해 의사소통해야 한다.

두 살쯤 되면, 아동들은 외부에 대한 상징을 알 수 있고 그것을 표현할 수 있다(Garvey, 1977). 이는 이 시기의 아동들이 발가락을 짚고 놀면서 '아기돼지가 시장에 갔다' 같은 게임에 열심히 반응하는 이유다. 이러한 능력으로, 아동들은 실제 환경에서 경험한 감정들을 요약해서 상징을 통해 재창조할 수 있게 된다(Irwin, 1983). 이는 특히 치료를 받는 아동에게 중요한데, 은유적이고 상징적인 의미를 부여한 놀잇감들로 자신의 외상적 사건을 실제적인 놀이로 재현함으로써 의사소통할 수 있기 때문이다.

아동들은 자신의 내면에 대해서 의사소통하기를 원한다. 아동들은 끊임없이 그들의 놀이를 통해서 이야기한다(Axline, 1947b; Bromfield, 1992; Ginott, 1960). 또한, 아동

들은 쓸데없는 놀이(의사소통)로 시간을 소비하지 않는다. 놀이를 통해 말하고자 하는 목적은 자신의 현재 상태나 주어진 순간의 내면 상태를 드러내고자 하는 것이다(Perry & Landreth, 1990). 또한 아동은 놀이를 통해 이러한 자신의 상태를 논의하고자 하는 시도를 반복한다. 이러한 대화는 매우 중요하지만, 불행히도 아동의 언어를 이해할 수 있도록 훈련받지 못한 사람들은 이것을 듣지 못한다. 무엇보다도 성인들은 아동의 감정보다 행동에 초점을 맞추는 경향이 있다. 성인들에게 이러한 감정을 반복해서 이해받지 못하면, 아동들은 결국 좌절하게 된다.

하지만 놀이치료의 첫 번째 회기 동안, 아동은 치료자와 의사소통할 것이다. "나의 삶은 이래요. 나는 이런 상태예요." 이때 치료자는 아동의 현재 상태가 어떻든 그것을 수용해 주는 것이 가장 중요한데(예: 분노, 두려움, 조심성 등), 아동이 나타내는 것이 무엇이든 그것은 아동이 자신을 보호하고 자신의 세계에서 안전감을 유지하기 위해 어떻게 반응하고 있는지를 보여 주는 것이기 때문이다. 안전과 보호에 대한 아동의 욕구를 치료자가 존중해 주는 것은 중요하다. 이러한 수용은 치료자가 아동을 믿는다는 의사표현이기 때문에 아동에게 신뢰를 줄 수 있다. 치료자로부터 신뢰를 경험함으로써, 아동은 자신을 신뢰하기 시작할 뿐 아니라 치료자를 좀 더 친밀하게 여길 수 있다.

아동/치료자 관계의 중요성

Clark Moustakas(1959)는 "치료자와 아동 사이의 살아 있는 관계는 필수적이며, 어쩌면 유일한 진실일지도 모르지만, 이러한 관계는 치료 과정뿐 아니라 모든 인간관계에서 필수적인 차원이다."(1959/1992, p. ix, emphasis added)라고 했다. 비록 이러한 언급이 60여 년 전에 이루어졌지만, 놀이치료 문헌들은 끊임없이 이를 지지해 주고 있다(Gil, 1991; Landreth, 1991). 아동에게 안전한 관계를 제공함으로써, 치료자는 아동이 자신의 치료 주제를 만들고, 시험하고, 무너지는 것을 지켜본 다음, 그것을 이해하고, 견디고, 수용할 수 있는 방식으로 이를 재건할 수 있는 기반을 마련해 준다. 다르게 말하자면, 치료자가 이러한 치료적 관계를 제공함으로써, 아동은 자신의 놀이에 진짜 의미를 더한다. 아동이 이렇게 할 때, 치료자는 치료적 관계를 통해 수용, 따뜻함, 안락함, 자신감을 북돋아 주고, 아동과 함께 문제해결을 향한 여정을 떠나게 되는 것이다(Cattanach, 1992). 아동은 치료적 관계 없이 자신의 고통을 직면하기 힘들다.

더불어, 치료자는 아동이 이끄는 방식으로 가지 않으면 그들이 고통에 직면하는 것을 도울 수 없다. 이는 매우 중요한 개념으로, 아동과 놀이치료를 함께한다는 것은 아동과 여행을 하는 것과 같은 것인데, 길을 가다가 무엇을 만나게 될지 모르거나 우회해서 가야 할 수도 있기 때문이다. 심지어 치료자는 아동의 심리 내적인 곳에서 일어나는 일을 이해조차 못할 수도 있다. 이는 아동에게 좋은 치료를 제공하지 못한 것으로 여겨져 치료자에게 불편하게 여겨질 수도 있다. 처음에 아동은 자신의 문제를 해결하기 위해 고통을 야기한 사건을 자연스레 드러낸다. 그러나 여러 번 수용받지 못하고 실패를 겪게 되면 아동들은 자신의 환경에서 편안함을 찾으려던 것을 포기한다. 치료자와의 관계를 통해서 아동이 자신의 놀이에서 지지받고, 보호받고, 자유가 주어지면, 아동들은 고통을 바로 표현할 것이다. 왜냐하면 치료자와의 관계는 수용과 안전을 제공하기 때문이다. 아동은 외상적 사건을 놀이로 드러낼 수 있고 그렇게 치료 과정이 시작되는 것이다.

치료의 5단계

아동과 치료자 사이의 이러한 관계의 중요성 때문에, 치료의 단계에서 치료적 관계가 어떻게 나타나는지를 이해하는 것이 중요하다. 치료자의 적절한 대응이 없으면 각 단계에 도달하는 것이 불가능하여 치료를 방해하게 된다(이에 대한 내용은 제8장을 참조).

기본적으로 치료의 5단계가 있다. 첫째, 탐색 단계(아동 존중의 단계), 둘째, 보호를 시험하는 단계(작업 단계로서 3, 4단계를 포함한다), 셋째, 의존 단계, 넷째, 치료적 성장 단계, 다섯째, 종결 단계이다. 여기서는 간단하게 논의하겠지만, 이 단계의 자세한 내용은 다음 장에서 소개할 것이다.

탐색 단계

놀이치료를 시작할 때, 아동은 놀이치료자와 마찬가지로 환경(놀이치료실)을 탐색하기 시작한다. 이 시점에서, 치료자가 기본적으로 반드시 알아야 할 것이 있다. 첫째, 치료자는 아동과 반드시 함께 존재해야 한다. 이는 치료자가 아동에게 완전하게 집중하여 초점을 맞추고 있는 작업을 해내는 것이다. 요컨대, 이 아동은 지금 이 순간 치료자에게 세상에서 가장 중요한 사람이다. 둘째, 아동은 행동하고 말하는 것이 무엇이든 완전히 수용받을 자격이 있다(Axline, 1947b). 만약 아동이 화를 내고 싶다면 이는 수용되어야 한다. 사실, 아동을 보호하기 위한 제한 안에서라면, 아동이 행동하고 말하는 어떤 것이든 수용한다. 치료자는 치료적 동맹을 발전시키기 위해 이러한 수용을 보여 주고 이러한 수용을 아동이 경험하고 있다는 것을 확인해 준다(Moustakas, 1955). 이는 '존중의 과정(honoring process)'이다. 어느 날 아동은 "나는 너를 믿어, 나는 너를 이해해, 나는 너를 수용해, 나는 너를 존중해, 나는 듣고 있어, 나는 네가 표현하는 무엇이든 알아."라고 의사소통을 해 줄 수 있는 누군가와 마주하게 되는 것이다(Moustakas, 1953). 아동은 이렇게 마주한 사람에게 끌리기 시작한다. 아동들은 치료자를 좋아하게 되고, 이 어른과 함께하기를 원한다. 회기가 끝날 무렵, 치료자와 함께 나오며 아동은 "가기 싫어요, 난 여기 더 있고 싶어요!"라고 부모에게 말

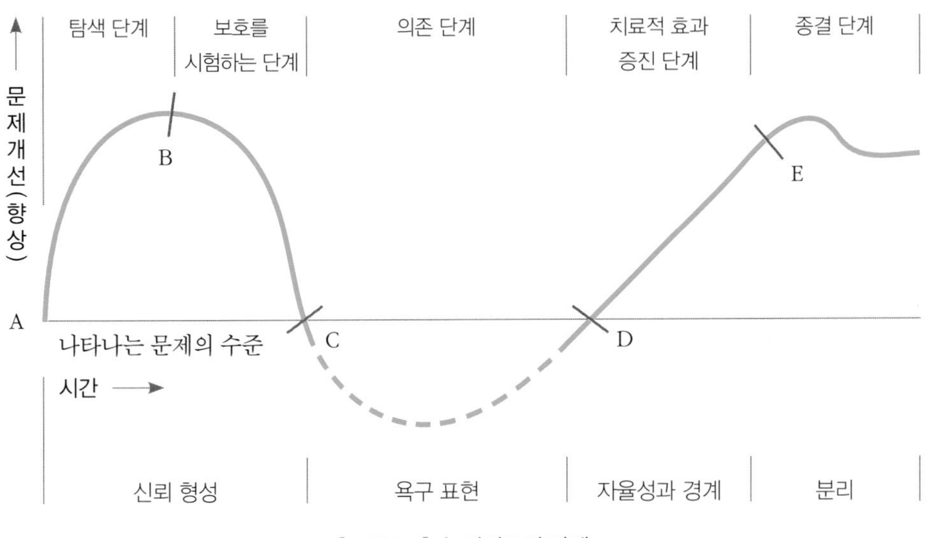

[그림 1-1] 놀이치료의 단계

한다. 이는 회기를 시작할 때 놀이치료실로 들어오기 싫어했던 아동들에게서도 흔히 나타나는 현상이다. 불행히도, 이런 반응을 보이는 아동 중 일부는 부모를 두려워하기 때문일 수도 있다(제3장 참조).

[그림 1-1]에서, 수평선은 아동이 드러내고 있는 문제의 정도(예: 불안, 야뇨, 도벽 등)와 아동이 놀이치료를 하는 동안 드러나는 기능 수준을 나타내는 것이다. 포물선은 치료를 하면서 아동이 드러내는 문제 행동과 연관된 실제 기능을 나타낸다. 이 그림은 아동마다 다양할 수 있지만, 아동들의 치료가 진행될 때 예상되는 일반적인 변화에 대해 묘사한 것이다. 수평선 위에 표시된 기능은 (행동이나 정서적으로) 향상되었다는 것을 상징한다. 수평선 아래에 표시된 기능은 행동이나 관계적 측면에서 부적절함이 더욱 증가된 것을 상징한다.

탐색 단계 동안은 점 A와 점 B 사이에서 보여 주는 것처럼, 아동의 기능이 일반적으로 가파르게 개선되고 있음을 보여 준다. 초기 단계에서 치료자가 아동에게 보여 주는 존중과 수용적 태도로, 아동은 고립감과 좌절감이 소멸되기 시작하고 그러면서 희망이 증가하는데, 이에 따라 즉각적인 (비록 일시적이긴 하지만) 기능 수준의 향상이 보인다.

보호를 시험하는 단계

아동이 다음 회기에 나타났을 때, 그들은 이러한 존중의 과정이 여전히 변하지 않고 존재하는지를 확인하고 싶어 할 것이다. 초기에, 그들은 상황을 재평가할 시간을 가질 때까지 다소 조심스러울 수 있다. 일단 치료자가 자신에게 존중과 지지하는 태도를 유지하고 있다고 판단하게 되면, 이때 아동들은 이러한 치료자의 태도가 지속되는지를 시험해 보려고 할 수 있다. 이 시점이 보호를 시험하는 단계이다. 아동은 '이 사람이 사회적으로 허용되지 않는 나의 행동을 수용해 줄까? 이 사람과 함께 있을 때 나는 얼마나 안전할까? 내 감정을 보호해 줄까?'라고 생각하게 된다.

보호를 시험하는 단계는 [그림 1-1]의 점 B와 점 C 사이에 나타나 있다. 이 시점 동안, 아동은 놀이치료실과 집에서 문제행동(acting out behavior)이 더욱 증가할 수 있다. 자녀의 문제행동이 증가할 수 있다는 점을 미리 이야기해 주는 것은 부모와의 신뢰를 확립하는 데 중요하다. 이 시기 동안 치료자로부터 지지와 격려를 받는 것은 부

모에게 중요할 뿐 아니라 치료의 바로 다음 단계를 따를 수 있도록 하는데 도움이 될 것이다. 일단 아동이 관계에 대한 시험을 하고 나면 치료자는 시험을 통과한 것이고, 치료가 시작되는 것이다.

작업 단계: 의존과 치료적 성장

이 시점에서, 아동은 자신의 고통을 드러내기에 충분히 안전하다고 느끼고 치료의 작업 단계로 들어선다. 판도라의 상자처럼, 아동은 외상, 고통, 투쟁, 공포 등을 자신의 놀이에 담아 드러내기 시작한다. 이때 치료자는 아동이 그동안 당해 왔던 믿기 힘든 행동들을 보게 된다. 놀이가 심화되면 일반적으로 아동들은 자신의 정서가 통제되지 않기 시작된다는 것에 놀라게 될 수도 있다. 이럴 때, 아동은 안전 수준을 확인하기 위해서 치료자와의 관계에 접근하려고 놀이에서 나올 것이다. 그러므로 이 단계에서 치료자는 아동에게 안전, 안도, 보호를 전달하는 반응을 해 주어야 할 필요가 있다. 일단 다시 한번 안전감을 느끼면, 아동들은 다시 그들의 놀이로 돌아갈 것이다. 또한, 아동이 너무 힘든 감정과 마주하게 되면, 놀이를 멈추고 치료자를 보며 현재 일어나고 있는 일을 치료자가 보고 있는지 확인한 다음 다시 아동의 놀이로 돌아갈 수도 있다. 이렇게 안전에 대한 확인을 반복하면서 아동은 마침내 자신에게 일어났던 폭력의 상처나 고통에 직면할 수 있게 된다(Barlow, Strother, & Landreth, 1985).

의존 단계는 [그림 1-1]의 점 C와 점 D 사이이다. 이 시점에서 아동의 놀이와 행동은 대치되어 나타날 수 있다(하향 곡선). 이렇게 직면을 하고 나면, 아동은 힘과 기능의 수준이 향상되기 시작한다. 더 이상 아동을 힘들게 했던 문제는 지속되지 않으며, 내면화된 권능감과 가치감을 통합하여 (놀이에서만 내면화되어 왔던) 자신의 정체성을 되찾을 수 있게 된다. 내면화된 권능감과 가치감은 기능의 향상으로 반영된다. 이는 치료적 성장 단계 동안 이루어지며 점 D와 점 E 사이에서 나타난다.

종결 단계

치료의 작업 단계를 통해 아동의 나이와 발달단계에 적절한 새로운 안녕감, 조절감, 존엄성, 권능감을 획득하게 되면, 아동의 놀이는 일상적인 삶을 표현하는 놀이로 돌아간다. 놀이치료실에서 머물고자 하는 아동의 욕구는 감소된다. 이 시점에 치료자는 아동의 치료 종결을 안내해야 할 준비를 시작한다. 왜냐하면 치료자와 아동의 신뢰관계가 형성된 상태이기 때문이고, 아동이 자신의 놀이, 놀이치료실의 안전한 환경, 놀이치료자와의 관계와 작별을 하는 종결은 정교한 과정이기 때문이다(제9장 참조).

[그림 1-1]의 점 E는 종결을 안내하는 시점인데, 아동은 잠시 놀이치료에 의뢰되었던 처음 시점과 같이 놀이 행동에 돌아간 것처럼 보일 수도 있다. 그러나 아동은 관계의 상실감을 수용하고 자신의 힘을 상기하며, 빠르게 자신의 기능 수준을 다시 향상시킬 것이다.

치유를 향한 아동의 타고난 경향

놀랍게도, 아동들은 무의식적인 것이지만 치유를 향한 내적 이해를 가지고 있다(Landreth, 1991; Nickerson & O'Laughlin, 1980). 그들은 자신의 환경이 부적절했었다는 것을 안다. 미묘하게, 부모들의 양육기술이 부족하거나 더 극적인 경우, 학대를 경험하게 되면 아동들은 이러한 사건과 관련된 부적절한 감정을 가지게 된다. 저자는 지난 25년 동안 치료환경에서 아동을 관찰했던 경험을 바탕으로, 아동들은 고통을 직면하고 이를 해결하기 위해 고통의 원인이 되는 사건으로 향하는 경향이 있다는 것을 확신하게 되었다. 사실, 많은 아동이 바로 첫 번째 회기에서 이러한 경향에 대해서 이야기하는데, 다음에 있는 Adam의 사례와 같은 경우이다.[2)]

2년 전 Adam의 아버지는 나무를 베는 작업을 하다가 돌아가셨다. 동료들이 나무의 밑둥을 자르려고 하는 동안, Adam의 아버지는 나무의 윗부분을 작업하고 있었다. 그런데 갑자기 나무가 갈라져서 떨어졌다. Adam의 아버지는 아래로 내려와 달렸지만, 나무는 그의 방향으로 떨어졌고 그를 덮쳤다. Adam은 놀이치료 첫 회기에서, 방 주위를 돌아다니다가 모래상자 앞에서 멈추고 그의 손을 넣어 모래를 비벼 보았다. 중간쯤 되었을

2) 아동이 성학대를 당하고 이러한 학대가 최근까지 이루어졌을 때, 그들이 처음으로 놀이치료실에 들어가면 치료자와 관계를 발전시키기 전에 바로 이들은 극적인 놀이(Dramatic play)로 들어간다.

때, 그는 "여기에 금이 묻혀 있어요!"라고 말했다. 그는 모래를 가로질러 손을 움직였다. 치료자는 초기 상담 정보를 알고 있었고 모래에 묻힌 무언가에 가치를 두는 것을 보면서 이 자리가 Adam의 아버지 무덤임을 알게 되었다. 하지만 이 시점에서, 그 정보를 말로 표현하는 것은 적절하지 않았다. 왜냐하면 이것에 대해 말을 하는 것은 은유의 의식 밖으로 꺼내서 밝히는 것이기 때문이었다. 이러한 형태의 확인은 Adam이 의식적으로 (아버지의 죽음을) 이해할 준비가 된 것이 아니다. 그런 방식으로 Adam의 통제감을 치료자가 가지고 오게 되면 Adam의 치료를 방해하게 되는 것이다. 결론적으로, 치료자는 "거기는 아주 중요한 장소구나."라고 확인해 주고 통제권을 빼앗지는 않았다. 이때, Adam은 자신의 놀이를 계속 했고 그의 치료 작업을 완성할 수 있었다.

아동이 자신의 치료 방향을 향해 가도록 허용하는 것

아동의 언어를 이해할 수 있는 통찰력을 가진 치료자는 아동이 말하고자 하는 메시지를 수용하고, 아동의 정서적 욕구를 이해할 수 있으며, 아동 스스로가 자신의 치료 방향을 정할 수 있도록 허용해 준다. 다음은 아동이 이러한 것들을 할 수 있도록 허용해 준 좋은 예이다.

놀이치료 워크숍에 행동치료로 훈련을 받아 온 치료자가 참석했다. 워크숍에 참석하기 전, 그는 거짓말을 하고, 물건을 훔치고, 학교에서 남을 속이는 행동을 하는 아동을 치료하고 있었다. 놀이치료실 안에 많은 놀잇감이 있었지만, 그 치료자는 첫 회기에서 아동에게 체커게임을 할 것이라고 알렸다. 치료자는 그 아동이 뭔가 적절하다고 여겨지는 행동을 할 때마다 허락해 주거나 칭찬해 주었고, 거짓말을 하거나 훔치거나 속이는 행동을 할 때에는 한곳에 세워 두고 그 행동의 옳고 그름에 대해서 이야기하였다.

6주간 체커게임을 한 후에, 치료자는 아동의 행동이 좋아졌는지를 확인하기 위해 학교로 연락을 하였다. 그런데 학교에서는 아동의 행동은 전혀 변하지 않았다고 했다. 이 시점에 치료자는 놀이치료 워크숍에 참석하게 되었다. 워크숍을 시작한 지 3일째가 되면서, 치료자는 아동에 대한 관점을 바꾸었다. 결국, 그는 놀이치료실로 돌아가 그 아동에게 "우리는 더 이상 체커게임을 하지 않을 거야. 네가 하고 싶은 놀이를 하자."라고 말했다.

그 아동은 마치 "잠깐, 선생님 맞아요? 진심이에요?"라고 묻는 것처럼 그를 쳐다보았다. 확인을 한 이후에, 그 아동은 성학대를 당해 왔던 아동의 놀이 형태의 놀이를 하기 시작하였다. 그 아동은 악어와 정글에서 싸우다가 산을 오르고, 성을 찾고, 불을 내뿜는 용을 정복하는 자신을 표현하였다. 그는 치료자의 요구에 맞추거나, 자신에게 방향을 정해 주었던 누군가에 맞춰 주기 위한 놀이에서, 자기 삶의 고통과 외상에 맞서기 위한 자신의 필요에 따라 놀이를 바꾸었다. 그러자 갑자기 그 치료자는 아동에 대해 대립적인 태도보다는 지지적 태도로 반응하기 위한 새로운 인식이 생기게 된 것이다. 이후에, 아동의 거짓말, 도벽, 속이기 등의 행동은 줄어들기 시작하였다.

놀이치료에서 안전을 위한 제한이 있기는 하지만, 기본적으로 놀이방은 아동이 그들의 외상을 표현하기 위한 매개체로서의 역할을 할 수 있는 자유로운 곳이어야 한다. 이렇게 비구조화된 형태의 놀이치료를 통해, 아동들은 고통에 직면하기 위해 상상 놀이로 이를 표현할 필요가 있다는 점을 본능적으로 알고 있다는 사실을 오랜 기간의 임상경험을 통해 알게 되었다. 놀이치료를 적절한 치료 양식으로 사용하여 자신의 치료 방향을 스스로 정할 수 있는 아동들은 그들의 외상 경험을 재구조화할 수 있으며, 결국 안녕감을 되찾게 된다(재구조화에 대한 논의는 7장 참조).

하지만 고통의 원인이 되는 사건을 표현할 수 없는 아동이 있을 수 있는데, 이런 경우 치료자는 몇 가지 확인을 해 봐야 할 필요가 있다(Gil, 1991).

- 학대가 아직도 발생하고 있는가? 만약 그렇다면, 아동이 매일매일 생존과 투쟁하고 있는 것이기 때문에 치료를 진행시키지 않는 것이 좋다. 만약 학대가 최근에 발생했다면, 아동은 학대가 시작된 발달단계로 퇴행하기 위한 보호가 필요한 상태로, 현재 상태에서 벗어날 수 없다. 이러한 퇴행은 외상으로부터의 고통을 해결하기 위한 아동의 욕구에 의해 일어난다.
- 아동이 자신의 외상을 외현화하여 다른 아동들에게 가해자가 되었는가? 만약 그렇다면, 다른 아동을 괴롭히는 에너지를 상상 놀이를 통해 표현할 수 있게 해야 한다. 놀이치료에서 이러한 표현이 시작되면, 다른 아동에 대한 폭력은 줄어들 수 있다.
- 아동이 더 이상 그것을 인식할 수 없을 정도로 고통이 억압되어 있는가? 이런 경

우, 지시적인 놀이를 통해서 도와주어야 할 수도 있다.

지시적 놀이가 치료적으로 사용되려면, 이를 잘 이해하고 잘못 사용하지 않게 하는 것이 중요하다. 만약 잘못 사용되면, 아동은 지시적인 스타일에 내재된 권력의 남용을 통해 재외상화(retraumatized)될 수 있다. 이것은 외상을 극복하기 위해 외상을 되돌리는 것처럼 보일 수 있다. 의식적인 수준에서 외상에 직면하도록 해서 아동을 재외상화시킬 필요는 없다. 아동이 스스로 치유할 수 있다는 기본적인 믿음을 가진 치료자는 아동이 통제력을 잃었거나 보호가 필요할 때에만 지시적 방법을 사용할 것이다.

아동은 각 놀이치료 회기마다 새로운 정보를 노출한다. 안타깝게도, 치료자들은 이러한 노출을 통해 아동이 이야기하고자 하는 것이 무엇인지 이해하지 못하고 아동을 위한 최선이 무엇인지 안다고 생각하는 경우가 많다. 아동은 자신의 경험을 가장 잘 이해하고 있으며, 자신의 행복을 위한 방향과 수단을 가장 잘 안다. 치료자는, 첫째, 치료자 자신이 아동의 경험을 잘 알고 있다고 생각하고, 둘째, 아동이 좀 더 나아지도록 만들기 위해서 아동이 무엇을 하도록 해야 할지 결정하여 결과적으로 더 나은 행동을 하도록 만들 수 있다는 오만한 생각을 할 수도 있다. 다시 말해서, 치료자는 아동이 무엇을 이야기하고자 하는지를 관찰하지 않고 치료자가 적절하다고 생각하는 놀이를 통해서 목표에 도달할 수 있을 것이라 생각하는 것이다. 이런 경우, 아동이 힘들어 하는 것을 해결해 주기 위해 치료자는 자신이 알고 있는 최선의 방법으로 아동에게 치료적 접근을 한다고 여긴다. 그러나 실제로 치료자가 한 것은 권력을 남용한 것이다. 치료를 위해 아동과의 관계에서 치료자가 주도권을 가져오는 권력 남용을 행사하는 경우가 많다. 치료자들은 아동의 정서적 안녕을 위해 치료자가 힘의 주도권을 가지는 것이 아동에게 긍정적으로 작용할 것이라고 터무니없이 생각하는 경우도 있기 때문이다. 하지만 아동은 이렇게 치료자가 힘을 남용하는 것이 가해자에게서 경험했던 힘의 남용과 비슷한 것으로 느껴질 수 있다. 이런 경우, 아동은 치료를 위한 신뢰 관계를 형성하기보다는 치료자로부터 자신을 보호하기 위한 욕구가 더 작용하게 될 것이다.

앞에서 보았던 체커게임을 하던 아동의 경우, 치료자가 "오늘 우리는 이런 활동을 할 거야."라고 말할 때, 아동은 단순히 피상적인 수준에서 따랐을 것이다. 이는 아동이 방어적 형태로 행동하도록 지시를 한 것이다. 사실, 그들은 이러한 방어를 분노로 표출할 수도 있다.

가끔씩, 치료자는 아동들과의 거리를 두기 위해서 지시적인 방식을 취하기도 한다. 아동이 자신의 놀이에 연출자가 되도록 허용해 줄 경우, 아동은 창의성을 발휘하여 자신이 어떻게 느끼고, 어떻게 자신의 세계에서 살고 있는지 놀이를 통해 알려 준다. 이는 치료자의 내면에서 부정적 감정(예: 혼란, 분노, 좌절, 혐오, 일반적인 불편감 등)을 불러일으키게 되고, 심지어는 두려움에 시달리고 압도되어 치료를 그만두게 될 수도 있다. 당연하게도, 그 아동과 다음 회기를 진행할 때, 치료자는 또다시 그러한 감정에 시달리게 될 수도 있을 것이라 예상하고, 아동과 거리를 두고 싶어 하는 자신의 모습을 발견하게 된다.

이는 치료자에게 즐겁지 않은 경험이겠지만, 사실 치료자가 도움을 주는 역할을 적절하게 수행하고 있다는 것을 나타낸다. 치료자는 아동과 함께하는 아주 적은 시간일지라도 그들의 감정을 허용해 주어 아동이 삶에서 느낀 불쾌한 감정을 펼칠 수 있게 해 주어야 하는 것이다(Bromfield, 1992). 어떤 치료자는 이러한 유형의 감정을 받아들이고 싶어 하지 않을 수 있지만, 문제를 해결하기 위해 열심히 투쟁하고 있는 아동의 곁에 머물러 주고 격려해 주는 것은 매우 중요하다. 거절하는 것은 아동에게 배신감을 줄 수 있다. 아동이 고통에 들어섰을 때, 그들은 친구와 보호자가 필요하다. 치료자로부터 안전과 힘을 느끼지 못하면, 아동은 다시 버림받았고 배신당했다고 느낄 수 있다.

비지시적이고 비구조화된 놀이를 하는 경우, 아동들은 치료자를 여러 가지 형태로 자신의 놀이 속에 끌어들이기도 한다. 어떤 경우에는 치료자에게 수동적인 역할을 하라고 요구할 수도 있다. 예를 들어, 한 아동이 놀이치료에 와서 처음 몇 분 동안 장난감 총을 꺼내서 놀다가 치료자에게 총을 쐈다. "빵!" 치료자는 쓰러졌고 죽는 연기를 했다. 아동은 범죄와 관련된 외상을 놀이로 표현하기 위해 치료 시간 내내 치료자가 누워 있기를 바랄수도 있는데, 치료자가 간섭하지 않기를 바라기 때문일 수도 있다. 더 나아가 아동은 치료자를 놀이에서 완전히 통제하길 바랄 수도 있는데, 아동은 자신이 희생되었을 때 경험한 무력한 상태와 반대되는 상황을 원했을 수도 있다. 40여 분이 지나 기회가 되었을 때 치료자는 "이제 5분 남았다."라고 말한다. 이때, 아동은 치료자를 포함한 이 놀이 경험을 더 느끼고 싶어 하거나 다시 총을 들고 치료자를 한 번

더 쏘고 싶어 하며 "남은 5분도 조용히 해!"라고 말할 수도 있다. 민감한 치료자는 그 부분을 놓치지 않는다! 이런 경우, 아동은 자신의 문제를 더 잘 해결해 갈 수 있을 뿐 아니라, 치료자가 목격자가 될 수 있도록 허용해 주는 것이다.

다른 유형의 아동은 자신의 놀이 안으로 치료자를 끌어들인다(Guerney, 1983). 치료자가 아동에게 안전한 대상이 되기 시작하면, 아동은 자신의 외상을 놀이로 표현할 것이고 치료자를 참여시킨다. 아동이 이렇게 초대해 줄 때, "나는 당신과 관계를 맺는 것이 정말 기뻐요. 내가 안전하다고 느끼게 해줘서 나는 당신을 신뢰해요."라고 진심으로 말하려는 것이기 때문에 치료자는 이를 영광스럽게 생각해야 한다. 아동의 놀이에 초대받을 때가 놀이치료자에게는 매우 중요한 순간이다.

아동이 치료자에게 중요한 지지적 역할을 해 달라고 요구하기도 한다(Barlow et al., 1985; Guerney, 1983). 사실, 치료자는 아동의 정서를 북돋어 주며 신뢰를 형성할 수 있다. 이렇게 힘을 얻은 아동은 이러한 관계를 경험하지 않았을 때 보다 엄청난 성취감을 얻거나 변화한다(Axline, 1950). 예를 들어, 아동이 치료자가 수동적인 목격자가 되길 바라면, 아동은 그러한 역할에 따른 무언가를 할 것이다(예: 치료자를 쏘는 행동 등). 그러면 치료자는 여전히 수동적인 채로 있더라도 그 역할에 맞는 반응을 해야 한다. 왜냐하면 치료자가 시체처럼 있는 것이 아동에게 힘이 있다고 느끼도록 할 수 있기 때문이다. 권능감은 아동이 자신의 두려움을 정복하는 데서 비롯되거나 누군가를 무능력하게 만드는 것을 통해서 가질 수도 있다. 반면, 아동이 적극적인 참여자를 원한다면, 아동은 치료자를 자신의 놀이로 끌어들이고 둘이서 함께 용과 싸우도록 할 것이다. 아동은 도움이 필요한 부분에서는 치료자에게 역할을 부여할 것이다.

치료자를 놀이에 끌어들이거나 배제시키는 것은 아동의 선택이다(Bolig, Fernie & Klein, 1986). 지나치게 치료자의 역할을 결정하려는 아동의 선택을 수용해야 한다. 여기서 가정(presumption)은 치료자가 아동에게 가장 관련성이 높은 문제에 대해 어떻게 접근할 것인지 알고 있다고 믿는다는 사실에 있다. 자신의 고통과 몸부림을 아는 아동의 내재된 능력과 그 고통과 맞서서 아동이 접근하는 최선의 방법을 신뢰하는 것이 치료자 입장에서 더 현명할 것이다. 아동들은 아직 자신의 고통과 투쟁을 스스로 부정할 정도로 방어기제가 단단해지지 않았다.

치료자가 아동을 지지하는 데 주의를 기울이고, 가능한 한 놀이를 확장시킬 수 있도록 도와주는 것은 중요하지만, 아동이 의도하지 않는 방향으로 놀이에 또 다른 차원의 의미를 부여해서는 안 된다. 다음 예를 보자.

> Marcie는 동생의 출생으로 갈등을 겪고 있는 어린 소녀였다. 그녀는 놀이를 하는 동안 치료자에게 "내가 엄마 할게, 선생님은 아이 하세요."라고 말했다. 그녀는 엄마의 역할을 하면서 아기에게 매우 몰두하게 되었고, 치료자가 하고 있는 역할인 아이를 그냥 방치해 두었다. 이때 치료자는 Marcie를 보다 깊은 놀이 수준으로 이끌 기회를 잡고는 부드럽게 "엄마, 엄마가 나랑 놀아 줬으면 좋겠어요."라고 말했다.
>
> Marcie는 재빨리 "못 놀아줘! 애기 봐야 돼!"라고 대답했다.
>
> 치료자는 "하지만 엄마, 아기가 생긴 후에는 나랑은 전혀 안 놀았잖아."라고 반응했다.
>
> "글쎄, 이제 바닥 닦아야 해서 안 돼." Marcie가 대답했다.
>
> "하지만 엄마, 엄마랑 놀고 싶어요!" 치료자가 말했다.

여기서 주목해야 할 점은 어떻게 치료자가 역할놀이를 하면서 Marcie가 '아, 이것에 대해서 내가 어떻게 느끼고 있지? 이러한 일이 실제로 일어날 때 어떻게 하지?' 등을 스스로 생각하게 하고, 어떻게 놀이의 보다 깊은 수준으로 이끄는지이다. 여러 번의 회기가 지난 후에 Marcie는 치료자와 시간을 보내면서 아기를 보살피는 역할을 누군가는 해야 한다는 것을 깨달으면서 종결하는 것으로 치료를 마쳤다. 치료자는 단지 Marcie에게 슬쩍 일러 주기만 하면 되었다. 치료자는 그 문제를 강요하지 않았고, 아동의 놀이를 다른 방향으로 이끌지도 않았다.

아동이 고통과 투쟁을 의식하지 못하는 동안, 놀이는 치유를 향해 나아가기 위해 아동 자신만의 은유를 창조하는 무의식적인 소재에 접근한다. 그러므로 아동이 이끄는 방식대로 고통과 갈등을 표현해 낼 수 있도록 허용해 주어야 한다.

치료자를 포함하느냐 아니냐 하는 문제는 아동이 자신만의 놀이 방식을 표현하는 한 방법이다. 이런 형태의 다른 놀이 방식의 예를 들자면, 걷잡을 수 없이 난폭한 행동을 하거나 친구들에게 행패를 부리는 아동의 경우이다. 이 아동은 놀이에서도 욕설을 내뱉고, 권위에 대항적이고, 거짓말을 하고, 훔치거나, 속이는 경우가 있다. [예: 아동의 위험 원(risk circle)이 너무 꽉 닫혀 있어서 아동이 위축되었을 수도 있다.] 위축된 아동은 세상과 접촉하는 것을 매우 무서워하거나 두려워한다. 놀이치료에 오게 되면, 이런 아동은 초기 단계에서 비슷한 종류의 행동을 보이는데, 아동이 경험한 세상에서

살아가기 위해서는 이러한 방어기제가 발달되었어야만 했기 때문이다. 시간이 지나, 치료자가 아동과 소통을 하게 되면 아동은 자신이 가치 있고, 명예롭고, 존중받는 존재라는 것을 깨닫게 되면서 세상에 대한 관점도 서서히 바뀌게 되어서 행동도 바뀌게 된다. 비록 이런 변화가 처음에는 서서히 나타나지만, 자신감과 정체성 회복으로 인해 가속도가 붙게 되면서 아동이 이전에 가지고 있던 세계에 대한 방어를 없애기 시작한다.

아동의 놀이를 구조화할 때

지시적 놀이치료가 적절한 경우가 있기 때문에 지시적 놀이치료가 무엇인지 이해하는 것은 매우 중요하다. 지시적 놀이라는 것이 아동에게 활동을 가르치는 것은 아니다. 진정한 지시적 놀이는 부드럽고, 유연하고, 비위협적이다. 그것은 아동들의 권능감을 빼앗는 것이 아니다. 지시적 놀이치료에서 치료자는 "그렇다면 어떻게 해야 옳다고 생각하니?" "그렇게 소리 낼 수 있겠니?" "괴물의 얼굴이 누구랑 닮았니?" "그것처럼 얼굴을 만들 수 있니?"와 같은 말을 사용할 수 있다.

외상의 고통에 직면한 아동을 돕기 위해 구조적 놀이를 만드는 것은 섬세한 과업이다. 예를 들어, 어떤 아동이 병원에서 외상적 사건을 경험했다면, 치료자는 병원에서 지내는 것을 표현할 놀잇감을 찾도록 하고 아동에게 "이 놀잇감들도 여기 있어. 난 이 놀잇감들이 여기 있다는 것을 단지 너에게 알려 주려는 거야."라고 말한다. 외상의 정도에 따라, 아동은 그것을 가지고 즉시 놀이를 시작할 수도 있고, 수 주일이 걸릴 수도 있다. 치료자는 이러한 구조를 제시할 수 있지만, 심하게 두려움을 느끼는 아동이 있을 수도 있다. 놀잇감을 가지고 놀기 위해서는 그 전에 충분히 격려하는 기간을 가져야만 한다. 이때 중요한 점은 아동에게 분명하게든 미묘하게든 절대로 강요해서는 안 된다는 것이다.

다음은 놀이치료의 기본 전제를 잘못 사용한 예를 보여 준다. 아동의 시각보다는 성인의 시각에서 왜곡된 치료 접근 방식이 이용된 결과이다. 아동의 욕구를 귀담아 듣지 않았고, 충족하지 못한 사례이다.

어느 어린 소년의 어머니가 자신의 아들에 대해 의논하기 위해 치료자와 약속을 잡았다. (그 아이를 우리는 Jimmy라고 부른다.) 어머니는 Jimmy가 태어날 때 심장에 구멍이 있었다고 설명했다. 두 살 때에 한 번 수술을 해서 심장에 있는 구멍을 메웠다. 수술 이후, 수년 동안 (몇 년이 지난 지금까지도) 하루에도 두세 번씩 아이는 "다시는 누구도 내 심장을 수술할 수 없어! 다시 수술하느니 죽는 게 나아! 또다시 내 심장에 손대면, 나는 죽어 버릴거야!"라고 말했다.

Jimmy의 어머니는 의사가 Jimmy의 심장에 수술을 해야 할 또 다른 구멍을 발견했다고 치료자에게 말했다. Jimmy는 이제 다섯 살이었다. 이때까지만 해도 그녀는 아들의 말에 별 관심이 없었다. 그러나 이제 그녀는 Jimmy가 혼잣말을 하는 것에 대해 엄청난 두려움을 느꼈다.

게다가, 그들 부부는 아주 평범하지 않은 결혼생활을 하고 있다고 그녀는 말했다. 남편은 알래스카에서 6주 동안 일을 하고 2주 동안 집에 돌아왔다가 직장으로 되돌아간다고 하였다. 집에서 지내는 첫 주 동안은 부부 사이가 괜찮지만 두 번째 주일은 줄곧 싸운다고 하였다. 그리고는 6주 동안 직장으로 돌아가는 것이다. Jimmy가 수술이 필요하다는 것을 알았을 때, 남편은 막 알래스카로 돌아간 뒤였다. Jimmy의 어머니는 만약 남편이 수술에 대해서 알게 되면 집에 돌아오기 위해 휴가를 신청할까 봐 걱정하고 있었다. 왜냐하면 수술 일정은 5주 뒤로 정해졌으나, 그들 부부가 결혼생활을 유지해야 할지 확신할 수 없었기 때문이다. Jimmy의 어머니는 치료자에게 Jimmy가 수술을 받기 위해 마음을 준비할 수 있도록 도와달라고 요청하였다.

일주일 후에 Jimmy의 어머니는 그 소식을 전하기 위해 전화를 걸었다. 남편은 그녀가 예상했던 것처럼 휴가를 받아 집에 돌아왔다. 첫 주는 그런대로 지냈다. 둘째 주에 그들 부부는 싸우기 시작했다. 하지만 그들은 아들의 상황을 떠올리고는 아들이 위기에 있으므로 싸움을 삼가기로 결심하였다. 그리고는 Jimmy에게 "의사가 또 다른 심장 구멍을 발견했기 때문에 수술을 받아야만 한다."고 아버지가 설명해 주었다.

그러자 Jimmy는 마구 신경질을 내기 시작하였다. 아이는 구석으로 가서 마치 자신을 보호하듯 손으로 얼굴과 몸을 감싸고는 소리지르며 울기 시작하였다. 이를 본 아버지는 "만약 네가 가진 차가 고장이 났다고 차를 버리진 않겠지. 차를 고쳐서 잘 달리게 하면 되는 거니까."라고 말했다. 아버지가 얘기하는 동안 그 어린 소년은 악을 쓰고 있었다. 정말로 죽을 힘을 다해서 소리를 지르며 울었다.

그 후 수술을 앞두고 아이가 놀이치료를 받으러 왔을 때, 치료자는 수술실 상황으로 구조화된 놀이치료를 계획하고는 아이에게 수술놀이를 하자고 요구하였다. 아이의 정서적인 상태나 반응들을 완전히 이해하지 못한 채, 그저 치료자의 판단 하에 지시적으로 수술 상황을 그린 놀이를 진행시킨 것이다. 물론 치료자가 수술받으라고 아이를 설득한 것은 아니었지만 이러한 식으로 병원 놀이를 진행하는 것은 분명히 치료자의 힘을 잘못 사용한 것이었다. 아이는 수술놀이를 하다가 갑자기 치료자를 향하여 "그 애는 수술을 하지 않을 거야. 그 애는 수술을 않을 거야."라고 말했다. 아이는 좀 더 열중해서 놀이를 하다가 다시 멈추고는 "그 애는 수술을 하지 않았어. 그 애는 죽었어!"라고 말하였다.

아이가 자신의 죽음을 예언하는 것에 불안감을 느낀 치료자는 "그 애를 살리도록 하자."라고 말하였다. 그리고는 완전히 반대로 역할을 바꾸어 아이에게 치료자를 위해 환자를 살리는 장면을 다시 연기하였다. 그러고 나서 그 회기를 끝냈다.

그 후 수술을 하게 되었는데 성공하여 Jimmy는 죽지 않았다. 그런데 아이가 퇴원하여 집으로 돌아오는 길에, 부부는 이제 위기가 끝났다고 생각하고는 다시 싸우기 시작했다. 그러다가 빨간 신호등에서 차가 멈추자 아이는 "난 더 이상 엄마와 아빠가 싸우는 것을 참을 수 없어요."라고 말했고, 그날 밤 아이는 심장마비로 취침 중 사망했다.

이 사례에서 보이는 것처럼 연상, 은유, 상징은 아동과 의사소통할 수 있다는 점을 확실히 알려 준다. 첫째, Jimmy는 자신의 심장 상태가 어떤지 안다는 점을 자신의 어머니에게 전달하기 위한 의사소통을 했다. 기본적으로, 그는 "나는 내 심장을 누구도 더 이상 건드리게 둘 수 없어. 누구든 가까이 오는 것은 내게 고통스러워. 너무 고통스럽다고!"라고 말했다. 지난 3년 동안 그가 지내 왔던 시간은 부모와 함께였고 연관되어 있던 것이다.[3] "나는 내 곁에 당신을 둘 수 없어요. 나는 아주 고통스러워서 내가 살고 싶은지 죽고 싶은지도 모르겠어요." 그는 분명하게 이러한 의도를 전달했지만, 아무도 그의 언어를 알지 못했기 때문에 알아들을 수 없었다.

둘째, Jimmy는 고통스러운 상태였고 돌봄이 필요했다. 부모들이 싸울 때 이런 아

3) Carl Whitaker는 아동이 엄마, 아빠 그리고 부모 관계 속에 있는 것이라고 했다. 아동은 부모 관계 속에서(엄마와 아빠가 서로를 어떻게 대하는지) 이 세상 어떤 것보다도 자기 자신의 관점에 기초하여 그 관계를 이해한다.

동의 욕구를 의식하지 못했다. 특히 그는 "나는 살기 위해 충분히 안전하다고 느껴지지 않아요."라고 말하고 있었다. 그러고 나서 치료자가 (놀이에서) 가족 모두를 모이도록 했을 때, 아동은 위기에 처해 있는 소년에게 역기능적인 가족 체계를 똑같이 이야기했다. "너는 수술을 받게 될 거야."라고 말함으로써, 아동을 그저 가족 내에서 수술이 필요한 한 사람으로 비인격적인 취급을 했다.

아버지가 또 다른 수술을 받아야만 한다고 말했을 때 Jimmy는 그 말을 어떻게 들었을까? 그는 자신이 소멸될 것이며, 자신의 존재는 끝날 것이고, 더 이상 자신에게 행복한 삶은 없을 것이라고 들렸을 것이다. 그는 파괴되고 죽을 것이다. 이것은 아동이 왜 방 모퉁이를 돌아 몸을 숨기며, 그렇게 크게 비명을 질렀는지를 알려 준다. 아동은 자신이 경험했던 것을 밀어내기 위해 그가 할 수 있는 모든 것을 한 것이다.

결정적인 순간, 아버지가 한 것에 주목해 보자. 그는 인지적 수준에서 자동차의 기화 과정에 대해 이야기했다. Jimmy가 체험적 수준에서 의사소통하고자 할 때 아버지는 인지적 수준에서 의사소통을 한 것이다. 그들의 대화는 이루어질 수 없었다. 비록 아버지가 잘하려고 한 것이었다 할지라도, 그는 아들이 이해할 수 있는 수준에서 의사소통하는 방법을 몰랐던 것이다.

치료자에게는 다양한 접근 방법이 있다. 첫째, 이 가족에게 가족을 돌보고 양육하는 방법을 가르치기 위해 수술을 연기할 가능성이 있는지에 대한 정보를 알아볼 수 있었다. 이는 부모에게 양육 방법에 대한 정보를 제공하고 배울 수 있는 시간을 주었을 것이다. 예를 들어, 아버지는 아동을 들어 무릎에 앉히고, "우리 가족은 힘든 일을 겪을 거고, 모두 걱정하고 있어. 그건 너에게 초점이 맞춰져 있지만 우리는 함께 할 거야."라고 말하는 것이다. 이러한 언급은 그의 수술에 초점을 맞추면서도 몇 년 전에 그가 경험했던 유기(불안)라는 표면적 주제를 다루어 주는 것이다. 이 사례를 임상적으로 평가하자면, Jimmy는 정서적 방임으로 죽은 것이다.

둘째, 치료자는 어머니로부터 수술이 필요하다는 이야기를 들었을 때, 그는 오로지 수술에만 초점이 맞춰져 있었다. 왜냐하면 그는 아동의 언어를 이해할 수 없었고, Jimmy가 지난 몇 년 동안 이야기하고자 하는 것이 무엇인지를 놓치고 있었다. "나의 평안한 삶은 위기에 처해 있어요."가 그것이다. 만약 Jimmy가 체험적 놀이에 완전히 들어갈 수 있도록 치료자가 허용했다면, 그는 놀이를 통해서 분명히 이 부분을 이야기했을 것이다. 슬프게도, Jimmy가 수술을 하고 고통스럽게 죽었을 때, 치료자는 치료에서 그를 유기(abandoned)한 것이다.

체험적 놀이치료는 정서적 에너지를 포함한다. 이 에너지는 어디에나 있다. 미래에도, 과거에도, 달(moon)에도, 어디에도 존재한다. 아동의 상상력이 허락하는 한 어디든지 갈 수 있다. 그것은 심지어 죽음으로 향할 수도 있고 죽음 속에서 살아 있을 수도 있다. 이것은 Jimmy가 원하는 어디든 갈 수 있다. 그리고 그는 현실을 통해 할 수 없게 되자 죽음을 통해서야 그 놀이를 해낼 수 있었다. 그는 고통을 증명해 내기 위해서 죽어야 했다. 다시 말해, 환자가 죽는 놀이를 함으로써, 가족 문제를 해결하기 위해 다른 것으로 전환하고 있었던 것이다. 하지만 치료자는 그의 상상(fantasy)을 끊어 버리고, 치료 중간에 Jimmy를 유기한 것이다. 이는 지시적 놀이치료라는 이름으로 권력을 오용한 사례일 뿐 아니라 치료자가 아동의 언어를 이해하지 못한 파괴적 결과의 슬픈 사례이기도 하다. 치료자가 자신의 고통과 투쟁이 어디에 있는지 아는 아동의 타고난 능력과 자신의 방식으로 그들에게 접근할 수 있는 능력에 대한 믿음을 발전시켰다면 더 현명했을 것이다. 왜냐하면 Jimmy의 놀이는 치료자 자신의 문제(issue)를 건드리는 방식이었기 때문에, 그는 Jimmy의 놀이를 따르기 위해 자신의 문제를 따로 떼어 놓고 다룰 수 없었던 것이다. 이는 지시적 놀이치료를 할 때 매우 주의를 기울여야 한다는 사실을 보여 주는 좋은 예이다.

요약

요약하자면, 치료자는 아동을 치료하지 않는다. 오히려 치료자는 아동이 치유를 시작할 수 있는 관계와 환경을 제공한다. 치료자는 아동들이 존중받고 안전하며 보호받는 장소를 제공한다. 그들과 여정을 함께함으로써 존경을 받게 된다. 이 점에서 아동들은 연상, 상징, 은유를 통해 외상성 사건을 놀이로 표현하고 외상이 시작될 때 발생하는 발달단계에서 사건의 고통스러운 정서적 경험에 재접근한다. 아동이 처음으로 이러한 사건을 겪게 되면 극도로 고통스럽다.

이러한 충격적인 유형의 놀이를 하는 동안 아동은 치료자와의 안전에 대한 확신을 얻기 위해 잠시 멈출 것이다. 그런 다음 아동은 상상 놀이(fantasy play)로 돌아가 이번에는 더 깊은 수준으로 이동한다. 하지만 아동은 주어진 순간에 견딜 수 있는 만큼만

직면한다. 이 패턴(놀고 안심하고 또 놀고)이 반복될 때마다 아동은 놀이의 해당 부분에 대한 통제감, 존엄성 및 권능감(아동의 연령과 발달단계에 적합한)을 얻는다. 아동은 정서적 경험의 일부를 둘러싼 부정적인 감정을 정복했음을 알게 되는 시점에 도달한다. 본질적으로 아동은 회복된 권한 부여, 존엄성 및 통제감으로 자신의 경험을 재구성한다. 치유는 이러한 과정을 거치면서 일어난다. 비록 아동이 자신에게 일어난 사건을 완전히 잊을 수는 없을지라도, 그것과 관련된 고통스러운 정서적 반응은 아동을 더 이상 무력화시키지 않는다. 더 이상 아동은 극도의 불안감이나 안전감의 상실을 수반하는 통제감에서 벗어나는 경험을 하지 않을 것이다. 아동은 연령에 맞는 발달단계로 돌아간다. 아동의 놀이는 예행 연습 형태로 바뀌면서 적절한 발달 상태로 돌아갈 수 있다.

체험적 놀이치료를 활용한 기대효과

놀이치료가 아동에게 효과적이려면, 아동은 상징놀이를 할 수 있어야만 한다. 발달적으로, 20개월 정도가 되면 상징화할 수 있으며, 어떤 아동은 18개월 정도로 빠를 수도 있으며 느리면 두 살 반 혹은 세 살이 되어서야 가능할 수도 있다. 아주 어리거나 발달적으로 지연된 아동들이 의뢰되었을 때, 치료 방법이 그 아동에게 적절한지를 결정하는 데 있어서 발달적인 부분을 고려하는 것이 중요하다.

체험적 놀이치료를 통한 아동의 잠재적 치료 효과를 평가하기 위해서는 다음과 같은 아동의 발달과업이 이루어졌는지를 확인할 필요가 있다.

- 일상생활에서 본 것들에 대해 재연해 낼 수 있는가?
- 놀잇감을 가지고 새로운 이야기를 꾸며 내거나 창조적으로 놀이를 할 수 있는가?

이 두 가지 형태의 놀이는 단순히 놀잇감을 만지는 아동의 놀이 수준과는 다르다. 놀이치료가 효과적이기 위해서는, 아동들이 자신의 투쟁을 재연하고 그러한 문제, 필요 및 욕구를 놀잇감에 투사할 수 있어야 한다. 놀잇감과 놀이는 내적인 정신역동의 상징이 되어 나타난다. 근육 발달, 대상 영속성 등과 같은 기능을 놀이에서 발휘하지

못하면 심리치료의 목표를 달성하기는 어렵다.

좀 더 나이가 든 9세 이상의 아동은 좀 더 구조화된 형태의 놀이에 흥미를 가지기 시작한다. 하지만 8세 정도의 아동은 어떤 날은 놀고 싶다가도 어떤 날은 앉아 있고 싶고, 또 어떤 날은 좀 더 구조화된 게임을 하기 원한다. 따라서 8세에서 10세 사이의 아동들을 만날 때마다 치료자는 아동의 행동에 융통성을 가지고 대처해야 한다. 아동과 같은 장난기를 보이다가도 어른과 같이 규칙과 조직화를 하고 싶어 할 것이기 때문이다. 이러한 점을 고려하더라도, 아동이 그날의 활동 유형에 대한 단계를 설정하도록 허용하는 것이 현명하며, 아동이 선택한 놀이 활동 방식(즉, 장면을 구성하고 연출하는 방법)은 아동의 선택뿐만 아니라 임상 정보를 제공한다는 점을 염두에 두어야 한다. 아동이 상상 놀이를 통해 자신의 욕구를 드러낼 수 있는 자유를 허용하는 것은 중요하다. 만약 아동이 그날 상상 놀이에 참여하지 않기로 선택했더라도, 아동이 하기로 한 공식화된 게임의 범위 내에서 그리고 놀이 중에 오가는 대화를 통해 아동에게서 정보를 얻는 것은 여전히 가능하다.

반응성 장애

일반적인 용어인 '장애'를 병인에 따라 세분화하자면, 놀이치료에 가장 적합한 아동은 반응성 장애(Reactive Disorder)를 가진 아동이다. 이러한 유형의 장애는 정상적으로 발달해 왔지만 아동의 삶에서 높은 수준의 스트레스를 유발하는 일이 발생했을 때 나타난다. 아동은 이 스트레스 상황을 이해하려고 노력한다. 이러한 이해는 아동이 자신의 어린 마음에서 만들 것이다. 비록 아동이 어른들에게 설명을 듣는다고 해도, 궁극적으로 아동 자신이 지각한 대로 상황을 해석할 수밖에 없다. 그러나 이러한 과정에서 만들어진 아동의 행동은 자신과 주변 사람들에게 공격적이고 골칫거리인 문제가 되곤 한다. 따라서 아동은 이 상황을 이해하고 수용하는 데 도움이 필요하다.

기질적 병인

놀이치료가 효과적이지 않을 가능성이 높은 아동은 기질적인 병리문제가 있는 장애가 있거나 체질상의 문제, 생물학적인 원인이 있는 아동들이다.

체험적 놀이치료에 적합한 내담 아동[4)]

다음은 반응성 장애 범주에 속하는 특정 장애에 대한 관점과 각 장애가 놀이치료에 어떻게 반응할 것으로 예상되는지를 서술하였다.

품행장애(아동기 발병)

타인에 대한 공격성, 파괴성, 다른 사람의 권리에 대한 무시 등 이 진단에 대한 모든 증상을 보이는 기만적인 아동은 놀이치료가 더 이상 도움이 되지 않는 사회적 관계 수준에 도달한 상태이다. 그러나 5세에서 6세 사이의 초기에 발병하고 증상이 경미한 경우 이러한 형태의 놀이치료는 관련 장애의 병력이 없는 가족의 아동에게 유용할 것이다. 가족의 폭넓은 참여도 필요하며, 가족치료가 바람직하다. 하지만 이것이 가능하지 않은 경우, 놀이치료자는 가족과 함께 지원 역할과 상담 역할 모두에 관여해야 할 수 있다.

아동은 부모가 정한 규칙을 무시하고, 결과적으로 처벌이 효과가 없기 때문에 부모는 좌절한다. 그들은 효과적인 훈육에 대한 어떤 조언이라도 고마워할 것이다. 또한, 자녀의 치료가 진행되는 동안 외부의 이해와 지원이 필요하다. 아동은 자신을 보호하기 위해 시험하고 자기 자신의 악마와 대면할 때 강한 감정이 유발된다. 그럴 때 강한 감정은 놀이치료실에서 가정과 학교로 이어질 것이다. 부모는 이해와 수용을 촉진하기 위해 이러한 과정에 대해 교육을 받아야 한다. 아동에게 확고한 경계를 유지하는 동시에 사랑, 지지, 이해를 보여 줘야 할 필요성이 강조된다. 이를 위해서 3~4개월 동안 자녀의 필요를 충족시키기 위해 부모 자신의 개인적인 욕구를 잠시 치워 두어야 한다.

만약 부모와 가정환경이 아동의 장애에 영향을 미치는 것으로 판단되면, 집 밖에서 거주할 장소를 찾는 도움이 필요할 수 있다. 이러한 환경에서 놀이치료는 계속되고

4) 특별히 설명하지 않는 한 DSM-IV(APA, 1994)의 진단범주를 사용한다(역자주: 현재 DSM-5-TR 정신질환의 진단 및 통계 편람 제5판 수정판(APA 저, 권준수 외 공역, 2023)이 출간되었으니 참고하여 사용할 수 있다.).

더 효과적일 수 있다.

적대적 반항장애

대부분의 치료자가 품행장애의 전조를 보이는 아동이라 생각하고 치료하는 대부분의 아동이 적대적 반항장애(Oppositional-Defiant Disorder)로 진단받는다. 이 아동의 행동은 아동 주변의 정상적이고 지속적인 일과를 방해한다. 아동의 적대적 반항장애는 분노, 논쟁, 반항, 무례함 혹은 앙심을 품고 외설적인 언어를 자주 사용하는 것으로 나타난다. 이 아동들은 권위자에 대한 복수심에서 동기가 유발되는 것으로 보인다. 교사는 이들이 시끄러운 경향이 있다고 덧붙인다. 부모는 아동이 "너무 변덕스러워서 집에서 우리 모두를 달걀 껍질 위를 걷는 것처럼 불안하게 만들어요. 우리는 언제 그 애가 조절이 안 돼서 날아갈지, 언제 귀엽고 작으면서 매력적인 존재에서 작은 괴물로 변할지 전혀 모르겠어요."라고 말할 수도 있다.

Joey는 그의 조부모가 데려온 네 살짜리 아동이였다. Joey의 어머니가 이사를 하는 동안 Joey는 일시적으로 조부모에게 맡겨졌다. 아동의 어머니는 화를 참지 못하는 경향이 있는 남편에게 구타와 폭언을 당해 왔다. 아동은 그의 아버지가 폭발적인 행동을 하는 기간 동안 집을 거의 파괴하는 것을 보았다. 마침내 아내는 남편을 떠났지만, 아동은 엄청난 분노와 통제 불능 행동에 노출되기 전까지 떠나지 못하고 있었다.

어느 날 조부모는 손자를 데리고 예약했던 진료를 받기 위해 병원에 갔는데 오랜 시간 대기한 후에야 의사를 만났다. Joey는 꽤 오랫동안 조용히 놀았지만 결국 불안해지기 시작했다. 할머니는 의사를 언제 만날 수 있는지 다시 물었다. Joey는 불안해했다. 할아버지는 아동을 최대한 침착하게 유지시키기 위해서 매우 열심히 노력했다. 하지만 할머니가 돌아왔을 때, Joey는 일어나서 "오, 좋아, 가자!"라고 소리를 쳤다.

할머니는 "글쎄, 아직은 아니야. 먼저 처방전을 받아야 해."라고 말했다.

그 순간 아동은 "아니! 우리는 갈 거야!"라고 말했다.

하지만 할머니는 처방약을 받으러 병원의 다른 구역에 있는 약국으로 걸어갔다. 이는 Joey의 계획에 어긋나는 일이었고, Joey는 울화통을 터뜨리기 시작했다.

대부분의 사람은 세 살 짜리 아동이 짜증 내는 것을 보고 그리 놀라지 않았지만, 그 아동은 조부모가 들어 본 적이 없는 욕설을 쏟아 냈고 사람들은 놀랐다. 조부모는 너무나 굴욕적이었다. 그날 오후, 조부모는 치료자와 초기 상담을 하기 위해 전화 예약을 했다. 조부모는 아이가 계속되는 요구와 통제할 수 없는 행동으로 그들을 지치게 한다고 보고했다. 그들은 아이를 보모에게 맡기는 것을 두려워했지만 다시 당황스러운 일을 겪을까 봐 그를 데려가는 것도 두려워했다.

Joey는 놀이치료를 통해 도움을 받을 수 있는 적대적 반항장애 아동의 전형이다. 그는 자신의 행동을 통제하고 내부 갈등을 해결하는 데 도움이 필요할 것이다. 이에 대해서는 제6장에서 더 자세히 논의할 것이다.

불안장애: 과잉불안 아동과 분리불안

놀이치료는 불안장애를 경험하는 아동에게 매우 유용하다. 여기에는 걱정할 근거가 거의 없어 보일 때조차도 끊임없이 걱정하는 경향이 있는 과잉불안 아동이 포함된다. 이 아동들은 반복적으로 "이런, 내가 숙제를 제대로 하지 못한 것 같아." "나는 정말 잘 모르겠어." "나는 나를 그렇게 좋아하는지 모르겠어." "내 여동생이 많이 울어서 걱정돼요."와 같이 말할 수 있다. 이런 아동들은 긴장을 보이는 경향이 있으며 끊임없는 걱정으로 인해 긴장을 풀지 못한다.

분리불안이라는 용어에서 알 수 있듯, 이 아동들은 자신이 떨어져 있는 동안 보호자에게 무슨 일이 일어날지 모른다는 두려움 때문에 주양육자와 헤어지는 것을 두려워한다. 다시 말해, 여기에서 주된 요인은 아동의 불길한 예감 수준에 대한 명백하게 불합리한 근거이다. 놀이치료실에서 이 증후군은 아동이 놀이치료실에 들어갈 때 부모와 분리되는 것을 거부하기 때문에 다소 어색함을 유발하기도 한다.

외상성 스트레스

외상성 스트레스(Traumatic Stress)에는 두 가지 유형이 있다. 하나는 만성 스트레스이다(예: 아동이 일상적이고 습관적으로 신체적 또는 성적으로 학대를 받고 있음). 아마도 이 학대는 태어날 때부터 시작되어 아동이 가출을 할 수 있는 16세까지 계속 이루어

졌을 수 있다. 또는 더 가까운 매개변수를 가질 수 있다. (즉, 9세에서 시작되어 12세까지 계속될 수 있다.) 놀이치료는 이 아동이 성인과 관계를 맺는 새로운 방법을 배우도록 돕고 결과적으로 아동의 정신 건강을 개선하는 데 도움을 준다.

두 번째 유형의 외상성 스트레스는 급성이다. 이러한 경우, 비행기 추락, 지진 또는 사망과 같은 매우 충격적인 일에 관여했거나 목격했을 수 있다. 이 아동들과 함께하는 치료 작업은 안정기에 도달할 때까지 지속적으로 이루어져야 한다. 이 시점에서 아동의 삶은 순조롭게 진행되는 것처럼 보인다. 아동은 행복해 보이고 부모는 만족하며 아동의 행동은 정상적인 범주 안으로 변화한다. 아동이 스스로 결심한 것이 분명해 보일 때, 치료 종결을 제안하는 것이 적절하다. 하지만 외상 작업에서 아직 아동에게 드러나지 않은 문제가 있을 수 있다. 그런 경우, 치료에서 상당한 성과를 거두었지만 아직 치료에서 다루지 않았기 때문에 여전히 아동에게 나타나지 않은 외상이 남아 있을 가능성이 높다고 부모에게 조언하는 것이 현명하다. 이러한 문제가 표면화되면 부모는 자녀의 행동에서 약간의 퇴행을 보기 시작할 수 있다. 이는 치료가 효과가 없었다거나 치료를 다시 시작해야 한다는 것을 의미하는 것이 아니다. 오히려 그것은 아동이 자신이 알고 있는 유일한 방식으로 불안정한 상태를 전달하려고 시도하고 있다는 표시일 뿐이다.

이 문제는 몇 가지 이유로 다시 나타난다. 무의식적인 기억을 촉발하고 아동의 정서 및 행동적 반응을 촉진하는 어떤 일이 발생할 수 있다. 또는 아동이 다른 차원의 발달단계에 도달했을 수도 있다. 보다 발전된 발달단계와 함께 인지 및 운동 기술, 정서 및 도덕적 발달, 세상에 대한 인식이 새로운 성숙을 이루었기 때문이다. 발전된 기술을 사용하면 문제를 재처리하고 좀 더 성숙한 수준의 경험과 지식을 기반으로 새로운 수준의 수용 상태에 도달해야 하는 것이다. 이때 부모는 이전 경험과 새로운 감정과 인식의 조화를 촉진하기 위해 치료를 다시 원할 수도 있다.

Covington(1988)은 이러한 반복적인 유형의 치료를 회복 주기로 묘사한다. Oaklander(1978)는 이를 간헐적 장기 요법이라 부른다. 용어를 막론하고 외상성 스트레스를 경험한 아동이나 성인과 함께 일할 때 회복 주기가 있을 수 있음을 알려 줄 필요가 있다. 아동이 새로운 발달단계를 거칠 때마다 새로운 차원에서 이 문제에 직면해야 한다.

덧붙이자면, 발달 및 발달단계는 성인기에 마술처럼 종료되는 것이 아니므로 이 문제는 성인기 전반에 걸쳐 주기적 간격으로 다시 나타날 수 있다. 매번 외상적인 것이 아닐 수도 있다. 뭔가가 불안한 느낌일 수도 있다. 현재의 불편한 상태가 원래 상황 때문인지도 분명하지 않을 수 있다. 반응이 경미할 때, 새로운 발달단계, 새로운 경험, 새로운 기술에 비추어 현재의 동요에 대한 새로운 시각은 시간과 생각이 필요하지만 개인 혼자서 해결할 수 있다. 보통 30대, 40대, 50대가 되면 인생에 대한 새로운 관점이 생긴다.

자녀와 부모 모두 종결할 준비가 되었더라도, 이 반복되는 회복의 주제 때문에 앞으로 처리해야 할 문제가 여전히 남아 있을 수 있음을 알리는 것이 중요하다.

Heather는 네 살 때 치료자에게 처음 왔던 어린 소녀였다. 아이는 어머니의 죽음 이후 조부모의 보호를 받았다. 아이와 여동생은 어머니의 살해당하는 장면을 목격한 유일한 두 사람이었다. 수많은 경찰관과 사회복지사가 살인범의 신원을 밝히거나 적어도 설명이나 단서를 얻기 위해서 아이들을 심문했지만 아이들은 말을 할 수 없었다. 약 1년간 치료를 받은 후, Heather는 자신의 어머니가 떠났고 돌아오지 않을 것이라는 사실을 받아들이기 시작했다. 그녀는 또한 상황에 대한 분노와 무력감, 이로 인한 삶의 극적인 변화에 대해 광범위하게 치료 작업을 했다. 이러한 작업 후, 아이의 행동은 스스로 이 문제를 해결하면서 점진적인 개선이 이루어져 변화한 모습을 보여 주었다.

Heather가 아홉 살이 되었을 때, 그녀의 조부모는 여동생을 집으로 데리고 왔다. 이 시점에, 그녀는 형제자매 문제를 경험하기 시작했으며 마지막에 자매가 함께 살았던 기억을 떠올리게 되었다. 이는 Heather에게 2차 성징이 나타나기 시작하던 시기에 잃어버린 어머니에 대한 기억을 다시 일깨우게 되는 사건이었다. 기억과 그에 따른 혼란이 그녀를 다시 치료실로 이끌었다. 그녀의 행동은 다시 한번 조부모의 관심사가 되었다. 이 시기의 치료는 더 간결했다. 이번에는 그녀의 주제를 훨씬 더 빨리 실행에 옮길 수 있었고 그녀의 놀이는 주변 문제보다는 주요 문제에 더 집중되었다.

열네 살이 되자, Heather는 규칙이나 일과를 강요하는 할머니에게 저항하기 시작했다. (일반적으로 이 나이대의 아동은 갑자기 성취감을 갖기 위해 새롭고 독립성을 추구하는 행동을 할 수 있다는 점을 알아야 한다.) Heather는 새로운 규칙에 얽매이는 것을 거부했다. 사실 아동은 조부모에게 저항하고 있었다. 아동과 치료자가 첫 번째 세션을 마치고 두 번째 세션을 진행하는 날, 아동의 할머니는 Heather가 지금까지 조부모가 요구했

던 모든 규칙들에 어떤 식으로 저항했는지 보고 했다. 여기서 치료자가 Heather를 쳐다보며 공감적인 말투로 "할머니는 엄마가 아니지! 규칙을 정해야 하는 건 엄마지."라고 말하자 소녀는 울음을 터뜨렸고 다시 한번 엄마가 존재하지 않는 문제에 초점을 맞췄다. 비록 할머니는 손녀의 엄마가 되기 위해 모든 면에서 그 역할을 해내려고 노력했지만 엄마는 아니었다.

신체화 장애

가끔씩, 의사에게 진료를 받으러 와서 신체적 불편함을 호소하지만 원인이 밝혀지지 않을 경우, 아동을 심리치료자에게 의뢰하는 경우가 있다. 가장 일반적으로 소아는 두통이나 복통 또는 기타 불특정 통증을 호소한다. 이 장애의 주요한 특징은 증상이 시작된 가까운 시기에 정서적 스트레스의 발생 요인을 식별(관찰)할 수 있다는 점이다. 놀이치료도 이 장애를 치료하는 데 효과적이다. 놀이치료 과정에서 아동은 자신의 환상 속으로 들어가 고통의 원인을 발견하고 자신의 놀이 은유를 통해 딜레마를 해결할 수 있다.

우울감을 동반한 적응장애

우울감을 동반하는 적응장애(Adjustment Disorder with Depression Mood)의 진단은 처한 환경과 연관된 우울감이나 슬픔을 드러내는 아동을 진단하는 것에 적합하다. 이러한 슬픔 또는 우울감은 아동이 점점 더 위축되고 주변 환경에 대한 관심을 잃고 수면 패턴이 바뀌는 형태로 나타날 수 있다. 종종 아동들은 행동으로 드러내지 않고 관심을 요구하지 않기 때문에 도움을 받을 기회를 놓치기도 한다. 이 아동들은 종종 자신의 슬픔 속에 혼자 놓이게 된다. 부모가 치료자를 찾아서 "내 아이가 너무 착하기 때문에 당신을 만나야 할 것 같아요."라고 말하거나 교사가 "이 아동은 너무 조용해요."라고 말하는 경우는 거의 없다.

아동이 삶에 대한 밝고 외향적이고 열정적인 태도에서 무기력해지고 관습적인 활동에 관심이 없어 보이는 것으로 바뀌는 시점을 인식하는 것이 중요하다. 놀이치료는 이러한 아동들이 생활에서 경험하는 상황에 대한 걱정과 슬픔을 탐색할 수 있는 훌륭한 수단이 될 수 있다. 놀이를 통해 아동은 아동의 관점에서 볼 때 촉발이 된 사건을 시연할 수 있으며, 그런 다음 남은 감정과 상황을 이해하거나 수용하는 단계로 발전한다.

주요우울장애로 보이는 것은, 물론 우울감을 동반한 적응장애와는 다르다. 그러나 정신병리적 특징을 동반한 주요우울장애의 출현은 상황에 따라 다를 수 있다. 친밀한 관계라고 느꼈던 가족 구성원으로부터 성적 학대를 당한 아동이 수개월에 걸쳐 서서히 주요우울장애로 발전하는 경우가 이를 증명한다(Livingston, 1987). 놀이치료자는 성적 학대를 받은 아동의 이 장애에 특히 주의를 기울이고 이를 우울한 기분 및 아동기 정신분열증과 구별하는 것이 현명하다.

발달문제[5)]

놀이치료에서 보이는 많은 아동은 주로 기질적인 병리를 가지고 있지 않고 오히려 삶에서 그들이 처한 상황에 적응하는 데 어려움을 겪고 있는 아동이다. 이러한 상황은 가족, 환경, 사회 또는 발달적일 수 있다. 아동들은 "있잖아, 난 자라기 위해 애쓰고 있어." "그냥 힘들어." 또는 "막내였는데 동생이 생겨 갑자기 형이 되는 것은 불공평해." "왜 아빠가 그녀와 결혼해야 했지?"라고 말하고 있을지도 모른다. 어쩌면 그들은 심지어 대륙을 횡단해 이사하거나 같은 지역 사회의 한 집에서 다른 집으로 이사했을 수도 있다. 아동은 일상적이고 일관성 있게 성장한다. 변화를 일으키는 모든 것(허리케인과 토네이도에 좋아하는 놀잇감을 잃어버리는 것까지도)은 아동들을 속상하게 만들 것이다. 놀이치료는 이러한 아동들이 스스로 통제할 수 없는 상황에 대한 분노, 좌절, 배신, 혼란스러운 감정을 검토할 수 있는 기회를 제공한다.

형제자매, 부모, 조부모, 애완동물 등 가족 중 누군가 사망한 경우, 아동은 이 새로운 상실에 대한 적응과 이해가 지연된다. 아동은 아직 죽음의 개념을 이해할 수 있는 인지적 발달을 이루지 못했다. (실제로 많은 성인도 죽음과 내세의 개념에 대해 지속적으

5) 이러한 문제는 적응장애 혹은 사별의 DSM-IV(APA, 1994) 진단 범주에 해당할 수도 있고 그렇지 않을 수도 있다.

로 의문을 제기한다.) 아동은 중요한 신체 장기가 더 이상 기능하지 않는다는 사실을 이해하지 못하므로 아동에게 있어 인간의 존재 유지에 대한 과학적 상식은 더 이상 도움이 되지 않는다. 아동은 언제라도 자신을 포함해 누구에게나 이런 일이 일어날 수 있다는 사실을 받아들이기 위해 고군분투한다. 부모가 슬픔의 한가운데 있을 때 자녀가 이 위기에 잘 대처하고 있는 것처럼 보일 수 있으므로 많은 부모는 아동의 이러한 상태를 걱정하거나 자녀를 위한 상담을 고려할 필요가 없다고 생각하게 된다. 이후 부모가 상실을 인정하고 받아들이기 시작할 무렵, 아동은 슬픔에 빠지고 행동이 바뀌기 시작한다. 사망 후 시간이 경과되었기 때문에 부모는 아동의 행동과 상실감을 연관하여 생각할 수 없다.

발달 편차: 학대와 관련된 수면장애, 유분증, 섭식장애

아동들이 흔히 나타내는 또 다른 증상은 수면장애(Insomnia)이다. 연구에서 수면 공포장애와 신경학적 관련이 있다는 증거가 나타났기 때문에 이는 수면공포장애(Sleep Terror Disorder)와 혼동되어서는 안 된다(예: Murray, 1991; Sheldon, Spire, & Levey, 1992). 오히려 여기에서 언급하는 것은 잠드는 것을 두려워하거나 한밤중에 깨서 신체적이지 않은 이유로 다시 잠을 잘 수 없는 아동을 이야기하는 것이다. 여기에는 악몽장애도 포함될 수 있다.

고려해야 할 또 다른 발달 편차는 장 또는 방광 조절 문제이다. 야뇨증이나 유분증의 생리학적 근거를 배제하는 데 필요할 뿐만 아니라 병인을 평가하는 것이 이 아동들에게 중요하다. 이러한 성격의 가족력에 대해 부모에게 질문하거나 의사와 상담하면 생리학적 근거가 있는지 확인할 수 있다. 생리학적 근거가 배제되면 놀이치료를 활용하여 이 장애가 있는 아동을 도울 수 있다.

섭식장애로 진단되는 개인들은 주로 청소년 혹은 젊은 성인 여성이다. 소아기 발병 신경성 식욕부진증은 주로 10~14세의 전사춘기(prepubertal) 및 사춘기 아동의 나이를 고려한 것이다(Fossen, Knibbs, Bryant-Waugh, & Lask, 1987; Lask & Bryant-Waugh, 1992; Maloney, McGuire, Daniels, & Specker, 1989; Treasure & Thompson, 1988). 하지만 놀이치료 집단은 더 어린 아동으로 구성되어 있다. 일반적으로 어린 아동들이 나타내는 증상은 신경성 식욕부진 혹은 폭식증으로 간주되는데 필요한 모든 기준을 충족하지 않는다. 오히려 어린 아동들은 더 빈번하게 섭식장애의 징후로 간주되는 몇 가지 증상을 나타내거나 일부 비정상적인 식습관을 보일 수 있다. 일반적으로 아동기 비정형 섭식장애로 간주되는 장애로는 음식 회피 정서장애(Food Avoidance Emotional Disorder; Higgs, Goodyer, & Birch, 1989), 전반적 거부 증후군(Pervasive Refusal Syndrome; Lask, Britten, Kroll, Magagna & Tranter, 1991), 선택적 섭식(Selective Eating), 음식 유행(Food Fads) 그리고 섭식 거부(Food Refusal; Lask & Bryant-Waugh, 1992)가 있다.

섭식장애의 병인에 대한 명확한 도식은 아직 완성되지 않았지만 각 개인마다 다른 유전적 · 생물학적 · 성격 및 가족 요인의 상호작용인 것으로 보인다(Lask & Bryant-Waugh, 1992). 그러나 Treasure와 Thompson(1988)은 전사춘기(prepubertal) 그룹이 질병을 촉발하는 더 많은 불리한 삶의 사건과 가족 수의 증가 및 성격 요인이 비정형적이라고 제안했다.

이 아동들의 심리치료는 주로 가족치료로 이루어졌다. 실제로 많은 가족 요인이 이 장애에 걸리기 쉽기 때문에 가족치료가 필요하다. 하지만 놀이치료는 자존감, 외상 해결 및 대처 방식에서 아동의 발달을 촉진할 수 있다.

역기능적 가족 환경[6)]

역기능적 가족(Dyfunctional Family Setting)이라는 용어는 이분법적인 상황이 아니다. 하나는 순수하게 역기능적이거나 기능적으로 분류되지 않는 것이다. 오히려 기능장애는 연속성에 따라 고려될 수 있으며 기능장애 수준에 초점을 맞추어 논의할 수 있다. 대부분의 가족은 어느 정도 기능장애가 있다. 결과적으로 놀이치료를 받는 아동의 대다수는 중등도에서 심각한 수준의 기능장애가 있는 가족일 것이다. 그들 나름의 방식대로 가족들은 부적응 환경에서 기능하는 방식을 찾으려고 시도한다.

이러한 상황에서는 종종 외부 기관에 의해 아동이 의뢰되고 아동을 위한 치료를 받도록 가족들에게 어느 정도의 압박이 가해진다. 하지만 가족의 어른들이 아동을 문제로 보고 치료자에게 아동을 치료해 달라고 데리고 오는 것도 드문 일은 아니다. (본

6) 이 진단은 DSM-IV(APA, 1994)가 아니라 진단적 범주이다.

질적으로, 아동을 더 우리처럼 만들어 달라고 요구하는 것이다.)

Susie는 변호사 부부의 일곱 살 난 딸이다. 그녀의 어머니는 Susie에게 2학년을 1년 더 다니는 게 좋겠다는 선생님의 추천을 받았다. 부모에게 알린 학부모-교사 회의를 한 후에 그녀를 상담자에게 데려갔다. 선생님은 이 아이에게 치료를 권했는데, 그 이유는 그녀가 매우 위축되어 있고 학교 공부에 대한 시도조차 거부했기 때문이다. 선생님은 Susie와의 상호작용을 권유해 보려는 시도에 실패했다.

Susie의 어머니는 매주 Susie를 놀이치료에 데리고 왔다. 그녀는 놀이가 매우 제한적이었고 방을 탐색하는 것을 대부분 두려워했다. 그녀는 치료자가 그녀에게 원하는 것이 무엇인지 반복해서 질문했다. 마침내 그녀는 놀이치료실에 있는 어떤 물건이든 원하는 방식으로 놀 수 있다는 수많은 확신을 얻었다. 처음에는 기계적으로 놀기 시작했지만 시간이 지남에 따라 점점 더 창의적으로 놀기 시작했다.

Susie가 약 한 달 동안 치료를 받은 후, 아버지는 치료자에게 만남을 요청했다. 그는 모든 증상에 대해서 보고받기를 원했고, 치료 계획과 치료 기간을 알고 싶어 했다. 그 후, 매달 그는 치료자에게 동일한 보고서와 치료에 대한 책임을 요구했다.

Susie의 아버지는 Susie가 완벽하게 자신의 기대에 맞춰 능력을 발휘하지 못한다는 사실에 꽤 오랫동안 화를 냈다. 그녀의 선생님이 유급을 권고했을 때, 아버지는 그것이 Susie가 자신의 말을 따르지 않고 있다는 확실한 증거로 보았다. Susie의 치료에 대한 그의 목표는 아이를 자신과 더 비슷하게 만드는 것이었다.

확실히 Susie의 사례는 많은 가정에 나타나는 기능장애의 정도를 보여 주지는 않지만, Susie가 아버지의 기대에 반응하면서 세상에 어떻게 대응하고 있었는지를 단적으로 보여 준다. 그녀는 아이답게 지내고, 실수하면서 있는 그대로의 자신이 될 수 있도록 허락되지 않았다. 그녀가 하는 모든 일은 미리 생각하며 목적을 갖고 계획을 세워야만 했다.

역기능적 가족의 아동과 함께 작업할 때 발생하는 좌절감 중 하나는 가족치료와 반대되는 아동 개별 치료의 효과성에 대한 질문이다. 아동이 일주일에 한 시간씩 개별 치료를 받은 다음 가족 기능에 문제가 있는 가정환경으로 돌아갈 때 치료가 효과적일 수 있을까? 치료자가 어린 시절에 그녀와 함께할 수 있는 제한된 시간을 고려할 때 치료자가 개인의 삶에 얼마나 많은 영향을 미칠 수 있을까?

지난 10년 동안 어린 시절에 발생했던 학대에 대해 이야기하는 것에 대해서 많은 사례가 밝혀져 왔기 때문에 이제 연구 데이터를 사용할 수 있게 되었다. 건강하게 기능하는 성인이 되느냐 아니냐의 차이를 만드는 매우 중요한 한 가지 요소는 개인이 어린 시절이든 성인이든 평생 동안 아동을 무조건적으로 수용해 준 사람이 있었는지의 여부이다(Garmezy, 1986).

Moustakas(1959, 1992)는 무조건적인 수용을 다음과 같이 설명한다. "…… 한 사람, 직접적으로, 인류애를 가진 사람, 통합된 개인이며 직업적 자아를 가지고, 타인을 만나며, 일련의 깊은 인간적 만남을 통해 아동을 사랑하거나 잠재적으로 사랑할 수 있는 사람, 아동이 자아실현에 도달하기를 기다리고 가능하게 한다(p. ix)." 만약 장애가 있고 학대받는 아동들이 이런 방식으로 자신을 받아들일 사람을 찾는다면, 아동은 정말 달라질 것이다!

선택적 함묵증

놀이치료는 은유의 치료이기 때문에, 아동이 참여하기 위해 말을 할 필요는 없다. 놀이치료는 아동에게 원인이 될 수 있는 외상에 대한 반응을 은유를 통해 표현할 수 있는 기회를 제공한다(Axline, 1964). 또한 버림받는 것에 대한 두려움이나 사회적 부적절함과 수줍음에 대한 감정을 해결할 수 있는 기회를 제공한다. 여기서 치료자는 가정에 존재하는 학대나 폭력을 완화하기 위해 가족치료를 시작할 필요가 있음을 알 수 있다. 자녀의 독립성과 위험 감수를 촉진하는 방법에 대해 부모에게 구체적인 양육 기술을 가르치고 구조화해야 할 필요가 있을 수도 있다.

권능감의 부족[7)]

일부 성인과 거의 모든 아동이 경험하는 또 다른 문제는 '세상의 모든 사람이 나이

7) 이 진단은 DSM-IV(APA, 1994)가 아니라 진단적 범주이다.

가 많고 더 잘 알고 있으며 항상 나에게 무언가 하는 방법을 알려 준다'고 느낄 때 아동이 느끼는 감정이다. 아동은 노력하지만 "배울 게 너무 많아서 잘하기가 너무 힘들어!"라고 느낄 수 있다. 때로는 아동의 손, 팔, 발이 원하는 대로 움직여지지 않을 수도 있다. 이때 유발되는 감정은 '나는 다른 사람들만큼 잘하지 못한다' 혹은 '나는 내가 원하는 만큼 잘하지 못한다'는 것이다. 그러면 아동은 자신의 가치에 의문을 갖기 시작하고 자신이 부적절하고 무력하다고 느끼기 시작하게 된다. 이런 아동은 놀이치료에 잘 반응한다. 낮은 자존감과 무능하다고 느끼는 것은 장애로 분류되지는 않지만, 끊임없는 자기 성찰 과정에 내재된 질문, 의심, 수치심에 사로잡힌 사람들에게는 확실히 고통스럽다.

Ashley의 부모는 교사가 Ashley를 2학년에 유급하도록 권고한 학부모-교사 회의가 끝난 후 일곱 살 된 Ashley와 함께 도움을 요청했다. 가족 중에 이런 일을 한 번도 경험해 본 적이 없었기 때문에 부모는 상황을 적절하게 관리하는 방법에 대해 걱정하고 있었다. 그들은 또한 Ashley가 이 과정을 통해 가능한 한 큰 자존감을 유지할 수 있도록 도울 수 있는지에 대해서도 걱정하고 있었다. 부모와 상담 시간을 보낸 후(예: 특히 딸과 함께 일반적으로 자녀의 자존감에 대해 이야기하고 읽을 기사를 제공하는 등) Ashley와의 회기가 시작되었다.

Ashley가 첫 회기에 들어갔을 때 몇 가지 접수 상담에서 하는 일반적인 질문들과 검사를 실시했다. 그녀는 첫 한 시간 내내 그림을 그리고 질문에 답하느라 바빴다. 초기 상담이 끝날 무렵 치료자가 말했다. "자, Ashely, 오늘 정말 바빴구나. 나는 네가 내 질문에 대답하고 모든 요청을 들어줘서 정말 고마워. 내가 이제 너에게 하고 싶은 말은, 다음 시간에 네가 오면, 우리는 네가 원하는 것이라면 무엇이든 할 거라는 거야. 그리고 그건 네 선택에 따라 이루어질거야." Ashley는 "알겠어요."라고 말한 뒤 떠났다.

그다음 회기에서 그녀는 처음에는 무릎에 손을 두르고 바닥에 앉았다. 치료자는 Ashley에게 "나는 여기 있고, 네가 원하는 것은 무엇이든 할 수 있어."라며 지금부터 선택한 것은 무엇이든 할 수 있다고 상기시켰다.

Ashley는 치료자를 올려다보고 작고 두려워하는 목소리로 말했다. "네, 여기엔 많은 것이 있어요. 게임들과 물감들 그리고……." 그러면서 Ashley는 장안에 사용할 수 있는 여러 가지 물건의 이름을 나열했다. 그러고 나서 Ashley는 잠시 조용히 있다가 "음, 어떻게 하고 싶으세요?"라고 말했다.

치료자는 다시 한번 "우리가 여기에서 할 수 있는 것이 많아. 그리고 네가 선택하는 모든 것을 함께하게 되어 기뻐."라고 대답했다.

다음 45분 동안, Ashley와 치료자는 말없이 앉아 있었는데, 이는 쉬운 일이 아니었다. 대략 5분마다 치료자는 "얘야, 뭘 할지 결정하기가 정말 어렵구나." 혹은 "뭘 하고 싶은지 확실하지가 않구나." 혹은 "너는 어른들이 '네가 하고 싶은 대로 해 줄게'라는 말을 듣는 게 익숙하지 않았을 뿐이야."라고 말을 해야 했다. 그러고는 치료자는 같은 말을 반복하고 싶지 않아서 조용히 거기에 앉아 있었다. 그것은 긴 45분이었다.

Ashley가 다음 주에 다시 갔을 때 그녀와 치료자는 다시 말없이 앉았다. 약 10분 후에 Ashley는 치료자를 올려다보며 부드럽게 "산책해도 될까요?"라고 물었다. 치료자는 "그래, 물론 가능하지!"라고 대답했고, 그들은 산책을 했다!

방에 있는 것이 아니었기 때문에 Ashley가 이걸 묻는 데는 많은 용기가 필요했다. 치료자는 함께 걸으면서 그것이 그날 그들이 할 수 있는 최선의 일인 이유를 이 세상의 모든 이유에서 찾았다. Ashley는 자신에게 부여된 권한으로 언어적 공세를 퍼부었고, 이는 6개월간의 치료 동안 계속 이어졌다.

Ashley가 놀이방을 탐색하고 문제를 해결하는 데 더 용기를 내면서 권한 부여의 맥락이 바뀌었다. 그녀는 봄부터 여름까지 이러한 부분을 보여 주었다. 가을에 치료자는 새로운 교사와 상담을 했다. Ashley의 부모와 Ashley는 함께 자신감을 새롭게 발견했고, 좋은 출발점을 만들어 냈다. 11월쯤 되었을 때, 크리스마스 직전이 종결을 하기에 적기라는 데 의견이 모아졌다. 마지막 날 그녀는 "오늘은 게임도 하고, 이야기도 하고, 산책도 하고, 그림도 그리고 싶어요!"라며 방으로 뛰어 들어왔다. 바쁜 하루였다!

정체성 문제

놀이치료는 적응적 생활 패턴을 받아들이는 데 어려움을 겪는 아동들에게 훌륭한 치료 방법이다. 이 아동이 지속적으로 편안함을 느끼는 방법을 찾도록, 다른 정체성을 찾는 시도를 해 볼 수 있도록 하는 더 좋고, 더 안전하고, 더 수용적인 장소가 어디 있을까? 개인적인 선택과 선호도를 기반으로 선택해 본 적이 없기 때문에, 아동들에게 의사결정은 부담이 된다. 아동들은 일관된 가치와 도덕, 온전한 자아감, 일치하는

기능적 패턴이 아직 성취되지 않았다. 확실히 아동기는 다양한 유형의 기능을 실험해 보는 시간이다. 하지만 자녀가 원가족에서 일관성을 갖게 되면 자녀의 정체성은 처음에 부모와 유사한 형태가 될 수 있다. 청소년기(때로는 더 빠름)와 초기 성인기에 자녀가 가족으로부터 멀어짐에 따라 자녀들은 이러한 정체성의 형태를 시험해 보게 된다. 하지만 일관성이 없는 환경에서 자란 자녀는 따라야 할 모델이 없고 초기에 기반을 제공해 줄 것이 전혀 없어지게 된다.

해리성 정체성 장애

해리성 정체성 장애(Dissociative Identity Disorder)[이전에는 일반적으로 DSM-III-R의 다중인격장애(APA, 1987)]는 일반적으로 어린 시절에 시작되는 것으로 간주되었다(Courtois, 1988; Kluft, 1985). 돌이켜 보면 해리성 정체성 장애로 진단받은 많은 성인이 네 살에서 여섯 살 사이에 대안이 형성되기 시작했다고 말한다(Courtois, 1988).

해리는 무아지경 상태에 있고 행동, 기능의 변화와 함께 기억 상실 기간을 경험하는 아동에 의해 명시될 수도 있고, 혹은 마치 짧은 시간 동안 떨어져 있었던 것처럼 천연덕스럽게 보일 수도 있다. 연령에 맞는 짧은 기간의 해리는 장애로 간주되지 않는다(Putnam, 1991). 그러나 해리 증상의 수준이 아동의 일상적인 기능에 영향을 미치기 시작하는 적절한 지점에 도달하면 장애로 간주될 수 있다. 놀이치료는 아동 또는 아동의 다른 인격이 은유로 자신을 표현할 수 있도록 하고 치료자는 아동의 다른 인격이 통합을 이룰 수 있도록 돕는다(Fagan & McMahon, 1984).

강박장애

놀이치료는 놀이치료실에서 의례적인 절차가 필요하지 않다는 것을 아동에게 보여 주기 위해 놀이치료 방식을 어느 정도 조정해야 할 수도 있는데, 강박적인 아동에게 효과적이다. 놀이치료를 할 때 분위기는 아동이 자신의 방식으로 자기 문제를 표현하도록 하는 데 매우 수용적이기 때문에, 처음에 아동은 구조화의 부족으로 어려움을 겪을 수 있다. 하지만 시간이 주어지면서 아동은 자신의 은유를 표현하는 데 더 자유로워질 수 있다. 놀이치료실에 모래상자를 두고 모래를 쏟는 것을 용인할 수 있다는 점을 전달하는 것은 이 아동에게 내면의 투쟁을 용인할 수 있다는 점을 보여 주는 한 가지 방법이다.

자기애적 아동

자기애적인 아동(Narcissistic Children)은 관심의 중심이 되는 것을 좋아한다. 놀이치료보다 특별함을 느낄 수 있는 더 좋은 곳이 있을까? 하지만 자기애적 아동과 작업을 하게 될 때 잠재된 어려움은 관계를 확립하는 것이다. 이 아동들은 다른 사람을 신뢰하지 않기 때문에 놀이를 통해 자신을 드러낼 수 있을 만큼 충분히 안전하다고 느낄 수 있을 정도로 관계를 발전시키는 데 있어서 시간과 인내, 끈기가 필요하다. 초면에 관계 형성을 하는 데 있어서 또 다른 어려움은 자기애적 아동의 합리화와 인식된 결점이나 패배를 정당화하기 위한 변명, 타인에 대한 아동의 강렬한 질투와 평가절하, 상호작용에서 타인을 이용하려는 전능한 통제가 포함된다(Kernberg, 1989). 자기애적 아동에게 정서적 안녕을 향한 과정은 길 것이라고 예상할 수 있다.

체험적 놀이치료에서 제한된 효과가 예상되는 장애

다음 장애는 순수한 형태의 체험적 놀이치료를 활용하는 데 제한적인 성공을 이룰 것으로 예상할 수 있다. 이러한 장애에 놀이치료가 사용된다면 놀이 형식에 대한 어느 정도의 적응이 필요할 것이다. 이 광범위한 장애 범주에는 기질적 혹은 생물학적 병인이 있는 장애가 포함된다.

정신지체[8)]

지연된 정서적 문제를 해결하기 위해 아동들에게 놀이치료를 사용할 수 있다. 그

8) 현재 DSM-V에 따르면, 이 장애는 지적발달장애(Intellectual and Development Disorder)로 분류된다(역자주).

들은 사회적 기능이 손상된 반면, 타인의 고통스럽고 굴욕적인 말들에 정서적으로 반응한다. 놀이치료는 사회적 거부감으로 어려움을 겪는 아동들에게 이상적이다. 놀이치료자와의 상호작용 관계는 이런 아동들을 본질적으로 향상시킨다(Leland, 1983). 심리사회적 자극의 부족으로 인한 정신지체(Mental Retardation)의 경우, 놀이치료는 아동의 사회적인 지적 기능을 향상시키기 위해 사용되는 여러 가지 치료 방법 중 하나가 될 수 있다. 하지만 지적 기능 향상을 위한 유일한 치료 방법으로 놀이치료를 기대하는 것은 비현실적이다.

전반적 발달장애: 자폐장애 및 아스퍼거장애

이 아동들을 대상으로 놀이치료라고 불릴 수 있는 몇 가지 형태의 치료가 어느 정도 성공을 거둔 적이 있다(Bromfield, 1989; Lowery, 1985). 이러한 아동들에게 놀이치료를 사용할 가능성을 완전히 배제하는 것은 신중하지 않을 수 있지만, 처음부터 이러한 경우가 일반적인 것은 아니며 아마도 적응이 필요할 것이라는 점을 이해해야 한다. 상상력과 상징적 기능(즉, 놀이)은 이 아동들에게 영향을 줄 수밖에 없다(Dulcan & Popper, 1991). 전반적 발달 장애(Pervasive Development Disorder)가 있는 아동은 회전하는 물체 혹은 흔들기와 같은 반복적이고 고정된 행동을 하며 일반적으로 사회적 인식이 부족하다(Weiner, 1982). 상징놀이는 치료자가 아동의 존재 상태와 문제에 대한 이해를 얻기 위해 패턴과 상징을 연구하는 것이기 때문에, 자폐아동은 초기의 치료 형태로 체험적 놀이치료를 권장하지 않는다.

소아기 붕괴성 장애

소아기 붕괴성 장애(Childhood Disintegrative Disorder)를 경험하는 아동은 초기에 정신지체 아동과 유사한 반응을 할 수 있다. 하지만 일단 아동이 놀이 능력을 상실하면 치료자와의 관계가 아동에게 가장 중요하고, 아마도 유일한 혜택이 될 것이다.

정신분열증(아동기 발병)

정신분열증(Schizophrenia-Childhood Onset) 아동들은 상징놀이 능력을 보여 주기는 하지만, 놀이에는 패턴이 없는 것처럼 보인다. 놀이치료를 효과적으로 사용하기 위해서는 반복되는 주제를 구별하는 능력이 필요하다. 관련없어 보이는 말들과 협력을 상실한 성인 정신분열증 환자와 마찬가지로, 소아 정신분열증 환자는 관련이 없어 보이는 놀이와 협력관계를 상실한 것으로 보인다. 이 아동들의 놀이는 전반적 발달장애에서 발견되는 것과 같은 정형화된 것으로 더욱 반복적이고 고정적일 수 있다(Dulcan & Popper, 1991). 따라서 이 아동들은 환상과 현실을 구분하기 어렵다.

때때로 아동들은 정신분열 증상을 나타내거나 실제로 그렇지 않은데도 정신병적인 것처럼 보인다. 오히려 그들은 너무 심하게 학대를 받아 이러한 증상을 외상으로부터 자신을 보호하기 위한 수단으로 생각한 아동들이다. 방어기제로서 해리, 기억문제, 공백, 악몽 및 혼동이 포함될 수 있다(Einbender, 1991; Gelinas, 1983). 아동은 또한 고통을 느끼거나 비현실감을 차단함으로써 해리 경험에서 회복하려는 노력으로 자해를 할 수도 있다(Gil, 1993b). 심각한 학대 적응 증후군을 정신분열증과 구별하기 위해서는 철저한 평가가 필요하다.

치료자가 아동에게 지속적으로 접근할 수 있는 입원 환경에 있는 경우, 정신분열증 아동이 더 높은 정서적 수준(즉, 더 명쾌하고 의사소통이 가능한)에서 기능하는 시기를 결정할 수 있다. 이러한 상황이 되면, 아동은 상징적이고 형태를 갖춘 놀이를 하기 때문에 놀이 안에서 관계를 맺을 수 있다. 아동이 사회적·정서적 수준에서 다른 개인과 상호작용할 수 있고 기능적으로 기능을 하는 동안, 놀이치료는 효과적일 수 있다. 하지만 현재로서는 이러한 아동들에게만 효과적이다. 이는 확실히 예측 가능한 일이 아니기 때문에, 놀이치료의 예정된 회기를 좀 더 촉진시키기는 어렵다.

주의력결핍 과잉행동장애

순수한 형태의 체험적 놀이치료는 주의력결핍 과잉행동장애(Attention-Deficit/Hyperactivity Disorder)의 치료 방식으로 권장되지 않는다. 인지행동 기술을 활용한 치료법이 이러한 유형의 아동에게 더 자주 사용되는 경향이 있다. 하지만 구조적 또는

지시적 놀이치료도 치료 유형으로서 인기를 얻고 있다.

활동적인 아동들은 종종 과잉행동으로 오진된다(Budd, 1990). 또한 종종 우울한 기분을 초래하는 삶의 사건을 경험한 아동들은 자주 활동적으로 변하고 무기력하다기보다는 행동화되기도 한다. 이러한 행동을 단독으로 주의력결핍 과잉행동장애로 오진하는 경우가 많다. 하지만 아동이 정말로 과잉행동을 하고 약물을 복용하고 있다면 아동은 적대적 반항장애로 나타날 것이다. 이럴 때 체험적 놀이치료가 효과적일 수 있다. 다시 한번 말하지만, 이러한 아동을 대상으로 한 놀이치료는 아동의 생리학적 과잉행동을 변화시킬 것으로 기대할 수는 없지만 활동 수준을 둘러싼 정서적 투쟁에서 아동을 도울 것이다.

반응성 애착장애

반응성 애착장애(Reactive Attachment Disorder)는 많은 치료자에게 있어 내담 아동의 상당 부분을 차지하고 있다. 유아기 이후에 애착장애 증상이 나타나기 시작하면 반항성 장애 혹은 정체성 장애로 진단되는 경우가 많다. 이들은 다양한 이유로(예: 심각한 학대, 방치 또는 돌봄 장애) 양육자와 유대감을 형성하지 못한 아동이다. 이 장애에서 나타나는 증상에는 가학적인 잔인함이 포함될 수 있다. 양육자는 이 아동들이 동물이나 어린 형제자매들에게 가하려는 일부 행동에 대해 큰 걱정을 표현하는 경우가 빈번하다.

처음에, 반응성 애착장애 아동은 매우 매력적으로 보인다. 하지만 이러한 매력은 피상적이다. 일차 양육자와 깊고 친밀한 유대감이 부족하기 때문에 이 아동은 누구와도 피상적인 유대감을 형성할 것이다(Delaney, 1991).

부모들이, 특히 양부모이거나 수양부모일 때 공통적으로 하는 말은 "이웃이나 친구들이 내 딸을 만나면 모두 '이 아이는 매력적이야! 나는 당신이 말한 이 아이에 대한 그 끔찍한 일들은 믿지 않아!'이다. 부모, 특히 주양육자로서의 역할을 하게 되는 어머니들은 아동이 아니라 자신이 잘못되었다고 자신의 인식과 판단에 의문을 가지기 시작한다. 이 아동은 정서적인 위조를 할 수 있는 놀라운 능력을 가지고 있으며, 아동의 관점에서 취약하다고 느껴지는 사람들에게만 자신의 잘 알려진 특성을 보여 준다.

집착하지 않는 아동은 수동-공격적 행동의 달인이기도 하며, 타인들이 자신의 분노와 격노를 표현하도록 유도한다. 건전한 멘토링 능력으로 이해하고 대응하려고 시도했던 한 부모는 자신의 딸을 이렇게 설명한다. “아시다시피, 아동은 짜증나게 하는 행동을 계속하죠. 나는 잘못을 제대로 가르치려고 노력했지만, 내가 뭐라고 말하거나 행동하든 소용이 없었고, 역효과만 있었죠. 실제로 다투는 것도 아니에요. 사실, 그 아동이 하는 행동을 설명하기 어렵습니다. 아동은 계속 그렇게 하고 내가 화가 나서 통제할 수 없을 때까지 멈추지 않거든요. 일단 내가 화가 나면 아동은 실제로 기뻐하는 것 같습니다. 아동이 그걸 원했던 것 같습니다. 그런 다음 천천히 다시 시작될 때까지 며칠 동안 또 아동은 괜찮을 거예요. 우리는 이 소용돌이에 갇혀 있고 거기서 얻을 수 있는 게 없는 것 같아요.”

이 아동들은 또한 양심의 결여를 보인다. 그들은 죄책감이나 후회를 느끼지 않기 때문에 이 아동들에게서 이유를 찾기는 어렵다. 그들은 투사와 부정의 달인이기 때문에, 그들에게 잘못된 것은 다른 사람의 실수 때문이라고 생각한다.

모든 장애에서 중요하지만, 반응성 애착장애 아동의 경우 다음과 같은 철저한 접수상담이 중요하다. 이 아동 중 다수는 과거에 일종의 분리를 경험했다. 일부는 버려졌다가 나중에 입양되었다. 다른 일부 아동들은 분만 후 병원에 남겨졌다. 여러 간호사의 보살핌 속에서 아동은 1명의 양육자에게 정상적인 애착을 발달시킬 수 없었을 것이다. 아마도 아동의 어머니가 아파서 한동안 병원에 가야 했을 수도 있다. 어찌 되었든, 아동이 오랜 기간 동안, 특히 생후 1년 동안 분리를 경험했다면 반응성 애착장애의 가능성을 나타내는 좋은 지표이다.

이 아동들은 타인을 욕구 충족의 대상으로 본다. 그러나 애착 경험이 없는 아동은 타인에 대한 공감의 부족과 아동의 어떤 취약성으로 인한 불안 때문에 관계에 보답하지 못한다. 이 아동들이 나타내는 많은 증상은 성인의 경계선 성격장애 및 아동기의 경계선 장애로 제안된 것과 매우 유사하다(Bemporad, Smith, Hanson, & Cicchetti, 1982; Lofgen, Bemporad, King, Lindem, & O'Driscoll, 1991; Petti & Vela, 1990; Wenning, 1990). 경계선 증후군과의 유사성 및 해당 장애에 대한 기질적 연루의 증거 때문에 이 증후군은 기질적 장애(Constitutional Disorder)로 분류되었다. 앞서 언급한 것과 유사한 병력이 있고 유기적 개입이 의심되는, 앞에서 설명한 증상의 군집만 주어지면 놀이치료는 작업의 후반 단계에서만 이러한 아동에게 (자신과 타인에게) 가장 도움이 될 것이다.

제2장

놀잇감: 놀이치료자의 도구

아동이 놀잇감을 통해 표현을 개인화하는 방법

지난 25년 동안, 아동의 놀이에서 나타나는 은유, 주제, 방식, 전환 및 방향을 확인하기 위하여, 수백 시간의 놀이치료 회기 비디오테이프를 보고, 분석하고, 평가했다. 패턴을 확인해 본 결과, 아동에게 다양한 놀잇감을 제공했을지라도 아동이 어떤 특정한 놀잇감만을 반복적으로 선택한다면 그 놀잇감이 그 아동에게 특별한 의미를 갖기 때문이라는 점에 주목하게 되었다. 예를 들어, 아동이 비행기를 선택한다면 근본적으로 탈출하려는 욕구가 있을 수 있고, 아동이 상대하는 사람(들)과 거리를 유지하거나, 빨리 도망치려 속도를 내려고 하는 것일 수도 있다. 따라서 놀이치료에서 놀잇감은 무작위로 선택되는 것이 아니라 필요나 결핍에 대한 상징적 표현으로 작용하고 있다는 것을 알 수 있다.

놀잇감은 다양한 방식(예: 상상 놀이, 예술 작품, 치료적 이야기 또는 모래 놀이)으로 놀이치료에 사용될 수 있다. 한 부모(예: 남편)가 다른 부모(예: 아내)를 폭행하는 장면을 목격한 아동이 있다고 생각해 보자. 그의 인생에서는 중요한 두 사람이 서로 충돌하고 있다. 이 아동은 자신이 목격한 것에 대해 말할 수 없기 때문에 큰 구름과 작은 구름의 그림을 그린다. 아동은 큰 구름이 굉음과 천둥을 일으키고 있다고 표현한다. 그런 다음 번개가 더 작은 구름을 강타했다며 전체에 어두운 반점을 남긴다. 작은 구름이 번개로 인해 고통을 느끼면서 비가 내리기 시작한다. 아동은 비에 대해 이야기하고 있지만, 실제로는 중요한 두 사람 사이의 관계에서 겪고 있는 고통에 대해 이야기하고 있는 것이다. 현실에 너무 가까이 다가가는 것은 고통스럽고 압도적이기 때문에 아동은 치료적인 방법으로 현실에서 벗어나고자 하는 것이다. 만약 아동이 구름으로 트라우마를 다루는 것이 안전하다고 느꼈다면 그다음에는 그것을 자동차 충돌이나 자동차 사고로 표현하기 위해 트럭과 자동차와 같은 놀잇감을 사용할 것이다. 또한 아동은 엄마와 아빠를 상징하는 황소와 소 같은 동물을 가져올 것이다. 그리고 아동은 사람 모형을 사용할 수도 있는데, 그것은 부모를 의미하는 것이 될 수 있고, 마침내 아동 자신의 부모에 대한 이야기가 될 수 있다. 아동이 마침내 자신에 대해 이야기할 수 있으려면 이 모든 단계를 거쳐야만 할 것이다. 아동이 한 단계를 놓치고 겁에 질린다면 한두 단계 퇴행할 수도 있다.

치료에서 아동의 놀이를 이해하는 것은 치료자가 반응의 질을 본다는 점에서 로샤 검사(Rorschach, 1921/1942)의 채점과 유사하다. 가장 좋은 반응은 인간의 상호작용이다. 여기서 계층 구조는 사물, 곤충, 벌레 그리고 풍경과 지평선 등 동물 형태의 반응으로 이동한다. 그다음에는 신체 일부와 잘려진 부분, 피가 떨어지는 반응 등이 있다. 다시 말해, 인간의 상호작용에서 멀어지는 정도, 즉 가장 좋은 반응이 경험하는 고통의 정도이다. 절단된 신체 부위나 피가 뚝뚝 떨어지거나 뼈를 엑스레이 안에 그리는 아동은 상당한 고통을 겪고 있는 것으로 볼 수 있다. 할로윈이 아니라면 아동들은 보통 이런 종류의 그림을 그리지 않는다. 반복해서 이렇게 그리는 아동은 자신의 고통 정도를 전달하고 있는 것이다.

아동이 드러내는 자료에 대한 해석을 말로 표현하는 것은 중요하지 않다(Miller & Boe, 1990). 만약 아동이 이를 현실로 가져온다면, 아동과 함께 머물러 주는 것이 적절하다. 만약 아동이 그것을 은유로 남겨 두고 거기에서 해결하기로 선택한 경우, 아동이 주도하는 대로 따르고 은유로 남겨 두어야 한다. 아동이 준비되기 전에 그들의 놀이에 내용을 추가하는 것은 아동에게 다시 상처를 줄 수 있다. 과거에는 치료자가 놀이를 현실로 끌어들일수록 더 좋은 결과를 얻을 수 있다고 생각했었다. 그러나 Milton H. Erickson은 내용을 알지 못해도 은유를 통해 외상으로 인한 고통을 해결할 수 있음을 발견했다(Haley, 1973). 아동들은 그들의 외상을 놀이로 표현하기 때문에,

외상 사건의 세부 사항을 말로 표현하는 것은 아동이 그 상황을 이해하고 고통을 해결하는 데 크게 중요하지 않다. 아동은 놀이를 통해 고통을 해결한다. 그런 다음 나중에 그들이 자신의 작업을 말로 표현하기를 원하면, 치료자는 대화로 그들을 도울 수 있다.

이 장에서는 놀이치료에서 아동이 선택하는 가장 일반적이고 해석 가능한 놀잇감의 목록을 제공하지만, 이 목록은 참고용일 뿐이다. 이 목록은 절대적인 것으로 사용되어서는 안 되며, 여기서 제시한 내용들은 고려되어야 할 가설일 뿐이라는 점을 이해하고 있어야 한다. 아동의 놀이가 전개되고 주제가 분명해지면 가설은 제거될 수 있으며, 하나 또는 몇 개는 다음에 다른 놀이 회기에서 검증될 수 있다. 그러나 가능한 한 해석을 논의하기 전, 놀잇감을 놀이치료실에 둘 때 고려해야 하는 특정 기준과 사용에 관한 몇 가지 실용적인 지침에 주목하는 것이 중요하다.

놀이치료실 놀잇감 기준

놀잇감은 위생적이어야 한다

놀잇감을 놀이치료실에 배치하기 전에 충족해야 하는 첫 번째 기준은 놀잇감이 어린이와 치료자 모두에게 안전하고 위생적이어야 한다는 것이다. 예를 들어, 젖병을 생각해 보자. 첫 번째 아동이 놀이치료실에 들어와 젖병을 입에 넣어서 그 놀잇감을 다른 아동이 사용하기에 비위생적으로 만들었을 경우, 그 젖병은 철저히 청소한 후 지퍼백에 넣어 다시 놀이치료실에 가져다 두거나 깨끗한 것으로 제자리에 교체해 두어야 한다. 이를 위해 약 12개의 젖병을 사용할 수 있도록 준비해야 할 수도 있다.

또 다른 예는 의상과 함께 자주 사용되는 가발 사용에 관한 것이다. 만약 아동에게 이가 있다면, 이가 가발로 옮겨지고 가발을 사용하는 다음 아동에게 옮길 수 있다. 가발은 놀이치료실에서 가져와 소독하고 주기적으로 점검해야 한다.

모래상자는 놀이치료실에서 매우 중요한 부분이다. 그러나 뒷마당에서 모래를 파 올 수는 없다. 놀이치료실에서 사용하는 가장 좋은 모래는 정화된 모래이다. 빈번히 아동들의 기침과 재채기는 모래상자를 오염시키므로 자주 모래를 교체해야 한다.

놀잇감은 관계 지향적이어야 한다

아동과 치료자 간의 관계를 강화하고 아동의 관계 문제에 대한 작업을 이끌어 내고 촉진할 수 있는 놀잇감을 준비하는 것이 중요하다. 다른 사람과 상호작용하여 사용할 수 있는 모든 놀잇감은 이 기준을 충족한다. 공, 전화기, 칼, 인형은 관계 지향적 놀잇감의 몇 가지 예이다.

아동 삶의 현실을 표현하는 놀잇감이어야 한다

아동이 은유적인 방법이나 현실적인 방법으로 자기 삶의 사건을 재현할 수 있도록 하는 놀잇감이 필요하다. 예를 들어, 집, 인물, 자동차 등은 일상생활의 일부인 놀잇감이다(Landreth, 1987). 또한 이러한 놀잇감은 조작하기 쉬워야 한다. 더 크다고 반드시 더 좋은 것은 아니다. 놀잇감의 크기는 그 가치를 결정하지 않는다. 아동들은 작기 때문에, 놀잇감을 조작하는 아이들의 능력이 바람직한 크기를 결정한다.

투사적 놀이를 유도하는 놀잇감이어야 한다

앞서 언급했듯, 아동들은 다양한 놀잇감이 주어지면 자신에게 특별한 의미가 있는 놀잇감을 선택하는 경향이 있다. 이는 놀잇감의 주요 역할 중 하나인데, 놀잇감은 아동으로부터 투사를 이끌어 낸다. 그런 다음 아동은 투사를 이끌어 낸 놀잇감으로 상징을 연결할 수 있다. 어떤 놀잇감은 아동에게 정서적인 반응을 이끌어 내는 반면, 다른 아동에게는 다른 놀잇감이 그 아동의 반응을 이끌어 낼 수 있다. 어떤 놀잇감이 아동의 반응을 이끌어 낼지 알 수 없기 때문에 다양한 놀잇감이 필요하다. 이를 위해서는 만화나 텔레비전, 영화 등 아동이 친숙한 인기 캐릭터가 아닌 놀잇감을 준비하는 것이 좋다.

상상 놀이에 빠져들게 하는 놀잇감이어야 한다

놀잇감은 아동이 자신의 생각을 놀잇감으로 재현하는 데 집중해야 하기 때문에 상

상 놀이에 들어갈 수 없을 정도로 현실 지향적이어서는 안 된다(Esman, 1983). 좋은 예는 고무뱀이다. 만약 고무뱀이 바닥에 누워 있고 아동이 진짜 뱀과 놀잇감 뱀을 구별할 수 없다면, 아동에게 너무 많은 불안을 일으켜 놀잇감에 대한 권한을 잃을 수 있기 때문에 이때는 천으로 만들어지고 친근해 보이는 뱀이 더 바람직하다. 아동은 놀잇감이 자신에게 그랬던 것처럼 무서움을 주는 대상이 되기를 원할 때가 있다. 이 경우, 거의 실제처럼 보이는 뱀과 확실히 놀잇감처럼 보이는 뱀의 두 가지 종류가 필요할 수 있다. 아동은 자신에게 필요한 것이 무엇인지 알고 있으며 그 필요를 충족하지 못하는 놀잇감은 무시할 수 있다. 아동은 자신이 필요한 것을 선택할 것이다. 그러나 치료자가 그런 종류의 놀잇감을 하나만 가지고 있다면 아동이 접근할 수 있는 더 온순한 놀잇감을 준비하는 것이 유리할 것이다.

의사결정을 격려하는 놀잇감이어야 한다

문제해결, 의사결정, 변화 및 종결을 격려하는 놀잇감도 놀이치료실에서 중요하다. 레고와 팅커토이가 좋은 예이다. 퍼즐과 게임은 이러한 특징을 가진 놀잇감이며 아동의 발달 수준에 맞춰 제공될 수 있다. 혹은 종종 아동의 관심을 끄는 모형 키트가 이런 목적에 맞는 놀잇감일 수도 있다.

아동이 만들 수 있는 놀잇감이어야 한다

아동은 창의력을 발휘하여 끊임없이 우리를 놀라게 한다. 경험에 대한 그들의 인식은 창의성과 경험이 결합될 때 예상치 못한 일이 벌어질 수 있다는 점을 보여 준다. 한 교사는 아동에 대해 '능력이 매우 제한적이고…… 별로 할 수 없다'고 평가했다. 하지만 놀이치료실에서 아동은 창의적이고 상상력이 풍부한 놀이를 보여 주었다. 그 선생님은 이를 알고 놀랐다. 왜냐하면 놀이치료실에서 찾을 수 있는 풍부한 환경이 교실에서 제공되지 않기 때문에 선생님은 아동의 잠재력을 알지 못했던 것이다. 아동들은 모래, 점토, 물감 같은 매체를 접할 때 무한한 능력을 발휘한다. 골판지 상자와 같은 재료는 많은 아동의 창의적 상상력을 활성화시킨다.

아동이 자신의 놀잇감을 가지고 오고 싶어 할 때 해야 할 일

아동이 집에서 자신의 놀잇감을 가져오고 싶다고 요구할 때, 그 놀잇감의 안전에 대한 기준도 앞서 설명한 바와 같이 동일하게 적용된다. 물론 아동이 놀잇감을 가지고 올 때, 치료자는 아동에게 그 놀잇감이 가지고 있는 상징적인 의미를 밝혀내야 할 것이다.

> 아버지에게 버림 받은 5세 아동과 함께 치료를 하고 있던 어느 날, G. I. Joe는 엄청난 양의 로켓이 장착된 탱크를 가지고 놀이치료실에 왔고, 치료는 평소와 같이 진행되었다. 치료자의 첫 번째 반응은 "와, 무슨 일이 일어났구나."였다.
>
> 그 회기가 끝나고 어머니가 들어왔을 때, 치료자는 "아이에게 뭔가 잘못된 것이 있는 것 같은데 무슨 일이죠?"라고 질문했다.
>
> 그녀는 "글쎄요, 나는 남자 친구와 함께 이사를 했어요……."라고 대답했다.
>
> 치료자는 "당신의 아들은 이 상황을 좋아하지 않아요. 아이는 이 상황이 편안하지 않아 결국 조심스럽게 지내고 있어요. 어떻게 생각하세요?"라고 물었다.
>
> 그녀가 할 수 있는 말은 아이가 이 상황을 불편해 하고 있다는 것을 안다는 것뿐이었다. 치료자의 언급이 있었던 그다음 주, 어머니가 일찍 퇴근해 집에 도착했을 때 그녀는 남자 친구가 아들에게 성학대를 하고 있는 것을 발견했다.

아동은 자신의 놀잇감을 치료 회기에 가져올 수 있었기 때문에 이 과정이 더 빨리 진행되었다. 아동은 치료 과정에서 자신을 돕기 위해 무엇이 필요한지 본능적으로 알고 있었다.

아동이 애완동물을 놀이치료에 데려오고 싶어 할 때 해야 할 일

애완동물은 자신의 확장이기 때문에, 아동들에게 애완동물을 놀이치료에 데려올 수 있는 자유를 주는 것은 매우 중요하다.[1] 사실, 아동은 강아지부터 뱀, 개와 고양이

1) Levinson(1962, 1964, 1965)은 애완동물 치료에 기초한 놀이치료의 철학을 발전시켰다.

에 이르기까지 상상할 수 있는 모든 애완동물을 데려 올 것이다. 일반적으로 회기의 마지막 10분 동안 아동이 애완동물을 놀이치료실에 데려오는 것이 가장 좋다. 대부분의 치료자는 동물을 놀이치료실에 데려올 때까지 부모가 애완동물과 함께 사무실 밖에 있는 것을 선호한다. 만약 회기가 시작될 때 애완동물을 데리고 들어오면, 아동은 애완동물을 내내 방에 두고 싶어 할 수 있다. 그러면 관심이 애완동물에게 집중되고, 아동은 놀이기회를 잃게 된다.

애완동물은 아동의 연장선이기 때문에 치료자는 애완동물이 뱀이라 할지라도 그 애완동물을 존중하는 것이 매우 중요하다. 또한 가족이 있는 가계도를 디자인할 때, 애완동물도 가계도에 그리는 것이 도움이 될 수도 있다. 아동들은 그 과정을 통해서 자신이 존중받는다고 느낄 수 있기 때문이다.

놀잇감 사용을 위한 유용한 지침

놀잇감 구매

많은 놀잇감을 각종 할인 기간에 적은 비용으로 구입할 수도 있지만, 그 과정에는 시간이 오래 걸린다. 일부 기관은 새로운 놀잇감을 구입하길 원하지만, 그 비용은 엄청날 수 있다. 다른 놀잇감을 얻을 수 있을 때까지 갖추어야 할 기본 놀잇감 목록은 〈부록 1〉에서 확인할 수 있다.

대기실 놀잇감

대기실에 권장되는 놀잇감은 아동이 비활동적으로 놀면서 동시에 아동의 내적 과정을 활성화할 수 있는 놀잇감이다. 예를 들어, 내부에 움직이는 물체가 있는 물 놀잇감은 아동의 의식 밖에 놓여 있는 감정들에 접근할 수 있는 기회를 제공할 것이다. 추가적으로, 금속 조각을 다른 모양으로 조작할 수 있는 자석 받침대가 있는 놀잇감도 도움이 될 수 있다. 이러한 놀잇감은 재구성 혹은 재건의 은유를 불러일으키고 아동이 놀이치료실에 들어올 때 아동의 내적 과정을 활성화시킬 수 있다.

구슬 꿰기는 구슬을 움직이며 색다른 형상을 만들어 낼 수 있기 때문에 어린 아동에게 좋다. 숨은그림찾기가 있는 잡지는 아동이 잡지를 펼치고 무언가를 찾을 수 있게 하는데, 이는 아동의 내부 과정에 대한 은유이다. 자석 그림판은 약간 구조화되어 있지만, 아동이 비활동적으로 앉아 창의적인 방식으로 작업하는 것과 같은 효과가 있을 수 있다.

놀이치료실에 놀잇감 진열하기

놀잇감을 선반에 진열하는 것은 가장 효과적이다. 만약 아동이 자신의 놀이에서 중요한 역할을 하도록 다른 놀잇감을 사용하여 그 놀이에 또 다른 요소를 추가해야 하는 경우, 특정 놀잇감을 찾기 위해 시간을 소비하는 것은 아동의 에너지를 분산시킬 수 있다. 따라서 놀잇감을 상자에 넣어 두는 것은 효과적이지 않다. 특정 놀잇감을 찾는 데 시간이 걸릴 뿐만 아니라 다른 상징적 의미를 가진 놀잇감이 보여 아동의 놀이 집중을 방해하기도 한다. 놀잇감은 아동이 쉽게 찾을 수 있도록 놀이방의 같은 장소에 놓아야 한다. 일부 치료자는 한 영역에 양육 놀잇감을 배치하는 반면, 공격적인 놀잇감은 다른 영역에 배치하는 것을 선호한다. 이러한 선호는 치료자에게 달려 있지만, 놀잇감은 놀이치료실에서 일관된 위치에 배치해 있어야 한다.

플라스틱 대 금속

플라스틱 놀잇감과 금속 놀잇감에는 각각 장단점이 있다. 플라스틱은 금속보다 더 쉽게 부서지지만, 아동이 그 물건을 다치거나 부서질 수 있는 방식으로 가지고 놀아도 크게 다치지 않을 수 있다. 또한 치료자를 향해 오는 금속 자동차의 질량은 치료자를 향해 오는 플라스틱 자동차의 질량보다 크다는 물리 법칙이 적용된다.

놀잇감 교체

일반적인 놀이에서와 마찬가지로, 놀이치료에서도 놀잇감은 부서지거나 금이 가거나 그냥 닳기도 한다. 치료자는 놀이치료실에 있는 놀잇감에 애착을 가지지 않도

록 하여, 놀잇감이 닳거나 망가져도 치료자가 상실감을 느끼지 않도록 하는 것이 중요하다. 놀잇감은 계속해서 바꿔서 사용하게 될 도구이다. 가장 일반적으로 사용되는 놀잇감은 대체품이 있어야 한다. 그러므로 놀이치료실에서 가장 많이 사용하는 놀잇감은 여러 개를 구비해 두어야 한다.

치료 중 놀잇감이 파손되면 보조 놀잇감이 있어도 바로 놀이방으로 가져오지 않는다. 이는 아동이 놀잇감을 잃어버렸을 때 어떻게 적응하는지 볼 수 있는 좋은 기회이다. 그러나 다음에 아동이 놀이치료실에 올 때 놀잇감을 교체했는지 확인하는 것이 중요하다. 그렇지 않으면, 아동은 실망하고 그 놀잇감을 잃어버리는 것에 대해 불안해하거나 다른 감정을 경험할 수 있다. 회기가 끝나자마자 놀잇감을 교체하고 다음 번에 아동이 들어올 때, 치료자는 "네가 그렇게 좋아하던 놀잇감과 비슷한 새것을 구했어. 그래서 너를 위해 여기 다시 갖다 놓았지."라고 말해 줄 수 있다.

해부학적으로 정밀한 인형

해부학적으로 정밀한 인형은 도구이자 놀잇감이다. 이 놀잇감들은 의미가 있는 도구이며 놀이방에 둘 수 있다. 아동들은 자신이 사용할 수 있다는 것을 알고 있으며, 상상 놀이의 한 부분으로서 인형과 함께 놀기로 선택한 경우, 그렇게 하도록 허용될 수도 있다. 그러나 아동들에게 강요해서는 안 된다.

놀잇감, 동물, 환경의 상징적 의미

다음은 보다 보편적인 놀잇감과 그 상징적 의미에 대한 내용이다. 이 목록에는 동물과 환경도 포함된다. (더 완전한 목록은 〈부록 2〉~〈부록 4〉에서 찾을 수 있다.) 앞에서도 언급했지만, 아동이 사용하는 특정 놀잇감에 대한 해석 목록은 참고용으로만 제시되었다는 점에 유의해야 한다. 절대적인 것으로 사용해서는 안 되며, 고려되어야 할 가설임을 이해하고 사용하길 바란다. 아동의 놀이가 전개되고 주제가 분명해지면 가설이 제거될 수 있으며, 하나 또는 몇 개는 다른 놀이 회기에서 검증될 수 있다. 각 회기가 끝날 때 치료자는 아동이 가장 많이 사용하는 놀잇감 5개 정도를 적어 두는 것이 도움이 될 것이다. 나중에 치료자는 이 다섯 가지 놀잇감 각각의 해석적 의미를 찾아보고 그 안에 유사한 주제를 확인할 수 있다. 아마도 그것은 관계에서 분노하거나, 평가절하를 느꼈거나, 상처받는 것을 두려워하는 주제일 수도 있다. 또한 치료자는 아동이 펼치는 놀이에서 주제를 파악할 수 있도록 이러한 해석을 암기하고 있는 것이 좋다.

비행기

비행기는 도피 욕구, 문제로부터의 거리두기, 탈출의 속도, 문제로 인한 긴장으로부터의 해방, 문제에서 벗어나는 것에 대한 안전, 가해자로부터의 보호, 무언가를 찾을 필요성 등을 상징한다. 비행기가 주는 거리감은 아동이 보호받고 있다는 느낌을 받는 데 도움이 될 수 있다.

이 주제를 자세히 설명하기 위해, 픽업트럭을 땅에 놓고 비행기를 타고 그 위로 날기 시작한 아동의 놀이를 예로 생각해 보자. 아동은 트럭을 넘을 때 폭탄을 떨어뜨려 트럭을 부수고 날아간다. 이 아동은 거리와 안전뿐만 아니라 분노를 표현하기 위한 방법으로 비행기를 선택했다. 만약 아동이 그 사람과 직접 대면할 수 있다면, 아동은 다른 형태의 놀이를 할 것이다. 비행기를 이용하여 내려가서 픽업트럭의 상단을 쾅쾅 두드리거나 둘을 함께 충돌시키거나 비행기를 착륙시키고 두 인물이 나와서 아동이 안전하다고 느낄 수 있는 거리를 확보하기 위해 논쟁을 벌이거나 협상할 수도 있다.

비행기로 공격하는 것은 멀리서만 안전하다고 느끼는 반면, 두 사람이 말다툼을 하거나 협상을 하는 것은 그가 개인적인 차원에서 의사소통할 수 있는 권한을 더 많이 느낀다는 것을 의미한다. 아동이 거리가 필요하다는 점을 존중하고 어떤 순간에서도 아동이 인물(예: 엄마, 학교 폭력배 또는 가해자)을 밝히기 전에 속단해서 식별하지 않아야 한다. 아마도 "비행기가 트럭에 폭탄을 떨어뜨렸구나."와 같은 말로 시작하고 그대로 두는 것이 필요할 것이다. 또 다른 예는 "비행기가 트럭한테 화가 났구나."일 수 있다. 이는 아동이 더 많은 것을 공개할 준비가 될 때까지 치료자는 기다려 주어야 한다는 것을 의미한다.

동물

야생 동물은 침략, 두려움, 생존, 힘 그리고 용기의 주제를 나타낸다. 예를 들어, 회색곰, 늑대, 사자 또는 이빨이 있는 동물(예: 악어)과 같은 동물들은 종종 아동에게 가해자를 의미한다. 반면에, 가축은 보호, 가족, 관계, 취약성, 순종, 의존성 및 기타 개인적인 주제를 나타낸다. 이러한 상징적 의미는 기본적으로 꼭두각시 인형이나 플라스틱 인형과 같은 놀잇감을 사용하거나 연기, 그림 또는 말하기와 같은 방법으로 놀이를 하더라도 동일하다.

미술작업

미술작업은 은유가 치료적으로 사용될 수 있는 또 다른 양식이다. 아동이 놀이에 갇힌 경우, 치료자는 "그림 한번 그려 볼까……. 음, 괴물 그림을 그려 보면 어떨까?" 라고 제안하여 부드럽게 놀이를 지시할 수 있다. 진정한 의미에서 지시적 놀이는 아동이 에너지가 있고 그렇게 하고 싶은 의향이 있다면 나아갈 수 있는 방향에 대한 기회를 불러오는 것이다. 그러나 어떤 아동은 종이 한 장을 주고 사람을 그리라고 했을 때 두려움 때문에 그리지 못한다. 그들은 여전히 핵심 문제로부터 일정한 거리가 필요하기 때문이다. 이러한 경우, 아동이 그러한 지시를 따르기 전에 관계에서 구조와 안전이 제공되어야 한다. 관계에서 안정성이 보장될 때, 아동들은 여전히 은유에 머무르며 에너지를 예술에 넣는 작업을 통해서 다른 단계로 갈 수 있다.

젖병

젖병은 발달의 초기 단계로 퇴행하는 주제를 상징한다. 양육에 대한 열망; 구강기는 첫 번째 발달단계로 아동은 모든 것을 입에 넣는 것을 좋아한다; 자신의 문제점으로 인한 긴장을 완화하고 해방감을 느끼기 위해; 아동이 자신의 안전감이나 안정감을 느끼기 위해 누군가 또는 다른 것에 의존하기 위해; 동생에 관한 문제 또는 아기가 되고자 하는 소망; 형제, 자매와의 문제; 또는 야뇨증 문제, 병에서 물을 붓는 것은 그 흐름을 상징할 수 있기 때문이다. 젖병은 놀이치료실에서 가장 자주 사용되는 놀잇감

들 중 하나이며 다양한 방법으로 사용된다. 예를 들어, 아동이 한 장면을 놀이하고 나서 아기 젖병을 집어 들고 빨기 시작한다면, 그들의 발달단계에서 충격적인 사건이 있었음을 알 수 있다. 아동들은 시계로 시간을 말하지 않는다. 오히려 그들은 체험으로 시간을 말한다. 다시 말해, 그들은 발달단계와 체험을 외상 사건과 연관시키고, 그렇게 함으로써 학대와 관련된 사건의 역사와 기간을 전달한다. 외상의 내용과 발달단계는 아동의 놀이에서 뒤섞일 수 있다. 예를 들어, 아동이 젖병을 들고, 유기와 같은 하나의 주제를 놀이로 표현하고, "이건 그때 내가 받기를 원했던거야."라고 말할 수 있다. 일반적으로 아동들이 놀이를 하는 맥락은 충격적인 사건이 발생했던 시기의 발달단계와 이 놀이가 그들이 그때 받기를 바랐던 양육의 유형이라는 사실을 전달한다. 젖병은 또한 남근의 상징이 될 수 있다. 예를 들어, 아동이 모래에 물을 뿌릴 때 남근으로 사용한다. 그것들이 사용되는 또 다른 방법은 충격적인 사건에 직면했을 때 위안이 필요한 아동의 욕구를 전달하는 것이다.

공

공은 놀이치료실에서 가장 기본적인 놀잇감 중 하나이다. 예를 들어, 아동에게 다른 개인(즉, 치료자)과 상호작용할 수 있는 기회를 제공한다. 공은 아동이 치료자와 거리를 둠으로써 안전한 느낌을 유지할 수 있도록 한다. 또한 공은 치료자와 아동 사이에 신뢰를 구축하는 데 도움이 된다. 예를 들어, 치료자가 가능한 한 정확하게 아동에게 공을 다시 던지기 위해 의식적인 노력을 기울일 때 치료자는 아동에게 명확하고 일관성이 있을 뿐만 아니라 어떤 속임수도 사용하지 않고 신뢰할 수 있다는 의사를 전달한다. 아동은 운동 기술이 잘 발달되지 않았기 때문에 치료자에게 공을 던지려고 하면 공이 방 안 어디로든 튀길 수 있다. 가끔씩, 아동들은 치료자와 경쟁하는 방식으로 공을 사용할 것이다. 아동은 이 대회를 자신을 위해 힘을 실어 주는 수단으로 사용할 것이다(즉, 아동이 이기고 더 큰 힘을 느낄 수 있도록).

놀이치료의 초기 회기 동안 공을 가지고 노는 것은 아동에 대한 중요한 정보를 전달한다. 아동은 그가 선택할 수 있는 어떤 방식으로든 치료자에게 공을 던질 수 있기 때문에 공은 아동의 세계에 있는 것이 어떤 것인지 전달하는 데 사용될 수 있다. 이것은 종종 아동들이 놀이치료실에 들어올 때 가장 먼저 의사소통하는 방식 중 하나

이다. 예를 들어, 아동이 방에 들어와 공을 집어 치료자와 함께 앞뒤로 던지고 싶어 할 수 있다. 즉시 아동은 무례한 방식으로 공을 던지기 시작하여 자신의 세계에서 자신이 어떻게 취급되는지 전달한다. 치료자는 일반적으로 유사한 기분을 느낄 것이며, 이는 아동이 이러한 유형의 치료를 경험할 때 느끼는 방식이다.

아동은 자신의 경험뿐만 아니라 그 경험에 대해 어떻게 느끼는지를 전달하기를 원한다. 공을 정중하게 아이에게 다시 던지는 동안 치료자는 다음과 같이 말할 수 있다. "최선을 다해 노력하지만 다음 공이 어디에서 오는지 알기 어렵구나. 나는 잘 던지려고 노력하고 있어". 은유적으로, 이 놀이와 진술은 "때때로 사람들이 너에게 상처를 준다는 것을 알고 있어. 정말 무서웠을거야. 여기에서는 안전하고 모든 것이 예측 가능하지만, 사람들이 너에게 상처를 주고, 너는 아무것도 할 수 없다는 슬픔과 무력감을 느꼈을거야."라는 의미를 내포하고 있다. 이러한 유형의 진술은 놀이치료의 첫 번째 회기에서 매우 일반적이다. 다시 말하지만, 놀이치료를 효과적으로 만드는 것은 치료자와 아동 간의 관계이다(Landreth, 1993a). 처음 몇 회기에서 아동은 치료자가 어떤 사람인지 알아야 한다. 아동에게 치료자는 그저 낯선 사람일 뿐, 다른 모든 사람과 같은 또 다른 인간이다. 그러므로 치료자는 아동과 함께 있고, 의사소통하며, "그래 맞아. 너의 인식은 정확해. 네가 인생에서 경험한 것을 나는 네가 말하는 대로 받아들일거야."라고 아동의 경험을 확인해 줌으로써 존중하는 과정을 시작할 때이다. 아동들은 이러한 유형의 따뜻함과 격려에 끌린다.

공을 사용할 수 있는 또 다른 방법은 아동과 치료자 간의 관계를 재평가하는 것이다. 예를 들어, 어떤 아동은 충격적인 놀이에 깊이 빠져 있다가 갑자기 멈추고 캐치볼을 하고 싶어 한다. 이는 본질적으로, 아동들이 치료를 중단하고 치료자가 여전히 자신을 존중하는지 여부를 확인할 필요가 있음을 나타내는 것이다. "치료자는 믿을 수 있나?" "나는 여전히 존중받고 있나?" "치료자는 여전히 나를 돌볼 의지가 있나?"와 같이 말이다. 이는 아동이 자신의 놀이로 돌아갈 만큼 충분히 안전하다고 느끼기 전에 두세 회기 동안 계속될 수도 있다. 치료자와의 관계는 아동이 외상에 직면할 만큼 충분히 안전하다고 느낄 만큼 견고해야 한다.

쌍안경

쌍안경은 아동이 자신이 보고 있는 것을 원하는 방식으로 볼 수 있다는 의미에서 원근법을 상징한다. 다시 말해, 가까이 있든 멀리 있든 자신이 보는 것을 통제할 수 있는 것이다. 종종 아동들은 치료자를 확인하는 동안 처음 몇 번의 회기에서 쌍안경을 사용한다. "이 사람이 내가 바라던 사람일까?" 아동은 쌍안경을 반대 방향으로 돌리며 "나는 당신과 거리를 두고 싶어요."라고 의사소통할 수도 있다.

쌍안경은 감시에도 사용할 수 있다. 이를 통해 치료자는 아동이 얼마나 안전한지 또는 얼마나 위협을 느끼는지 평가할 수 있다. 예를 들어, 아동이 "호랑이를 찾고 있어요. 호랑이를 조심해야 해요. 언제 우리를 공격할지 몰라요."라고 말하면서 방을 둘러볼 수 있다. 쌍안경은 또한 아동이 자신을 사랑할 사람이나 자신의 정체성을 찾거나 잃어버린 어린 시절을 찾으려고 시도하는 것처럼 무언가를 찾고 있음을 나타낼 수도 있다. 또한 아동이 보고 있는 대상을 더 가까이 가져갈 때 친밀감을 나타낼 수 있다. 때때로 쌍안경은 아동이 자신의 신체 부위나 자신을 상징하기 위해 선택한 놀잇감을 보기 시작할 때와 같이 자기 성찰을 나타낼 수 있다.

또 다른 의미에서 쌍안경은 놀이치료의 초기 회기에서 자주 사용되는 놀잇감이다. 예를 들어, 한 어린이가 모든 놀잇감을 둘러보고 검사한 다음 쌍안경을 든다. 이제 그는 쌍안경으로 방 안의 모든 것을 보고 멈춰 서서 치료자를 바라보며 "나는 당신을 잘 알지 못하기 때문에 당신을 매우 유심히 살펴보고 있어요. 나는 당신이 어떤 사람인지 그리고 당신이 여기에서 어떤 일을 하는지 알고 싶어요. 왜냐하면 당신이 안전한 사람인지 알고 싶기 때문이에요."라는 의미를 전달한다.

종종 아동들은 쌍안경을 돌려 안경의 반대쪽을 들여다보고 방을 스캔한 다음 치료자에게 멈춘다. 이 시점에서, 이렇게 대답하는 것이 적절할 것이다. "지금 나는 작고 멀리 있어. 나는 네가 원하는 데로 만들 수 있어. 크고 가깝거나 작거나 더 멀리. 네가 원하는 대로 여기 있을게." 또는 "우리 관계에서의 결정권은 너에게 있어. 나는 너를 돌보고 네가 원하는 정도와 수준으로 존재할거야."라고 표현할 수 있다.

담요

담요는 아동이 담요를 가지고 아기 역할을 하면서 퇴행할 수 있는 방법을 제공한다. 아동은 그 단계로 퇴행하면서 불안감을 경험하기 때문에 편안함이나 안전감을 원할 수 있다. 성적 학대를 받은 아동은 몸을 보호하기 위해 담요로 몸을 감싸기도 한다. 이는 또한 아동의 상상 속에서 가해자에 의해 침해될 수 없는 경계를 세우려는 아동의 시도를 나타낼 수도 있다.

블록

블록은 아동들에게 강력한 방어 체계를 구축할 수 있는 기회를 제공한다. 예를 들어, 아동은 이를 활용하여 벽을 세워 경계를 만들 수 있다. 또한 상상 놀이에서 아동을 돕기 위해 건설에 사용할 수 있다. 블록은 또한 아동이 블록으로 자신을 둘러싸거나, 요새와 같은 구조물을 구축하는 데에 사용되기도 하며, 이러한 방식은 아동이 보호를 경험할 수 있다는 점에서 아동을 위한 울타리를 제공한다. 블록은 또한 한 항목을 다른 항목으로부터 보호하기 위한 장벽으로 사용할 수 있다. 그것은 아동이 장벽 저편에 세운 전쟁 게임으로부터 자신을 보호하는 방법일 수도 있다. 이런 의미에서 아동은 장벽의 보호를 받고 있기 때문에 취약하다고 느낄 필요가 없다.

때때로 수많은 규칙을 세울 뿐만 아니라 그것을 조율하지 못하고 융통성이 없는 부모와 함께 사는 아동들이 있다. 이때 아동은 자신의 삶의 경직성을 추상적으로 표현하기 위해 블록을 사용할 수도 있다. 하지만 치료자는 이런 놀이 스타일이 반복적으로 행해지지 않는 한, 아동이 경직성을 상징하기 위해 블록을 사용하고 있다고 생각하지 않을 것이다.

나무 블록을 사용할 수도 있지만, 폼 블록(foam block)은 아동이 놀이에 더욱 많이 참여할 수 있도록 해 주기 때문에 매우 좋다. 예를 들어, 아동이 집이나 벽을 지은 다음 그것을 부수고 싶어 할 때, 나무 블록을 발로 찬다면 아동이 다칠 수도 있다. 아동이 신체를 사용하는 것은 자신의 핵심 문제를 향해 나아가는 것을 의미하므로 아동에게 안전한 기회를 제공하는 것이 중요하다. 아동이 폼 블록을 사용하여 놀이한다면 점프를 하거나 폼 블록을 발로 차고, 공중으로 던지고 구르거나 밟는 행동을 다치지 않고 안전하게 할 수 있다.

책

책은 아동이 고군분투하는 몇 가지 문제에 대해 식별할 수 있는 방법을 제공할 수 있다. 아동이 선택한 특정 책에는 과거에 이 아동에게 일어난 일, 미래에 일어날 일, 또는 현재 상황을 나타내는 주제가 있을 수 있다. 책 속에는 아동이 겪고 있는 상황을 정서적·환경적으로 표현하는 이야기가 담겨 있을 수 있지만, 이 아동의 내면에는 한 번도 공개할 수 없는 비밀이 있을 수 있다. 이는 어린 아동이 등장인물의 일기가 들어 있는 책을 고를 때도 마찬가지이다.

책은 아동이 정체성을 확립하는 데 도움이 될 수 있다. 예를 들어, 아동은 이야기 속 등장인물과 자신을 동일시하고 그 이야기를 반복해서 읽어 주기를 원할 수 있다. 이야기를 듣는 동안 아동은 자기 자신과 투쟁하도록 스스로 도와 등장인물의 특성을 얻기 위해 등장인물의 특성과 동일시할 것이다.

아동은 반복적으로 읽어 달라고 선택한 책에서만 치료자에게 소중한 정보를 전달할 수 있다. 물론 책은 지식을 얻는 방법이기도 하다. 예를 들어, 어떤 아동들은 책을 함께 읽음으로써 사랑하는 사람과 보내는 특별한 시간의 상징으로 책을 활용할 수 있다. 아마도 그 안에 담긴 이야기에는 특별한 감정적 의미가 있을 것이다. 일반적으로 아동들이 어떤 책을 따로 보관해 두길 원한다면, 그것은 어떤 사건에 대한 비밀 이야기나 일기장임을 암시한다. 아동들은 그 이야기를 그들만이 읽고 그들만이 이야기의 내용을 안다고 하며 이야기를 통제하려고 한다. 또한, 책은 은유적 스토리텔링에 사용될 수 있다(은유적 스토리텔링에 대한 자세한 내용은 8장을 참조).

상자

상자는 다른 사람들에게 알려지지 않은 비밀을 아동이 숨기는 데 유용할 수 있다. 또한 상자는 아동에게 경계를 설정하거나, 감정을 억제할 수 있는 장소를 제공하거나, 아동의 투쟁을 상징할 수 있는 방법을 제공할 수 있다. 상상 놀이를 하는 동안 아동은 상자를 사용하여 다른 사람에게 선물을 주고 있는 것을 표현할 수 있다. 또한 아

동은 상자를 사용하여 자신을 상징할 수도 있다. 예를 들어, 아동은 상자를 보호하고 햇빛이 있는 따뜻한 곳에 두는 것과 같은 방법으로 이 상자를 매우 잘 관리할 수 있다. 아동은 또한 "나에게는 남들이 보지 못하는 가치가 있다."라고 말하며 자신에게 가치가 있는 물건을 상자에 넣을 수도 있다. 상자나 그 내용물이 아동에게 의미가 있음은 분명할 것이다. 다만 아동이 공개하지 않는 한 내용이 의미하는 것이 무엇인지는 모호할 수 있다.

상자는 믿음을 상징할 수도 있다. 이러한 상징은 아동이 무언가가 사실이라는 것을 알고 있지만 아무도 그를 믿지 않을 때 나타난다. 아동은 상자에 자신의 믿음을 넣고 중요하게 지키고 있다가 치료가가 자신을 믿어줄 것이라는 확신이 들었을 때만 그것을 내보일 것이다. 그리고 그것이 다른 사람(치료자)에게 받아들여진다면, 그것은 비로소 아동의 믿음이자 그 믿음에 대한 확증이 되는 것이다. 같은 방식으로, 아동은 자신의 존엄성을 상자에 넣어둘 수 있고, 그것이 받아들여질 것이라는 확신이 들 때까지 꺼내지 않을 수 있다.

첫 회기를 진행하는 동안, 아동은 치료를 받고 있는 곳에서 의사소통하려는 내적 추동(drive)이 생긴다. 특히 성적 학대를 받은 아동은 첫 번째 회기에서 자신에게 무슨 일이 일어났는지 밝히고 싶어 한다. 하지만 아직 신뢰 관계가 형성되지 않았기 때문에 무슨 일이 일어났는지 내용을 말할 수는 없고, 너무 무서울 것이다. 이 아동들은 놀이치료실에서 상자를 찾아 그 안에 무언가를 넣은 다음 치료자에게 "이 상자에 비밀을 넣었는데, 선생님은 뭔지 모를 거예요."라고 여러 번 말한다.

이런 식으로, 그들은 "이 사건을 통제할 수 있어."라고 의사소통을 하는 것이다. 이는 자신은 그것이 무엇인지 알고 있으며, 적절한 때에 공개하겠다는 뜻이다. 그들은 자신의 존엄성, 통제력과 권한을 회복할 때까지 기다린다. 아동이 자신만의 속도와 방식으로 이를 공개한다는 점을 이해하는 것이 매우 중요하다.

놀이치료실에 아동이 숨을 수 있는 장소를 마련하는 것도 중요하다. 그러면 그들은 숨어서 말할 수 있다. "이 상자 안에 비밀이 있어!" 혹은 아동이 머리에 담요를 덮고 이렇게 말할 수도 있다. "너는 나를 볼 수 없어. 그리고 나는 너에게 무언가를 말해 줄 거야……." 이는 아이가 치료의 방향이 어디로 가고 있는지를 나타내는 내면의 압박을 나타내는 것이다.

고장 나거나/망가진 놀잇감

놀이치료실에 고장 난 장난감이 있다면 치료자는 아동이 그런 이상적이지 않은 상황을 어떻게 다루는지 관찰할 수 있다. 예를 들어, 아동이 놀잇감이 고장 났을 때 옆으로 던지면, 아동은 자신이 뭔가를 잘못할 때마다 옆으로 던져진 것처럼 느낀다는 것을 전달하는 것이다. 혹은 아동이 고장 난 놀잇감을 활용하여 놀이하거나, 그것을 다른 놀잇감으로 대체하여 놀이한다면, 그것은 아동이 자신에게 놀잇감을 대체할 수 있는 충분한 창의력과 자부심이 있다는 것을 전달하는 것이며, 변화를 편안히 받아들인다는 것이다. 예를 들어, 이전 회기에서는 온전히 있던 놀잇감이 다음 회기에 고장나 있다면, 이것을 발견한 아동이 이 변화에 어떻게 반응하는지 파악할 수 있는 것이다.

고장 난 놀잇감은 아동의 자아를 나타낼 수도 있다. 예를 들어, 아동이 어떤 식으로든 학대를 받았다면 실제로는 고장났다고(상처받았다고) 느낄 수 있다. 고장 난 놀잇감은 자신의 정체성, 즉 자신에 대한 감정을 나타낸다. 아동은 이 놀잇감을 활용하여 자신의 자존감 상태와 자신을 어떻게 보는지 알릴 수 있다. 마찬가지로, 고장 난 놀잇감은 아동이 고군분투하는 내면의 문제를 상징할 수 있다.

어떤 아동은 망가진 놀잇감에 대해 상실감을 느끼기도 한다. 이는 망가진 놀잇감이 예전에 망가뜨리거나 잃어버린 어떤 좋아하던 물건을 상기시키기 때문이다. 심지어는 망가진 놀잇감으로 순수성의 상실을 표현하기도 한다.

아동이 망가진 놀잇감에 마음이 끌린다는 것은 이중적 의미를 갖고 있다. 즉, 놀잇감의 손상 자체가 주는 어떤 상징적인 의미가 있을 수도 있고, 그렇게 망가진 놀잇감을 선택하는 행동 자체도 어떤 상징적인 의미를 갖고 있는 것이다.

카메라

카메라는 아동에게 기억의 구체적인 예를 제공할 수 있다. 아동들은 상황에서 기억하고 싶은 것을 전달하기 위한 방법으로서 놀잇감 카메라로 사진 찍는 놀이를 할 수 있다. 아동은 경험에 대한 기억이나 인식을 확인시켜줄 수 있는 무언가를 원할 것이다. 한 장의 사진이 이러한 확신을 줄 수도 있다. 카메라를 가지고 노는 것은 또한

사진이 증거라는 점에서 아동에게 증거와 검증을 나타낼 수 있다. 실제로 어떤 일이 발생했다는 것이다. 사진은 진실을 나타낸다. 그것은 진실을 증명하는 증거로 사용될 수 있다. 또한, 상황이 어떻게 변했는지 나타낼 수 있다. 즉, 사진은 사건에 대한 정보를 제공한다.

어린 소년인 Billy는 어느 날 엄마에게 가서 아버지가 자신을 성적으로 학대하고 있다고 말했다. 아들의 이야기를 믿고, 엄마는 즉시 이를 부인하는 남편에게 맞섰다. 그런 다음 엄마는 아동 보호 서비스센터에 전화를 걸었다. 이번에도 남편은 부인했다. 그러고 나서 Billy는 내과의사에게 진료를 받았지만 학대의 증거를 찾을 수 없었다. Billy의 어머니는 이미 남편과의 관계에서 자신의 헌신에 대한 의문을 가져왔었기 때문에 이혼 절차를 밟기로 결정했다. 이 무렵, 그녀는 Billy의 놀이치료를 시작했다.

초기 탐색의 단계가 끝난 후, Billy는 카메라와 손전등을 집어 들고 놀이방의 불을 껐다. 그 후, 그는 구급 상자를 집어 들고, 놀잇감 돈, 체커, 동전, 카드 등 가치 있는 모든 것으로 채운 후 구석에 놓았다. 이때, 빌리는 "선생님은 저쪽에서 판매할 약을 만들고 있어요."라고 말했다.

치료자는 아동이 요청한 대로 했고 약을 만드는 척했다. 그런 다음 Billy는 카메라를 들고 치료자를 카메라로 찰칵 찍으며 손전등을 치료자에게 비춘 후 "이제 선생님은 저쪽으로 약을 가지고 가서 팔아요."라고 말한 후, 이 사건의 장면을 다시 찍었다.

이 시점에서 Billy는 학대 사건에 대해 치료자에게 몇 가지 단서를 제공한다. 일어난 일은 비밀이고 밤에 일어났다는 것이다.

약을 다 팔고 돈을 받은 후 Billy는 "돈을 테이블 전체에 뿌리세요."라고 말했다.

치료자는 Billy의 지시를 따랐다. 치료자의 눈에 손전등을 비추면서 Billy는 "나를 봐요. 당신은 잠들고 있어요."라고 말했다.

그래서 치료자는 잠든 척을 했다. Billy는 치료자에게 걸어가서 돈을 치료자의 머리 위와 어깨 위에 올려놓았고, 멜빵에 몇 개 넣고, 바지의 허리를 두르고, 호주머니와 셔츠 단추, 무릎과 신발 등에 돈으로 온몸을 감쌌다.

Billy는 이 절차에 너무 많은 감정적 에너지를 쏟고 있었기 때문에 그 중요성이 분명했다. 그러나 은유의 의미는 여전히 치료자가 알기 어려웠다.

> 치료자에게 자신을 바라보라고 말한 후 Billy는 치료자의 눈에 손전등을 비췄다. 그런 다음 그는 카메라를 들고 가능한 한 빨리 치료자의 모습을 카메라로 찍기 시작했다.
>
> 그가 그렇게 하자마자, 치료자는 그가 의사소통하는 것에 모든 증거가 있다는 사실이 분명해졌고 "거짓말로는 빠져나갈 수가 없어. 왜냐하면 넌 내가 그랬다는 증거를 가지고 있으니까."라고 말하자 빌리는 웃으며 고개를 끄덕였다.
>
> 또한 치료자가 Billy에게 자신이 믿고 있다는 것을 전달할 필요가 있다는 것도 분명해졌다. 이는 그가 치료를 계속하기 전에 이루어져야 할 일이었다. 그는 자신의 학대가 언제 어떻게 발생했는지 공개한 것이다. 치료자는 Billy가 가해자를 붙잡아 감옥에 데려가 처벌하는 동안 계속해서 가해자의 역할을 했다.

Billy의 사례는 다른 사람들이 아동의 말을 믿지 않을 때 발생한 상황에 확신을 주기 위해 카메라를 사용한 좋은 예이다.

의상

놀이치료실에서 이용할 수 있는 다양한 의상(예: 의료인, 정글 캐릭터, 망토를 두른 뱀파이어, 소방관, 경찰관, 요정 대모, 슈퍼히어로, 우주복, 해적, 로봇, 서양 의상, 유령, 군인, 마녀 등)을 갖추는 것이 중요하다. 그러나 이러한 의상을 모두 갖추는 것은 불가능할 수 있다. 치료자에게는 성인 남성 의상과 성인 여성 의상이라는 두 가지 매우 중요한 의상이 있다. 때때로 아동들은 치료자를 마치 여성 가해자인 것처럼 대하고 싶어 한다. 이 경우 치료자는 여성 의상을 입고 아동이 원하는 방식으로 가해자의 역할을 수행할 수 있다. 치료자가 여성이고 가해자가 남성인 경우 남성으로 분장해야 할 수도 있다. 이 두 가지 의상을 사용할 수 있게 함으로써 아동들은 두 성별의 치료자를 놀이에 포함시킬 수 있다.

공룡

공룡은 과거를 나타낸다. 이는 또한 아동 삶의 과거 역사일 수 있다. 아동들은 놀이를 통해 과거에 있었던 상황을 되풀이할 수 있다. 공룡은 매우 강력한 것으로 간주된다. 그들은 포식자이며 두려움을 만든다. 또한 공룡은 멸종했기 때문에 죽음을 나타낼 수도 있다. 죽음을 두려워하는 아동은 놀잇감 공룡으로 이러한 두려움을 표현할 수 있다.

공룡은 또한 아동 내부의 갈등 문제를 이끌어 낼 수 있다. 공룡은 생존을 위한 투쟁의 필요성과 함께 아동이 처한 환경에서 갈등이 자주 일어난다는 사실을 나타낼 수 있다. 이 경우 아동은 공룡을 사용하여 자신의 삶에서 일어나는 실제 전투를 연기할 수 있다. 중요한 사람의 죽음을 경험한 아동들은 다른 어떤 놀잇감보다 공룡을 더 자주 선택한다. 이는 평안한 삶을 위협하는 죽음과 같은 엄청난 상실을 겪고 있는 아동들에게도 해당된다.

한 교육청에서 자문을 해 달라는 요청을 받은 후 나는 행동 장애 및 학습 장애 아동을 치료하는 특수 교육 교사와 이야기를 나누었다. 그의 목표는 그들이 효과적으로 아이들을 가르치고, 아이들을 더 잘 이해할 수 있게 아이들의 은유를 인식하도록 돕는 것이었다. 긍정적인 상담이 끝난 후 나는 아이들을 만나 동그랗게 앉게 했다. 직원은 관찰을 위해 아이들 뒤에 앉으라고 요청했다. 나는 학생들 한 명 한 명에게 "학교를 졸업하고 뭘 하고 싶어?", "어른이 되면 무엇이 되고 싶어?", "애완동물이 있어?", "애완동물에 대해 말해 줄래?", "애완동물을 어떻게 생각해?" 등 여러 가지 질문을 던졌다. 한 소녀는 "음, 학교를 졸업하면 고고학자가 되고 싶어요." 대답했고, 나는 "와! 좋아. 정말 흥미롭네! 고고학자들은 어떤 일을 하기에 네가 관심을 가졌니?"라고 물었다.

"음, 그들은 오래된 뼈를 파내고 무슨 일이 있었는지 알아내요."라고 소녀가 대답했다.

나는 더 이상 깊은 질문을 하지 않고 "그래, 그게 바로 그들이 하는 일이야."라고 말했다. 그러나 그 정보를 통해 나는 아동의 어려움에 대해 명확하게 알게 되었다. 한 바퀴를 돌아가며 이야기를 마치고 학생들을 보낸 후, 나는 교사들과 브레인스토밍을 위한 회기를 가졌으며 각 아동들과 관계를 형성하고 동기를 부여하는 방법에 대해 논의했다. 교사들이 고고학자가 되려는 어린 소녀에 대해 논의했을 때 나는 그녀의 대답에 놀란 사람이 있는지 물었다. 한 사람도 빠짐없이 그들은 그것을 이해하지 못했고, 놀라움을 표현했다.

나는 그 소녀의 인생에서 최근에 어떤 중요한 사람이 사망했는지 물었다. 모든 직원의 표정은 믿기지 않는다는 표정이었다. 마침내, 누군가가 "소녀의 아버지가 5개월 전에 자살했어요!"라고 말했다.

소녀는 아버지에게 일어난 일을 이해하지 못했기 때문에 오래된 뼈를 발굴하고 아버지에게 무슨 일이 일어났는지 알아보기 위해 고고학자가 되고 싶었다고 설명을 한 것이다. 소녀는 그 경험을 하고 지나가긴 했지만 아버지의 사망과 관련된 내용을 이해할 수 없었다. 소녀에게는 자신의 고통을 들어주고, 소녀가 가지고 있는 문제를 해결하게 한 다음, 자신의 논리로 이해할 수 있도록 조직화해 줄 수 있는 누군가가 필요했다.

병원 놀이 세트

병원 놀이 세트에는 혈압계, 주사기, 청진기, 온도계가 포함된다.

① 혈압계

아동이 혈압계를 가지고 놀 때, 그는 분노, 침착함, 심리 상태, 내면화된 감정 또는 변화의 필요성과 같은 내부 문제들을 살펴보고 있을 수 있다. 그것은 온도계와 매우 유사하다. 그뿐만 아니라 아동이 침착하거나 화를 내거나 보이는 것보다 더 많은 감정을 경험한다.

② 청진기

청진기를 사용하여 내부 상태를 평가할 수 있다. 내부는 아동의 감정뿐만 아니라 기능하는 장기 모두를 나타낼 수 있다. 청진기는 의사 또는 의료 키트(kit)에서 가장 널리 사용되는 품목 중 하나이다. 신체의 내부(즉, 아동의 감정)에 접근하는 데 사용된다. 이러한 감정은 다른 사람에게 알려지지 않거나 드러나지 않을 수 있다. 아동은 치료자에게 자신에 대한 세부 사항을 알리는 데 편안함을 느끼기 전에, 초기에 치료자에게 이러한 감정이 존재한다는 것을 전달할 수 있다.

이 놀잇감은 또한 관계에 대한 내적 감정(예: 친밀감)을 이해하는 것을 대표하며 개방, 치료자와 더 가까워지는 느낌 등을 상징할 수 있다. 또한 아동이 사람의 내부에서 좋은 일이 일어나고 있는지 확인하기 위해 검증하려는 것일 수도 있다.

아동은 청진기를 가슴에 대고 들을 수 있다. 그런 다음 아동은 치료자에게 가서 같은 일을 할 수 있다. "내 안의 감정을 들어줄 수 있나요?"라고 할 수 있다. 이는 아동이 치료자의 감정 상태를 가늠하기 위해 하는 것이다.

③ 주사기

주사기는 일반적으로 통증을 유발하는 수단으로 아동이 사용한다. 그것은 아동이 신체적으로 학대당하거나, 침해당하거나, 두려워하거나, 성학대를 당했을 수 있다는 점을 나타낸다. 아동이 "이것은 너를 위한 것이야."라고 말할 수 있지만, 아동이 고통을 주는 주사 또는 기타 침습적 의료 절차를 경험했을 때 좋은 환경을 경험한 것은 아니다. 아동은 두려움을 일으키는 접촉과 충격에 대한 기억을 가지게 된다.

많은 경우 주사기는 성학대나 신체학대를 나타낸다. 예를 들어, 아동은 "당신은 이것을 원하거나 좋아하지 않을 거예요."라고 말하면서 동시에 "당신은 주사를 맞을 필요가 있어요."라고 말할 수 있다. 이 경우, 아동은 자신이 처한 입장에서 기분을 전달하고 있는 것이다. 치료 과정의 마지막 단계에서 아동이 자신의 고통과 문제에 직면한 후 "그래, 당신을 낫게 만들 것이기 때문에 이 주사를 맞아야 해요."라고 말할 수 있다.

④ 온도계

청진기와 유사하게 온도계는 내부 상태를 나타낸다. 그러나 더 많은 정보를 전달한다. 예를 들어, 온도가 높을 때 아동은 일반적으로 자신의 삶에서 많은 감정(예: 분노, 열정)을 가진 사람을 대하게 된다. 본질적으로 아동의 태도는 "이봐, 너는 이 사람을 두려워해야 해!"라고 하는 반면에, 낮은 온도는 차갑고, 얼고, 억제되고, 숨이 막히게 할 것이다. 이 경우, 아동은 한 영역에서 조심스럽고, 얼어붙거나, 주저한다. 또한 온도계는 질병과 건강, 도움의 필요성, 위기, 변화의 필요성 등을 나타낼 수 있다.

⑤ 병원 놀이 세트

이 놀잇감은 치유와 회복의 기회를 상징한다. 또한 치유의 힘이나 힘 있는 사람을 상징할 수도 있고, 그 고통이 치유되기를 바라는 마음으로 아동이 느끼는 고통을 상징할 수도 있다. 특히 위기나 외상을 겪은 아동의 경우, 병원 놀이 세트 안에 있는 놀잇감은 삶과 죽음을 나타낼 수 있다.

이 놀잇감은 긍정적인 변화를 나타낼 수 있다. 반면, 다른 사람이 아동에게 가한 침해나 고통에 대한 부정적 측면을 보여 줄 수도 있다. 성적 학대를 받은 아동의 놀이에서는 학대가 발생한 후 의사의 진찰을 받는 것이 학대 자체만큼이나 고통스러울 수 있음을 보여 주는 것으로 관찰되었다. 의사가 매우 친절하고 상냥했지만, 이러한 유형의 검사는 고통스러울 수 있다.

신체 이미지에 대한 주제는 병원 놀이 세트를 가지고 노는 것에서도 볼 수 있다. 예를 들어, 의사는 신체의 여러 부분에 대해 건강하다고 말하고 다른 부분은 건강하지 않거나 아프다고 말할 수 있다.

신체 질환(예: 두통, 복통, 다른 신체 부위의 통증)이 있는 많은 아동은 병원 놀이 세트를 가지고 놀고 싶어 할 것이다. 왜냐하면 아동들은 "내 몸 어딘가가 지금 많이 고통스러워요."라는 의미를 전달하려고 하기 때문이다. 많은 경우, 아동들은 통증이 있는 신체 부위에 집중할 것이다. 가장 일반적인 영역은 내면의 존재를 나타내는 심장이다.

훈련 워크숍 동안 어머니와 아들은 자원하여 치료에 참여했다. 그들은 Bob이라는 이름의 치료자에게 배정되었다. 워크숍을 진행하는 동안 치료자는 먼저 약 30분 동안 부모와 만나서 접수상담을 한 다음 아동과 만났다. 어머니는 Bob과 함께 첫 번째 회기에 들어가 10~15분 정도 앉아 있다가 마침내 이렇게 말했다. "보시다시피, 나를 심하게 때린 사람이 Bob이고, 선생님 이름이 Bob이라서, 저에게는 지금 우리가 하는 일에 집중하는 것이 매우 어려워요." Bob은 재빨리 "당신에게 그런 일은 일어나지 말았어야 했지요. 나는 당신이 그것을 알았으면 해요. 그리고 또한 내 이름은 Bob이지만 내 이름의 'B'는 부드럽고 온화한 B예요."라고 말했다.

이 말은 실제로는 별다른 의미가 없다. 하지만 그녀는 곧 아들과의 면담에 집중했다. 이 접수 회기가 끝나고 밖으로 나가면서 어머니는 아들에게 "이 사람은 Bob이고, 너는 그와 함께 놀 수 있어."라고 말했다.

문득 아들은 어머니의 태도에 변화가 있고, 이제 어머니가 "그는 남자이고, 그의 이름은 Bob이지만 그는 괜찮아."라고 하며 이 사람과 놀도록 허락하고 있다는 것을 깨달았다. 그래서 그 소년은 놀이치료실에 들어가서 공을 집어 들고 전체 회기 동안 치료자와 함께 공던지기 놀이를 했다. Bob이 5분 남았다고 말하자 소년은 청진기를 들어 목에 걸

고 마지막 5분 동안 공던지기 놀이를 계속했다. 회기가 끝날 때 Bob은 "알다시피, 오늘 우리 시간은 여기까지야. 너와 함께 놀이를 하는 것은 정말 좋은 기회였다고 생각해."라고 말했다. 어린 소년은 공을 선반에 내려놓고 청진기를 귀에 대고 다른 쪽 끝을 Bob의 가슴에 대고 말했다. "당신의 마음은 올바른 곳에 있어요." 그런 다음 그는 청진기를 벗어 내려놓고 떠났다.

처음에 어머니는 Bob에게 적응했고, 이후 아들에게 전달했으며, 그 후 아동은 Bob에게 적응했다. 치료자는 이 엄마와 아들을 치료하는 데 놀라운 일을 해낸 것이다.

병원 놀이 세트의 세 가지 주요 용도는, 첫째, 더 깊은 수준에서 사람과 친해지는 과정 촉진, 둘째, 통증 평가, 셋째, 치유를 시연(demonstrating)하는 것이다. 일반적으로 비상사태로 위장한 위기의 증거로 표현되거나, 사고나 총상일 가능성이 있어 신체에 많은 내부 통증이 있음을 나타내는 놀이로 표현된다. 이는 특히 신체적으로나 성적으로 학대받는 아동에게 해당된다.

치료의 초기 회기 동안 아동들은 의사 키트에 있는 놀잇감을 사용하여 "내 감정을 들어 주실래요? 내가 전달한 방식으로 내 문제를 경험해 주실래요?"라는 의미를 전달하며, 그들은 치료자를 알게 되고 치료자와 관계를 형성할 수 있다. 치료 과정의 후반 단계에서, 아동은 자신의 문제를 해결한 후 건강함을 증명하는 놀이를 하기 시작하는데, 이것은 행복에 대한 자기 내면의 감정을 나타낸다.

인형

아동이 인형을 가지고 놀 때, 상상 놀이는 아동 자신과 아동이 자신의 삶에서 경험하는 것 모두를 상징하는 것이 일반적이다. 예를 들어, 인형은 정체성의 문제, 형제자매와의 다툼, 경쟁심, 아동이 다른 사람과 느낄 수 있는 친밀감 또는 부모에 대한 아동의 의존성을 나타낼 수 있다.

아동은 퇴행의 수단으로 인형을 사용할 수도 있다. 인형을 가지고 두세 살짜리 어린 아동이 인형을 가지고 노는 것과 같은 방법을 사용할 수도 있다. 이는 아동이 특정 퇴행 단계를 경험하고 있음을 나타낸다. 따라서 영아기부터 유아기까지의 인형을 놀이방에 두어 다양한 발달단계를 전달할 수 있도록 하는 것이 중요하다.

인형의 집

인형의 집은 가족 환경을 재현할 수 있다. 아동이 인형의 집에서 놀 때, 치료자는 가족에 대한 아동의 인식, 가족이 상호작용하는 방식 및 가족 내에서 전달되는 미묘한 태도에 관한 중요한 정보를 얻을 수 있다.

Jimmy는 날씨에 집착하는 문제 때문에 치료에 의뢰되었다. 아동은 토네이도가 흔한 지역에 살았고, 매우 불안하고 강박적이었다. 아동의 부모는 그가 아침에 일어났을 때부터 학교에 갈 때까지, 방과 후 다시 잠자리에 들 때까지 라디오의 다이얼을 위아래로 움직여 가능한 한 모든 일기 예보를 듣는다고 했다. 또한, 아동은 밖에 나갔을 때 다른 사람의 발자국을 바로 밟지 않으면 회오리바람이 하늘에서 내려와 그를 죽일 것이라고 믿었다. 결과적으로, 아동은 학교에 가기 위해 집을 나섰을 때 문밖으로 뛰쳐나와 재빨리 뒤에서 따라 걸어갈 다른 사람을 찾았다. 사람들은 그가 너무 가까이에 있었기 때문에 당황스러워하며 그를 돌아보았다. Jimmy가 학교에 가까워졌을 때, 그는 완전히 공포에 질려 가능한 한 빨리 안으로 뛰어 들어갔다. 자신이 따르던 사람이 학교와 다른 방향으로 가기 시작하면 Jimmy는 빠르게 뒤에서 걸어갈 다른 사람을 찾기 위해 달려갔다. Jimmy는 실내에 있을 때만 안전하다고 느꼈다.

놀이치료를 하는 동안, 지미는 인형 집이 완벽해질 때까지 꾸몄다. 그런 뒤, 토네이도에 대한 경험 때문에, 그는 집을 뒤흔들고, 모든 가구를 넘어뜨리고, 집의 내부를 파괴했다. 이 놀이(토네이도의 한가운데를 나타냄) 중에 전화가 울렸다. 그는 전화를 들고 "지직, 지직, 지직, 지직."이라고 말한 다음 전화를 내려놓고, 토네이도로 다시 집을 흔들기 시작했다. 그는 회기 중에 이것을 세네 번 반복했다.

한 특정 회기 동안, 토네이도가 집을 파괴하는 동안, 그는 전화기를 들고 말했다. "지직, 지직, 지직, 지직(Jibber, jibber, jibber, jibber). 알겠어요, 엄마." 그러고 나서 그는 전화기를 쾅 내려놓았다. 이것은 Jimmy가 어머니의 강박적인 행동에 맞서고 있다는 첫 번째 단서였다.

Jimmy는 인형 집이 깔끔하고 잘 정리되어 있는지 확인하는데 많은 시간을 보냈다. 이는 그들의 집을 깔끔하고 정돈되게 유지하려는 그의 어머니의 강박관념을 대변하는 것이었다. 그녀에게 Jimmy는 그녀의 강박성을 방해하는 존재였다. 결과적으로, 그녀는 화

가 났고 그에게 소리를 질렀다. 그러고 나서, 그녀는 죄책감과 수치심을 이용해 그를 통제하려고 했다. 그녀는 그를 일곱 살로 내버려두기보다는, 그녀가 그녀 주변의 모든 것을 흠잡을 데 없는 배열로 유지하려고 했던 것과 같은 방식으로 그를 완벽하게 만들려고 노력했다.

나중에 그의 부모가 토네이도에 의해 파괴된 마을로 그를 데려갔다는 것이 치료 과정에서 밝혀졌다. 그들은 그 재앙을 지켜보면서 "신이 네게 화를 내실 때 이렇게 하는구나." 라고 말했는데, 이것은 Jimmy를 통제하는 부모의 방식이었다. Jimmy는 완벽할 수 없었고 어머니가 원하는 대로 모든 것을 할 수 없었기 때문에 그는 어머니에 대해 수치심, 거부감, 버림받았다는 감정을 느끼기 시작했고, 또한 토네이도에 의해 자신이 파괴될까 두려워하기 시작했다.

사람 모형(피규어)

① 가족 모형

아동이 가족 모형을 가지고 노는 것을 통해 가족 내에서 권위와 권력에 대한 아동의 인식과 상황(즉, 누가 권력을 가지고 있고 그것이 어떻게 활용되는가), 가족 내에서 양육이 어떻게 이루어지는지가 드러날 수 있다. 또한, 보호가 필요한 가정 내 가해자가 있는지, 의존성 또는 경쟁이 있는지, 아동의 관계가 기능하는 방식과 그러한 관계의 상태가 어떠한지, 관계 내에서 아동이 이용할 수 있는 보호, 아동이 가족 내에서 느낄 수 있는 수용 또는 거부 등을 확인할 수 있다. 가족 모형은 일반적으로 가족의 역학관계를 나타낸다. 즉, 사람 모형을 가지고 노는 것은 다른 사람과의 관계에 대한 아동의 인식과 직접적인 상관관계가 있다.

② 남성 모형

남성 모형을 가지고 노는 것은 아버지, 형제, 삼촌, 교사, 보모 또는 남성 인물에 대해 앞에서 언급한 문제를 설명할 수 있다. 또한 아동에게 노출된 모델링이 어떤지를 보여 줄 수도 있다.

③ 여성 모형

여성 모형을 가지고 노는 것은 이전에 가족 인형에서 언급한 모든 문제뿐만 아니라 어머니, 자매, 이모, 교사, 보모 또는 아동의 삶에 있는 여성 인물과 관련된 문제를 설명할 수도 있다. 또한 아동에게 노출된 모델링이 어떠한지를 보여 줄 수도 있다.

④ 소녀 모형

소녀 모형은 아동 자신, 자매, 보모 또는 친구를 나타낼 수 있다. 아동은 또한 이 모형을 사용하여 정체성, 이미지, 또래 관계 및 사회적 상호작용의 문제를 보여 줄 수도 있다.

⑤ 소년 모형

소년 모형은 아동 자신, 형제, 보모 또는 친구를 나타내는 데 활용할 수 있다. 앞에서 언급한 것처럼 아동은 이 모형을 사용하여 정체성, 이미지, 또래 관계 및 사회적 상호작용 문제를 보여 줄 수도 있다.

⑥ 아기 모형

아기 모형을 가지고 노는 것은 양육이나 퇴행에 대한 아동의 욕구를 나타낼 수 있다. 또한 과거와 관련된 문제 또는 경쟁 및 형제자매 경쟁 문제와 관련된 문제를 보여 주는 데 사용할 수도 있다.

핑거 페인트

아동이 핑거 페인트를 즐기는 경우 실제 그림에 포함된 메시지 외에 접촉을 즐긴다거나 참여하고, 기반을 닦고, 퇴행 또는 안전을 추구한다는 메시지를 전달할 수 있다. 또한 특정 상황이 자신에게 미친 정서적 영향을 전달하려고 할 수도 있다.

보통 핑거 페인팅을 원하는 아동들은 촉감을 추구한다. 그들은 자신의 투쟁과 접촉하는 것을 좋아한다. 그들은 접촉에 대한 욕구로 갈등을 겪을 수 있으며 문제에 접근하기 위한 수단으로 핑거 페인팅을 선택할 수 있다. 반면에, 관계를 두려워하고 높은 불안을 보이는 일부 아동은 핑거 페인팅을 기피한다. 접촉은 불편한 방식으로 접

촉된 시간의 기억을 촉발시킬 수도 있고, 그들은 접촉 자체에 과민할 수 있다. 핑거 페인팅의 느낌은 그들에게 불쾌한 연관성이 있을 수 있다. 치료 과정에서 이 아이들의 치료 목표는 핑거 페인팅을 하는 동안 편안함을 느끼도록 하는 것일 수 있다.

핑거 페인팅을 대표할 수 있는 다른 문제는 두 살 아동의 발달단계에서 대소변 문제를 중심으로 나타난다. 일반적으로 핑거페인팅을 원하는 아동들은 주로 촉각을 사용하고 신체 접촉을 원한다.

손전등

손전등을 가지고 노는 것은 통제하려는 아동의 욕구 또는 탐색, 조사 또는 관찰의 필요성을 나타낼 수도 있고, 비밀, 두려움 또는 의존성의 표시일 수도 있으며, 아동이 지도자나 안내자로서의 욕구를 가지고 있음을 나타내기도 한다(놀잇감 조명 참조).

게임

게임은 구조화되어 있지만 아동에 관한 중요한 정보를 이끌어 낼 수 있다. 게임은 아동이 자신의 삶에서 경험하는 구조와 통제, 또는 그가 갖고 싶어 하는 통제를 설명할 수 있다. 또한 경쟁에 대한 아동의 태도, 아동의 권한 부여 수준(즉, 아동이 경쟁에 대한 자신감을 가질 만큼 충분한 개인적 힘을 느끼는가?), 아동이 성공 또는 실패 상황을 처리하는 방식, 아동이 규정을 준수하는지 여부, 아동이 치료자에게 규칙을 설명하도록 요청하거나 아니면 게임에 바로 뛰어들어 자신의 바람을 주장하는지 여부, 또는 아동이 협조적인지 여부도 확인할 수 있다. 아동이 게임이 진행되는 방식에 저항하고, 결과적으로 자신의 욕구를 충족시키기 위해, 결과를 제어하기 위해 규칙을 바꾸는가? 규칙을 바꾸는 것이 항상 부정적인 것은 아니다. 아마 아동은 단순히 창의적인 다른 방식으로 게임하기를 원할 수도 있다. 아동이 의사소통을 하고 있는지 "너는 잘하고 있고, 나는 잘하고 있지는 않지만 괜찮아." 또는 "나도 잘하고 있고, 너도 잘하고 있는 것도 괜찮아."라고 말할 수 있다. 게임은 또한 아동 자신의 능력에 대한 감각을 반영한다. 만약 아동이 유능하다고 느끼지 않는다면, 일반적으로 제공된 게임에 접근하지 않는다. 만약 그렇다면 쉽게 포기하는 경향이 있다. 다시 말하지만, 이것은 아동의 자존감과 관련된 중요한 정보이다.

아동들은 종종 게임을 활용해서 세상이 그들을 어떻게 대하는지 보여 준다. 치료 중 게임을 하는 과정에서 치료자가 이길 것 같으면 어떤 아동은 이기는 기회를 갖기 위해 규칙을 바꾸며 '나는 기회를 갖기 위해 내 세상을 뒤집어 놓아야 한다'는 의미를 전달한다. 그들은 긍정적이고 향상되는 결과를 경험하기 위해 규칙을 변경할 것이다. 이러한 유형의 치료에는 규칙이 존재하지 않기 때문에 놀이치료에는 문제가 없다. 아동들은 놀이치료에서 부정행위를 할 필요가 없다. 게임은 규칙에 따라 시작될 수 있지만, 이러한 규칙은 아동의 욕구 충족을 반영하여 의미를 잃는다.

아동들이 자신의 욕구를 표현할 자유를 갖는 것은 중요하다. 만약 아동이, 인생이 자신을 속였다고 느낀다면, 그의 놀이에는 부정행위가 포함될 것이다. 왜냐하면 이것이 그가 세상에서 경험한 것이기 때문이다. 결과적으로, 놀이방의 분위기는 아동에게 그들의 필요와 욕구를 표현하는 것이 안전하고 허용된다는 것을 전달해야 한다. 가능한 한 모든 방법으로 그러한 필요와 욕구를 충족시키는 것은 허용되어야 한다. 모든 게임과 놀잇감의 목적은 아동들이 자신의 욕구를 표현하도록 돕는 것이다.

가끔 아동은 자신이 이기는 것이 믿을 수 없을 정도로 쉽게 이루어지도록 게임을 구성할 것이다. 이것은 아동이 그의 세계에서 개인적인 힘을 느끼지 못한다는 인식을 전달하는 아동의 방식일 수도 있다. 때때로 아동은 게임을 하고 치료자가 매번 이기도록 내버려 둘 것이다. 이러한 유형의 반응은 알코올 기능 장애 가정에서 태어난 아동에게서 나타나는 경향이 있다. 이때 아동은 자신이 처한 양육 환경으로 인해 타인을 돌보는 태도를 취하는 것이 익숙해진다. 즉, 이런 아동은 자신의 필요와 욕구는 맨 마지막으로 미뤄두는 데 익숙해져 있다. 이 아동들은 자신이 다칠까 봐 두려워서 어른들에게 화를 내는 것을 두려워한다. 정서적 학대와 신체적 학대 모두에 대한 가능성이 있다.

이 아동들은 삶에서 어른들을 돌보는 데 너무 집중하여 자신의 감정을 느낄 수 없다. 그들이 놀이치료에서 이러한 패턴을 유지하고 다른 방식으로 위험을 감수하는 것을 너무 두려워할 때, 놀이의 틀 내에서 다른 패턴의 놀이를 제안하는 데 어느 정도 지시적으로 되어야 할 필요가 있다. 예를 들어, 치료자는 "뭔가 다른 것을 해 보자. 나는 네가 되고, 너는 내가 되는 거야. 입장을 바꿔 보자."라고 말할 수 있다. 그런 다음 치료자는 "네가 행복할 수 있도록 해야 해. 네가 화를 낸다면, 나는 정말 긴장할 테

니까. 너를 잘 돌봐 줘야 해. 내가 이기는 것은 중요하지 않아. 차라리 네가 이겼으면 좋겠어."라고 말할 수 있다. 성공적으로 신뢰 관계를 구축한 이후에도 이러한 유형의 개입은 그 순간 아동의 놀이에 적합하고 아동이 관습적인 안전 관행을 벗어날 위험을 감수하도록 권장할 때만 활용될 수 있다. 치료자가 직접적인 제안을 할 때, 아동은 항상 거절할 권리가 있다는 점을 유념해야 한다.

이런 식으로 아동과 의사소통하면 아동이 다른 사람의 감정으로부터 자신을 보호하는 놀이를 시작할 수 있다. 이 경우, 아동이 자신의 힘을 얻도록 하는 것과 보호자 앞에서 여전히 안전한 태도를 취하도록 하는 것이 모두 중요해진다. 그러면서도 아동은 자신에게 새로운 상황과 사람에 대한 안전을 판단할 필요가 있다. 이 치료의 최종 결과는 아동이 자신의 에너지를 어린 아이가 되는 데 쏟고, 어려움의 근원이 자신에게 있는 것이 아니라 어른에게 있다는 것을 인식하기 시작하는 데 있다.

Jason은 치료를 위해 아버지가 데려온 어린 소년으로, 아내와 이혼한 후 아내가 멀리 떨어진 다른 주로 이사해 Jason을 데려갔다고 밝혔다. Jason의 형과 자매들은 고향에 있는 아버지와 함께 머물렀다.

어느 여름, Jason은 그들을 만나러 갔다. 22세인 그의 형은 그를 공항에 데리러 갔다. 집으로 운전하는 길에 형은 Jason이 지난번 방문했을 때와 많이 다르다는 것을 알아차렸다. 그는 Jason에게 "무슨 일 있니?"라고 말했다.

"아무것도 아니야." Jason이 대답했다.

형은 계속해서 "Jason, 너 무슨 일 있는 것 같은데. 뭐야?" 라고 물었다.

Jason은 "나 아무 일 없었어. 무슨 말을 하는 거야."라고 답변했다.

마지막으로, 형이 차를 세우고 "아니잖아, Jason, 무슨 일이 있었는지 말해 줘."라고 말했다.

이때, Jason은 다음과 같은 이야기를 하기 시작했다. 그의 어머니는 트럭 운전사와 함께 살고 있었다. 6월에 학교가 끝난 후, 트럭 운전사가 "나랑 함께 트럭 여행 갈래?"라고 물어봤고, 이것이 모험이 될 것이라고 생각한 Jason은 가겠다고 대답했었다. 그 후, 방학이 끝나서 학교로 돌아갈 때까지 그는 트럭에서 내리는 것이 거의 허용되지 않았다. 그 트럭에서는 상상할 수 있는 모든 학대가 이 소년에게 발생했다. Jason은 입에 총을 물린 채 성추행을 당했다. 트럭 운전사에게는 칼이 쥐어져 있었다. 트럭 운전사가 식사를 하기 위해 멈췄을 때, 그는 Jason을 묶고 재갈을 물린 후 트럭 운전석에 놔뒀다. 심지어 그의 식사도 제한적이었다. Jason이 트럭에서 내릴 수 있었던 유일한 시간은 밤늦게 몇 마일이나 떨어진 아무도 없는 휴게소에서였다. 그곳은 어두워서 아무데도 달릴 수 없었기 때문에 밖으로 나가서 화장실을 가도록 허락받았다.

Jason이 어머니와 전화할 때는 트럭 운전사가 그것을 감시했다. 그래서 그녀는 그가 좋은 시간을 보내고 있고 그들이 다른 곳으로 가는 동안 함께 머물기를 원한다는 이야기만 들었다. 어머니는 "음, 좋은 시간을 보내고 있다면, 계속……."이라고 통화하며 말했다. 트럭 운전사가 Jason에게 무슨 일이 일어나고 있는지 말하면 Jason과 그의 어머니를 둘 다 죽이겠다고 협박했다는 것을 그의 어머니는 몰랐다. Jason은 여름 내내 이런 상태로 트럭 안에서 지냈다.

이듬해 여름 Jason은 형제자매들을 만나기 위해 비행기를 탔다. 정신 건강 분야에서 훈련을 받지 않았지만, 스물두 살인 형은 Jason이 다르다는 것을 처음 알아차린 사람이었다.

Jason이 자신에게 일어난 일을 말하자 그의 형이 다가와 말했다. "제이슨, 이런 일은 너에게 일어나지 말았어야 했어. 너는 이런 일이 일어난 것에 대한 원인 제공을 하지 않았지만, 우리는 누군가에게 말해야 해. 이 문제를 해결하기 위해 도움이 필요해."

Jason은 가고 싶어 하지 않았지만, 형은 그를 곧바로 아동보호국에 바로 데려가 면담을 했다. 힘들게 그의 이야기를 마친 후 사회복지사는 다른 주에서 일어난 일이기 때문에 자신의 사무실에는 권한이 없다고 말했다. Jason에게 지방검찰청에 가서 처음부터 다시 말해야 한다고 말하자, Jason은 "아냐, 아냐, 아냐, 아냐, 아무에게도 얘기하지 않을 거야!"라고 소리쳤다.

형은 그를 집으로 데려갔다. 이튿날 아버지와 형제자매의 격려로 Jason은 지방검찰청에 갔다. 인터뷰가 끝나자 검찰 관계자는 '도움과 치료가 필요하다'고 말했다. 그때 Jason과 그의 아버지는 피해자 지원부로 보내졌고, 그곳에서 그들은 3명의 상담자를 추천받았다.

Jason이 놀이치료실을 처음 방문했을 때, 그는 극도로 겁을 먹고 있었다. 그에게 놀이치료실은 트럭의 운전실처럼 보였다. 낯선 사람과 새로운 장소에 있었기 때문에, 그는 트럭에서 경험했던 것과 같은 두려움을 경험하기 시작했다. 이번에야말로, 그는 다른 낯선 사람, 즉 치료자와 단둘이 있었다. 이러한 가능성을 인식하고 치료자가 가장 먼저 한

말은 "Jason, 많은 사람이 너에게 일어난 일에 대해 많은 질문을 했다는 것을 알아. 하지만 내가 오늘 하고 싶은 것은 그러한 질문보다 그냥 너를 알아가는 거야."라고 말했다. 그들은 첫 회기를 단지 그 방에서 서로에 대해 알아가는 데 시간을 보냈다. 방을 나갈 때 Jason은 모노폴리 게임을 보고 "나는 모노폴리가 너무 좋아요! 모노폴리를 할 수 있나요?"라고 말했다.

치료자는 "그래. 다음에 왔을 때 모노폴리를 할 수 있어."라고 대답했다.

다음 회기가 시작될 때 치료자는 이렇게 말했다. "Jason, 내 기억에 네가 모노폴리를 하고 싶어 했던 것 같은데, 하고 싶은 것 맞니?"

Jason은 "네!"라고 대답했다.

게임을 선택하고 세팅한 후 게임이 시작됐다. Jason은 주사위를 가져와 굴린 다음 자신의 말을 움직였다. 그런 다음 치료자는 주사위를 집어 들고 똑같이 했다. Jason은 다시 주사위를 집어 들고 손에 쥐고 말했다. "그 트럭이 얼마나 나빴는지 아무도 몰라요."라며 무슨 일이 일어났는지 밝히기 시작했다. 갑자기 Jason은 그의 고통과 불안이 너무 심해져서 더 이상 그것에 대해 이야기할 수 없었다. 그는 주사위를 굴리고 게임을 다시 시작했다. 대화가 멈췄다. 치료자 다음 자신의 차례가 된 후 Jason은 주사위를 집어 들고 말했다. "트럭에서 가장 안 좋았던 점은……." 그리고 다시 그것에 대해 이야기하기 시작했다. 그의 불안이 참을 수 없을 정도로 커지자, 그는 주사위를 가져와서 다시 게임을 시작했다. 그는 게임을 하는 것과 트럭에서 자신이 경험한 것에 대해 이야기하는 것을 번갈아 가며 했다. 이런 방법으로, 그는 치료 과정을 통제할 수 있었다. 그 후 그는 모노폴리 게임에 대한 은유에는 뉴욕, 테네시, 버지니아 등을 포함했다. 다시 말해서, 그것은 국가의 한 지역에서 다른 지역으로 여행하는 것을 포함했다. 또한, 그는 교통수단의 한 형태인 경주차를 선택했고, 그것을 그의 이동 수단으로 사용했다. 모노폴리 게임은 그가 그 경험을 수정하여 재연할 수 있는 방식이었고, 이번에는 통제와 안전이 있었다.

트럭에 대한 Jason의 경험 때문에 누군가는 그가 그의 외상을 놀이로 표현하기 위해 놀이치료실에서 트럭과 자동차를 선택한 것이라고 여길 것이다. 그러나 Jason은 그렇게 하지 않고 오히려 모노폴리 게임을 선택했다. 이 게임은 가치(value)와 진가(worth)를 상징하는 화폐 교환을 포함한다. Jason이 갔던 트럭 여행은 그의 가치와 존엄성을 앗아 갔다. 모노폴리 게임을 하면서 그는 자신의 방식으로 문제를 해결할 수 있는 은유를 만들었다. 모든 아동은 은유를 선택하는 방식이 독특하다. 처음 게임이 시작되었을 때, 치료자는 사실상 Jason이 트럭 여행을 하며 문제를 풀고 있다는 사실을 알지 못했다. 그러나 게임을 할 때마다 그것은 결코 단순한 게임이 아니고 항상 삶을 상징하고 있다. 이 치료자는 아동이 자신의 치료를 스스로 안내할 수 있는 가능성을 가지고 있다고 믿었기 때문에 Jason에게 자신의 은유를 설계할 수 있는 충분한 놀잇감과 게임을 제공했다. 아동들은 놀잇감을 활용하여 자신의 필요에 맞는 은유를 만드는 데 능숙하다.

미용도구

아동들이 미용도구(예: 빗, 거울, 립스틱 등)를 가지고 놀 때, 그들은 자신의 자아상과 자아 개념에 대한 태도와 인정, 보살핌, 양육에 대한 욕구를 전달한다. 따라서 놀이치료의 마지막 단계에서 자아상에 대한 확인을 위해 미용도구를 적절하게 활용하는 경우도 있다. 하지만 지나치게 집착하는 경우에는 성 정체성 투쟁 또는 성적 학대의 징후가 될 수 있다.

총

총은 아동에게 자신의 공격성, 분노, 적대감, 권력에 대한 욕구 그리고 자신의 삶에 대한 통제의 필요성을 표현할 수 있는 기회를 제공한다. 총을 활용하여 놀이하는 것은 또한 신체 내부에 총알이 침입하는 것처럼 발생하는 육체적 고통과 그것이 아동에게 정서적으로 미치는 영향 모두에서 침입당하는 느낌을 설명할 수 있다. 이 고통은 성적인 혹은 신체적인 학대를 상징할 수 있다.

총은 또한 보호와 경계를 제공한다. 예를 들어, 놀이치료 회기 내내 총을 가죽 끈에 끼어 허리에 매고, "가까이 오지 마. 쏠 거야!"라고 소리치는 아동의 경우는 보호에 대한 욕구를 보여 주고 있는 것이다. 또 다른 아동들은 총을 통해 죽음에 대한 태도를 엿볼 수 있게 하며, 총을 빼어들고 누군가를 죽이기 위해 쏘는 놀이를 통해 죽음에 관한 내적인 문제들을 표현하기도 한다.

놀이치료실에서 총을 가지고 노는 것에 반대하는 부모가 많다. 그러한 부모들에게

는 놀이치료에서 총 놀이가 의미하는 목적을 설명해 주고 양해를 구하는 것이 좋다. 치료자의 감독하에 총 놀이를 하는 것은 TV에서 보는 폭력성을 흉내 내는 것과는 매우 다른 것이다. 놀이치료실에서 치료자는 총 놀이를 통해 그것과 관련된 아동의 문제를 해결할 수 있도록 격려해 준다. 놀이를 통해 그러한 문제들이 해결된 뒤에는 더 이상 총이 아동에게 어떤 의미를 주는 도구가 되지 못한다. 그러므로 나중에 놀이치료실 밖에서 총을 가지고 놀 때에도 이전과는 다른 태도를 갖게 되는 것이다.

놀이치료실에서 총기 사용에 대해 부모에게 설명했음에도 부모가 놀이치료실에서 총기를 사용하는 것을 여전히 수락하지 않는 경우 갈등이 생길 수 있다. 부모와 치료자 사이에 표면화되는 문제는 아동이 고군분투하는 것과 동일한 문제일 가능성이 높다. 아동의 치료에는 부모문제도 포함되어 있으므로 치료자는 갈등을 해결할 어떤 타협점을 찾아야만 한다. 치료에서 총기 사용 문제를 해결할 수 없다면 치료 과정에서 갈등이 생겨 치료의 진행을 방해할 수 있다.

아동들이 상상 놀이에 들어갈 때, 그들은 외상 사건이 일어나서는 안 된다는 것을 무의식적으로 안다. 아동들이 욕설을 하거나 놀잇감 총을 사용하더라도 권한 부여, 통제, 존엄성을 되찾기 위해서는 자신이 만들 수 있는 모든 방법을 활용하여 놀이를 통해 그 상태로 돌아갈 수 있도록 하는 것이 중요하다. 이것이 허용되지 않으면, 그들은 반복적으로 공격적인 놀이를 하게 될 것이며, 이는 결국 평생 연습 놀이로 귀결되고 자녀나 배우자에 대한 학대 또는 폭력의 패턴으로 이어질 수 있다. 오히려 아동의 투사를 이끌어 내기 위해 놀이치료에 총을 가지고 있는 것이 도구를 제거하는 것보다 도움이 되며, 그 총을 사용하여 아이들과 함께 치료 작업을 함으로써 해결하는 것이 더 효과적이다.

놀이치료에서 아동이 총을 가지고 노는 것을 허용하지 않음으로써 아동에게 전달되는 메시지는 "이 사건으로 인해 느끼게 된 감정을 다룰 수 없어."다. 하지만 일반적으로 놀이치료실에서 총을 사용할 수 없게 되면 아동들은 모든 것이 파괴되는 화재와 비슷한 성격의 다른 놀이를 만들어 낼 것이다. 결국 자기 생존을 확인하는 의미에서 나오는 에너지의 방출은 막을 수가 없다.

열쇠

열쇠는 자신을 보호하기 위한 욕구를 가진 아동에 대한 정보를 준다. 다시 말해, 다음과 같은 의미를 가지고 있다.

> '나는 나에 대한 이 위협을 억제해야 하고, 이 방법으로 그걸 가두는 거야. 경계를 정할 수 있으니까 나에게 통제권이 있고, 아무도 나에게 상처를 줄 수 없을 거야.'

경계와 관련된 문제는 일반적으로 아동이 통제하지 못하는 것 또는 억제되지 않고 자신에게 접근하는 사람을 차단하는 것이 포함된다. 또한 열쇠는 특정 지역으로 이동할 수 없음을 의미할 수 있다.

일반적으로, 열쇠는 아동으로부터 무언가를 멀리하는 것을 나타낸다. 그것은 또한 비밀이나 보물의 열쇠가 될 수도 있고, 새로운 경험의 영역의 열림을 나타낼 수도 있다. 다시 말하지만, 아동은 잠긴 문 뒤에 무엇이 있는지, 언제 어떻게 마주할 것인지 또는 언제 비밀을 밝힐 것인지를 통제할 수 있다.

주방 놀이

접시나 주방 놀이 세트를 가지고 노는 것을 보고 치료자는 아동이 가정에서 어떠한 양육과 보살핌을 받는지에 대한 정보를 얻을 수 있다. 이는 또한 아동이 방치되고 있는지 여부를 드러낼 수 있다. 이러한 유형의 놀이는 아동의 가족 관계에 대한 정보를 보여 준다. 예를 들어, 누가 요리를 하는지, 누가 음식을 가져오고, 식사 시간을 어떻게 처리하는지 알 수 있다. 음식을 준비하고 식탁에 올려놓는 과정도 정서적 지지를 나타낼 수 있다. 음식을 제공하는 사람은 매우 차분하고 안심이 되며 촉진적인 의사소통 방식으로 음식을 제공할 수 있다. 그 반대도 가능하다. 거의 모든 문제는 어떤 식으로든 양육의 형태와 관련이 있기 때문에 주방 놀이를 사용하면 이러한 유형의 문제를 해결할 수 있다.

양육 문제에는 종종 음식이 포함된다. 아동들은 빈약한 양육을 나쁜 음식(예: 독, 나쁜 것, 죽은 것 등)으로 지칭한다. 예를 들어, 아동은 "똥을 먹어."라고 말할 수 있다. 똥을 먹는 동안 아동도 역할을 하고 치료자에게 소리를 지른다면, 아동은 빈약한 양육뿐 아니라 자신이 경험하고 있는 정서적 학대에 대해서도 이야기하는 것이다.

아동들이 좋은 양육을 받았을 때, 그들은 음식을 긍정적인 방식으로 언급한다(예:

피자, 핫도그, 햄버거 등과 같은 단 음식, 좋은 음식 또는 선호하는 음식). 아동과 함께할 때 가장 마음을 달래고 보살피는 행동 중 하나는 아동이 먹고 싶어 하는 음식을 사용하여 다과회를 하는 것이다. 이는 아동이 자신의 문제를 확인한 후에 나중에 치료에서 표현될 것이다.

칼

칼은 아동에게 공격성을 표현하는 수단을 제공한다. 그런 의미에서 도구라고 할 수 있다. 또한 아동이 자신의 힘을 보여 줄 수 있는 수단으로 사용한다. 또한, 칼은 아동에게 자신을 방어하고 보호할 수 있는 기회를 제공할 수 있으며, 성학대를 나타내는 것뿐만 아니라 학대로 인한 침해와 고통을 보여 줄 수 있다.

> 세 살 반 된 Nicole과의 첫 번째 회기에서 그녀는 곰인형을 발견하고 그것을 집어서 자신의 몸에 가까이 붙였다. 곰인형이 그녀와 연결됐음이 분명했다. 그녀는 그것을 돌본 후 자신에게서 멀리 옮겨 놓았다. 그런 다음 그녀는 칠판을 손가락으로 훑어본 다음 분필 가루를 가져다가 곰인형의 배 전체에 뿌렸다. 분필 가루는 뱃속에 있는 마른 정액을 나타내는 것이었다. 그 순간 그녀는 칼을 움켜쥐고 강렬한 표정을 지으면서 곰인형을 여러 번 찌르며 성추행을 당하면서 겪었던 고통을 상징했다. 이 모든 것은 그녀의 첫 번째 회기를 시작한 후 15분 안에 일어났다.

아동이 치료자와 관계를 형성하는 데 시간을 들이지 않고 즉시 외상적 놀이를 시작할 때, 이는 학대가 여전히 현재 진행 중임을 나타낸다. 치료자와의 관계 문제를 먼저 다루지 않고 즉시 외상적 놀이에 들어가는 것은 도움을 요청하는 아동의 방식이다. 이것은 외상으로 인한 고통이 관계의 필요성보다 클 때 발생한다. 학대가 현재 발생하지 않을 때, 아동은 먼저 치료자와 관계를 형성할 수 있다.

빛

아동들은 빛을 사용하여 권력과 통제의 메시지를 전달할 수 있다. 아동은 빛을 통제할 때 강력하다고 느낀다. 그는 자신이 통제하고 있다는 것을 알고 있다. 그러므로 아동이 불을 켜고 끌 수 있도록 하는 것이 중요하다. 또한 아동은 조명이 켜지고 꺼지는 것을 통제할 수 있어야 한다.

조명을 사용하면서 아동은 비밀을 밝힐 수도 있다. 아동에게 있어 어둠 속에서 시나리오를 연기하는 것이 반드시 비밀을 드러내는 것은 아니다. 이러한 유형의 놀이는 아동의 의식이 한 번에 모든 세부 사항을 볼 수 있는 수준에서 발생할 수 있다. 아동은 치료자에게 모든 세부 사항을 공개하기에는 너무 두려워서 그것을 어둠 속에 숨길 수 있다. 놀이는 더욱 강렬해진다. 이런 식으로 아동은 어둠을 부정의 한 형태로 사용할 수도 있다. 다시 말해, 아동은 어둠 속에서 놀고 불을 켠 다음 그런 일이 있었다는 사실을 부인할 수 있다.

불이 꺼지면 밤을 상징한다. 많은 경우 아동이 성적 학대를 당하면 불을 끄고 침실에 있는 것처럼 놀이한다. 이것은 자신의 학대가 어둠 속에서 밤에 일어났다는 것을 아동이 전달하는 것이다. 아동들은 보통 밤에 그들의 침실에 있기 때문에 이러한 유형의 놀이는 근친상간을 나타낼 수 있는 지표이다.

손전등도 비밀 사건에 대한 권력과 통제를 나타내기 때문에 놀이치료실에서 손전등을 사용할 수 있도록 하는 것도 중요하다.

마술 지팡이/수정 구슬

마술 지팡이는 아동에게 강력해질 수 있는 기회를 제공한다. 그가 무력한 상황에 처한 것처럼 느껴질 때 마술 지팡이는 그가 보고 싶은 변화를 만들 수 있는 힘을 줄 수 있다. 상상 놀이에서 이 놀잇감은 또한 아동이 미래에 자신의 삶이 어떻게 되기를 바라는지에 대한 소망과 목표를 달성할 수 있도록 한다. 보통 아동은 지팡이를 손에 들고 다니며 소원을 빌 것이다. 있는 그대로가 아니라 달라졌으면 하는 바람을 이야기한다. 그들은 바로 나와서 "내 삶이 더 나아지기를 바라는 중이야."라고 말하지 않는다. 이것은 너무 직접적일 것이다. 오히려 아동은 지팡이를 들고 가지고 다니다가 할머니 집에 기차를 타고 가는 놀이를 하며 "세상에서 제일 좋은 곳이야."라고 말한다. 아동은 자신의 집이 아닌 할머니 집에서 살고 싶다는 소망을 표현한다. 그런 다음 기찻길이 울퉁불퉁하거나 기차가 고장 나면, 그 아동은 자신의 가족에서 무슨 일이

일어나고 있는지, 무엇을 멀리하고 싶은지 그리고 문제가 해결되기를 바라는 사실을 전달하고 싶어 한다.

모형 자동차, 비행기 등

아동들이 모형을 만드는 데 시간을 할애하든 할애하지 않든, 아동은 일관성, 동기부여, 초점, 끈기, 목표 지향적인 행동, 확인 필요성, 과제를 완료하고자 하는 열망에 대한 정보를 치료자에게 제공하게 된다. 이후 아동이 모형을 만들려고 할 때 치료자는 아동에게 권한을 부여하여 결과적으로 자존감을 향상시킬 수 있다. 하지만 모형을 구성하는 놀잇감은 놀이치료에서 거의 사용되지 않는다. 이것은 8세에서 11세 사이의 어린이에게 더 자주 사용되며 일반적으로 활동의 한 유형으로 혹은 기분전환을 위한 형태의 치료에서 더 많이 사용된다.

돈/금화

권한 부여에 끊임없이 어려움을 겪는 아동에게 돈을 가지고 노는 것 또는 돈을 나타내는 모든 것은 권력, 통제, 안전, 상실 또는 속임을 당하는 느낌을 상징할 수 있다. 아동이 돈을 가지고 노는 방법은 종종 자신의 가치와 가치에 대한 자신의 감정을 나타낸다. 어떤 아동은 자신이 소중하다는 것을 알면서도 다른 사람이 자신의 가치를 인정하지 않는다고 느끼기 때문에 돈을 비축할 것이다. 존엄성을 빼앗긴 아동은 은행을 털고 돈을 모두 훔칠 것이다. 또한 아동이 모래 속에 돈을 숨기는 것은 흔한 일이며, 이는 아무도 그들의 가치나 소중함을 보지 못한다는 것을 상징한다. 그런 다음 그들은 스스로 그것을 찾거나 나중에 치료자가 그것을 찾는 것을 좋아한다. 이는 '지금 누군가가 내 가치를 찾아내고 있다'는 의미를 전달한다. 그러면 아동은 자신의 가치를 보는 사람이 치료자이기 때문에 그것을 숨기고 치료자가 찾게 하는 게임을 시작할 것이다. 돈은 표면적인 것으로서, 아동은 "당신은 내 가치를 보고 있다."라고 의사소통하는 것이다.

또한 아동들은 돈을 권력으로 사용한다. 그들이 돈을 통제할 수 있다면 모든 권력을 통제할 수 있는 것이다. 돈의 사용에는 강렬한 에너지가 있다. 나중에 아동이 자신의 문제에 직면한 후에는 강도가 줄어들고 돈은 다시 아무렇지 않게 사용된다. 예를 들어, 그들은 상점에서 놀고 단순히 일상 용품을 구매하기 위해 돈을 사용할 수 있다.

괴물 모형

괴물 모형은 가해자를 나타내기도 하지만 아동 자신이 가지고 있는 공포나 양가감정, 상상, 공격성, 갈등, 복수심 등을 표현하기도 한다. 자신을 힘들게 하는 사람이 누구인지 모를 때, 또 구체적으로 어떻게 했는지 표현할 수 없을 때 괴물 모형을 등장시킨다. 괴물에 대한 정서는 아동이 느끼는 힘들고, 부정적이고, 끔찍하며, 무력함을 보여 준다. 괴물 모형은 아동의 삶에 있어서 위험으로 다가오기는 하지만 무엇인지 잘 모르겠고, 이해할 수 없고, 비밀스럽고, 상상적인 것을 상징한다.

악기

모든 종류의 악기는 아동에게 자기표현, 의사소통, 창의성, 접촉 및 내적 성찰을 위한 길을 제공한다. 그들은 생각에 잠기거나, 열정적으로, 조용히, 크게, 그 외 여러 가지 방법으로 연주할 수 있기 때문에 아동의 기분과 태도를 나타낸다. 아동이 힘들고 화가 나면 악기를 연주하지 않는다. 대신 그는 악기를 들고 내리치거나, 예를 들어 기타줄을 마구 튕기거나 드럼이나 갈퀴를 두드려 불협화음 소리를 낸다. 반면에, 아동이 양육받고 있다고 느끼면 부드러운 노래(예: 반짝반짝, 작은 별)를 연주한다. 악기는 말없이 감정을 전달하는 수단이기 때문에 놀이치료실에 중요한 추가 요소이다.

그림

아동은 자신이 가지고 있는 문제에 대한 심리적 거리를 두기 위해 그림을 이용하는 경우도 있다. 그들은 적용되는 내용에 대한 직접인식을 공개하지 않고도 자신의 고통을 그림에서 묘사할 수 있다. 예를 들어, 아동은 엄마가 자신을 때렸을 때 고통스러웠다고 표현하는 대신 신체적 공격으로 인한 것인지는 밝히지 않고도 고통을 묘사할 수 있다. 그림은 세상에 쉽게 드러낼 수 없는 욕구, 태도, 삶의 자세를 표현하는 수단

을 제공한다.

베개

놀이치료실에 있는 큰 베개는 아동의 필요와 창의력에 따라 다양한 표현이 담긴 물건이 될 수 있다. 그 과정에서 안전감과 여유로움을 표현할 수도 있고, 부담감을 표현할 수도 있다. 이 과정에서, 베개는 영토, 권력, 부모 또는 괴물로 표현될 수 있다. 또한, 아동은 자신의 공격성과 좌절을 표출하기 위해 베개를 사용할 수도 있다.

카드놀이

카드는 아동에 따라 돈, 통제력, 힘, 비밀 등을 나타내는 등 아주 다양하게 사용된다. 또한 카드는 치료자와의 유대감을 갖고자 할 때 사용되기도 한다. 대부분의 아동이 카드놀이에서 이기기를 바라는데, 이는 자신이 힘을 가지고 싶다는 것을 확인하고 싶어 하기 때문이다. 모든 그림카드는 자신이 가지고 치료자에게는 숫자카드만을 주는 아동도 있다. 이는 자신이 모든 힘과 통제력을 갖고 싶다는 표현으로 보아야 할 것이다. 때로 카드를 돈으로 사용하는 경우도 있으며, 무언가를 축하할 때 카드를 공중에 흩뿌리기도 하고, 쓰레기통 같은 곳을 목표로 삼고 던지는 놀이를 하기도 한다.

> Jessica가 카드를 가지고 놀았을 때, 그녀는 남자들과 문제가 있는 것이 분명히 드러났다. 잭 카드가 나올 때마다 그녀는 불안 반응을 보였다. 그러나 다른 카드에는 아무런 반응이 없었다. 그녀는 여왕을 왕보다 더 강력하게 만들었다. 그래서 여왕은 왕과 잭보다 강했다. 왕은 아버지의 모습에 더 가깝고 잭은 오빠였다. 치료를 받는 동안 그녀는 가정에서 인정받지 못하는 가족 문제와 여성으로서의 권능감에 대한 감정을 다루었다.

화가 난 아동이 치료실에 들어와 전쟁 카드게임을 하는 경우가 많다. 이 아동은 관계에 대한 자신의 지속적인 갈등 감정을 표출한다. 다른 어떤 아동은 모든 게임에서 이겨야 하기 때문에 매우 경쟁적으로 게임을 진행한다.

어떤 아동은 한 팩의 카드를 가져와서 내려놓고 치료자에게 그들이 주고 싶어 하는 카드만 건네줄 것이다. 그런 다음, 그들은 전쟁을 치르고 치료자가 카드를 딴다. 이런 아동들은 "권력 있는 다른 사람과 했을 때 나는 무너져요."라고 말하고 있는 것이다. 그 시점에서, 치료자는 황폐해진 경험에 대한 반응을 할 수 있다. "와아, 난 기회가 없어! 내가 이길 것 같고, 쾅, 난 없어. 글쎄, 내가 이 작은 것을 이겼지만, 결국에는 도움이 되지 않을 거야."라는 식으로 아동들은 치료자가 그들의 경험을 이해한다는 것을 듣게 된다.

손인형

손인형은 주변 사람들과의 관계에 대한 아동의 인식을 나타낼 수 있다. 또한 자신의 불편한 감정들을 손인형을 통해 드러내기도 한다. 손인형에 감정을 투사시킴으로써 문제를 가장하거나 익명성을 보장받고자 하는 것이다. 그리고 손인형은 아동의 의사소통 방식에 관한 정보를 줄 수도 있다.

종종 아동은 어린 양과 같은 동물 인형을 집어 들고 손인형을 사용하는 방식을 통해 자신을 그것과 동일시한다는 것을 알리기 시작한다. 손인형을 극적인 연극에서 사용하거나 그것에 연관시켜(예: 손인형을 잡고 부드러움에 대해 논평하면서 그것을 쓰다듬기) 사용하고 그 인형의 특성을 자신의 연극으로 옮길 것이다. 그다음 일반적인 행동은 치료자의 손에 어린 양을 올려놓는 것이다. 왜냐하면 아동은 치료자가 자신이 어떤 사람인지 알기를 원하기 때문이다. 예를 들어, 한 아동이 치료자의 손에 어린 양을 올려놓고 늑대 인형을 잡고 어린 양에게 올 수 있다. 그 후 아동은 치료자가 다음과 같이 말하길 원한다. "이런 일이 나한테 일어나선 안 돼. 정말 무서워! 당신은 내가 하기 싫은 일을 시키고, 그것은 정말 나를 아프게 해요!"

만약 아동이 어린 양을 잡고 치료자에게 "다른 인형 중 하나를 가져오세요."라고 말한다면 치료자는 회색곰, 늑대, 사자, 또는 이빨을 가진 동물(예: 악어)이 아동들에게 가해자를 의미한다는 것을 깨닫고 어떤 손인형을 선택할지 매우 신중하게 결정한다. 결과적으로, 치료자가 늑대를 데리고 "안녕."이라고 말한다면, 이전의 사건이 연상되어 아동은 즉시 놀이를 중단할 수 있다. 여기서 가장 좋은 질문은, "어떤 것이 좋겠니?"라고 묻는 것이다. 아동은 "늑대요."라고 응답함으로써 자신이 가해자와 대면할 준비가 되었으며 이 문제에 보다 직접적으로 대처할 수 있는 권한을 느낀다는 것

을 전달한다. 이 경우 늑대를 데려가는 것이 적절할 것이다.

아동이 "그냥 집어요. 아무거나요!"라고 말할 경우, 아동이 사용하는 인형과 가장 비슷한 손인형을 가져가는 것이 중요하다. 예를 들어, 아동이 어린 양을 안고 있다면 치료자는 아기 고양이를 데려가는 것이 좋다. 왜냐하면 아동의 속도를 넘어서 아동이 불편해지는 수준까지 놀이를 진행하지 않는 것이 중요하기 때문에 치료자는 아동이 장면을 설정하는 데 사용하는 권한 부여 수준과 동일한 수준의 손인형을 선택해야 하기 때문이다.

다양한 손인형이 바람직하다(예: 인간 형태, 동물 형태, 뱀파이어, 박쥐, 거미 등). 자동차와 같은 사물인형은 찾기가 어렵지만, 아동의 표현이 필요한 수준부터 놀이 속으로 들어갈 수 있도록 인간, 야생 동물, 곤충, 괴물까지 가능한 다양한 수준을 나타내는 손인형을 갖추는 것이 바람직하다.

퍼즐

퍼즐은 아동의 문제해결 능력, 완성 욕구, 통합능력, 성취감 또는 성취 욕구와 관련된 정보를 제공할 수 있다. 또한 퍼즐에 대한 아동의 접근 방식은 자신의 능력에 대한 아동의 자신감을 보여 준다. 퍼즐을 완성하는 과정에서 보이는 태도들은 아동이 가지고 있는 문제해결 방법을 보여 준다.

> Shawn은 치료를 받을 때마다 퍼즐을 맞추었지만 한 조각이 빠져 있었다. 모든 회기에서 잃어버린 조각은 매번 다른 위치였다. 그는 결코 퍼즐을 완성할 수 없었다. 본질적으로, Shawn은 "내 인생은 완전하지 않아요. 내 인생에 구멍이 있어요. 내 중요한 부분이 빠져 있어요."라는 의미를 전달하고 있었다.

모래상자

모래는 아동이 원한다면 온 세상을 건설할 수 있게 해 준다. 또한 세계를 건설한 다음 파괴할 수 있다. 그런 의미에서 아동들은 자신의 희망을 보여 주고 그 희망이 무너지는 과정을 보여 준다. 모래를 통해 치료자는 아동이 자신의 환경과 지역 사회(예: 학교, 집 또는 이웃)를 인식하는 방법과 이러한 환경 안에서 변화를 겪는 방식을 평가할 수 있다. 모래는 창의성을 표현하는 독특한 방법을 제공한다. 그것은 아동의 감정적 세계, 즉 아동의 감정과 삶의 변화를 나타낸다. 모래상자는 놀이치료실에서 절대적으로 중요한 놀잇감이다. 다른 어떤 단일 아이템보다도 많은 아동이 자신의 놀이에 모래상자에 포함시킨다.

모래는 아동들이 만져 보고, 질감을 느끼고, 부어 보고, 매만졌다가 펴 보기 등의 다양한 경험을 제공한다. 또한, 놀이방의 다른 어떤 것보다도, 치료자에게 아동의 정서 상태에 대한 정보를 제공한다. 사실 모래는 아동의 감정과 동일시될 수 있다. 예를 들어, 어떤 아동은 모양 틀에 모래를 채우고 약간 덩어리진 것을 누르고 모래를 더 추가하고 이를 여러 번 반복하여 압박 놀이를 표현한다. 또 다른 예는 매우 불안한 아동의 경우이다. 이 아동들은 종종 모양 틀에 모래를 채운 다음 매끄러워질 때까지 평평하게 두드린다. 이것이 여러 번 반복된다면 높은 수준의 불안뿐 아니라 자기 삶의 상황이 진정되기를 바라는 마음을 전달하는 것이다. 어떤 경우에는 아동들이 너무 불안해서 손에 닿는 모래의 감촉을 견딜 수 없을 수도 있다.

여섯 살 소녀 Tanya는 놀이에서 제약이 많았다. 놀이치료실에서의 첫 번째 회기에서 Tanya는 모래상자에 가서 가능한 한 매끄러운 모래를 얻으려고 노력했다. 다음 두 회기에서 Tanya는 구슬을 가져 와서 모래상자에 숨긴 다음 치료자가 그것을 찾도록 했다. 그런 다음 Tanya는 치료자에게 구슬을 숨기라고 시키고 자신이 찾았다. 이를 통해 Tanya는 자신의 정체성과 가치를 찾고 있었다. 이 주제는 Tanya의 모든 회기에서 명확하게 보이기 시작했다.

마침내, Tanya는 모래를 엎지르지 않도록 아주 조심하면서 모래상자의 중앙에서 가장자리로 모래를 밀어내기 시작했다. 한 회기 동안 치료자는 아동이 어떻게 반응하는지 보기 위해 소량의 모래를 바닥에 떨어뜨렸다. Tanya는 거의 얼어붙었다. 그러자 치료자는 "모래가 바닥에 떨어져도 괜찮아. 여기서는 그렇게 해도 돼."라고 말했다. Tanya는 계속해서 모래상자의 벽까지 모래를 옮겼지만 밖으로 떨어뜨리지는 않았다. 다시, 치료자는 Tanya가 그것을 얼마나 잘 견딜 수 있는지 보기 위해 모래상자 외부의 바닥에 모래를 조금 더 떨어뜨렸다. 그 후, Tanya는 "선생님이 모래를 흘렸어요."라고 말했다. 그러나 이번에는 치료자가 모래를 떨어뜨린 것에 대한 Tanya의 불안이 줄어들었음을 알

아차렸다.

다음 몇 회기 동안 Tanya는 모래를 상자 가장자리까지 옮기기 시작했지만 가장자리를 넘지 않도록 조심했다. 치료자는 모래상자 가장자리에 모래를 깔기 시작했다. 그렇게 함으로써 치료자는 Tanya에게 똑같이 할 수 있는 권한을 부여했다.

일곱 번째 회기에서 Tanya는 모래를 모래상자 가장자리에 바로 올려놓았지만 흘러내리지 않도록 했다. Tanya는 손을 모래상자에 대고 모래를 모래상자의 경계 안에 두었다. 이 회기 동안 치료자는 모래상자 밖으로 모래를 다시 떨어뜨리기로 결정했다. 치료자는 잠시 동안 모래에서 놀다가 다시 Tanya의 손을 잡고 바닥에 약간 떨어뜨렸다. Tanya가 치료자가 무엇을 하고 있는지 보았을 때, 치료자는 "모래가 바닥에 떨어질 수 있고 여기에서는 괜찮아."라고 말했다.

다음 회기에서 Tanya는 모래를 모래상자 가장자리에 놓고 모래를 바깥쪽 가장자리와 바닥에 떨어뜨렸다. 마지막 회기에서 Tanya가 들어와 모래상자에서 놀기 시작한 다음 모래상자에서 모래를 던지기 시작했다. Tanya는 모래상자에서 모든 모래를 바닥에 던졌다. 그날 밤, Tanya는 집에 가서 엄마에게 말했다. "할 말이 있어요. 아빠가 내 온몸을 만졌어요. 그리고 난 아무한테도 말하지 않을 거에요. 왜냐하면 아빠가 감옥에 갈 걸 아니까요. 하지만 엄마한테는 말할게요."

Tanya는 너무 위축되어 있어서 용기 있게 공개하기까지 많은 시간이 걸렸다. Tanya는 통제와 두려움을 완화하기 위한 은유를 사용했다. 먼저 모래를 다듬으며 '내가 괜찮아 보이냐'며 소통했고, 그다음 Tanya는 모래에 구슬을 숨기고 치료자가 그것을 찾도록 했다. 그것은 치료자에게 "내 안의 가치(value)가 보이나요? 나는 내 가치를 구하고 함께 머물고 찾아볼 수 있나요?"라고 묻는 Tanya의 방법이었다. Tanya가 치료자에게 구슬을 숨겨 달라고 요청했을 때, Tanya는 모래 속의 모든 과정이 "당신은 내 가치를 보나요? 난 내 가치를 알아요. 우리의 관계는 중요하고, 그 상호작용은 나에게 의미가 있어요."라는 의미를 전달한다. 다음 단계는 Tanya가 모래를 깨고 모래상자의 바깥 쪽 가장자리로 밀었을 때 시작되었다. 이때 Tanya의 행동은 "선생님과 관계를 맺기 시작할게요."라는 은유적 표현이었다. 모래상자 측면의 모래는 경계를 마주하는 것으로서 Tanya가 내부적으로 느끼고 있는 압력을 나타낸다. 이어진 회기에서 Tanya는 모래를 가장자리에 점점 더 가까이 대고 조금 떨어뜨리는 것을 경험했다. 다시 말하지만, Tanya는 계속해서 그 경계에 맞서고 있었고 지저분해도 괜찮다는 것을 배웠다. 즉, "지저분할 수도 있고, 그래도 괜찮아"를 배운 것이다. Tanya가 상자에서 모래를 던졌을 때, 이것은 Tanya가 통제를 완화하고 여전히 괜찮을 수 있음을 나타내는 은유였다. 이 모든 단계를 거치면서 Tanya는 자신이 학대를 받고 있다는 것을 어머니에게 말할 수 있는 용기와 허락을 받은 것이다. Tanya가 이를 공개하기 전에는 학대가 일어나고 있는지 알기에 충분한 정보가 없었다. Tanya가 놀이를 보완하고 내용을 추가하기 전까지 Tanya가 위축되어 있는 이유를 알 수 없었다.

모래 사용과 관련된 일반적인 질문은 아동이 모래를 공중에 던지도록 허용해야 하는지 여부에 관한 것이다. 모래가 놀이치료실 전체에 퍼질 수 있을 뿐만 아니라 사람들의 눈, 머리카락, 옷에도 들어갈 수 있다. 이러한 상황에서는 가능한 한 모래를 계속 던짐으로써 얻을 수 있는 이득보다 피해가 큰가 작은가 여부를 결정하기 위해 임상적 판단을 사용하는 것이 가장 적절해 보인다. 만약 모래를 아무 곳에나 뿌리는 행동이 보호를 시험하기 위한 것이라고 생각된다면 반드시 제한해야 한다. Tanya의 경우에는 적절했다.

밥백/보보인형

아동이 밥백(Bop Bag)을 가지고 노는 방법은 아동의 삶에서 좌절과 갈등의 수준에 대한 풍부한 정보를 제공한다. 밥백을 공격적으로 사용하는 아동은 자신의 인생에서 관계에 대한 정보를 제공한다. 그는 또한 권력과 복수에 대한 자신의 욕망을 전달한다. 또한 밥백은 가해자를 대신할 수도 있다. 다른 한편으로는, 양육 도구(즉, 안전한 곳으로 가기 위한 침대 또는 보트)의 역할도 할 수 있다. 베개와 마찬가지로 밥백의 사용은 아동의 문제와 창의성에 달려 있다.

상어

상어는 공격적인 개인을 상징한다. 아동은 자신을 지배한다고 생각하는 사람에게서 느끼는 두려움을 표현하기 위해 상어를 사용할 수 있다. 가해자일 수도 있고 그냥 권력을 남용하는 사람일 수도 있다.

어느 목요일 아침, 아동 보호국은 Kristi라는 이름의 다섯 살 소녀를 데리러 갔다. Kristi는 너무 심하게 구타를 당해서 유치원에 도착했을 때 얼굴 전체가 검고 파랗고 눈이 부어올라 있었다. 아동 보호국은 Kristi를 병원으로 데려가 코, 입, 빰을 꿰매었다. 그런 다음 그들은 소녀를 다치게 한 것을 부인한 Kristi의 부모와 면담을 실시했다. 사실, 어머니는 Kristi를 학대하는 것을 부인했으며, Kristi의 아버지는 그날 아침 학교에 가기 전에 Kristi에게 아무런 문제도 발견하지 못했다고 말했다. Kristi는 보호 치료를 받았다.

다음 월요일 아침, Kristi는 놀이치료자를 만나기로 예정되어 있었다. 놀이치료실에 도착하자마자 Kristi는 치료자를 알아가는 데 시간을 할애하지 않고 바로 놀이에 들어갔다. (이것은 학대가 현재 진행 중임을 나타낸다.) Kristi는 작은 플라스틱 어린이 인형과 프라이팬을 집어 들었다. 그런 다음 Kristi는 찰흙을 주워 8~10개의 공을 만들어 프라이팬에 넣었다. 그러고 나서 Kristi는 상어를 집어 프라이팬 옆에 놓았다. 이 모든 것을 정리한 후, Kristi는 어린이 인형을 집어 들고 놀기 시작했다. 먼저, Kristi는 상어를 들었다. 그러고 나서 상어의 입에 어린이 인형을 물고 흔들고 비틀어 던졌다. 그 후, Kristi는 첫 번째 찰흙 덩어리를 가져다가 상어의 입에 넣었다. Kristi는 8개의 공이 모두 상어의 입에 채워질 때까지 이것을 반복했다. Kristi는 모든 점토 공을 상어의 입에 넣기 위해서 매우 세게 눌러야 했다. (이것은 사건과 관련된 강렬한 감정을 전달하는 일종의 압박 놀이이다.) 상어의 입이 가득 찬 후 Kristi는 그것을 가상 침대로 데려갔고 상어는 잠이 들었다. Kristi는 놀이를 멈추고 놀잇감을 치워야 할 때라는 알림을 받을 때까지 이 시나리오를 계속 반복했다.

이 회기까지 사회복지사가 Kristi에게 누가 다치게 했는지 물을 때마다 Kristi는 대답하지 않았다. 사회복지사가 이 회기와 관련하여 치료자와 상담했을 때 치료자는 Kristi가 가족의 비밀을 깨뜨리지 않고는 누가 Kristi를 다치게 했는지 공개할 수 없다고 설명했다. 그러나 Kristi의 놀이에 나오는 연상, 상징, 은유로부터, 어느 부모든지 많은 시간을 같이 먹고 잠을 잤던 사람이 가해자라는 것을 알 수 있었다.

이 시점에서 사회복지사는 의자에 털썩 주저 앉았다. 그러고 나서 그녀는 어머니의 몸무게가 300만 파운드에 육박할 뿐만 아니라 지난 4일 동안 사회복지사가 집에 갔을 때마다 어머니가 침대에 누워 있었다고 설명했다. 사회복지사는 즉시 어머니를 찾아가 대면했고, 어머니는 마침내 Kristi를 구타한 사람이 자신이라고 고백했다.

은유를 통해 Kristi는 말했고 치료자는 들었다. 아동들은 간접적인 방법으로 의사소통을 하며, 치료자인 우리는 그 언어를 이해해야 한다.

군인

군인은 아동이 갈등, 침략, 무력, 삶과 죽음의 투쟁 그리고 전멸에 대한 두려움을 표현하도록 한다. 이것은 상어가 사용되는 방식과 유사하다. 아동들은 집단화를 연습하거나 집단 감정을 표현하는 데 사용할 수도 있다.

> Joey는 상어와 놀잇감 병사를 사용해서 정서적 학대에 대해 의사소통하는 어린 소년이었다. 그는 병사들을 모아 모래 속에 넣은 다음 상어를 가져다가 병사들의 머리 위로 흔들었다. 상어가 병사들을 지날 때마다 그는 손가락을 가져다가 병사들을 모래 속으로 밀어 넣었다. 그는 모든 군인이 보이지 않을 때까지 이 장면을 반복했다. 근본적으로 Joey는 자신이 받고 있는 정서적 학대를 아무도 볼 수 없었지만, 그 감정이 그의 내면 깊숙이 파고들어 엄청난 고통을 안겨 주었다는 점을 전달했다. 그는 군인들을 이용해 학대가 자신을 공격하는 것과 같다는 점을 표현했다.

공간(박스, 텐트, 집)

어떤 종류의 온전한 울타리는 아동이 숨을 수 있게 해 주고, 경계, 수용, 신뢰, 존경, 수치심의 필요성과 거리를 설정하는 방법을 보여 준다. 아동은 자신의 존재(대상항상성)와 다른 사람과의 모든 신체적 접촉을 통제할 수 있다.

아동들이 숨을 수 있는 장소가 있는 것은 매우 중요하다. 만약 없다면, 치료자가 책상을 벽에서 조금 당겨서 아동이 뒤에 숨을 수 있도록 할 수도 있다. 아동들은 주변에 경계선이 있는 장소가 필요하다. 이 장소는 아동들이 보호되고 아무도 볼 수 없는 곳이다. 이는 또한 놀이치료실에 텐트나 상자를 제공함으로써 가능할 수 있다. 때때로 아동들은 상자 안에 있기 위해 태아 자세를 취해야 할 정도의 작은 상자 안으로 기어들어간 다음 숨을 수 있도록 뚜껑을 씌워 달라고 부탁하곤 한다. 이때 공간을 제공하는 것은 담요와 비슷한 의미를 갖는다.

검

검은 침략을 표현하거나 방어, 보호 및 권력의 필요성을 상징하는 데 사용될 수 있다. 이는 아동이 자신의 문제에 어느 정도 거리를 둘 수 있게 하고 특정 갈등에 대한 좌절감을 나타낼 수도 있다. 또한 검은 아동이 겪고 있는 침입을 상징할 수도 있다. 다시 말해, 방해, 고통, 갈등, 충돌 등이 있는 관계에서 늘 자신의 안녕을 위해 방어하거나 울타리를 치고 있다는 은유다. 또한 아동들이 신체의 일부를 잘라 내는 것처럼 놀이할 때는 그들에게 큰 고통을 야기하는 관계 문제를 보여 주고 있다는 점에 유의해야 한다.

녹음기

녹음기는 자기 존재를 확인하는 경험을 갖게 하는 놀잇감이다. 즉, 자신의 존재를 자기 자신에게 확신시켜 주는 것이다. 또한 이 놀잇감은 사람들과의 관계에서 아동이 어떠한 태도를 취하는지를 관찰할 수 있게 해 준다. 아동이 전등불을 조절하는 것과 마찬가지로 녹음기를 조작하는 것은 힘과 통제력을 확인 할 수 있는 기회를 주는 것이다. 아동들은 녹음기에서 자신의 목소리를 들으며 매우 즐거워하기 때문에 녹음기를 가지고 노는 것을 굉장히 좋아한다. 하지만 낮은 자존감을 가지고 있는 아동의 경우, 간혹 녹음하는 것에 대해 두려움을 갖기도 하고 민감해지기도 한다. 그러한 아동들은 자기 가치에 대해 확신을 갖지 못하기 때문에 자신의 목소리를 듣는 것에도 불편한 감정을 느끼게 된다. 그래서 자기 목소리를 녹음하는 것을 매우 조심스러워한다. 어떤 아동들은 음악 테이프를 들고 와서 놀이치료 시간에 틀어 달라고 부탁하는 경우가 있는데 이는 안정과 평안함을 원하고 있음을 보여 주는 것이다. 때로는 녹음기를 이용하여 집에서 아동이 듣게 하기 위한 은유적 이야기를 녹음하는 경우도 있다.

과녁

과녁에 접근하는 방식으로 아동의 자신감 수준을 상징할 수 있다. 예를 들어, 아동이 과녁에 너무 가까이 다가가면 다른 사람에게 잘 보이고 싶은 동시에 능력이 부족하다고 느끼고 있다는 것을 상징할 수 있다. 아동이 과녁에서 멀어지면 낮은 자신감과 성공에 대한 기대가 없음을 나타낼 수 있다.

또한 과녁은 아동이 목표를 설정하는 태도에 관한 중요한 정보를 알려 주기도 한다. 예를 들어, 자신의 능력 수준에 맞는 목표를 설정했는지, 아니면 실패할 수밖에 없는 목표를 설정하고 있는지, 또는 좀 더 분발하거나 위험을 무릅쓸 만한 시도를 아예 할 생각을 못하는지 등을 살펴볼 수 있게 한다. 이러한 태도들은 치료가 진행되어 나가면서 조절능력과 적응능력이 생기기 때문에 변화한다.

과녁을 가지고 노는 아동의 놀이는 정서 상태를 파악할 수 있는 놀이이며 목표물로부터의 거리는 목표 달성 능력에 대한 아동의 자신감을 나타낸다. 예를 들어, 과녁을 향해 걸어가서 5개의 다트를 보드에서 빼내고, 5개 모두를 과녁의 정중앙에 놓는 아동은 실패를 두려워하고 완벽주의를 위해 분투하는 아동이다. 또 다른 아동은 과녁에서 아주 멀리 서서 다트를 던지고 과녁에 가까이 가지도 못한다. 이는 종종 "나는 인생에 기회가 없고 인생은 나에게 기회를 주지 않아. 그건 중요하지 않아. 다트만 붙이면 끝이야."라는 생각을 전달하는 것이다.

치료의 목표는 적절한 거리에서 아동이 목표물을 향해 쏘는 지점까지 각각의 유형이 변화하고 조절되는 것을 보고 다섯 번 중 한 번, 그다음은 두 번, 세 번, 점점 성공하는 것이다. 이것은 인생의 전형을 보여 준다. 일부 성공, 일부 실패, 혹은 이 둘 모두를 수용하는 것이다. 첫 번째 회기에서 모든 다트를 과녁의 중앙에 꽂은 소년은 다음 회기에 와서 한 걸음 물러나 여전히 모든 것을 과녁에 꽂는다. 매 회기 동안, 아동은 자신의 치료가 어떻게 진행되거나 퇴보하는지를 나타내면서 자신의 거리를 조정할 수 있다. 그의 놀이에서, 그는 좀 더 현실적인 기대를 향해 나아가 시작하길 바란다.

아동의 놀이가 적응적으로 되면, 때때로 변동될 수도 있다. 변동성은 자기 삶의 상황에 대한 아동의 감정에 달려 있다. 따라서 아동과 목표물 사이의 거리는 아동이 그 당시 자신의 세계에 대해 어떻게 느끼고 있는지 치료자에게 알려 주는 것이다.

일반적으로 아동들은 경쟁이 치열하지 않은 한 과녁을 가지고 반복적으로 놀지 않는다. 이 아동들은 어떤 수를 써서라도 이기려고 하는 것처럼 보일 정도로 경쟁적인 전투를 한다. 아동이 혼자 놀아도 자신과 경쟁하게 되고, 이겨도 만족할 수 없기 때문에 아동은 이중고(double bind)에 빠지게 된다.

아동이 매우 경쟁적일 때, 예를 들어 치료자는 35,000점, 아동은 700만점이라고 설

정한 후 아동은 이렇게 반복해서 놀고 싶어 하며, 아동이 항상 자신이 이길 수 있도록 구조화하기 때문에 치료자는 결코 이기지 못한다.

하지만 과녁 놀이는 이기는 것이 주목적인 놀이가 아니므로 치료자가 경쟁적인 요소들을 배제하는 방향으로 놀이를 재구조화하는 것이 바람직하다. 그러나 이러한 재구조화는 치료자와의 신뢰감 형성이 이루어진 다음에야 가능하므로, 치료 과정 중 의존 단계 이전의 단계에서는 이루어지기 힘들 것이다. 그러나 실질적 치료 단계가 되면 이전에 보이던 극도의 경쟁적 태도에서 변화가 일어나기 시작하므로 경쟁적인 요소들을 제거하는 과녁놀이의 재구조화를 시도할 수 있을 것이다. 예를 들면, 먼저 아동이 어떤 점수를 받으면 그것과 똑같은 점수를 치료자에게 주고, 그다음에 치료자가 과녁을 맞춰 어떤 점수를 받으면 그 점수 끝에 0 하나를 더 붙여서 아동에게 주는 것이다. 물론 치료자는 자신의 점수를 그대로 갖는다. 즉 아동이 10점을 맞추면 치료자의 점수도 10점이 되고, 치료자가 5점을 맞추면 치료자는 5점이 올라가지만, 아동은 50점이 올라가는 것이다. 이런 식으로 경기를 하면 항상 아동이 승리를 거두게 하면서도, 치료자를 응원 하게 만들 수 있다. 그렇게 되면 이기고 지는 것을 떠나 한 팀으로서 협동과 지지, 응원을 하는데 초점을 맞추게 된다. 결국 경쟁적인 놀이에서 보다 협력적인 놀이로 이동하는 것은 아동이 인간관계에서 통합과 해결을 획득했음을 보여 준다.

곰 인형

곰 인형은 따뜻하고, 양육적이며, 안전과 친근감을 불러일으키는 것으로 널리 알려진 놀잇감으로, 부드러운 내적 안전감을 나타낸다. 또한 친근감 있는 곰 인형은 아동 자신에 대한 믿음과 보호에 대한 욕구를 표현하고 있는데 촉감적인 것에 민감한 아동들이 주로 선택하는 놀잇감이다.

어떤 아동들은 곰 인형을 가지고 깜짝 놀라는 사건이나 두렵게 하는 사건 등 불쾌한 일이 일어나는 상황을 만들기도 한다. 곰 인형은 아동의 자아를 대신해서 보여 주는 놀잇감이라고 볼 수 있다. 즉, 곰 인형에게 뭔가 좋지 않은 일이 일어났다는 것은 자신에게 무슨 일이 일어났다는 것을 상징하고 있는 것이다.

전화

전화는 삶의 필수품이 된 것처럼 놀이치료에서 중요한 놀잇감이다. 놀이치료에서 아동에게 의사소통 수단을 제공하면서도 거리감, 안전함, 통제력 및 힘을 제공한다. 또한 전화는 어떤 대상이나 문제에 지나치게 압도당할 때에는 단절할 수 있는 능력을 부여하기도 한다.

> 탐색 단계에서, 다섯 살짜리 Annie가 다양한 놀잇감을 탐색하면서 방을 돌아다니다가 갑자기 전화를 받고 소리쳤다. "도와주세요! 도와주세요! 도와주세요! 오, 끊겼어." 그런 다음 Annie는 그것을 세게 내려놓고 다음 놀잇감으로 넘어갔다. 즉시, 치료자는 Annie가 직접적으로 도움이 필요하다고 알리진 않았지만, 명확한 은유로 도움을 요청하고 있음을 인식했다. 치료자는 Annie가 겪고 있는 고통과 두려움에 주의를 기울였다. 또한 Annie가 자신의 울음소리를 듣고 "그건 매우 중요한 전화였어요."라고 대답했다는 것을 알기 원했다.
>
> Annie가 전화를 사용할 때 전화가 연결되지 않았다는 점은 흥미롭다. 이는 Annie가 자신의 학대에 대해 누군가에게 말하려고 했지만 듣지 못했다는 것을 전달하는 은유였다. 나중에 Annie는 성추행을 당했다는 사실이 알려졌다.

아동들이 전화를 사용하는 또 다른 방법은 그들에게 중요한 사람과 대화하면서 공격으로부터 보호받는 것이다. 예를 들어, 한 어린 소년은 무전기를 사용하여 아버지와 의사소통을 했다. 그는 아버지와 가까워지고 싶었지만 아버지는 그를 성적으로 학대했다. 전화는 그에게 자신을 보호할 수 있는 거리감을 확보해 주었다.

팅커토이/레고

레고와 같은 구성적 놀잇감은 아동 자신을 위해 목표 도달을 증명해 내고 완성해 내는 것을 보여 준다. 이러한 놀잇감은 자신이 주변 사람들에게 아무런 영향도 미치지 못하는 존재라고 생각하는 아동에게 구조감(sense of structure)을 제공한다. 또한, 아동들이 회기에서 불안을 경험할 때 구조화된 놀잇감은 아동들이 그 불안을 관리하

는 능력을 유지하는 데 도움이 될 것이다. 치료의 후반부, 특히 치료적 성장 단계에서 아동은 구조화된 놀잇감을 사용하여 종결에 가까워지고 있음을 알린다. 퍼즐도 이런 방식으로 사용된다. 치료가 끝날 무렵 일부 아동은 퍼즐을 완성하여 자신이 얼마나 더 완전하고 전체적이며 통합적이라고 느끼는지 보여 주기를 원할 것이다.

아동이 자신이 만든 것을 저장하고 싶어 할 때, 치료자는 아동에게 장담할 수 없다고 말하는 것이 좋다. "그대로 보관하고 싶어 하는구나. 하지만 네가 다시 올 때까지 그대로 있을 거라고 약속할 수는 없어. 아마 그러지 못할 거야. 하지만 네가 이것을 만드는 방법을 기억할 수 있다면 다시 만들 수는 있을 거야. 꼭 다시 만들 수 있을 거야." 이런 식으로 치료자는 또한 아동에게 힘을 실어 줄 수 있다. 그런 다음 치료자가 아동과 함께 방에서 나와 부모와 대화를 시작하고 다른 아동이 달려 들어와서 그것을 파괴하더라도 아동은 마음의 준비가 될 것이다.

아동이 방을 떠날 때, 그 작품을 유지하는 것이 임상적으로 중요하다면 치료자는 돌아가서 그것을 따로 보관해뒀다가 다음 회기 전에 치료자는 작품을 제자리에 다시 놓을 수 있다. 때때로, 아동은 다른 시간에 사용되어야 하는 놀잇감으로 무언가를 만들기도 한다. 만든 것을 보관할 수 없을 경우 폴라로이드 사진을 찍을 수 있다. 치료자가 시간이 있다면 다음 회기 전에 그것을 다시 만들어 둘 수도 있다.

연장

연장은 아동이 자신의 환경에 어떤 영향력을 행사 할 수 있는 기회와 자원을 상징한다. 연장은 성공적으로 뭔가를 만들어 내기 위한 결정과 자신감을 가질 수 있는 기회를 제공한다. 또한 연장은 문제해결과 변화를 이끌어 낸다.

놀이에서 아동은 뭔가 잘못된 것이나 망가진 것을 고치고자 할 때 연장을 사용한다. 연장을 이용해 망가진 놀잇감을 고쳐 보면서 자신을 그 망가진 놀잇감과 동일시할 수 있다. 의사놀이 키트가 연장 놀잇감보다 더 내부적이고 관계 지향적이지만 의사놀이 키트와 연장 놀잇감은 매우 유사하다. 어떤 아동은 보호방어를 유지하기 위해 사람보다는 물체를 고칠 필요가 있다고 느낀다. 아마도 그들은 고장 난 차를 선택할 것인데, 이것은 그들 역시 사물이 된 것처럼 느끼고, 그들의 감정에 가까워지는 데 어려움을 겪고 있다는 사실에 비유한 것이다.

환경

놀이의 환경 역시 놀이의 의미를 더해 주는 놀잇감이다. 놀이 환경은 놀이의 분위기를 조성해 준다. 놀이내용과 어울리는 분위기는 놀이가 표현하고자 하는 의미를 한층 이해하기 쉽게 해 준다. 정글에서 밤을 보내는 것은 잔잔한 바다에서 배를 타고 항해하는 것과는 다른 특별한 경험을 의미한다. 아동들은 그들이 만드는 놀이 환경을 통해 강렬함을 전달한다. 아동이 가지고 있는 핵심 문제를 다루기 위해서 치료자는 놀이의 환경이 주는 의미까지도 고려해 보아야 한다.

① 은행

은행은 아동의 가치나 존엄성이 어느 정도로 지켜지는지, 또 어떤 식으로 보관되는지를 상징한다. 은행은 아무나 함부로 접근할 수 없는 장소이기 때문에 비밀을 상징하고 있기도 하다. 또한 아동의 가치는 가족과 연관되어 있기 때문에 은행놀이는 가족이 아동을 대하는 방식을 보여 주기도 한다. 예를 들어, 아동이 은행의 모든 돈을 인출해 나가는 놀이를 보여 준다거나 은행에 강도가 들어오는 놀이를 보여 준다면 그것은 존엄성이나 안정성, 가치 등의 상실을 상징하는 것이다. 다시 말하면, 은행에 강도가 나타나는 놀이는 누군가가 자신의 가치와 존엄성을 훼손시켰다는 것을 표현하고 있는 것이다. 자신의 가치 상실이란 성학대를 받은 아동에게 공통적으로 나타나는 주제로 누군가에게 존엄성을 도둑맞았다는 의미로 볼 수 있다.

② 바닷가

바닷가는 안전, 자유, 장난기, 보안 및 유치함을 상징한다. 바닷가는 촉각적 경험으로 가득 차 있다. 아동들이 마음껏 달리고, 소리지르고, 모래를 던지고, 물놀이를 하고, 완전히 아이처럼 될 수 있는 곳 중 하나이다. 아동이 모래를 만지고 몸과 교감할 수 있어 촉각적이다. 바닷가는 아동이 자유롭게 자기 자신이 될 수 있는 삶의 장을 나타낸다. 놀이에서는 휴식과 안전을 위해 가는 곳이다. 바닷가는 소극적인 놀이를 펼칠 수도 있고, 반대로 적극적인 놀이를 펼칠 수도 있는 놀잇감이며, 덜 형식적이며 더 어린애 같거나 퇴행을 향해 나아가는 것을 허락하는 놀이이기도 하다.

③ 다리와 강

아동들이 다리를 놓거나 다리를 건너야 할 필요성을 나타낼 때, 우리는 전환, 변화 그리고 아동이 이전에 접근하기를 두려워했던 경계를 넘을 수 있는 능력의 필요성을 느끼고 있음을 알 수 있다. 또한 아동이 그 장소를 떠나거나 무언가에서 벗어나야 할 필요를 나타낼 수도 있고, 다시 합류하거나 다른 쪽의 무언가와 연결해야 할 필요성을 나타내는 것일 수 있다. 또한, 무언가가 빠져 있다는 사실, 또는 아동이 공허함을 경험하고 있으며 완성을 이루기 위해 필요한 것에 도달할 수 없다는 사실을 나타낼 수 있다. 성적 학대를 받은 아동의 경우 신체와 감정을 재연결하는 것을 의미할 수도 있다. 이제 그들은 높은 수준의 불안을 경험하기 시작하는 것과 같은 정서적 고통 없이 자신의 몸에 대해 생각할 수 있다.

이는 또한 아동이 최근에 가 본 적이 없거나 가고 싶어 하는 곳으로 인도하는 길을 나타낼 수도 있다. 아동이 오솔길을 가다가 강에 이르면 "이 강을 건너는 방법을 찾아야 해."라고 말할 수 있다. 결과적으로 강은 힘(즉, 분리하는 힘), 여행, 경계 또는 함정을 상징할 수 있고, 강의 흐름은 갈등, 에너지, 투쟁, 자원, 힘 또는 방향의 필요를 상징할 수 있다. 아동이 강을 건너야 한다면 경계를 넘고 갈등을 해결해야 한다. 보통 물이 너무 깊은지, 물살이 너무 센지 등을 고려해 어떻게 건널지 고민하는 고군분투가 벌어진다. 아마도 강을 올라가야 하기 때문에 방향이 필요할 것이다. 또한 강은 연결이 더욱 필요한 대상을 분리할 수도 있다. 다른 한편으로, 강은 아동이 자신의 욕구를 알고 있지만 그것을 충족시킬 수 없다는 사실을 나타내기도 한다.

④ 유령의 집

유령의 집은 놀이치료실에 있는 특정한 놀잇감이 아니다. 그러나 아동은 유령의 집을 짓거나 유령이 나온다고 언급할 수 있다. 아동이 집에 귀신이 나온다고 말할 때, 그것은 아동이 두려워하는 비밀을 상징할 수 있다. 또한, 아동이 그것에 집중하려 하면 사라져 버린다는 의미에서 무의식적인 것, 아동이 직접 처리하기 어려울 수 있는 가정에서 일어나는 일을 나타낼 수도 있다. 또는 희미한 기억 속 과거에 존재했던 것을 상징할 수도 있다. 이는 아동이 친구나 친지를 방문하는 과정에서 무서운 일이 벌어졌을 수 있다는 점에서 대가족과 관련이 있을 수 있다. 예를 들어, 아동이 고모와 고모부 집에 방문했다가 방문 중 성적 학대를 당했을 경우, 그들의 집에서 귀신이 나온다고 지칭할 수 있다. 또 다른 예는, 자녀가 부모에게 성적 학대를 당한 후 부모가 이혼하고 이사를 하는 경우이다. 아동은 성적 학대가 발생한 집을 유령의 집으로 지칭할 수 있다.

또한, 유령의 집은 경험에 대한 인식이 두려움을 불러일으킬 때와 같이 해결되지 않고 여전히 아이를 괴롭히거나 갉아먹는 문제를 나타낼 수 있다. 아동이 자신의 의지대로 공개할 수 있는 권한이 있어야 한다는 점을 유의해야 한다. 치료자가 아동이 심리적으로 준비되기 전에 유령의 집에 대해 질문하며 조사를 시도하면 아동은 놀이를 중단한다.

아동들이 유령의 집에서 놀면, 대개 집에서 그들을 괴롭히는 무언가가 있다. 아동들이 유령의 집에 유령을 추가한다면 아마도 그들이 두려워하는 특정 인물이 있거나 과거에 대한 엄청난 두려움이나 기억, 심지어 복수의 주제가 있을 것이다. 즉, 단순히 귀신의 집이 나타내는 것 이상의 고통이 있다는 이야기이다. 아마도, 아동은 무엇인가를 잃어버렸지만 그 손실을 식별할 수 없었을 것이다. 그들은 단지 무언가가 사라졌고, 보류 중이며, 완료되지 않았음을 알고 있다.

⑤ 수술

아동이 수술을 할 때, 그것이 수술을 묘사하기 위해 조립식으로 만들어진 놀잇감 세트로 하든, 아니면 아동 자신의 세트를 디자인하든 간에 위기, 개입, 침입, 행동, 위험, 해결, 통제, 취약성 또는 치유를 연기한다. 수술은 변화의 필요성, 아동이 처한 위기, 또는 고통이 몸 어디에 있는지를 나타낸다. 수술의 유형, 수술이 위치한 곳, 수술 중 통증의 정도는 아동이 이러한 문제를 어떻게 다루고 있는지에 대한 많은 정보를 드러낼 것이다. 사실, 심장 수술은 아동이 가장 많이 하는 수술이다. 예를 들어, 심장에 총상을 입었다면 직접적이고 즉각적인 고통이다. 반면에, 심장마비라면 그것은 보통 아동의 기억 속에 축적된 과거의 사건들에 대한 고통이다.

아동은 때때로 이전 수술을 받았을 때 그 사건과 관련된 불안이나 외상을 경험한다. 그런 다음 그는 고통을 처리하기 위해 수술을 받은 신체 부위를 수술할 것이다.

아동이 정서적 학대를 경험하고 자신의 기억을 신뢰하지 않거나, 바보라고 불리고, 자신감이 거의 없다면, 그 신체 부위에 대한 자신감이 없기 때문에 뇌이식이나 다른 종류의 수술을 할 것이다.

⑥ 무지개

무지개는 희망과 변화를 상징한다. 다시 말해서, "나는 상황이 더 나아져야 한다는 것을 알고 있고, 거기에 도달할 수 있어요."라고 말하는 것이다. 그림을 그리고 그 안에 무지개를 두는 아동은 희망을 느낀다는 것을 전달하고 있다. 이는 전쟁터를 중심으로 놀이를 하는 아동과는 대조적이다. 이 아동은 자신이 겪고 있는 고통을 지나칠 수 없다(예: "너무 많은 고통이 있어, 나는 내가 해낼 수 있을지 확신할 수 없어"). 무지개는 또한 발전이 있고 아동이 변화를 일으킬 수 있음을 상징한다. 아동이 어려운 상황에 처하더라도 다른 관점으로 볼 수 있다. 치료 초기에 미술 작품에서 무지개가 보이고 아동이 매우 괴로워하는 경우, 그것은 대개 큰 고통이 있을 때 은폐하고 멋지게 보이려고 노력하는 것을 나타낸다. 무지개와 태양이 모두 포함된 사진이 더 긍정적이다. 치유 과정이 끝날 무렵 무지개가 보이면 대개 태양 옆에 있으며, 변화가 일어나고, 아동이 더 희망을 느끼고 있음을 나타내는 것이다.

놀이치료실에 필요한 기본적인 놀잇감 목록은 〈부록 1〉을, 놀잇감 목록과 그 상징적 의미는 〈부록 2〉를, 환경의 상징적 의미 목록은 〈부록 3〉을, 동물의 상징적 의미 목록은 〈부록 4〉를 참조하라.

제3장

초기 상담 시 아동 평가

초기 상담 절차의 주목적은 내담 아동의 방문 이유와 아동이 현재 겪고 있는 문제에 대한 정보를 얻는 것이다. 치료자는 내담 아동과 아동의 가족에게서 수집한 정보를 활용하여 내담 아동의 가족들이 아동이 가진 취약성에 대한 이해를 통해 도울 수 있다. 또한 이 가족의 삶의 방식이 자녀가 겪고 있는 어려움에 어떠한 영향을 주는가에 대한 정보 제공도 중요하게 다뤄진다.

초기 상담에서 얻은 정보를 통해 아동이 보이는 증상의 원인을 알아 낼 수도 있다. 그러나 취약성의 원인을 확정하는 것은 항상 쉬운 일은 아니다. 그럼에도 불구하고, 다음의 예시에서 알 수 있듯이 적절한 치료 방법을 결정하기 위해서는 아동이 겪는 문제의 원인을 고려하는 것이 중요하다.

> Nancy는 세 살경, 그녀의 아버지가 어머니를 때리는 것을 목격한 직후 함묵 증상을 보여 치료자에게 의뢰되었다. 치료자는 이 증상을 선택적 함묵증이라고 가정하고 치료 작업에 들어가기로 했다. 그러나 치료자는 첫 번째 회기에서 Nancy는 실제로 말을 하려고 시도했음에도 말을 할 수 없다는 것을 알게 되었다.
>
> Nancy의 증상에 물리적 원인이 있을 수 있다는 점을 확인한 후, 치료자는 이 사례가 제대로 의뢰된 것인지를 판단하기 위해 다양한 지역 자원을 탐색했다. 치료자가 이 첫 회

기에서 관찰한 내용을 지역 센터(보통 지역사회마다 센터가 있음) 재단의 대표자에게 설명했으며, 이 의뢰는 적절했다. 센터에서 다양한 검사를 실시했고, Nancy는 뇌종양으로 인해 말을 하지 못하게 된 것으로 밝혀졌다.

첫 방문

부모와 단독으로 만나기

초기 상담에서는 아동 없이 내담 아동의 부모와 만나는 것이 좋다. 부모들은 종종 자신의 자녀가 듣지 않았으면 하는 정보에 대해 논의하고 싶어 한다. 부모를 따로 보는 것은 내담 아동이 대기실에서 혼자 기다려야 하는 상황이나, 치료자와 부모가 상담을 하는 도중 아동이 함께 있어 아동이 그들의 대화의 의미를 파악하지 못하도록 모호한 말을 이어 나가게 되는 부자연스러운 상황을 막을 수 있다. 만약 아동이 첫 방문 시에 부모와 함께 상담실에 들어온다면, 부모는 모호하거나 만족스럽지 못하고, 혼란스러운 상황에 놓일 수 있다. 반면, 아동 없이 따로 치료자를 만나게 된다면, 부모는 더 자유롭게 이야기 할 수 있다.

한 가정 안에서 태어나는 각각의 아동들은 모두 고유한 존재이다. 외동이었던 아이에게 다른 아이가 태어났을 때의 변화와 같이 아동의 발달에 영향을 미치는 가족의 역동에는 많은 요인이 있다. 어쩌면 부모들은 먼저 태어난 자녀를 키울 때보다 더 성숙하거나, 재정적으로 더 안정적이거나, 혹은 더 불안정한 상태일 것이다. 혹은 부부관계에 문제가 있거나 다른 자녀와 문제가 있는 상태일 수도 있다. 이렇게 각기 다른 상황으로 인해, 치료자는 부모에게 아동의 출생 시부터 아동의 발달사에 대해 질문함으로써 더욱 풍부한 정보를 얻을 수 있다. 또한, 치료자는 아동의 출생 순서에 대한 정보를 통해 아동의 문제를 어느 정도 바로 파악할 수도 있다(Hoopes & Harper, 1987). 예를 들어, 어떤 소년의 사례를 평가(assessment)할 때, 이 아동에게 나이 차이가 얼마 나지 않는 여동생이 있다는 정보를 알게 된다면, 보통 여아가 남아보다 발달 속도가 빠른 경향이 있기 때문에 치료자는 내담 아동이 현재 자신에 대한 적절성(adequacy)과 관련된 투쟁을 하고 있을 가능성을 바로 고려해 볼 수 있게 된다(Harris

& Liebert, 1984). 즉, 내담 아동은 손위 형제로서 완벽을 추구하려 노력하지만, 압도되는 여동생의 능력 때문에 자신에 대한 적절감을 느끼기 위해서 고군분투하고 있을 수 있음을 예측할 수 있다. 혹은 낙담하여 이 투쟁을 포기할 수도 있다.

내담 아동의 부모가 아동에 대해 지각하고 있는 정도도 평가 단계에서 확인하는 것이 중요하다. 예를 들어, "저는 아직 이 아이를 만난 적이 없어요. 아이에 대해 설명해 주시겠어요?"라는 치료자의 질문에 어떤 부모는 아동의 신체적인 특징을 설명할 것이며, 어떤 부모는 자신의 아이가 가진 성격, 장점, 노력하는 것들을 설명하는 데에 민감하게 반응하거나 큰 관심을 보이기도 한다. 그러나 많은 경우, 부모들이 치료자와 개방적으로 대화하는 것을 편하게 느끼게 되기까지는 시간이 걸린다. 치료자가 내담 아동에 대한 필요한 정보나 이 아동의 정서 기능에 대한 정보를 얻기 위해서는 좀 더 탐색적인 질문을 던져야 할 수도 있다.

만약 부모들이 치료자에게 어디서부터 말을 시작해야 할지 모르겠다고 한다면 "음, 원하시는 부분부터 말씀하세요. 만약 도중에 제가 질문이 생기면 알려 드릴게요."와 같은 설명이 도움이 될 수 있다. 혹은 "아이가 항상 그런 편인가요?", "아이의 변화를 처음 알게 되었을 때에 대해 말씀해 주실 수 있나요?"와 같은 질문을 할 수도 있다. 물론 질문에 이렇게 답하는 부모도 있다. "걔는 태어날 때부터 그랬어요!"

부모들은 수차례에 걸쳐 이렇게 답할 것이다. "그 애는 원래 아주 착했어요. 그러다 한 여섯 달 전부터 심술궂게 굴고 투덜거리기 시작했어요. 지금처럼 작은 괴물이 될 때까지 점점 더 심해졌어요!" 이런 대답은 아동의 행동 변화를 둘러싼 일들을 탐색할 수 있는 좋은 기회를 제공한다. 이런 반응은 종종 부모들이 아동의 문제 행동이 심하게 된 이유를 이해하는 데 도움이 된다. 아동의 행동에 대한 원인을 알아내는 것은 종종 부모가 인내심을 가질 수 있도록 하여 잠재적으로 아동에게도 간접적인 도움이 되도록 한다.

부모와 자녀가 각각 어떤 식으로 관계를 맺고 있는지도 탐구해야 할 영역이다. "당신의 아이는 이 가족 안에서 어떤 역할을 하나요?", "아이가 어떤 면에서 당신들에게 특별한가요?", "이 아이는 여러 아이 중 유일한 아들인가요, 아니면 그 반대인가요?", "여러 번의 유산 후 처음 태어난 아이인가요?" 이러한 정보는 부모가 그들의 자녀를 어떻게 대하는지 그리고 부모가 의식, 혹은 무의식중에 자녀에게 어떤 기대를 갖게 되는지를 결정하기 때문에 중요하다(Hoopes & Harper, 1987). 예를 들어, 5명의 자녀

를 둔 가족이 있고, 내담 아동은 그중 중간 순서의 소년이며, 부모들은 자녀들의 성취에 대해 기대를 하고 있는 상황이다. 치료자가 이에 대한 정보를 아는 것은 치료 중에 아동의 놀이에서 관찰되는 것들뿐 아니라, 가족의 역동을 해석하는 데 많은 도움이 될 것이다. 이를 바탕으로 치료자는 아동이 이런 가족의 역동에 어떻게 반응하고 느끼는지를 탐구할 수도 있다. 어떤 여자아이들은 가족 내에서 어린 공주로 있을 수 있는 기회를 가지기 바랄 것이다. 하지만 반대로 가족 내에서 높은 성취를 이루어내야 하도록 기대받고 있다면, 이 아동은 지속적인 압박감에 시달릴 수 있다.

부모가 서로 어떻게 관계를 맺는지 또한 아동의 안녕을 결정하는 중요한 요소가 될 수 있다. 종종 부부관계 문제가 있을 때, 자녀들이 어떤 태도에 문제가 있는 것처럼 비춰져 아동이 상담에 의뢰되기도 한다. 이런 경우에, 아동들이 외현화된 행동을 보이는 역할에 놓이기 때문에 부모들은 그들의 부부관계 대신 아이의 문제에 집중하게 될 수 있다. 또한, 이런 상황은 부부가 결혼생활을 잘 유지하는 것에 대한 책임이 아동에게 있고, 이를 통해 가족이 온전히 유지될 수 있다는 메시지로 아동에게 전달될 수 있다. 가족치료가 필요함에도 불구하고, 어떤 부모들은 항상 가족치료의 필요성을 인정하지 않는다. 몇몇은 가족치료를 거부하거나 간단히 다른 일정을 핑계로 상담을 할 수 없도록 만든다. 일단 부모-자녀 관계가 확립된 후, 치료자는 부모에게 아동의 놀이치료 외에도 온 가족이 가족치료에 참여해 볼 것을 적절히 제안해볼 수 있다. 한편, 이런 제안으로 가족 구성원이 소원해질 가능성도 있다. 결국 치료자는 자신이 역기능적인 가족 구조 내에서 아동을 지원함으로써 아동에게 가장 많은 도움을 주고 있는지, 아니면 가족 구조가 너무 역기능적이기 때문에 가족치료를 제안함으로써 이 아동에게 더 많은 도움을 줄 수 있는지를 결정하기 위한 임상적 판단을 해야만 할 것이다. 역기능적인 가정의 아동들은 종종 가족 구성원들로부터 어떠한 정서적인 지원도 받지 못하기 때문에 이런 상황은 세심하게 다뤄지게 된다.

가족치료를 받을 수 없는 상황은 이뿐만이 아니다. 때때로 아동이 법원의 결정에 따라 가족으로부터 분리되었거나, 가족에게 버려져 양부모의 보살핌을 받고 있는 경우도 있다. 이런 경우 친부모 또는 양부모와의 상담만큼 위탁 부모와의 상담이 중요하다. 또한 '유기(abandonment)'와 '거부(Rejection)'에 대한 문제를 다룰 때, 아동과 치료자의 관계는 더욱더 중요해진다.

초기 상담 동안은 부모가 치료자와 한 팀으로서 자녀의 정서적 건강을 촉진하기 위

해 협력하는 관계를 받아들일 수 있도록 하는 것이 중요하다. 만약 부모와 치료자의 관계 형성이 적절히 되지 않는다면, 치료 과정에서 아동이 치료자에게 의존하게 되는 단계를 거칠 때 치료 과정에 어려움이 생길 수 있다. 만약 부모와의 신뢰 관계가 없다면, 부모 중 1명 또는 모두가 이런 상황에 대해 위협을 느끼기 시작하고 치료를 중단하기를 원할 수 있다. 반면, 부모가 치료자와 한 팀으로 협력 중이라고 느낀다면, 그들은 치료자에 대한 신뢰감으로 그 두려움을 가라앉힐 수 있을 것이다.

첫 번째 방문에서, 많은 부모가 치료자에게 놀이치료를 받는 것에 대해 자녀에게 어떻게 설명해야 할지 물어볼 것이다. 이와 관련하여『아동의 첫 번째 놀이치료 책(A Child's First Book About Play Therapy)』이라는 책이 마련되어 있으면 도움이 된다(Nemiroff & Annunziata, 1990). 이 책은 부모와 아동 모두에게 무엇을 기대할 수 있는지에 대한 생각을 심어 줄 삽화들이 적절히 들어 있다.

다음은 추가적으로 정보를 얻을 수 있는 질문들이다.

- 아동 문제와 관련하여 발달 및 양육사는 어떠한가(즉, 아동에 대해 가장 우려하는 사항에 대한 개요)?
- 아동의 성격에 대한 주양육자(부모)의 평가는(특히 장점에 중점을 두고) 어떠한가?
- 가족 구성원은 어떻게 되는가?
- 원가족 중 아동과 비슷한 성격이나 문제를 가지고 있는 사람이 있는가?
- 임신 및 출산 시부터 있던 아동의 관련 병력은 무엇인가?
- 아동의 중요한 발달적 사건은 무엇인가?
  (참고: David Looff & M.D.(1987)는 그의 책 "문제 아동을 알아가기(Getting to Know the Troubled Child)"에 광범위한 발달 설문지를 수록해 두었다.)
- 아동의 삶에서 신체 및 심리적 스트레스 요인(예: 이동, 분리, 사망, 학대 등)이 있었는가? 그렇다면 그 사건은 언제 일어났는가?
- 아동은 스트레스에 어떻게 반응하는가?
- 부모님의 훈육 방식은 어떠한가? 또한, 서로의 훈육 방식 차이를 어떻게 해결하는가? 여기에 아동은 어떻게 반응하는가?
- 가정 형편은 어떠한가? 가정에서는 술(alcohol)을 어떻게 다루는가?
- 아동에게 공개적으로 혹은 은밀하게 주어진 역할이 있는가? 이 아동은 이 가족

의 다른 아동들과 무엇이 비슷하고 무엇이 다른가?

- 이 아동은 한 부모에게만 특별한 의미가 있는가, 아니면 양쪽 부모 모두에게 특별한 의미가 있는가?
- 평가 단계를 위한 상담에서 치료자들의 부모에 대한 관찰은 어떠한가? 그들이 상담이 진행되는 동안 어떤 식으로 상호작용했는가? 혹시 치료자와 중요한 문제에 대한 의견이 일치하지 않았나? 어떤 부모가 지배적이거나 통제적인가? 긍정적인 나눔과 공감이 있었는가? 그들은 치료자에게 가족 관계에 대한 통찰을 제공하는가?

아동과의 첫 만남

부모를 만나 아동에 대한 가능한 한 많은 정보를 얻은 후, 치료자는 아동과의 첫 번째 만남에서 모든 관심을 기울일 수 있다. 대기실로 나가 부모와 자녀 또는 자녀들 간의 역동을 관찰하는 것만으로도 가족 체계에 대한 중요한 정보를 얻을 것이다. 어떤 경우, 부모는 다른 자녀와 함께 소파에 앉아 그 아이에게 온 신경을 쏟고, 다른 자녀는 대기실 마루 한가운데 앉아 혼자 놀고 있을 것이다. 이런 장면은 이 아동이 가족 구조 안에서 내보내져 거부당하는 전형적인 장면일 수도 있다. 그다음, 치료자는 아동과 함께 치료 회기에 임하면서 이 추측이 맞는가에 대한 증거를 확인해 볼 수 있다.

이 첫 번째 만남은 또한 아동이 낯선 환경에서 낯선 사람과 어떻게 상호작용하는가에 대한 정보를 제공할 것이다. 어떤 부모들은 치료자에게 자녀가 그들 없이는 놀이치료실에 가고 싶어 하지 않을 것이라고 경고한다. 이런 경우, 종종 아동들은 더 많은 놀잇감이 있는 놀이치료실에 들어 갈 기회가 주어졌을 때, 뛰어 다니기도 한다. 이 시점에서 부모가 "기다려! 엄마(아빠)랑 함께 가고 싶지 않아?"와 같은 반응을 보인다면, 치료자는 분리불안이 누구의 것인가에 대한 감을 잡기 시작한다. 아동이 치료자와 함께 놀이치료실에 가는 것을 진짜로 두려워한다면, 치료자는 부모 중 1명을 아동과 함께 놀이치료실에 초대할 수 있다. 이 경우 목표는 놀이치료실에서 부모를 천천히 분리하여 대기실로 돌아가도록 하는 것이다.

부모가 아동과 함께 놀이치료실에 왔을 때, 치료자는 부모가 아닌 아동에게 집중하는 것이 중요하다. 이때, 부모와 치료자 간의 대화는 자제한다. 아동은 치료자가 아동

자신이 편안해질 수 있는 것에만 집중하고 있음을 알도록 해야 한다. 이런 부분은 대기실에서부터 시작된다.

부모들은 자신과 떨어지는 것을 두려워하는 아동의 감정을 존중하는 것이 중요하다. 아동들은 너무 자주 그들의 부모의 기대에 순응하도록 강요받는다. 예를 들어, 아동들은 자신이 좋아하지 않는 친척들에게 뽀뽀를 하도록 요구받거나, 베이비시터가 말하는 모든 것을 해내게 하거나, 부모를 동반하지 않고 새로운 상황을 겪어야 하는 것이다.

아동들이 이런 제안들을 거절할 수 있는 권리를 사용하도록 허락하지 않는다면, 건강하지 않은 결과를 초래할 수 있다. 아동이 놀이치료실에 들어가기를 거부하는 것이 순전히 저항적인 이유 때문이 아니라면, 치료자는 아동에게 혼자서만 놀이치료실에 들어가자고 강요해서는 안 된다. 오히려 스스로를 보호하려는 아동의 욕구를 존중해 주는 것이 중요하다. 아동에게 신체적으로 친근하게 가까이 다가갈 수 있는 방법과 얼마나 친근하게 대해야 하는지를 결정하는 데에 있어 아동이 편안함을 느끼도록 존중해 주는 것 또한 중요하다. 만약 아동이 편안함을 느낄 수 있도록 말을 하지 않고 거리를 두는 것이 필요하다면 허용해 주어야 한다. 이때는 치료자가 신체적으로 아동의 눈높이까지 높이를 낮추고 눈을 마주치는 것을 시작하기 좋은 순간이다. 때때로, 단순히 아동이 입고 있는 것을 보고 반응하거나 아동이 인형 같은 놀잇감을 가지고 논다면 놀잇감에 대한 대화를 시작하는 것으로 편안함을 느끼게 할 수도 있다(비록 아동이 거리를 둔 상태로 안전하고 편안하게 있기를 바라는 것을 존중하는 상황이지만). 치료자는 처음부터 아동을 따라가 줄 것이며, 아동의 욕구를 수용해 줄 것이라는 메시지를 전달하는 것이 중요하다.

이렇게 초기 상담을 진행하는 동안, 어떤 치료자들은 구조화된 방법으로 상담하는 것이 더 편할 것이다(〈부록 3〉을 참조하라).

만약 치료자가 덜 구조화된 환경에서 편안함을 느낀다면, 단순히 관찰을 하고 질문을 하는 것만으로도 아동으로부터 직접 정보를 얻을 수 있다. 예를 들어, “너는 커서 무엇이 되고 싶니?” 또는 “너는 어떤 종류의 것들을 두려워하니?”와 같은 질문을 할 수 있을 것이다.

혹은 다음과 같은 이야기 질문들도 재미있을 수 있다.

> 너는 알라딘과 램프의 이야기를 알고 있니? 음, 알라딘은 산책을 나온 작은 소년이었어. 산책을 하다가 램프를 발견했지. 이 이야기는 너무 옛날에 일어난 일이어서 네가 아는 요즘 램프랑은 다르게 생겼었단다. 알라딘이 발견한 램프는 요즘 우리가 찻주전자라고 부르는 주전자 모양에 더 가까웠거든. 그 램프는 아주 오랫동안 숨겨져 있었기 때문에 너무 더러웠어. 알라딘이 깨끗하게 하려고 그 램프를 문지르자 놀라운 일이 벌어졌단다. 갑자기 연기가 뿜어져 나오더니 지니가 나왔어. 네가 지니에 대해 아는지 모르겠지만, 지니는 마법사야. "오, 고마워요, 고마워요, 구해줘서 고마워요. 나는 이 등잔 안에서 천 년 동안 갇혀 있었어요. 밖으로 나올 수 있게 되어 너무 기뻐요. 제가 세 가지 소원을 들어드릴게요. 그것은 이 세상에서 당신이 원하는 무엇이든 될 수 있습니다."라고 지니가 말했지.
>
> 여기서 내가 지니고, 너는 알라딘이고, 너에게 세 가지 소원이 있다고 생각해 보자. 너는 이 세상의 모든 것을 소망할 수 있단다. 그럴 때 어떤 소원을 가장 빌고 싶니?

대부분의 아동은 "저는 새로운 비디오 게임을 원해요." 또는 "나는 슈퍼히어로들을 더 원해요."라고 대답할 것이다. 놀랍게도, 아동들에게 흔하게 들을 수 있는 또 다른 대답으로 "새 집을 갖고 싶어요."라는 반응이 있다. 이 대답을 하는 동안, 어떤 아동들은 "엄마가 행복해할 거예요."라고 하며 새로운 집을 원한다고 설명할 것이고, 그러면 치료자는 아동과 아동의 엄마의 관계에 대해 고려해 보게 될 것이다. 여기서, 이 아동의 행복감은 엄마의 긍정적인 정서 상태에 좌우되는 것으로 보인다. 이런 유형의 질문을 함으로써 치료자는 아동의 반응을 더 자세히 탐색하고 더 많은 정보를 얻을 수 있다(예: "자전거에 새 타이어를 끼우면 어떤 게 특별해질까?").

이런 질문에는 동물을 사용할 수도 있다. 예를 들어, "만약 네가 동물이 될 수 있다면, 무엇이 되고 싶니?", "(동물이름)이 되는 것이 네게 어떻게 특별한지 알려 줘."라고 할 수 있다. 그림을 그려 보는 것에서도 가치 있는 정보를 얻을 수 있다. 아동에게 가족들이 함께 무언가를 하는 모습을 그려 보도록 하는 것은 아동의 가족 역동에 대한 좋은 정보를 제공받을 수 있다. 부모가 이혼한 직후인 가정의 아동이 아직 가족이 온전한 것처럼 그림을 그리는 모습은 언제나 흥미롭다. 이런 상황에서 종종 아동이 가족 구성원을 온전하게 그렸다면, 가족 구성원 중 1명을 한쪽 끝에, 나머지 가족들은 다른 한쪽 끝에 두고 그림을 그리기도 한다.

아동에게 정보를 얻기 위해 다음과 같은 질문을 해 볼 수 있다.

- 정보를 식별하는 질문을 한다(즉, 이름, 별명, 나이, 학교, 아동의 태도, 치료자를 만나는 것에 대한 아동의 생각).
- "너의 가장 친한 친구는 누구니?", "친구가 많은 편이니, 적은 편이니?", "넌 친구들과 무엇을 하는 것을 좋아하니?"
- "만약 네가 너 자신에 대해 무언가를 바꿀 수 있다면, 너는 무엇을 바꾸고 싶을까?", "너는 가끔씩 너 스스로에게도 화를 내니? 그렇다면 무엇에 대해 화를 내니?"
- "너는 어떤 것들을 걱정하니?"
- "너는 커서 뭐가 되고 싶니? 어떤 부분이 마음에 들어서 되고 싶은 거니?"
- "너는 너의 어떤 점이 마음에 드니? 엄마가 좋은 부분은? 아빠가 좋은 부분은?", "그럼 엄마의 어떤 부분을 바꾸고 싶어? 아빠의 바꾸고 싶은 부분은?"
- "다른 아이들도 상상을 하는 경우가 많단다. 너는 주로 어떤 상상을 하니?"
- "네가 밤중에 꿨던 꿈 중 좋은 꿈에 대해 말해 줄래? 무서운 꿈은 뭐였니?"
- "만약 네가 어떤 동물로 너를 변신시킬 수 있다면, 어떤 동물이 되고 싶니? 그 동물이 되면 무엇이 특별할까?"
- "만약 세 가지 소원을 이룰 수 있고, 무엇이든 요구할 수 있다면, 너는 소원으로 무엇을 원할까?" (각각의 소원을 묻는다.) (* 선택 사항: "가족에 대해 바꿀 수 있는 것이 있다면, 무엇을 바꾸고 싶니?")
- "네가 만약 길을 걷다가 천 달러(혹은 백만 달러)를 발견한다면 어떻게 할 것 같니(Looff, 1987)?"
- "지구에서 달까지 갔다가 돌아올 수 있는 로켓이 있다고 가정해 보자. 네가 대장이란다. 그 로켓에는 두 사람을 태울 수 있어. 그럼 너는 누구를 데리고 가고 싶니(Looff, 1987)?"
- 미완성된 이야기를 사용하여 특정 주제를 이끌어 낸다. 예를 들어, 성학대 가능성에 대한 정보를 얻기 위해, 다음과 같은 이야기를 사용할 수 있다. "아이와 어른이 침실로 들어갔어. 어른은 아이에게 놀겠다고 말했지. 그들이 무엇을 할 것 같니?"[참고: 1946년 1월, The American Journal of Orthopsychiatry에서 아동들에게 중요한 열 가지 주제 목록을 보고함(Despert, 1946)].

• 사람 그림 그리기를 통해, 아동은 그 그림에 대해 다음과 같은 질문을 받을 수 있다(Lord, 1985).

–"이 사람은 몇 살이니?"

–"이 사람은 학교에 다니니? 직업이 있니?"

△ 만약 그림의 사람이 직업이 있다면, "이 사람은 어떤 일을 하니?"

△ 만약 그림의 사람이 학교에 간다면, "이 사람은 학교에서 어떻게 지내니? 얼마나 선생님들을 좋아하니?"

△ "이 사람은 좋아하는 선생님이 있니? 왜 그 선생님을 가장 좋아할까?"

△ "이 사람이 좋아하지 않는 것이 있니? 이유는?"

△ "이 사람이 가장 좋아하는 과목이 뭐니?"

△ "이 사람이 좋아하지 않는 과목은 뭐니? 이유는?"

–"이 사람은 결혼을 했니?"

–"이 사람은 무엇을 하고 있니?"

△ "이 사람이 가장 좋아하는 것이 뭐니? 이유는?"

△ "이 사람은 어떤 걸 가장 싫어하지?"

△ "이 사람은 어떤 것을 가장 나쁘다고 생각할까? 이유는?"

–"이 사람의 가족을 모두 몇 명으로 하고 싶니?"

–"이 사람이 누구한테 직접 말을 하진 않겠지만, 가족 중에 가장 좋아하는 사람은 누구일까? 아니면 조금은 좋은 사람은? 이유가 뭘까? 그럼 이 사람이 다른 가족들만큼 좋아하지는 않는 사람은 누구지? 이유는?

–"이 사람의 가장 큰 고민이나 문제는 무엇일까?"

–"이 사람이 만약에 트렁크를 발견했다고 하자. 트렁크가 뭔지 아니? 자, 이 질문은 가능한 한 빨리 대답하는 것이 중요하단다. 어느 날, 이 사람이 네가 떠올릴 수 있는 모든 종류의 옷으로 가득 찬 트렁크를 발견했다고 해 보자. 한번 재미로 해 보는 거야, 이 사람은…… 빠르게 상상해 보자!"

–"이 사람이 꿈을 꿨다고 해 보자. 이 꿈은 딱 한 번만 꾼 꿈이지만 절대 잊히지 않는 꿈일 수도 있고, 몇 번이고 반복해서 꾸었던 꿈일 수도 있어. 무슨 꿈이었을까? 꿈에서는 무슨 일이 일어났을까?"

–"이 사람이 투명인간이 될 수도 있다고 해 보자. 이 사람은 어디로 갔을까? 그

리고 어떤 행동을 했을까?"

–"이 사람이 가장 좋아하는 이야기나 TV 프로그램은 무엇이니? 이유는?"

• 아동이 그린 집, 나무, 사람 그림에 대해 다음과 같은 질문을 한다(Buck, 1966).

–"이 집의 특별한 점 한 가지는 무엇일까?"

–"이 집의 가장 나쁜 점은 무엇일까?"

–"이건 무슨 나무야?"

–"이 사람은 남자니, 여자니?"

–"이 사람은 무엇을 하고 있니?"

–"이 사람은 지금 기분이 어때?"

–"이 사람은 이 집에서 어떤 한 가지를 바꾸고 싶어 할까?"

–"이 집에 무서운 곳이 있니?"

• 아동이 그린 가족 그림(동적가족화)에 대해 다음과 같은 질문을 한다(Lord, 1985).

–"이 가족의 이름은 각각 뭐니?"

–"이 가족은 무엇을 하고 있니?"

–"이 가족의 가장 좋은 점은 무엇이니?"

–"이 가족의 가장 나쁜 점은 무엇이니?"

–"이 가족에게 있는 비밀이 있니?"

–"이 가족은 어떤 일을 함께하니?"

–"만약 네가 이 가족에 대해 한 가지를 바꿀 수 있다면, 그게 뭘까?"

–"가족 중에서 누가 제일 좋니?"

–"가족 모두 어떻게 지내니?"

–"이 사람은 자신에 대해 어떻게 생각하고 있을까?"

이 질문 목록들은 확실히 세부적이다. 이 중 아동의 상황, 기질 그리고 현재 아동이 겪고 있는 문제에 적합한 것으로 보이는 질문들을 신중히 선별해야 할 것이다.

이러한 질문 방식의 평가 과정에서, 아동은 앉아서 많은 질문에 대답하거나, 대답하는 동안 놀이치료실을 탐색하는 것에 편안함을 느낄 수 있다. 그러나 어떤 아동들은 이러한 질문에 대답하는 것에 협조하지 않을 것이다. 이 경우 치료자는 아동이 직접 연극에 참여할 수 있도록 해야 한다. 비록 그것은 따로 시간이 들겠지만, 이와 같은 정보를 아이의 놀이로부터 얻을 수 있다.

평가 단계에 필요한 아동의 놀이 관찰에는 다음의 기준이 포함되어야 한다.

- 놀잇감에 대한 아동의 태도와 접근 방식에 대해 점검한다. 아동의 반응이 지연되는 경우가 있는가? 빈번한 전환이나 특정 놀잇감에 대한 기피, 선호가 있는가? 언어화가 되는가? 놀잇감을 창의적으로 사용하는가? 공격성, 에너지 있는, 혹은 무기력한 모습을 보이는가? 또는 비구조화된 놀이를 할 능력이 부족한가?
- 아동의 연령을 고려할 때 놀이 수준이 적절한지 여부를 살핀다.
- 아동의 놀이에 반복되는 주제가 있는지 여부를 살핀다.
- 아동의 놀이 유형[놀잇감을 탐색, 기능적으로 사용, 판타지 놀이에 돌입하는가(Sjolund, 1993)]을 분석한다.
- 아동이 놀이를 시작하고 끝내는 능력을 살핀다.
- 일반적이지 않은 관찰 내용을 분석한다.
- 아동이 놀이를 하면서 말을 하는지 여부를 살핀다. 아동이 이해할 수 있는 언어 표현을 하는가?
- 아동이 치료자에게 접근하여 놀이에 참여하게 하는지 여부를 살핀다.
- 놀이의 강도를 살핀다.

각 회기 동안, 특히 첫 번째 회기 동안 아동에 대해 관찰해야 하는 임상적 내용은 다음을 포함한다.

- 아동의 체격과 전반적인 외모의 특징, 신체적 조직화, 말투(양과 질), 전반적인 지적 기능을 관찰한다. 사실 좀 더 공식적인 측정 방법을 사용하지 않고는 이에 대한 정확한 수준을 확실히 알 수는 없다. 그러나 이러한 일반적 관찰은 아동이 추가적인 평가를 필요로 하는지에 대한 정보, 또는 해당 영역과 관련된 추가적인 평가를 의뢰할 필요가 있는지에 대한 정보를 제공할 것이다. 예를 들어, 놀이치료가 필요한 아동에게는 언어 치료도 함께 병행해야 하는 경우도 매우 흔하다.

- 아동의 관계 능력
  - 치료자와 아동의 관계는 어떻게 발전하는가?
  - 아동은 부모로부터 어떻게 분리되는가?
  - 아동이 친근감을 보이는가, 공격적인가, 통제적인가, 혹은 인정욕구를 보이는가?
- 아동의 기분이나 감정
  - 아동이 두려워하는가, 분노하는가, 불안해하는가, 슬퍼하는가, 무관심한가, 혹은 반항적인가?
  - 아이의 활동 수준은 어느 정도인가?
  - 아동의 놀이가 아동의 감정을 뒷받침하는가, 아니면 일치하지 않는가?
- 아동의 환경 이용
  - 아동이 정해진 놀잇감으로 작은 반경에서만 놀이하는가?
  - 아동이 항상 같은 자리에 앉아 같은 놀잇감으로만 놀이하는가?
  - 아동이 주변 환경에 익숙해지면서 긴장이 풀리는가?

세계 기법(The World Technique)은 놀이를 광범위하게 활용한 우수한 평가 도구이다(Lowenfeld, 1939). 이 도구는 영국에서 Margaret Lowenfeld 박사에 의해 개발되었다. 또한 Erica 기법(The Erica Method)은 세계 기법(The World Technique, 1981)에서 발전하였으며(Harding, Sjolund 인용, 1981), 로르샤흐(Rorschach)와 유사한 양식으로 구성되어 있다(Rorschach, 1921/1942). 사실상 이 도구는 실시 방법과 해석에 사용되는 절차(protocol) 때문에 놀이치료 영역의 로르샤흐(Rorschach)라고 할 수도 있을 것이다. 치료자는 프로토콜 시트(protocol sheet)를 이용하여 모래 놀이에 대한 아동의 접근 방식(아동의 창작과 치료자의 해석)에 대해 설명한다. 아동이 모래 놀이에서 똑같은 활동을 해도 발달단계에 따라 완전히 다른 의미를 가질 수 있기 때문에, 이 기법을 사용하여 아동의 발달을 연구하는 것이 중요하다. 예를 들어, 세 살짜리 아동이 5개의 놀잇감을 꺼내서 자신의 세계를 만드는 것과 열두 살짜리 아동이 똑같은 5개의 놀잇감을 꺼내 자신의 세계를 만든 것은 그 의미가 매우 다르다.

Erica 기법(Harding, Sjolund 인용, 1981)은 선반에 배치할 놀잇감을 구조화했다. 이 중 아동의 세계를 대표하는 요소들을 나타내는 360개의 미니어처 놀잇감이 있다. 이 미니어처들은 정적인 놀잇감들, 운송 놀잇감들 그리고 살아 있는 생명체를 표현하는 것들로 구성되어 있다. 이 놀잇감들은 또한 공격적이고 평화로운 범주에 따라 분류된다. 구체적으로는 사람, 야생 및 가축, 운송 차량, 건물, 가구, 울타리, 폭발물, 대포 등으로 구성되어 있다. 고장이 난 놀잇감도 1개 있다. 아동이 이 고장 난 놀잇감과 어떤 관계를 갖는지를 파악함으로써 이 아동의 성격의 일면이 드러나게 된다. 이 놀잇감들은 집에서 기르는 동물들과 야생 동물들을 함께 묶는 등 12개의 보관대에 분류하여 배치한다.

아동이 놀이치료실에 들어가면, 아동은 선반에 있는 놀잇감들을 사용하여 모래상자 중 하나를 골라 그 안에 무엇이든 아동이 원하는 것을 만들도록 간단한 지시를 받는다. 이때 치료자의 지침은 아동의 활동에 영향을 미치지 않도록 최소한으로 한다. 이것은 치료가 아닌 평가 회기이기 때문에, 이 시점에서 치료자는 실제로 아동의 건설에 관여하지 않는다. 오히려 치료자가 아이의 행동을 관찰하고 메모하는 동안 아동이 자신만의 세계를 구축하도록 내버려둔다. 예를 들어, 아동이 모래상자 건설에 사용할 놀잇감을 결정하기 전에 서서 모든 놀잇감을 탐색한 것인지, 아니면 단지 좁은 한 부분에서만 모든 놀잇감을 꺼내 모래에 붓고 그것들로 무언가를 하려고 한 것인지 등을 관찰한다.

아동이 작업을 마쳤거나 시작한지 45분이 지난 경우, 작업을 중단하고 아동이 만든 모래상자의 사진을 찍는다. 그런 다음 치료자가 질문을 할 것이다(예: "네가 만든 것에 대해 말해 주렴."). 어떤 아동들은, 예를 들어 모래를 뒤쪽으로 밀어 계단식으로 조경을 하고, 언덕 위에 연못이 있는 성을 만드는 등, 의미 있는 전체를 구성하기도 한다. 한편, 그 스펙트럼의 다른 끝에는 놀잇감의 절반이 그냥 모래로 덮이게 미니어처들을 모래에 버리는 아동들도 있다. 이런 경우, 치료자는 이 아동의 세계가 혼란스러움을 느끼게 된다.

모래상자 작업과 관찰은 가능한 한 가까운 시일 내에 세 번 연속 회기 동안 실시한다. 한 번의 회기만으로는 정보를 얻을 수는 있지만 전체적인 그림을 볼 수는 없다(예: 몇몇 아동은 첫 번째 회기 동안 낯선 상황에 대해 불안감을 느껴 작업에 영향을 받을 수 있다). 한편, 세 가지의 다른 창작물이 생기면 치료자는 작업의 주제가 발전하는 것을 파악할 수 있다. 이러한 주제들 간의 관계는 치료자가 아동을 파악하기 위해 찾는 요소들이다. 추가적으로, 작업 과정의 외형적 측면에 대한 분석도 고려할 점이다. 이 과정 동안 관찰되는 아동의 선택과 아동의 놀이 유형 또한 아동이 지닌 기능에 대한 중요한 정보를 제공한다.

세계 기법(The World Technique)을 더 전면적으로 탐구하기 위해, 이 책을 읽는 독자는 Margaret Lowenfeld의 저서 『The World Technique』(1979), Margareta Sjolund의 저서인 훈련 가이드북 『The Erica Method』(1993) 그리고 Allis Danielson의 저서 『Handbook of the Erica Methods』(1986)를 참조하도록 한다.

사례 기록: Juan과의 첫 회기

여덟 살인 히스패닉계 남자 아동 Juan은 학교에서의 공격적인 행동(다른 아동들에게 돈을 주지 않으면 때리겠다고 위협하며 돈을 갈취)을 했기 때문에 초등학교 상담사에 의해 치료에 의뢰되었다. Juan은 교사들과도 사이가 좋지 않았다. 많은 교사가 자신의 수업에 Juan이 들어오는 것을 원하지 않을 정도였다고 인정했다. 학교 전체에서 Juan은 학교 불량배로 악명이 높았다.

Juan은 학교 상담사와 함께하는 학교의 아동 집단에 참여하고 있었다. 이 집단에서는 감정을 파악하는 것에 집중했다. 또한 집단 구성원들은 각기 다른 상황에서 아동들이 어떻게 느끼고 반응할지 생각해 보는 연습을 했다. Juan이 학교 집단에서 경험한 것을 통해 무언가를 배우고 있다는 것이 이번 학기 동안 Juan이 진술한 내용 중 일부에서 명백히 나타났다. 그러나 학교 상담사는 Juan이 치료자와 함께 아직 더 심도 있는 상담에 참여할 필요가 있다고 느꼈다.

치료 과정은 일반적으로 치료자가 아동을 만나 질문하고 정보를 얻은 후 문제를 해결하도록 구조화되어 있다. 그 시점에서 진단이 내려지고, 치료 목표가 설정된다. 그런 다음 치료가 시작된다. 아동과 함께하는 첫 번째 회기는 대부분 탐색하는 시간이다. 그러나 아동들과 회기를 진행할 때는, 종종 정보를 얻는 데에 있어 유연성을 가질 필요가 있다. 어떤 아동들은 한 시간 내내 앉아서 질문에 대답을 할 수 있지만, 어떤 아동들은 그런 과정에 전혀 참여하고 싶어 하지 않을 수도 있다. 이런 양극단적인 반응은 모두 일어날 수 있다. 어떤 반응이 나타나더라도 평가를 위한 정보를 얻을 수 있다. 만약 아동(특히 아주 어린 아동의 경우)이 놀고만 싶어 해서 치료자가 아동이 질문에 대답할 때까지 그저 가만히 앉아 있기만을 원하지 않는다면, 아동의 놀이를 관찰함으로써 뚜렷한 정보를 얻을 수 있다. 시간이 좀 더 소요될 수 있지만, 곧 정보를 얻을 수 있을 것이다.

다음은 Juan과의 첫 번째 놀이 시간의 내용을 발췌한 것이다. 이 회기에서는 아동에 대한 탐색이 동시에 진행된다. 치료자는 정보를 수집하면서 Juan에게 몇 가지 질문을 한다. 처음 놀이치료실에 들어왔을 때, 아동은 펀치백을 보고는 다가가 들어보고 바닥에 튀겨 본다. 그러고는 펀치백의 목 부분에 무릎을 대고 잠시 고정시킨 후, 내려놓는다. "저희 아빠는 공군이에요."라고 Juan이 말했다. 이 회기 동안, 아동의 공격성과 자신의 아버지에 대해 언급하는 것 사이에는 어떠한 일관적인 패턴이 나타난다. 이런 패턴을 본다면, Juan이 아버지로부터 최근까지 지속적으로 신체적 학대를 받아 온 아이처럼 보일 것이다. 그러나 사실 Juan은 3년 동안 아버지를 보지 못했다. 학대에 대한 기억은 이 아동에게 여전히 강렬한 감정을 불러일으킨다. Juan의 공격성은 아버지로 인해 Juan이 타인과 관계를 맺는 방식의 양상으로 자리 잡았다.

회기	해석
1. Juan: (서서 치료자를 기다리는 동안 팔을 휘둘러서 펀치백의 얼굴을 때린다. 주먹을 불끈 쥐고 펀치백의 얼굴 부분을 때리면서 말한다.) 그냥 연습하는 거예요!	1. 처음 Juan과 치료자가 함께 놀이치료실에 들어가는 것으로서, 그들 관계를 위한 준비 작업이 마련된 것이다. Juan은 어떤 것을 해야 할지 몰랐기 때문에, 은유적으로 자신이 관계에 대해 가진 생각을 나타내고 있다. Juan이 펀치백을 치는 행동은 자신의 '세상에 대한 연습' 놀이였다.
2. J: (퍽! 하고 펀치백의 얼굴 부분을 발로 차서 펀치를 날린다.) 아빠는 항상 내 등에 이렇게 해요. 아빠는 제 등을 부숴 버려요.	2. 이것은 Juan의 정신과 망가진 안녕감에 대한 은유적 표현이다. 엄청나게 충격을 받은 자존감에 대한 주제가 명확히 나타나고 있다.
3. T: 그럼 아빠가 널 그렇게 대할 땐 네가 아팠겠구나.	3. 어려울지라도 아동들이 표현하는 어려움에 대해 공감을 하는 것이 중요하다.
4. J: (반복적으로 펀치백의 얼굴을 때린다.) 난 그냥 연습하는 거예요. 누구랑 싸울 때 그 사람을 때릴 수 있게요.	4. 이때 때리는 행위는 Juan이 타인과 관계를 맺는 방식이다.

T: 너는 그 사람이 널 아프게 하기 전에 공격하고 싶은 거구나.

5. J: (펀치백의 머리 부분을 잡아 올려 꽉 조르다가, 치료실을 가로질러 날려 버림) 우리 아빠 항상 이렇게 해요. (꽉 끌어 안는다.)

5. Juan은 아버지와의 관계로 인해 갖게 된 자신의 가정생활에 대한 인식을 나타냈다. 아동의 아버지는 아동을 신체적으로 제압하고 있다. 그리고는 힘으로 Juan을 내쫓아 버린다.

6. J: 뭐, 맨날 별로인 건 아니에요.

6. Juan은 이렇게 말했다. 그러면서 아빠에게 신체적인 학대를 당하는 것이 아빠가 없는 것보다는 낫기 때문이라고 이유를 설명했다. 학대하는 부모와 관계를 맺는 아동들은 학대에 대해 달관해 버린다.

7. T: 아빠를 텍사스에 두고 콜로라도로 온 후에 아빠가 그리운 적이 있니?

7. 아동이 평가 단계에서 가해자에 대한 질문을 받는 것은 불쾌한 기억들을 촉발시킨다.

8. J: (주의가 분산된다.) 아빠 때문에 잘 집중이 안 돼요. 가끔은 아빠 때문에 다른 사람이랑 연락을 할 수도 없어요. 아빠가 잊히지가 않아요.

T: 아, 아빠가 계속 기억나고 그것 때문에 다른 생각을 하는 것이 어려워지는구나.

8. 갑자기 Juan은 아버지에 대한 외상 경험을 떠올린다. 그리고 그 기억에 압도당한다. Juan은 자신이 당한 학대에 대해 직접 밝힌 적이 없다. 치료자가 우연히 가해자에 대해 언급했을 때, 아동의 외상경험에 대한 기억과 이에 따른 고통이 촉발되었기 때문에 이성을 잃은 것이다. 결과적으로, Juan은 혼란과 비인격화(depersonalize)를 경험하기 시작했다. 그렇다면 이런 단서는 Juan과 아버지의 관계와 학대 가능성을 조사하라는 신호가 된다.

9. J: (슬링키를 집어 들어 펀칭백을 조른다.) 미안, 멍청아. 이제 넌 죽은 목숨이다.

9. 아동은 자신의 내면의 고통을 반영하는 방법으로 슬링키(스프링 놀잇감)를 사용했다.

10. T: 너희 가족이 된다는 것은 어떤 의미니?

10. 가정에서 일어나는 학대 경험 때문에,

J: (뒤로 물러난다.) 우리 가족이 되는 건 누군가에게는 힘든 일이에요. 엄마가 아빠한테 강간을 당하고 마음이 상처받기 시작하는 것처럼요.

T: 엄마가 아빠한테 강간을 당하고 나서 엄마가 마음에 상처를 입었구나. 넌 그런 일이 일어나지 않았으면 했을 텐데.

J: 네. 난 슬퍼져요.

T: 넌 엄마가 상처받는다는 것에 슬퍼지고, 아빠가 엄마한테 그러지 않았으면 좋겠구나.

이 질문은 Juan에게 매우 강력히 다가온다. Juan은 자신이 받은 질문과 치료자로부터 거리를 두려 뒤로 물러났다. 이 아동은 치료자에게 망설이며, 자신이 보호받고 싶은 마음과 이 고통으로부터 멀어지고 싶다는 의미를 전달하고 있다.

Juan이 말한 "~누군가에게는"이라는 표현은 폭력에 대한 고통으로 인해 Juan이 겪고 있는 혼란스러움과 이인증과 관련이 있다.

Juan은 자신의 가족에 만연해 있는 폭력을 밝히고 있다. ('강간'은 이 기록 당시에 여덟 살이었던 아동이 알고 있을 만한 용어가 아니다.) 그래서 분명 아동은 누군가가 자신의 아버지가 어머니에게 저지른 일에 대해 이름을 붙이기 위해 이 용어를 사용하는 것을 들었을 것이다. Juan이 실제 폭력을 경험했든 경험하지 않았든 아버지라는 중요한 의미가 있는 대상이 어머니를 그런 방식으로 고통을 주었다는 신념은 Juan에게 무척이나 고통스러운 것이다. 자신이 중요하게 여기는 두 사람이 서로를 잘못된 방식으로 대하는 것은, 두 사람을 모두 중요하게 여기는 사람에게 극도로 불편한 상황이 된다. 이를 겪는 사람은 분노 감정을 감추기 위해 직접적인 분노 표현 없이 고통을 경험한다. Juan은 정말 괴로워하고 있다. 이 아동은 가족 관계의 역동으로 엄청난 고통

을 겪고 있다.

11. J: (펀치백을 반복해서 때리다가 총을 들어 펀치백의 얼굴에 내리꽂는다.) 찔러버릴거야, 멍청이.

T: 너는 가족에게 일어나는 일을 보면서 마음이 아프구나.

11. 이러한 에너지의 표출은 고통을 피하기 위한 아동의 반응이다.

관계형성이 되기 전까지는, 아동을 더 깊은 곳으로 고통스럽게 끌어들이는 것을 피하는 것이 좋다. 내담자에 따라 적정 수준에서 정서적 분위기를 유지하는 것이 중요하다. 치료자가 내담자를 감정적으로 방임해야 한다는 의미가 아니다. 공감적인 반응은 내담자를 지지하고, 동시에 관계를 구축하는 데에 도움이 된다. 치료자가 한 말은 아동을 존중하고 공감, 수용, 지지하고 있음을 전한다.

12. J: (총을 빙빙 돌린다.) 아빠랑 같이 살 때는 집안일을 할 필요가 없었어요. 그리고 재미도 있었어요.

T: 아빠와 함께 살 때 더 나았던 것도 있구나. 하지만 아빠가 엄마를 대하는 방식에 대해서는 슬펐지.

J: (펀치백에 총을 겨눈다. 손가락으로 총을 돌리다가, 펀치백의 머리 부분에 다시 겨눈다.)

12. 아동은 여기서 치료자가 이야기하는 아버지와 함께 지내던 때의 경험들을 다시 느끼고 있다.

감정이 고조되기 시작했고, Juan은 엄청난 긴장을 느끼게 되어 총을 뽑았다. Juan은 신체표현으로 감정을 내보이지는 않았으나, 그럼에도 불구하고 아동의 놀이에서 분명히 그 감정이 나타난다.

총을 펀치백에 겨누는 행동은 Juan이 자신의 아버지를 대하는 데 필요한 극도의 경계심을 의미한다. 아버지의 학대 경험에 대한 무력감을 보상받기 위해, Juan은 다른 권력을 느낄 수 있는 상징들로 숙달감을 보이려 노력한다. 능숙하게 총을 빙빙 돌리는 아동의 행동은 자신의 잠재적 능력을 보여 주기 위한 노력이다. 아동은 자신이 겪고 있는 고통을 느끼기보다는 유능해 보이기를 원한다.

13. T: 어떤 TV쇼를 가장 좋아하니?
J: 미녀와 야수요.
T: 야수처럼 되고 싶어서 그걸 좋아하는 거야?
J: 저는 야수가 항상 미녀와 가구들에게 잘해 주는 게 좋아요.
T: 야수가 강하니까 그렇게 되고 싶기도 하고, 야수가 섬세하고 다정한 것도 좋구나.

13. Juan이 선택한 미녀와 야수에는 야수가 아름다움을 지키고 보살피는 주제가 내재되어 있다. 아동들은 일반적으로 돌보는 것보다, 돌봄을 받는 것에 초점을 둔다.
따라서 이러한 Juan의 관심은 아동을 돌봐야 하는 가정과 몇몇 주변인이 아동을 더 주시해야 한다는 것을 알린다. 사실 이런 일이 가정 안에서 일어난다는 것은 어머니와의 역할이 바뀌었다는 것이다. Juan의 민감성과 돌봐 주고자 하는 마음은 학교 대다수 사람들에게는 관찰되지 않는다는 점에 주목해야 한다.

14. J: (폼 패들과 공을 들어 패들로 공을 공중으로 튀긴다.) 이거 재밌네요. (세 번 정도 튀긴 후 내려놓는다.) 마음에 들어요.

14. 이때 Juan이 보인 반응은 45분간의 총 평가 회기 동안 아동이 유일하게 보인 어린아이 같은 자발적 반응이었으며, 이 놀이는 단 12초 동안만 지속되었다.

15. J: (선반으로 가 2마리의 작은 동물 피규어를 가져다 2~3인치 간격으로 놓은 후, 서로 박치기를 한다.) 넌 죽었어!

15. 이런 Juan의 행동은 마치 아동이 펀치백을 들어 치료실 공간을 가로질러 반대쪽 벽으로 내쳐 버린 것과 같은 에너지다.
Juan이 대근육 놀이를 하든, 소근육 놀이를 하든, 아동의 감정은 같은 강도로 표현된다.

16. T: 또 어떤 TV쇼가 좋니?
J: 음. 전 트랜스포머 좋아해요.
T: 그 로봇들이 엄청 강력해 보이는 것

16. 치료자들은 아동들이 이야기하는 미디어에 나오는 만화, 영화, 캐릭터에 익숙해져야 한다.

이 좋은 거구나.

J: 맞아요.

T: ……그리고 그 로봇들이 어떻게 나쁜 놈들을 무찌르는지도?

J: 네. 나쁜 놈들은 디셉티콘들이에요.

T: 너도 디셉티콘들 중 하나가 되고 싶니?

이 부분은 치료자가 아동이 인식하고 있는 캐릭터의 성격과 놀이 주제를 이해하는 데 도움이 된다. 또한 아동이 캐릭터가 가진 주제를 벗어나 보이는 일탈도 확인 할 수 있다.

17. J: 그랬었는데, 이젠 아니에요. 디셉티콘이 되고 싶었던 적은 있긴 했는데, 지금은 오토봇이 되고 싶어요. 전 오토봇들의 대장이 되고 싶어요.

17. 이 대화에서 Juan은 자신의 정체성에 대해 탐색하고 있다. 다시 말해, 현재 Juan의 정체감이 부정적일지라도, 아동은 더 긍정적인 쪽으로 가려는 작업을 하고 있다.

18. J: (집어 든 쌍안경으로 치료실 안을 둘러본다.) 크리스토퍼 콜럼버스는 미국 대륙을 발견했어요.

18. Juan은 은유적으로 '지금 자신의 정체감을 찾고 있다'고 의사소통하고 있다.

19. J: (급제동 소리를 내며 작은 차를 선반 아래쪽으로 굴린다.) 잘 가.

(공룡을 집어 들고) 공룡들이다!

(차와 소를 함께 집어 든다.) 전 자동차를 좋아해요. 소도 좋아요.

(차와 소를 가져와 함께 부딪히며 충돌하는 소리를 낸다. 차로 소를 죽인다.)

T: 네 차가 소를 죽였네.

J: 아뇨. 얘(좀 전에 본 공룡)가 죽인 거예요.

19. 이 부분에서, Juan은 다시 한번 자신이 목격했던 아버지와 어머니 사이의 폭력을 보여 주고 있다. 다만 이번에는 다른 이야기를 사용한다. Juan은 차와 소의 행동을 이용했다. 차와 소를 모두 좋아한다는 아동의 말은 아동이 고군분투하고 있는 갈등을 의식하게 한다. 이를 통해 Juan은 고통을 느낀다. 아동은 어머니와 아버지의 관계에 대해 자신의 감정을 무의식적으로 엮어서 나타낸다. Juan은 이런 감정들을 의식화시키고 싶어 하지 않는다. 아동이 알고 있는 모든 가족 관계는 폭력적 경험의 연속이다. 많은 아동이 놀이의 일부로서 귀에 거슬리는 소리를 낼수록, 그 놀이의 내용은 아동에게 더 큰 의미가 있으며, 핵

	심적인 문제에 가까워진다. 아동들은 외상 경험에 대한 놀이를 할 때 흔히 이런 소리를 내며, 이는 극심한 외상의 고통을 나타낸다.
20. J: (다트 건을 들어 치료자의 방향으로 흔들거린다.) T: 어 잠시만. 나는 원하지 않는데……. J: (다른 방향으로 총을 겨누고, 쏜다. 정확히 목표물에 맞는다.) T: (가리키며 박수를 친다.) 명중했구나! J: 빙고! 저 심지어 옆쪽에서 쐈었었어요(틀린 문법으로 말함). (걸어가 다트 건을 집어 든다. 일어나면서 양방향 거울에 비친 자신의 모습을 바라본다. 아동은 다시 총을 장전하여 거울에 비친 자신의 모습에 겨눈다.) T: 나는 네가 거울에는 총을 쏘지 않으면 좋겠구나.	20. 치료자는 안전함, 안정감, 신뢰감 있는 관계를 확립할 기회를 갖기 전에 아동의 행동을 제한했다. 아동에게 안전감을 제공하기 위해 그를 존중해 주는 과정의 시간이 충분히 지나지 않은 상태였다. 결국, 치료자는 아동이 신뢰할 수 있는 대상이 되기 전에 제한을 설정했다. 이 정도는 매우 온건적인 제한 설정으로 보인다. 그러나 Juan은 과거에 경험했던 제한 설정으로 인해 신체적 보복을 두려워하게 되었다.
21. J: (총을 옆쪽으로 돌린 후 벽에 발사한다.)	21. 이런 행동은 단순하게는 Juan이 자신이 받은 제한을 존중하는 것처럼 보인다. 그러나 Juan은 상호작용을 끝내기 위해 총을 쏘고 있다. 이런 방법을 사용함으로써, 아동은 더 이상 자신이 경험했었을 감정들에 잠길 필요가 없어지는 것이다. 이 반응은 모든 감정으로부터 자신을 보호하려는 노력이다.
22. J: 전 얘(펀치백)를 쓸 수 있어요. 잘 가. T: 너는 걔한테 누가 대장인지를 보여 주고 싶구나.	22. 치료자가 아동이 어떻게 분노를 표출하는 놀이를 할지를 정의하려 한다면(예: "너 걔를 때리고 싶구나. 정말 세게 차버리고 싶은 거지. 모든 방법을 써서 걔를 때려눕히고 싶어 하네." 등), 이런

진술들은 암시가 되어 실제 공격적인 표현을 자극시키고 공격성을 묵인하는 것이 될 수 있으며, 아동에게 좀 더 공격적인 행동을 하도록 유도할 수 있다. 격렬한 상황에서는 아동이 그 감정에 머무르도록 하는 것이 더 적절하고 도움이 된다. 예를 들어, 당신은 상처를 입는 것이 어떤 느낌인지 아동이 알기를 원하거나, 아동이 더 이상 당신을 해칠 수 없다는 것을 아동이 알기 바랄 수 있다. 이런 방법을 활용하면 아동이 에너지를 발산하는 데 도움이 된다.

23. J: 네, 제가 원하는 데로 잡아 왔어요. (총을 쏘며) 저는 얘 입에 정확히 쏴서 맞추려고 노력중이에요. (펀치백의 입에 대고 총을 쏜다.) 정확히 입을 맞추려고요. (다시 펀치백에 입에 대고 총을 쏜다.) 제가 저기 잡았어요. 미안, 넌 죽었어. (펀치백을 쓰러뜨린다. 다시 펀치백에 총을 겨누고) 클린트 이스트우드처럼 말이야. 자. 오늘 기분 좋아지게.

23. 이제 아동은 신체적 학대 외에 자신이 받은 성적 학대나 폭언을 나타낼 수 있는 입 부위에 초점을 맞추고 있다.

24. J: (펀치백을 뒤로 물려 더 멀리 둔다. 총을 쏴 펀치백의 머리를 맞춘다.) 머리에 바로 맞췄어요. (잠시 멈추고) 저희 아빤 경찰이었어요.

24. 오랜 시간동안 가까운 거리에서 펀치백을 쐈다가 옮기면서, Juan은 시간이 흐름에 따라 아버지와의 관계를 극복해 나가고 있다. 처음에는 아버지와 함께 살았을 때를 나타내는 가까운 거리에서, 그다음 Juan은 펀치백을 뒤로 보내 자신이 아버지에게서 떨어진 이후의 시간에 대해 나타낸다. 또한 그다음 발사했을 때는 그 관계의 역사를 밝힌다.

여기에 발췌된 놀이 기록에서 Juan이 놀이를 통해 은유적으로 이야기하는 것들은 확실히 치료자가 사례의 평가를 위해 직접적인 질문을 해서 대답을 얻을 때보다 더 많은 정보를 제공한다. 실제로 이런 상황에서 아동에게 직접적으로 질문을 하는 방식은 고통을 각성시킬 수 있다. 일반적으로, 평가 단계에서 아동에게 질문을 할 때는, 아동이 대답하는 내용에 주의를 기울이는 것이 중요하다. 하지만 그보다 훨씬 중요한 것은 아동의 놀이에 나타나는 변화를 관찰하는 것이다. 이러한 변화는 무의식적인 정보를 나타낼 것이다. 비언어적 메시지는 언어적 메시지보다 정확하다(O'Connor, 1991).

아동을 위한 치료 계획 시, 아동의 내재적인 탐색에 대해 일관된 치료 철학을 유지하는 것이 중요하다. 이 치료 계획은 아동이 놀이 방향을 유지하는 동안 진행되는 것이다. 아동의 치료 목표를 다루는 치료자의 진술과 행동 개입의 기회는 반드시 아동의 놀이 맥락 안에서 파악되어야 한다. 예를 들어, 동생의 출생을 두려워하는 어떤 아동의 경우 자신이 엄마 역할을 하는 동안 치료자가 아이의 역할을 하도록 한다. 이러한 맥락에서 치료자는 아동의 목소리와 행동으로 엄마와 더 많은 시간을 요청하고, 더 이상 자신이 중요한 존재가 되지 않을 것에 대한 두려움을 표현하고, 입을 삐죽 내밀고, 아기를 숨길 수도 있다. Juan의 경우와 같이, 치료적 목표가 치료 상황에 내재되어 있는 것이다(예: 타인에 대한 신뢰를 다시 구축함).

Juan의 경우, 아동에 대한 교사들의 의견을 뒷받침하는 행동과 태도가 많이 관찰된다. 그러나 이런 점들을 좀 더 깊이 있게 생각해 볼 때, 만약 이 아동이 인정을 받으며 양육되었다면 삶에서 더 긍정적인 방향으로 나아갈 수 있는 특성들을 가지고 있음이 뚜렷이 나타난다. 그중 하나는 민감성이다. Juan은 학교에서 아동 집단에 참여하는 동안 배운 기술 중 일부를 사용하기 시작했다. Juan은 민감하고 배려심이 있는 아동이기 때문에 집단 내에 제시되는 개념들을 이해한다. 하지만 아직은 이 민감성을 배려하는 데에 사용하는 것이 자신을 약하게 느끼도록 하기 때문에 편안함을 느끼지 못한다. 충분히 존중받는 일대일 치료 장면에서 Juan은 치료자와 자유롭게 교류하며, 평가받을 것으로 여겨지는 환경에서는 보여 주지 않았을 자신의 모습을 보여 주기 시작한다. Juan은 자신이 말하는 것들 중 일부는 인지하지 못한다. 여기에는 아동이 민감한 편이라는 것, 사실 아동이 다른 사람들에게 일어나는 일에 대해 신경을 쓰고 있다는 것 그리고 아동이 고통받고 있다는 사실 등이 포함된다. 예를 들어, Juan은

자신의 아버지가 어머니를 강간했을 때 슬퍼했다. 이런 사실들은 Juan이 밝혀낸 것이다. 이제, 치료자는 이러한 정보들을 토대로 Juan이 건강을 되찾도록 도와주어야 한다.

모든 아동의 주요 치료 목표는 아동이 자신의 감정을 건강한 방법으로 편안하게 표현하도록 하는 것이다. 이 감정들이 표현되었을 때, 치료자는 아동에게 감정을 명명해 줄 수 있으며, 문제를 해결하려는 아동의 노력을 지지해 줄 수 있다. 따라서 Juan을 위한 치료 계획에서, Juan은 자기감정을 표현하고, 탐구하며, 자신의 감수성을 스스로가 가진 자산으로 여길 수 있도록 격려를 받을 것이다. 지금 Juan은 자신의 민감성으로 인해 감정을 강하게 경험한다. 그런 다음 이 감정(상처, 수치심, 돌봄 등)을 공격성으로 나타낸다.

놀이치료의 목적은 아동들이 이러한 강렬한 감정과 공격성 사이의 연결을 끊어 낼 수 있도록 돕는 것이다. 아동들이 좀 더 긍정적인 방향으로 변하도록 하는 것이 바람직하다. 과거 아동에게 공격성이 학습되었기 때문에, 아동의 문제해결 방식과 타인과의 상호작용 방식도 힘과 공격성의 잘못된 표출로 나타났다. 아동은 또한 여성을 공격의 대상으로 여기는 사고방식을 목격했으며, 만약 아동이 이러한 사고방식을 받아들였다면 여성과의 친밀한 관계를 유지하는 데에 어려움을 겪을 것이다. 그렇다면 이 아동의 치료 목표는 자신이 경험하는 격렬한 감정을 공격성과 분리하는 것뿐 아니라, 잠재적인 공격의 대상을 재설정하는 것이 된다. 아동은 여성에 대한 존중을 배우고, 여성들이 자신들만의 방식으로 힘을 얻고 관계를 증진시킬 수 있다는 관점의 변화를 가져올 수 있도록 도움을 받을 것이다. Juan의 치료자는 여성이며, 그들이 형성한 치료동맹에서 치료자로서의 힘을 가지고, Juan의 감정에 반응하며 아동을 보호할 것이다. Juan이 치료자를 돌볼 필요가 없기 때문에 자신이 가진 여성에 대한 관점이 바뀔 것이다.

Juan은 가족 내에서 어머니와 함께 부모화된 아동(parentalized child)이었다(즉, 그는 어머니를 정서적으로 보호하려고 했을 것으로 예상된다). 아동이 부모 역할을 하게 되면 아동은 어린 시절을 빼앗긴다. 어린 시절의 아이다움을 빼앗긴다면 그 아동은 분노하는 사춘기를 겪게 된다. 알코올 중독, 폭행, 폭력배 무리와 같은 행동은 Juan이 처한 상황에서 흔한 결과로 나타난다. Juan의 또 다른 치료 목표는 아동이 짊어진 부모의 역할을 깨고 자신만의 놀이에 참여할 수 있도록 어린 시절을 되찾게 하는 것이다. Juan은 성장을 하기 위한 결정적인 시기에 있다. 다른 사람들은 이 시기의 Juan을 부정적으로 인식할 수 있지만, Juan에게는 긍정적이거나 부정적인 방향 모두에 사용될 수 있는 몇 가지 특성이 있다. 앞서 언급한 감수성 외에도 Juan은 리더십 능력도 갖추고 있다. 이런 사실은 아동이 오토봇의 리더가 되고 싶다고 했을 때 드러났으며, 아동 의뢰 시 얻었던 정보 중 운동장에서 다른 아동들을 지배하고 통제하려 한 것에서도 분명히 나타났다. Juan의 리더십 능력은 지금까지 긍정적인 방향으로 활용되지 않았다. 오히려 반대 방향으로 치우쳐져 있는 상황이다. 아동이 만약 부정적인 정체성을 갖게 된다면, 이 아동의 리더십은 분명 그러한 목적을 위해 활용될 것이다. 따라서 이때 치료의 목표는 이를 긍정적인 정체성으로 전환하는 것이다. 그렇다면, Juan은 긍정적인 리더 역할을 맡아 사회에 기여하게 될 것이다.

Juan이 상처받은 감정에 대해 반응하는 방법을 공격적인 방식에서 공격적이지 않은 방식으로 바꾸고, 자신의 감수성을 보다 건설적인 방식으로 활용할 수 있도록 도우며, 여성이 공격의 대상이라는 학습된 관점을 평등한 관점으로 바꾸고 여성에게 편안함을 느끼도록 전환함으로써, 아동의 리더십 스타일은 이 변화된 가치관과 일치하게 될 것이다. 그러고 나서 아동은 더 친근하고, 기능적인 아이로 인식될 것이다.

놀이치료실에서 치료자의 도움으로, Juan은 자신의 아버지를 잃은 것 그리고 이런 고통스러운 상황에서 자신의 반응에 대한 감정을 탐색할 기회를 가질 것이다. 아동은 자신의 민감한 성향을 받아들이고 이를 자신만의 강점으로 바라보는 법을 배울 것이다. 또한 자신의 어린 시절을 재경험하고 여성에 대한 새로운 인식을 배울 수 있는 기회를 가질 수 있을 것이다. 나아가 학교 상담자와 교사들이 Juan의 강점들을 발견하여 이 힘을 좀 더 도움이 되는 방향으로 사용하도록 도와 Juan의 행동을 재구성할 수 있도록 관여를 해 준다면, Juan의 치료적 효과는 증가할 것이다.

Juan은 치료자와 약 9개월간 놀이치료를 진행했다. 그런데 가끔씩 있는 경우지만, Juan의 놀이치료자가 이사를 가게 되면서 놀이치료를 종결하게 되었다. 그들이 함께 치료를 진행하는 동안, Juan은 치료 목표로 세웠던 많은 것에서 효과를 얻었다. 아동은 자신의 감정을 드러내는 것이 편안해졌고, 부정적인 감정과 공격성 사이의 연결고리를 끊어 냈다. Juan의 공격성이 완전히 사라지지는 않았지만 점점 줄어들고 있었으며, 약간의 투덜거림은 여전히 남아 있다. 그러나 아동은 더 이상 부정적인 감정을 경험한 후 막무가내로 공격적인 행동을 하지 않았다. Juan은 감정에 머무르며, 경험하고, 자신의 놀이에서 그 감정을 표현하는 방법을 배우고 있었다. Juan의 여성관은 변화의 과정에 있었다. 치료자가 놀이치료실에서 아동의 문제를 다뤄 줌으로써, 아동은 어머니의 감정을 다뤄 주어야 하는 역할이었던 가정 내의 경험에서 벗어나 정상적인 아동-보호자의 역할을 경험할 수 있었다. 치료자가 Juan을 존중했기 때문에, Juan은 이러한 특성들을 배울 수 있었다. 결과적으로, Juan은 치료자를 존중하고 존경하기 시작했다. 여성과 관련된 이러한 새로운 방식들은 Juan이 집안에서 배웠던 인식을 대체할 수 있는 시각을 제공했고, 여성이 다양한 방식으로 역할을 할 수 있다는 것을 보여 주었다.

아동이 다른 치료자에게 의뢰될 때, 어떤 성별의 치료자가 아동에게 더 도움이 될 것인가에 대한 논의사항이 생겼다. 치료자의 성별은 사실 부차적인 문제이나, 가장 중요한 문제가 아동들에게는 가장 효과적으로 도움이 되는 치료자가 필요하다는 점이기 때문이다. 성별에 관계없이, 효과적인 치료자를 만난다면, 치료는 진전될 것이다. 예를 들어, 아동이 남성 치료자를 만나게 된다면 치료의 주제가 특정한 순서와 방법으로 전개될 수 있으나 목표는 달성될 것이다.

여성 치료자의 경우, 약간 다른 순서로 문제가 발생하고 다른 방법을 택하지만, 치료는 여전히 진행된다. 즉, 효과적인 치료자들은 성별에 관계없이 치료적 진전을 이룰 것이다. 효과적인 남성 치료자와 여성 치료자 중 선택을 해야 한다면, 성별 문제를 고려하게 될 수 있다.

Juan의 경우와 마찬가지로 치료자와 다른 문화적 · 인종적 배경을 가진 아동들이 수용되는 것에 대한 문제를 경험하고 직면하게 될 것이다. 놀이치료사로서의 역할에 내재된 존중하는 태도가 자동적으로 자격을 보장하는 것은 아니다. 문화적 · 인종적으로 다양한 경우, 그냥 개인을 존중하는 것만으로는 충분하지 않다. 즉, 차이점보다 유사점이 더 많다는 태도만으로는 충분하지 않다. 인종과 문화적 정체성은 아동 개인에게 성격, 안전, 증명, 수용을 제공한다. 이것은 바로 개인의 뿌리이다. 아동은 자신의 인종 및 문화가 존중받고 가치 있다는 것을 알아야 한다. 일단 이 부분이 확립이 되면, 아동과 치료자는 관계를 형성할 수 있고, 아동은 치료자가 자신을 보호하는 것을 허용할 수 있다. 아동들에게 자신의 인종적 정체성과 문화적 배경이 존중받는다는 것을 알려 주는 것은 중요하다.

미국 전역에는 문화센터가 있다. 만약 다른 문화적 배경을 가진 아동을 만나 그 문화에 대한 친숙함이 없다면, 문화원에서 정보를 얻을 수 있다. 아동의 문화에서 나오는 민속적 이야기들은 가치 있을 뿐 아니라 치료적인 도움이 된다. 아동들의 문화에서 볼 수 있는 몇몇 상징에 익숙해지는 것은 그 아동이 나타내는 은유적 표현에 대해 이해할 수 있도록 도울 것이다. 아동이 자신의 특별함이 수용된다고 느낄 수 있도록 인종적 · 문화적 특성을 존중하기 위해 노력하는 것은 치료자의 책임이다. 이것을 알면, 아동은 자신의 고통 또한 수용될 수 있다는 것을 깨닫게 될 것이다.

과정 기록: 그날의 주제

아동이 놀이하는 모든 것을 매번 기록하기에는 아주 많은 시간이 소요될 수 있다. 현실적으로, 이 모든 것을 기록할 시간이 있는 치료자는 거의 없다. 또한 이러한 기록 방식은 치료에 함께 참여하지 않았던 사람(즉, 사건 담당자, 변호사, 판사 또는 소송절차의 다른 심리학자 등)에게 오해를 불러일으킬 수도 있다. 따라서 아동의 놀이에 나타나는 은유적인 부분을 검토한 후, 그 정보를 아동의 치료과정 기록에 통합하는 것이 더욱 유용하다. 놀이에 대한 자세한 기록 대신 대안적으로 기록을 하는 것은 아동에 대해 잘 모를 수도 있는 사람들에게 아동이 경험하는 세계보다는 성인의 사고방식에 비추어 그 의미를 해석할 수 있도록 한다. 각 회기 동안 아동의 놀이 주제만 기록하는 것이 더 효과적일 수 있다. 이때 만약 치료자가 생각하기에 중요한 놀이장면이나 일련의 놀이행동, 또는 아동이 한 말이 있다면, 그 부분을 좀 더 기술할 수 있다.

아동들의 놀이에서 흔히 나타나는 주제는 권력과 통제, 분노와 슬픔, 관계에 대한 신뢰와 불신, 거부와 유기, 불안감, 강요받거나 방해받는다는 느낌이다. 또한 보호, 경계 그리고 돌봄의 필요성도 분명히 나타날 것이다. 아동이 가진 자존감과 자신의 능력(혹은 부족함)에 대한 암시도 일반적으로 나타난다. 아동은 놀이로 자신의 두려움과 걱정, 혼란, 외로움, 상실감, 충성심, 배신감을 표현할 것이다. 또한 아동 자신의 정체성에 대한 인식과 변화에 대해 적응하기 위한 투쟁 또한 뚜렷이 나타날 것이다. 이 부분들을 기록해야 하지만, 이러한 주제들이 상호 배타적인 것은 아니라는 점을 유의해야 한다. 이런 주제들은 아동의 삶뿐만 아니라 놀이에서도 공존할 것이다. 각각의 놀이치료 시간 동안, 아동이 직면한 다양한 주제가 4~5회씩 상상 놀이로 펼쳐

진다. 이러한 주제들은 이야기의 요소가 되는 주된 문제점의 주제와 함께 여러 다른 이야기 안에서 놀이로 펼쳐질 수 있다.

예를 들어, 부모가 이혼절차를 밟고 있는 4~5세의 어린 여자 아동을 떠올려 보자. 이 아동은 지금 어떤 일이 일어나고 있는지 모르는 상황이다. 놀이치료를 진행할 동안, 아동은 야생 동물 피규어들을 가지고 동물들이 마치 정글 안에 있는 듯 놀기 시작한다. 다만 다른 동물들이 서로 함께하는 동안 나무에 혼자 있는 원숭이 한 마리를 제외하고는 말이다. 아동들은 보통 한 가지 정한 놀이를 가지고 3~4분, 때로는 15분 정도 그리고 드물게는 전체 회기에서 놀이를 하는 경향이 있어 원숭이들을 가지고 놀기를 중단하고 가족인형 놀이를 시작하기도 한다. 아동은 가족들이 함께 소풍을 나갔다가 가족 중 1명이 없어진 채 집으로 돌아오는 장면을 만든다. 이 아동은 아마 이후에 모래상자에서 자동차들을 가지고 놀기 시작하고, 이 중 하나가 파묻히거나, 블록으로 벽을 쌓아두고 바닥 쪽의 블록 하나를 뽑아내며 자신의 가족이 붕괴하는 것에 대한 아동의 인식을 표현할 수 있다. 회기가 끝난 후, 치료자는 회기에서 나온 각 놀이내용의 맥락을 통해 이 놀이를 관통하는 공통의 선상을 알아내기 위해 숙고한다. 놀이 장면마다의 맥락은 다르지만, 계속해서 한 사람이나 사물이 없어지는 패턴이 두드러진다. 놀이 주제는 회기마다 다르게 나타날 수 있는데, 어떤 날은 아동이 자신의 상황에 대한 분노를 표출할 수도 있고, 또 다른 날에는 자신에게 일어날 일에 대한 두려움을 표출할 수도 있기 때문이다. 아동은 이 과정에서 자신의 정체감을 잃게 될까? 그러나 놀이 주제의 패턴을 살펴보면, 모든 놀이의 주제는 중심이 되는 문제와 관련이 있다(Landreth, 1993b). 그런 날의 주제를 모으는 데는 연습이 필요하지만, 치료자가 집중하고 이해할 수 있게 하는 데에 도움이 된다.

아동이 이야기가 없는 놀이(즉, 상상 놀이가 아닌 놀이)를 할 때도 있을 것이다. 상상 놀이나 이야기 놀이가 치료자에게 아동의 주 호소 문제에 대해 중요한 정보를 주는 한편, 이야기가 없는 놀이는 아동의 주 호소 문제에 대한 감정을 전달할 수 있다. 아동이 모래나 물감(설명하기 어려운 형태로 그린)을 가지고 놀거나 공놀이를 하는 동안, 치료자는 놀이에서 아동을 관찰하고 상호작용하며 아동의 놀이 방식(즉, 아동이 자신감이 있는지, 망설이며 접근하는지 등)을 볼 뿐만 아니라 이러한 상호작용 동안 나타나는 아동의 감정을 관찰해야 한다. 예를 들어, 아동이 치료자에게 그림을 그려 달라고 부탁하면서도 계속 치료자가 그리는 그림을 비난한다면, 아동은 만족감을 얻지 못하는 자신의 무능함과 자기 세계의 부적절하고 서투른 감정에 대해 전달하고 있는 것이다. 이런 감정들은 단순히 아동이 그림을 그릴 때보다 더욱 놀이에서 잘 나타날 것이다. 사실, 아동의 감정들은 놀이방 밖에서 그림을 그릴 때는 나타나지 않을 수도 있다. 이 경우, 아동이 그림을 그리는 것은 자신이 직면한 어떤 의미와 감정에 대해 전달하는 방법으로 사용하고 있다.

이러한 기록이 아동이 놀이하는 모든 내용을 정확히 이해하고 날마다의 주 호소 문제로 치료자가 묶어 낼 수 있을 것이라는 것을 의미하는 것은 아니다. 항상 아동의 놀이에 대한 주제를 인식하는 것이 반드시 필요한 것도 아니다. 앞서 언급했듯, 다행히도 놀이치료에 내재된 존중과 수용, 가치를 인정해 주는 분위기는 그 자체로서 아동에게 촉진적으로 작용된다. 그러나 치료자가 아동의 놀이에 내재된 주제를 인식한다면, 성장과 해결을 향한 과정이 빨라지는 것이다.

부모 상담

일관되고 지속적인 부모와의 상담 시간은 아동의 치료 과정을 진행하는 데에 중요하다. 부모 상담 시간은 아동과의 회기가 끝날 때(예: 마지막 15분) 또는 한 달에 한 번이 넘어가지 않는 정기적인 간격으로 계획할 수 있다. 기본적으로는, 아동의 부모는 아동의 치료 방법에 대해 알고 있게 된다. 부모가 치료자와 함께 협력하여 아동을 돕고 있다고 느끼게 되지 않으면, 결과적으로 아동의 가족들은 언제든지 치료 방문을 갑자기 중단할 수 있다. 법원에서 치료에 의무적으로 방문하도록 하지 않는 한, 이러한 가능성은 계속 존재한다. 이런 경우, 부모들이 놀이치료에서 변화시키고자 하는 것이 촉진되지 않고 있다고 느낀다면, 오히려 부모가 치료적 성장을 방해하려 할 수 있다.

부모와의 시간은 자녀에게 도움이 될 수 있는 상담 시간으로 활용해야 한다. 치료자는 부모를 만나는 이유가 아동에게 도움을 주기 위해서라는 점을 항상 명심해야 한다. 부모 상담은 부모가 자녀를 적절히 훈육하는 방법을 교육하는 시간으로 활용할 수 있다. 더 일반적으로, 이 시간은 부모들이 자녀에 대해 쉽게 이해하고 수용하도록 도울 수 있는 정보를 제공하는 시간이 될 것이다. 또한, 자녀와 부딪히는 부모들을 지

지해 주는 시간이 될 수도 있다. 자녀를 양육하는 데에 모든 부모가 비슷하게 어려움을 겪는다는 사실을 알게 되는 것은 그들에게 매우 도움이 된다.

부모들이 아동의 놀이치료자와 이러한 지지적인 관계를 경험할 때, 치료자가 부모 자신들의 치료자가 되어 주기를 요청하는 것도 흔히 일어나는 일이다. 그러나 이런 경우, 필연적으로 이해관계의 충돌이 생길 수밖에 없기 때문에 이러한 관계는 권장하지 않는다. 물론 아동의 치료자가 이 상황에서의 유일한 정신건강 전문가라면, 이 두 가지 역할을 모두 수행해야 할 수도 있다. 이런 일이 일어난다면, 치료자는 이중적인 역할로 인해 발생할 수 있는 문제들을 다루기 위해 치료 시간의 일부를 사용하게 될 수도 있음을 명심해야 한다. 예를 들어, 아동들은 치료자에게 화가 나거나 배신감을 느낄 수 있다. 아동은 치료시간 동안 화를 표출할지도 모른다. 현명한 치료자는 이 아동의 분노가 자신의 영역에 대한 권리를 배반당했다고 느끼는 데서 기인한 것임을 인지할 것이다.

같은 맥락으로, 치료자가 첫째인 아동과 이미 확고하고 신뢰할 수 있는 관계를 구축한 후에 아동의 형제자매를 만나기 시작한다면 더 치열한 수준으로 이러한 문제가 발생할 것이다. 아동들이 함께 치료를 시작하고 집단놀이치료(형제자매로 구성된 집단)를 위해 같이 만나지 않는 한, 한 치료자가 1명 이상의 형제자매를 보는 것은 아동들에게 최선의 방법이 아니다. 만약 치료자와의 초기 만남이 원래 가족치료를 위한 것이었고, 이후에 아동이 가족치료 외에 놀이치료를 따로 받는 것이 아동과 아동의 가족 모두에게 도움이 될 것이라고 결정한 경우에도 아동의 형제자매와 관련될 때의 상황만큼은 아니겠으나 일부 이해 상충의 문제가 나타날 것이다. 반대로, 치료자가 아동의 놀이치료자로서 먼저 치료를 시작한 경우에는 치료자가 가족치료자로서의 새로운 역할을 맡는 것이 아동에게는 버림받은 것으로 인식되기 때문에 역할을 전환할 수 없다. 아동은 이 버림받는다는 느낌을 분노와 혼란으로 표현할 것이다.

건강한 아동의 놀이 대 취약한/학대 아동의 놀이 인식하기

비촉진적인 놀이의 이점에 대한 논의점

만약 아동이 충분히 지원을 받는 환경에서 살고 있다면 그 안에서 노는 것 자체만으로도 치료가 될 수 있다. 이런 경우, 아동들은 자신의 환경 내에서 주로 세상에 적응하는 상황만을 경험한다. 물론 부모가 예기치 않게 사망하는 등 드문 상황이 생길 수도 있다. 그러나 이런 일이 일어나더라도 적응적인 아동과 다른 부모는 대개 서로를 위로할 것이다. 이혼가정의 부모들도 마찬가지로 아동들의 정서적 요구를 충족시켜 주기 위해 자신들의 자녀에게 충분히 민감하게 반응해 줄 수 있다.

만약 아동이 혼란스럽거나, 학대를 받거나, 심하게 역기능적인 환경에서 살고 있기 때문에 부모가 아동에게 필요한 지원을 해 줄 수가 없기 때문에 아동을 그냥 두게 된다면 이는 충분한 지원을 하는 것이 아니다. 부모의 무능력은 상황적이고 단기적일 수도 있고, 기질적이고 장기적일 수도 있다. 지난 10년간의 모든 문헌에서 증명되었듯, 아동이 만약 만성적으로 역기능적인 환경에서 성장한다면, 이들의 정서적 발달을 방해할 것이다(예: Kempe, 1984; Putnam, 1991). 아동들에게 더 긍정적인 이미지를 반영하는 거울을 제공해 주기 위해서는 놀이치료가 필요하다.

Whitney의 사례는 건강한 아동의 치료적 놀이 특성을 보여 주는 좋은 예이다. Whitney는 아홉 살 여자 아동으로, 당시 맹장이 파열된 상태였다. 아동의 맹장이 파열되고 나서 의사들은 거의 일주일 동안 어떤 부분에 문제가 있는지 밝혀내지 못했다. 이 무렵 아동은 거의 죽을 뻔했고, 복막염으로 인해 부모와 함께 병원에서 끔찍한 시련을 경험하고 있었다. 열흘이 지난 후, 의사와 간호사들은 모든 처치를 끝냈고 아동은 집으로 돌아올 수 있었다. 아동의 예후는 이제 Whitney의 몸 상태와 삶의 의지에 달려 있었다. 아동이 학교에 다시 갈 수 있었던 것은 거의 6주가 지나서였다.

Whitney가 병원을 떠날 때, 그녀는 링거백, 일회용 라텍스 장갑, 작은 병 그리고 접시 등 자신이 병실에서 사용했던 많은 물건을 챙겼다. 아동의 어머니가 직장에 복귀했다가 저녁에 귀가했을 때, Whitney는 병원에서 가져온 물건들과 자신의 동물 봉제인형들을

가족들의 방에 한꺼번에 놓아두었다. 인형들은 제각각 다양한 모습으로 붕대가 감겨 있었다. 아동의 어머니는 "얘야, 오늘 바쁜 하루를 보냈구나!", "얘네들은 어떤 수술을 받은 거니?"라고 물었다.

Whitney가 대답했다. "음, 맹장 수술이요. 엄마, 그게 제가 유일하게 아는 거예요!"

5일 정도가 흐른 뒤, 가정부가 그 물건들을 치워야 할지 물었을 때, 아동의 어머니는 "아니요, 아이가 원하는 날까지 그냥 두세요."라고 대답했다. 그러고 나서 가족들은 청소와 일을 했고, 그 후 6개월간은 그 인형들을 주위에 두고 지냈다. 그리고 차츰 방 밖으로 물건들이 사라지기 시작했다. 하지만 지금까지도 Whitney는 여전히 의사가 되는 것에 대해 이야기한다.

대부분의 경우, 건강한 아동의 놀이는 성인이 되었을 때의 삶을 위한 연습이 될 것이다(Lewis, 1993). 아동들은 놀이를 통해 성인이 되었을 때 필요한 기술을 습득하기 위해 연습한다. 이것을 종종 발달 놀이라고 부른다. 한편, Whitney의 예에서 알 수 있듯이, 건강한 아동들의 경우 자신의 일시적인 걱정이나 혼란을 해결하기 위해 놀이를 이용할 수도 있다. 그러나 장애가 있거나, 극단적으로 역기능적인 가족 내에 있거나, 학대 경험이 있는 아동의 경우에는 그렇지 않다. 다음은 건강한 아동의 놀이와 건강하지 않고 취약하거나 학대받은 아동의 놀이 역동을 비교한 것이다.

건강한 놀이와 취약한/학대 놀이 역동 비교

건강한 아동	취약한/학대 아동
1. 치료자와의 관계 건강한 아동들은 치료자와 더 개방적이고 직접적인 관계를 맺을 것이다. 이 아동들은 눈을 맞추며 직접적으로 대화에 참여할 것이다. 건강한 아동들은 그들의 상호작용을 통해 자발성, 호기심 그리고 자신의 진정한 감정을 보여 줄 것이다.	1. 치료자와의 관계 취약하거나 학대받은 아동들은 치료자의 존재를 의식하면서도 치료자를 무시할 수 있다. 이 아동들은 눈을 마주치는 접촉을 거의 하지 않을 것이다. 이 아동들은 두 가지 모습 중 하나로 나타난다. (a) 치료자 앞에서 불편해 보일 것이다.

이 아동들은 일상의 경험과 태도에 대해 이야기하고 싶어 할 것이다. 예를 들어, "아, 맞아요. 저희는 저번 주에 동물원에 갔었어요. 거기서 곰과 얼룩말들을 봤어요. 선생님은 얼룩말한테 줄무늬가 있는 걸 알고 있었어요?"처럼 반응한다.	(b) 단순히 앉아 치료자의 지시를 기다릴 것이며, 관계 형성이 되기 전부터 바로 치료자에게 과도하게 얽혀 버린다.
건강한 아동들은 다음의 관계를 맺는 방법 중 1개 이상의 방식으로 상호작용한다.	취약하거나 학대받은 아동의 경우, 다음의 관계를 맺는 방법 중 1개 이상의 방식으로 상호작용한다.
(a) 독립적: 이 아동들은 혼자 놀거나 치료자와 함께 노는 것을 모두 똑같이 편안히 여길 것이다. 종종 노래를 부르거나 흥얼거리면서, 자신의 놀이를 하며 행복할 것이다.	(a) 의존적: 이 아동들은 치료자가 자신을 위해 무언가를 해 주기를 기다릴 것이다. 자신이 무엇을 해야 하는지를 치료자에게 듣고 싶어 하며, "이게 뭐예요?", "어떻게 갖고 노는 거예요?", "뭘 어떻게 해야 돼요?"와 같은 질문을 퍼붓는 경향이 있다.
(b) 협력: 많은 아동이 흔히 자존감 때문에 투쟁하고, 경쟁하며 이기는 것을 좋아하겠지만, 건강한 아동들은 자신이 이길 때도 있고 질 때도 있다는 사실을 더 잘 받아들일 것이다. 즉, 이 아동들은 경쟁심이나 의존성이 과하지 않은 편이다.	(b) 경쟁: 취약한 아동 혹은 성적으로 학대받는 아동들은 치료자와 관계를 맺기 원하지만, 상대방을 신뢰하기 어려워 관계를 계속 통제하려는 방향으로 몰아갈 것이다. 이 아동들은 치료자가 이길 것 같은 상황에서 하던 놀이를 중단하더라도 매번 자신이 이기기 위해 필요한 모든 행동을 할 것이다.
(c) 상호작용: 이 아동들은 치료자에게 자유롭게 질문할 것이다. 바로 놀이치료실의 한계에 대해 의문을 던지기 시작할지도 모른다.	(c) 공격적: 이 아동들은 첫 치료 시간부터 종종 공격적인 놀이 행동을 보이며, 치료자는 치료 과정 초기에 빈번히 제한을 설정하게 될 수도 있다. 그러나 일단 이 단계를 통과하고 나면 치료자는 어느 정도의 제한은 여전히 해야 할 수 있겠으나, 전처럼 많은 제한을 설정할 필요는 없을 것이다. 이 아동들은 심지어 치

2. 놀이의 유연성

건강한 아동들은 놀이치료실을 스스로 자유롭게 탐색할 것이다. 이 아동들은 훨씬 더 다양한 놀잇감과 물건을 활용할 것이다. 만약 놀이장면을 만드는 데 필요한 중요한 부품을 찾지 못한다면, 이 아동들은 비슷하지 않은 놀잇감을 자신이 원하는 놀잇감인 척하고 대신할 수 있을 만큼 놀이에서 유연성을 보일 것이다. 또한 그 놀이 장면이 끝난 뒤, 같은 놀잇감으로 다른 이야기를 구성할 수도 있다.

3. 놀이 강도

건강한 아동들은 자신의 놀이나 그 놀이 안에 있는 특정한 물건들에 대해 가볍거나 적당한 정도의 놀이 강도를 보일 것이다. 이 아동들은 놀이를 학교나 가정에서 쉽고 안전하게 표현할 수 없는 감정과 일시적인 긴장감 갈등을 탐색하는 수단으로 활용할 것이다.

이 아동들은 때때로 조용히 놀이한다. 이런 정적 속에서도, 놀이 분위기는 편안한 수준을 유지한다. 이때 놀이는 아동들이 자신의 세계에서 관찰한 것들을 모방해 표현해 보고자 하며 인생을 위한 연습이 된다.

4. 개방된 놀이

건강한 아동들은 부정적인 감정과 태도를 직접 표현할 수 있을 것이다. 이런 모습은 대화나 놀이에서 나타날 수 있다. 만약 놀이에 나타날 경우, 등장인물

료자에게 공격적일 수도 있다.

2. 놀이의 경직

이 아동들은 자신의 세계와 학대 사건을 여러 번 재구성할 수 있게 해 주는 놀잇감에 집중하는 경향이 있을 수 있다. 이 경우, 아동이 놀잇감으로 학대받은 장면을 구성하기 위해 내적으로 몰입하기 때문에, 다른 장면에서는 이 놀잇감이 다시 사용될 수 없다. 만약 아동이 원하는 장면을 그대로 나타낼 수 있는 놀잇감을 정확히 찾지 못한다면, 이 아동들은 이야기 전체를 포기할 것이다.

3. 놀이 강도

취약하고 성적으로 학대받은 아동들의 놀이와 행동, 말투 등은 강도가 높다. 비록 아동들의 놀이는 빠르게 전환될 수 있지만, 이 강도는 다른 놀이 환경에도 내재된다. 회기가 끝날 때쯤, 치료자는 기진맥진해 버릴 수도 있다.

4. 산만한 놀이

이 아동들은 놀이에서 더 많은 산만함을 보일 것이다(즉, 이 아동들의 놀이는 그들의 감정을 직접적으로 표현하지 않을 것이다). 상상 놀이는 혼란스럽고, 순서와 패

들이 공개적으로 다른 등장인물들에 대한 불만을 표현할 것이다. 놀이에 나타나는 주제들은 아동들의 감정을 집중적으로 표현하기 때문에 아동의 감정을 좀 더 쉽게 식별할 수 있다. 아동들은 안도감과 만족감을 얻을 때까지 그런 감정을 계속 표현할 것이다.	턴이 없거나, 공격성과 같은 하나의 감정만이 집요하게 반복될 것이다. 이러한 특성들은 놀이에서 주제를 식별하는 것을 어렵게 만든다. 비록 이런 상황에서 치료자가 좌절감을 느낄 수 있지만, 아이의 놀이에 대한 은유를 성인의 관점으로 해석하는 것이 항상 가능한 것은 아닐 수도 있다는 것을 명심하는 것이 중요하다. 다행히도, 이러한 아동들을 치료하기 위해 반드시 필요하지는 않다.
5. 통합 건강한 아동들은 동일한 사람, 문제, 경험 또는 장면에 대해 부정적인 태도와 긍정적인 태도를 모두 표현할 수 있다. 예를 들어, 여동생 역할을 한 인형이 함께 놀다가 어떤 일이 생겨 싸움을 한다. 싸움이 끝나면, 인형들은 다시 함께 "자, 우리 같이 가서……."라고 이어서 놀이를 하는데, 이런 부분은 좀 더 정확한 현실의 반영이다. 이 아동들이 느끼는 부정적인 감정은 취약하거나 학대받은 아동들이 경험하는 감정보다 온화한 경향이 있다.	5. 분열(양극화) 취약하거나 학대를 받은 아동들의 놀이에서, 치료자는 이 아동들의 놀이에 나오는 등장인물이 분리되는 것을 관찰할 것이다. 놀이에 등장하는 캐릭터들은 모두 착하거나, 나쁘거나 둘 중 하나일 것이다. 이 아동들은 동일한 캐릭터 안에서 좋은 것과 나쁜 것을 둘 다 볼 수 없을 것이다(Shapiro, 1992). 또한, 종종 수많은 나쁜 캐릭터와 하나의 피해자 그리고 아마도(치료 진행 과정 속의 아동으로서) 영웅이 나오는 놀이 장면의 패턴이 등장한다.
6. 해리 어떤 해리 증상은 아동기의 정상적인 부분이며 반드시 해리성 정체성 장애의 예후인자는 아니다(Putnam, 1991). 실제로 이것은 아동들이 내적 갈등을 스스로 해결하기 위해 상상 놀이에 참여할 수 있는 도구가 될 수 있다.	6. 해리 학대받고 취약한 아동들은 때때로 해리 증상을 보인다. 이때의 해리 증상은 하던 것을 끝내지 않고 다른 활동으로 빈번히 전환되는 것, 충동성 또는 부주의, 이전에 시작된 놀이에 대한 망각, 뚜렷이 관찰되는 무아지경 상태 또는 행동 및 놀이 스타일의 현저한 변화로 나타난다(Putnam, 1991).

가능한 한 평가 회기는 아동의 성격과 아동의 상황을 판단하는 시간으로 사용한다. 여기에는 발달사, 증상 및 현재 상황에 대한 파악이 포함된다. 또한, 평가 회기에서는 아동이 기능하는 방식과 세상에 대한 아동의 접근 방식에 대한 정보를 포함해야 한다.

이러한 정보를 수집하는 데는 부모 상담, 아동 상담, 관찰, 투사그림, 또는 공식적이고 체계적인 평가 방법 등을 포함한 많은 방법이 있다. 아동들과 함께 치료 작업을 하는 치료자는 반드시 이 정보를 얻는 방법을 적절히 조절할 수 있는 유연성이 있어야 한다. 아동들은 성인에게 가장 편하거나 관습적인 방식에 항상 협조하지는 않을 것이다. 정보를 얻기 위해 아동들의 상호작용과 놀이에 대한 관찰을 한다면, 반복되는 주제에 주의할 필요가 있다.

아동의 변화를 촉진하기 위해서는 아동을 보살피는 사람들과 협력하는 자세를 유지하는 것이 중요하다. 보호자와 치료자 간의 협력은 양측이 모두 아동을 더 잘 이해할 수 있게 할 것이다. 치료자는 아동의 경험과 인식에 기여할 수 있고, 보호자는 그러한 경험을 맥락 안에 배치할 수 있다. 예를 들어, 치료자는 아이와 함께 얼마간의 시간을 보낸 후에 아이가 통제당하고, 좌절하고, 두려움을 느끼고 있다는 것을 인지할 수 있다. 보호자는 이에 대해 아동이 최근 동네 불량배들에게 괴롭힘을 당했던 맥락을 추가할 수 있을 것이다.

평가와 더불어, 진단은 아동에게 가장 적합한 치료 방법뿐 아니라 치료 계획을 결정하도록 도울 것이다.

제4장

진단하기

초기 상담(intake)과 초기 방문이 이루어지고, 놀이를 관찰을 하고 나면, 진단이 필요해진다. 아동의 진단은 성인을 진단하는 것보다 훨씬 어려운데, 이는 아동이 자신의 증상에 대해 분명하게 언어적으로 표현을 하지 못하기 때문이다. 따라서 아동의 진단은 부모와 사례관리자(caseworker)나 학교 교사로부터 제공받은 내용뿐만 아니라, 아동이 놀이에서 표현하는 내용도 포함하여 이루어져야 한다. 놀이는 아동의 의사소통 수단이기 때문에, 아동의 고통을 전달하기 위해 사용하는 방식이 될 수밖에 없다. 이 의사소통 방식은 언어적 의사소통처럼 간결하지 않기 때문에, 아동의 메시지를 이해하기 위해서는 성인에게 필요한 기간보다 더 오랜 기간의 개입이 필요할 수 있다. 각각의 장애는 아동의 놀이에서 다르게 표현될 것이다. 아동의 메시지를 알아내기 위해서는 아동의 놀이에서 반복되는 주제에 주목하는 것이 중요하다.

장애

품행장애(아동기 발병형)

품행장애 아동의 놀이는 적대적 반항장애(Oppositional-Defiant Disorder) 아동의 놀이와 매우 비슷하다. 다른 점은 사람과 동물에 대한 존중이 없고 공격성이 있다는 것, 재산의 파괴 욕구가 있고 훔치기 또는 속이기의 패턴(APA, 1994)이 있다는 점이다. 이러한 특성은 부모나 양부모들이 가정환경에서 발생한다고 보고하곤 한다. 품행장애 아동의 놀이는 학대 아동의 놀이처럼 놀잇감 간의 반복적인 공격을 나타내며, 정해진 가해자는 없다. 다시 말해, 이 아동은 그에게 가해진 학대를 반복하지만, 그 공격놀이에 패턴은 없다. 이 아동은 또한 놀이치료실의 물건에 대해 파괴적이기 때문에 안전감을 확인하는 기간을 길게 갖는 것이 필요할 수 있다.

신체적 혹은 성적 학대 경험이 있는 아동도, 집이나 학교에서 다른 사람을 향해 공격성을 드러낼 수 있고 파괴적일 수 있지만, 놀이에서 가해자를 확인하는 것이 가능하다. 이 점은 가해자를 드러내지 않는 품행장애 아동과 대조된다. 또한 많은 아동이 놀이치료실에서 몇몇 물건을 집에 가져가려고 시도하는 경우가 있다. 이것은 훔치기가 아니다. 오히려 놀이치료실에서 느꼈던 안전감을 상기하는 역할을 한다. 따라서 품행장애(아동기 발병형)라는 진단을 이 하나의 기준만으로 해석해서는 안 된다.

이 장애의 많은 특징은 애착장애(Attachment Disorder) 아동과 유사하기 때문에, 초기접수에서 빈틈없이 개인 양육사를 살피는 것은 진단을 내리기 위해 필수적이다. 애착장애와 구별되는 요인은 과거의 부모 자녀 간 애착관계이다. 아동의 생애 첫 달 중 어떤 때라도 아동과 양육자 간에 장기간 분리가 있었거나 주 양육자의 방치 이력이 있었다면, 반응성 애착장애(Reactive Attachment Disorder)로 진단하게 된다.

적대적 반항장애

적대적 반항장애(Oppositional-Defiant Disorder)가 있는 아동의 부모는 아동이 고집스럽고, 몹시 불쾌하게 혹은 방해하는 모습이 있다고 설명할 것이다. 치료자는 이러한 아동이 자신의 세상에서 상당히 많은 인지적, 정서적 실패와 마주했으며, 이 때문에 아동의 행동화는 그가 내면에서 경험하는 혼란과 통제의 상실감을 외현화하려는 시도라는 것을 알아챌 것이다. 아동은 자기 자체가 혼란의 근원이 됨으로써 자신의 환경에서 느끼는 강렬함을 다루고 그의 주변 이들을 정서적으로 혼란스럽게 만들 수 있다. 그렇게 함으로써, 아동은 자기 내면의 격동에 집중하지 않아도 된다. 그러나 이런 방식으로 자신의 환경에 대해 약간의 지배력을 얻는 것은 그의 주변에 있는 다른 사람들에게 부정적으로 인지되기 때문에 아동에게 추가적인 스트레스를 불러일으킬 수 있다. 이 추가적인 스트레스로 인해 뒤이어 아동은 실패감을 느끼게 되며, 이후에는 더 많은 혼란을 야기한다. 결국 이러한 혼란의 순환은 반복되며 스스로를 강화시킨다.

이러한 아동은 또한 놀이에 저항적일 것이며 반복적으로 제한을 시험할 것이다. 또한 아동은 놀잇감 상태나 그가 만든 놀이 방식에 대해 잘못을 찾아내며 비판하는 경향을 보일 것이다. 아동은 심지어 그의 놀이에서 다른 인물에 대해 비판적인 평가자 역할을 맡는 인물을 마련할 수 있다.

적대적인 아동은 자주 자신의 놀이에 치료자를 포함시키지 않을 것이다. 치료자를 포함하더라도, 이는 치료자를 향한 강한 통제를 보여 주기 위한 방식으로 이루어질 것이다.

Josh가 일곱 살이었을 때 그의 치료자와 처음 놀이치료를 시작하였다. 어느 날 놀이를 하다가 Josh는 치료자에게 “여기, 트럭은 내가 가질래요. 선생님은 헬리콥터를 가지세요. 그리고 저기서 만나요.”라고 하였다. 치료자는 헬리콥터가 날아가게 하면서 헬리콥터 소리를 내기 시작했다. Josh는 트럭 놀이를 멈추고 말했다, “뭐하세요? 무슨 소리예요?”

치료자가 헬리콥터 소리였다고 설명하자, Josh는 대답하였다, “바보 같아요! 그렇게 하면 안 되죠! 선생님이 트럭을 운전하세요, 내가 헬리콥터를 날게 할 거예요.”

치료자가 이제는 트럭소리를 내며 트럭을 운전하기 시작했다. Josh는 멈추어 말했다, “어디로 가는 거예요?” 치료자가 어디로 가고 있는지 이야기하자, 그는 말했다. “거기로 가면 안 되죠, 여기로 오세요!” 방금 전 아동이 치료자에게 가라고 지시했던 곳으로 트럭이 가고 있었지만, 치료자는 아무 말 없이 Josh가 지시한 대로 했다.

이와 유사한 장면들이 수없이 반복되자, 치료자는 좌절감을 느끼며 회기를 끝냈고 동료에게 이야기했다. "저는 제가 아이들에 대해서 알고 있는 부분이 있다고 생각했는데요. 이제는 잘 모르겠어요."

적대적 반항장애 아동이 통제와 비난을 받으며 놀이를 하는 경우, 치료자는 아동이 매일의 일상에서 경험했던 것과 같은 좌절의 감정을 느끼게 된다. 이것은 당연한 것이다. 제1장과 제5장에서 설명했던 바와 같이, 치료자가 이 아동을 수용하고 존중해 준다면 아동은 자신의 놀이를 만들어 낼 것이고, 치료자를 놀이 안으로 이끌 것이다. 그러면 치료자는 아동이 매일의 삶에서 경험하는 것과 동일한 정서를 감지하기 시작할 것이다. 이러한 정서는 매우 불쾌할 수 있기 때문에 치료자가 이 정서에 대한 경험을 피하고 싶은 것은 일반적이다. 치료자가 성인과 함께 작업하는 경우에는 이러한 자신의 감정에 대해 이야기를 나눌 것이다. 하지만 아동은 그들의 정서를 인지하기보다 느끼기 때문에, 치료자 역시 이에 대해 생각하기보다는 경험하기 시작할 것이다. 이 정서가 불쾌한 만큼, 아동의 건강과 행복을 향해 가도록 돕기 위한 중요한 부분이기도 하다.

불안장애

① 범불안 장애

범불안 장애(Overanxious Disorder) 아동은 세상으로부터 압도되는 것을 두려워한다. 이 아동의 놀이는 활동적이지 않거나 혹은 지나치게 활동적일 것이고, 한 놀이에서 다른 놀이로 빠르게 전환될 것이다. 이 아동의 불안은 아동이 한 활동에 긴 시간 집중하는 것을 어렵게 한다. 이 불안은 다음 두 가지 중 하나로 표현된다. 어떤 아동은 고삐가 풀린 것처럼, 놀이를 빠르게 바꾸고 당연한 것에 대해 많은 질문(예: "이게 뭐예요?", "이것으로 어떻게 놀아요?", "이렇게 해도 돼요? 저렇게 해도 돼요?" 등)을 할 것이다. 이와 다른 정반대 극단의 아동은 위축되고 억제된 움직임을 보인다. 이 아동은 놀이방을 탐색하는 것이나 어떤 놀이를 시작하는 것, 치료자와 상호작용하는 것을 두려워하는 것처럼 보일 것이다.

과도하게 불안한 아동은 다른 사람으로부터 인정받고자 하는 욕구가 강하다. 결국 실수에 대한 두려움과 자신이 거부당하거나 인정받지 못하는 것에 대한 불안을 마주

하는 것을 두려워하기 때문에 위험을 감수하고자 하는 행동을 적게 보일 것이다. 놀이치료실은 위험을 감수하는 도전을 하기에 안전한 환경이기 때문에, 아동이 불안을 경험하고 이를 극복하기 위해 필요한 위험을 감수하는 경험을 하도록 치료자는 이 시간을 당연히 활용해야 한다. 이런 필수 과정이 없다면, 범불안 장애 아동은 그들의 성장 과정에서 매우 중요하게 경험해야 하는 부분인, 위험을 극복하는 것과 성공하는 것이 어떤 것인지에 대해 결코 알 수 없을 것이다.

② 분리불안 장애

분리불안 장애(Separation Anxiety Disorder) 아동은 그들이 경험하는 공포에 대한 부모의 보고를 통해 먼저 발견될 수 있다. 이후 첫 방문 시 아동은 부모와 떨어져 치료자와 놀이치료실에 들어가는 것에 대해 저항할 것이다. 이러한 경우 해당 회기에 부모가 함께하도록 허락하는 것이 적절하다. 하지만 부모를 놀이치료실에 들어오게 하는 것은 아동을 지지하기 위한 것임을 강조해 주어야 한다. 관심의 초점을 아동에게 두기 위해 놀이치료실 내에서 부모와 치료자 간의 상호작용은 될 수 있으면 하지 않아야 한다. 아동이 편안해지기 전에 치료자가 무리하게 아동의 주의를 끌려고 하지 않는 것도 중요하다. 이러한 경우에 치료자는 어느 정도 거리감을 유지하고 언어적 개입을 통해 상호작용을 시작해야 하며, 아동의 요구 수준에 따라 조금씩 놀이에 개입해 들어가야 한다. 부모는 천천히 아동의 시각이 미치지 않는 곳으로 이동하다가 마지막에 방을 나갈 수 있다. 주의할 점은 이때에도 부모가 나가기 전에 아동의 허락을 받는 것이 좋다는 것이다. 치료자나 부모가 바라는 바를 아동이 분명히 알아야 하고, 또한 아동의 감정은 항상 존중되어야 한다. 이 과정은 여러 회기 계속될 수도 있는데, 이러한 과정에서 중요한 점은 아동의 안전감을 보호하는 것과 신뢰를 얻는 것이다.

분리불안 장애 아동이 놀이치료실에 혼자 들어와도 편안한 감정을 느끼게 된 이후에는 흥미로운 현상이 벌어진다. 아동은 치료자와 헤어지는 것에 대해 저항하기 시작한다. 이 변화된 장면은 한 상황에서 다른 상황으로의 변화를 힘들어하는 이 아동의 어려움을 보여 준다. 일반적으로, 회기가 끝났음을 알리는 안내는 실제 종료 시간 5분 전에 이루어진다. 아동에게는 놀이 시간이 5분밖에 남지 않았다고 알리게 된다. 하지만 분리불안 장애 아동에게는 마음의 준비를 시키기 위해 실제로 시간이 좀 더 남아 있을지라도 미리 5분 경보를 해 주는 것이 가장 좋다. “우리 이제 5분 남았어,

곧 우리가 놀잇감을 놓고 나가야 하는 시간이 될 거야." 심지어 아동이 치료자가 계속 함께하는 시간 동안 자신의 분리불안 장애를 다루는 기회를 가질 수 있도록 5분 경보를 실제 시간으로는 10분이나 15분이 남았을 때 하는 것이 필요할 수 있다. 퇴실에 대한 불안감을 가지고 나가게 하는 것은 아동의 중요성과 아동의 감정을 무시하는 것이다. 부모는 매번 아동의 정서 상태를 충분히 지지해 줄 수 있을 만큼 민감하지는 못하다. 하지만 부모의 입장에서는 종종 시간적 제한으로 인해 평소처럼 아동의 정서에 대해 주의를 기울이지 못할 수 있다.

> Nicole은 어린 소녀로, 치료자는 실제로는 20여 분 시간이 남았을 때 아동에게 이제 놀이 시간이 5분 남았다고 알려 주었다. 그러면 Nicole은 앉아서 몸을 앞뒤로 흔들면서 말하였다. "안 갈 거예요, 안 갈 거예요."
>
> 치료자도 Nicole과 함께 앉아 몸을 흔들며 말하였다. "알아, 힘들지, 힘들거야. 나도 그러고 싶지 않아." Nicole이 자신의 불안을 해결하고 편한 마음이 되어 놀이치료실을 나가기까지 10분에서 15분 정도가 소요되었다.

Nicole은 저항하고, 애를 쓰고, 마침내 일시적으로 치료자와 헤어지는 상황을 받아들이고 나서야, 치료자와 놀이치료실을 떠나는 것이 편안해져서 주 양육자와 함께 돌아갔다.

③ 외상 후 스트레스 장애

외상 후 스트레스 장애(Post-Traumatic Stress Disorder)를 가진 아동은 범불안 장애를 보이는 아동과 비슷한 증상을 보인다. 하지만 외상 스트레스 요인을 경험한 아동은 스트레스를 준 사건과 관련된 어떤 상황이나 대상에 대해 무기력해지는 모습을 나타낼 것이다. 이런 무기력함은 과도한 불안, 분노, 무력감 등으로 나타날 수 있다. 이 아동은 흔히 충격적인 사건과 관련된 과도한 불안을 피하기 위해 자기만의 대처 방식을 발달시키게 된다(Terr, 1990). 아동은 그 사건의 일부분을 반복하여 재현할 수도 있다. 이와 별개로, 관찰자가 외상에 대해 알지 못하는 경우에는 반복적인 행동과 외상 간의 연관성을 손쉽게 알아차리기 어려울 수 있다. 강한 대처기술을 지닌 아동은 자신의 놀이에서 전체적인 사건을 반복적으로 재연하며 쉽게 알아차리도록 표현할 수

있다. 반면, 어떤 아동은 은유적인 형태로 사건의 내용을 드러내기 때문에 쉽게 알아차리기 어려울 수도 있다. 이러한 경우, 외상 후 스트레스 장애 아동이 보여 주는 여러 가지 증상을 살펴 진단을 내려야 한다.

부모는 종종 아동 행동패턴의 갑작스러운 변화를 알아챌 수 있다. 이 아동은 갑작스럽게 자신이 안전함을 느끼는 성인과 분리되는 것을 두려워할 수 있고, 새로운 경험에 대해 위축감을 보이며, 밤에 악몽을 자주 꿀 수 있다(Dulcan & Popper, 1991). 또한, 퇴행을 보이기 시작하여 유뇨증이나 유분증을 보이기도 하고 아기 같은 말투를 사용할 수도 있다.

놀이에서 예기치 않았던 일이나 압도적인 사건으로 인해 불안감을 느낀 아동은 일상적인 생활이나 놀이에서 통제력을 갖는 데 겪는 어려움을 나타낸다. 놀이에서도 통제력을 갖기 위해 지나치게 경직된 행동패턴을 보이며, 반복적으로 경계를 정하기도 한다. 예를 들어, "선생님은 후크 선장이고 나는 피터팬이에요, 알았지요? 각자의 역할을 잊어버리면 안 돼요."와 같은 물리적 경계를 만들 수도 있다. 이러한 경우, 이 아동은 강박적 성향을 띤 외상 후 스트레스 장애(Post Traumatic Stress Disorder with Obsessive-Compulsive)의 특성을 가진 것이다. 만약 이러한 경직성이 분노나 거친 행동과 함께 나타난다면 적대적 반항장애나 아동기 품행장애가 시작되는 것이다. 하지만 놀이에서는 여러 면에서 차이를 보일 것이다. 충격을 준 사건에 관한 것을 놀이의 주제로 삼을 것이며, 알아볼 수 있는 가해자가 있을 수 있다. 예를 들어, 가해자로 보이는 어떤 한 사람에 의해 폭력을 당하는 내용이 있는 반면에, 놀이에서 타인의 권리 존중이나 치료자와의 유대감에 대한 욕구를 드러내기도 한다.

사망자가 있는 자동차 충돌과 같이 급성적 외상 사건(acute trauma)을 당한 경우와 반복된 성학대 등의 만성적 외상 사건(chronic trauma)을 경험한 경우는 여러 가지 면에서 차이를 보인다.

급성적 외상 사건을 경험한 아동은 치료자와의 관계를 놀이에서 좀 더 쉽고 효과적으로 동원할 것이다. 만성적 외상 사건을 경험한 아동은 학대와 더불어 관계에도 어려움이 있을 것이다. 이러한 아동에게는 신뢰로운 관계를 형성하는 것이 치료의 필수적인 부분이다. 작업 단계에서도, 아동이 학대 문제에 대한 작업을 하기 전 치료자와의 관계를 지지 요소로 동원할 수 있는지 지속적으로 관계를 주시해야 한다. 급작스런 충격적 사건을 경험한 아동은 높은 불안 수준을 보여 주는 반면에, 만성적인 스트레스를 경험한 경우에는 우울증을 보인다. 급성적 외상 사건을 경험한 아동의 경우는 이전에 보이던 놀이와는 다른 형태의 놀이를 보여 줄 것이다. 그 사건을 재현해 내거나, 그 사건의 일부를 재현해 냄으로써 새로운 놀이 형태를 보일 것이다. 만성적인 스트레스를 경험한 아동은 학대가 일어나기 시작할 때 이미 놀이는 변화되었다. 그는 변화된 형태의 놀이를 외상을 경험하는 기간 동안 해오고 있었기 때문에, 이제 그 놀이의 형태가 아동에게는 정상적으로 보이게 된다. 이 놀이는 아동의 증상을 경감시키는 데 효과적이지 않은데, 이는 놀이가 외상을 표현하는 것도 아니고, 외상이 없어지지도 않기 때문이기도 하다. 만성적 외상을 경험한 아동의 놀이와 삶은 그 변화들을 역기능적으로 적응시키는 생활 양식에 포함시킨 것이다.

> Bobby는 일곱 살 난 남자아이로, 사나운 개의 공격을 받았었다. 한 골목에 주차된 픽업 트럭 근처에 있다가 개에게 공격을 받게 되었다. 개는 근처에 있는 울타리로 뛰어넘어 와서 바로 아동에게 상처를 입혔고 얼굴에 흉터를 남겼다. 당연하게도, 이제 아동은 주차된 차 근처를 지나가는 것을 두려워하게 되었고, 특히 개에 대한 공포심을 갖게 되었다.
>
> 치료자를 처음 방문하였을 때, 아동은 아주 조용했다. 간단한 질문과 대답을 한 초기 상담 후에, 치료자는 아동에게 이제 놀 시간이고 무엇이든 아동이 원하는 것으로 놀 수 있다고 이야기했다. Bobby는 즉시 손전등을 꺼내 들고, 인형의 집에 가서는 집 근처를 위아래로 비춰 보기 시작했다. 아동은 집 구석구석을 조심히 살폈다!
>
> 치료자는 이러한 놀이가 어떤 의미가 있을 것이라는 것을 바로 알아차리고, 아동 근처에 가서 앉았다. 잠시 지켜보다가 치료자는 말했다. "너는 집의 모든 것에 대해서 알고 싶구나." 몇 분이 지나고 치료자는 다시 "넌 이곳에 무서운 것이 없는지 확인하고 싶구나." 라고 말했다. 이 회기가 끝날 무렵이 되자 치료자는 "이곳이 네가 있기에 안전한 곳인지 확실히 하고 싶구나."라고 말했다.

Bobby는 그의 경험을 통해, 어떤 새로운 환경을 순수하게 받아들이기 전에 의심하는 것을 배웠다. Bobby는 인형의 집을 검사하는 것을 통해 새로운 상황에 대한 불안을 상징적으로 보여 주었다. Bobby와의 대화를 살펴보면, 치료자는 현명하게도 "넌 이곳이 안전한 곳이길 원하는구나."와 같은 말로 시작하지 않았다. 아동의 정서에 집중하면서도, 처음에는 다소 표면적인 수준에서 아동의 문제를 다룰 수 있는 비위협적

인 진술을 해 주는 것이 중요하다. 여기에서 인형의 집을 살펴보는 아동의 행동을 언급하는 것으로 시작한 것이 좋은 예라 하겠다. 아동의 행동을 반영하는 것에서 시작한 다음, 아동이 주도하는 상황에서 감정을 반영해 가는 것이 바람직하다.

신체화 장애

신체화 장애(Somatization Disorder) 역시 아동의 증세에 대한 부모의 설명에 의해 진단이 되는 경우가 대부분이다. 신체적 증상을 경험하고 있는 아동은 일반적으로 먼저 의사에게 찾아간다. 그러나 이 장애의 원인은 심리적 어려움으로 알려져 있다. 아동의 놀이가 심리적 반응을 일으키는 스트레스 요인이 무엇인지를 밝혀 줄 것이다.

우울을 동반한 적응장애

우울을 동반한 적응장애(Adjustment Disorder With Depressed Mood)는 아동에게 복잡하게 작용한다. 이 장애가 있는 성인과 비슷하게 식욕 상실, 일상 활동의 흥미 상실, 무력감 등의 증상을 보이거나, 혹은 역설적이게도 그 반대로 지나치게 활동적이 되어 과잉 행동을 보인다든지, 짜증을 잘 내거나, 정서적으로 거리를 둘 수 있다. 따라서 우울한 아동이 반대의 진단을 받는 것이 흔하기 때문에, 초기에 면접을 철저히 해야 하는 중요성이 다시 한번 강조된다. 놀이에서 여러 다른 놀이 상황이 표현되겠지만, 아동의 놀이 주제는 상실과 슬픔에 집중될 것이고, 이를 촉발한 사건이 재현될 것이다. 이러한 상실은 꼭 부모의 죽음이나 이혼, 별거 등과 같은 실질적인 상실이 아닐 수 있다. 오히려 그 아동의 자존감이나 안전의 상실과 같이 더 추상적인 것일 수 있다.

자살 충동을 느끼는 아동[1)]

우울을 동반한 적응장애 아동 보다 더 정확한 진단이 요구되는 경우는 자살 충동을

1) 이것은 DSM-IV(APA, 1994) 진단 범주에 포함되지 않는다.

느끼는 아동(The Suicidal Child)에 대한 진단이다. 치료자는 이러한 아동의 놀이에서 희망 상실, 무력감이나 자기 파괴적인 주제를 자주 발견할 것이다. 이 아동은 슬픔, 상실, 만회하기 그리고 무가치감을 주제로 한 놀이도 보일 수 있다. 이러한 아동들이 총이나 칼을 놀이치료실에서 발견하는 경우, 놀잇감이 외부를 향하게 하기보다는 총으로 자신의 머리를 겨누거나 칼로 자신의 목구멍을 겨누는 것처럼 자신을 향하게 하는 것이 일반적이다. 이러한 아동은 자기 자신의 몸을 고려하지 못하는 것처럼 보이기도 한다. 때때로, 이 아동들은 초영웅적인 역할을 하는데, 안타깝게도 아주 잠깐이라 하더라도, 공상적인 생각에 빠지기도 하고 이를 사실로 믿기도 한다. 지속적으로, 치료자는 아동이 초인간적인 묘기를 벌이다가 자기 스스로를 다치게 하지 않도록 매우 주의 깊게 지켜보아야 한다.

비록 이해는 안 되지만, 자살 충동이 있는 아동들이 자주 인형의 집에 있는 창문으로 작은 인형을 던져 버리거나, 자신의 집 창문에서도 뭔가를 자주 내던지는 모습이 관찰되어 오고 있다(Pfeffer, 1979). 이 아동들은 절박한 심정으로 자신의 절망적인 경험을 누군가 알아주기를 원한다. 그러나 이 아동들은 자신의 환경에 자신이 아무런 영향을 줄 수 없는 것처럼 느낀다.

이러한 아동과 이루어지는 치료 과정 중에는 아동의 행동이 자신의 환경에 긍정적인 영향을 미칠 수 있다는 것을 발견하도록 도와야 한다. 이러한 인과적인 관계를 경험하는 것은 아동에게 힘을 준다. 치료자는 아동이 놀이 안에서 어떤 행동을 하고 그 결과로써 나타나는 변화에 주의를 기울이게 함으로써 인과론적 관계를 경험하게 한다. 예를 들어, 아동이 여러 아이와 함께 놀다가 한 아이를 깊은 웅덩이에 빠뜨리는 장면을 보여 주었다. 웅덩이에 빠진 아이는 그 구멍에서 절대 올라올 수 없을 것이라고 두려워하며 공포에 질린다. 자살 충동을 가진 아동이 웅덩이에 빠진 아이를 구멍에서 나오도록 허락하지 않더라도, 치료자는 이렇게 언급할 수 있다. "얘는 지금 웅덩이를 빠져나오지는 못하지만 잘 버티고 있구나. 얘는 자신이 벗어날 수 있는 방법을 생각해 낼 때까지 잘 버틸 수 있을 만큼 자기가 힘이 있다는 것을 알고 있어."

이러한 놀이는 주로 치료 초기 과정에서 많이 보여 주고 있는 것으로, 치료가 진행될수록 점점 자신감이 생기는 놀이가 보일 것으로 기대된다. 앞선 놀이내용을 예로 들면, 다음 놀이장면에서 아동은 대개 치료자에게, 혹은 아동이 치료자에게 맡으라고 한 캐릭터에게 도움을 청할 수 있다. 이 다음에 아동은 자기 자신을 끌어올리도록 돕

는 어떤 방법을 찾고, 이어서 구멍을 본 다음, 구멍으로 들어갈 것이다.

이러한 놀이 과정을 통해 권능감을 획득하는 경험은 무력감과 절망감에서 벗어나게 한다(Gunsberg, 1989).

섭식장애

섭식장애(Eating Disorder) 아동의 주요한 놀이 주제는 힘과 통제일 것이다. 이러한 아동들은 놀이치료실 밖의 삶을 자신이 통제할 수 없다고 느끼기 때문에, 안전감과 수용감을 느낄 수 있는 놀이치료실에서 억제되어 온 통제 욕구를 보여 줄 것이다. 이러한 아동의 놀이는 적대적 반항장애 아동의 놀이와 비슷할 수 있지만 좀 더 위축된 모습을 보일 것이다. 예를 들면, 적대적인 성향을 가진 아동은 치료자에게 요구적인 반면에, 섭식장애를 가진 아동은 치료자와의 관계에서 직접적으로 통제하기보다 놀이에서 통제를 할 것이다. 먹는 것에 대한 놀이 주제가 나타날 수 있지만 반드시 그러한 것은 아니다.

정체성 문제

정체성 문제(Identity Problems)를 보이는 아동은 놀이에서 매우 분주한 편이다. 그들은 놀이에서 매우 수많은 역할을 실험해 보기도 하고 치료자도 다양한 역할을 해 보기를 원한다. 당연하게도 놀이치료에서만큼 다양한 역할을 해 볼 수 있는 곳은 없을 것이다. 이 아동들은 놀이에서 변장하는 것, 안경을 쓰는 것, 숨바꼭질하는 것 등을 즐긴다. 하지만 이들이 결정을 내리고 그것을 유지하는 데에 어려움을 겪는 모습을 더욱 뚜렷하게 보일 것이다. 정체성에 대한 혼란은 아동기, 특히 초기 청소년기에 보이는 경우가 있다. 이러한 아동이 치료자가 혼란스러울 정도로 반복적으로 자신이나 치료자의 역할을 바꾸려 하고, 놀이장면과 놀이내용을 자주 바꾼다면 이는 정체감 혼란이 상당함을 의미한다.

> 치료 회기 중에 Kelly는 치료자에게 아빠의 역할을 해 달라고 요청하였다. 잠시 후에 다시 치료자에게 엄마의 역할을 해 달라고 하였고, 또 조금 있다가는 동생의 역할을 해

달라고 하였다. 머지않아 치료자는 '잠깐만, 내가 누구였더라.'라는 생각을 하게 된다.

이 회기에서 치료자는 자신에게 주어진 역할에 대해 혼란스러워졌다. 이는 만성화된 아동의 감정을 드러내고 있다. 앞서 언급했듯이, 이러한 아동은 치료자가 다른 인물들로 가장하는 아동 자신의 역할을 따라 하는 식의 놀이를 하도록 지시하는 경향이 있다. 따라서 그 역을 해 보면서 치료자는 이 역할처럼 산다는 것이 어떤 것인지를 경험하게 된다. 다시 말하면, 이러한 놀이는 아동이 치료자에게 자신의 감정을 공감할 수 있도록 하기 위해서 아동 자신의 상황을 이야기해 주고 있는 것이라 할 수 있다.

반응성 애착장애

반응성 애착장애(Reactive Attachment Disorder) 아동은 정체성 어려움이 있는 아동과 비슷한 모습을 보인다. 놀이의 유사성과 더불어서, 이 아동들은 감정이 한 회기마다 극에서 극으로의 변동을 거듭하는 모습을 보인다. 예를 들면, 이러한 아동들은 어떤 날은 치료자가 세상에서 가장 멋있는 사람인 것처럼 대해서, 치료자는 상당한 진전을 보였다고 느끼며 그 회기를 마칠 것이다. 하지만 다음 회기에서는 아동이 치료자를 공격하지 않도록 막는 데 모든 시간을 쓸 수 있다. 더불어, 이 아동들은 유기와 같은 주제를 선택하여 그 주제를 집요하게 반복할 수 있다.

이러한 아동의 경우, 아동과 함께 놀이치료를 하는 것보다 더 지시적인 방법으로 수정하여 함께하는 것이 필요할 수 있다. 하지만 놀이치료는 아동과 소통하는 매체로 활용될 수 있다. 놀이를 통해서, 아동은 자신이 하는 행동이 치료자와 같은 자신의 주변에 미치는 영향이 있다는 것을 전해 주고, 한계를 설정할 수 있으며, 치료자가 아동에게 관심이 있다는 것을 전달해 줄 수 있다. 반응성 애착장애의 특성 때문에, 이러한 내용은 아동이 안전하고 보살핌을 받는다고 느낄 수 있는 방식으로 직접적으로 전달될 필요가 있다. 이러한 치료적 과정에서 불균형한 긴 시간이 놀이치료에서 보호를 시험하는 단계(Testing for Protaction Stage)로 보이게 할 것이다. 진단이 내려지고, 치료자가 이러한 아동에게 놀이치료를 활용하고자 한다면, 앞선 특별한 형태를 적용하거나 이 장애에 전문인 치료자에게 아동을 의뢰할 수도 있다.

해리성 정체성 장애

해리성 정체성 장애(Dissociative Identity Disorder)는 4세에서 6세 정도의 어린 연령에서도 나타날 수 있다(Courtois, 1988; Kluft, 1985). 해리성 정체성 장애일 수 있는 아동의 지표에는, 학대를 당한 것으로 알려져 있지만 실제 학대를 기억하지 못하는 아동도 포함된다. 다른 지표에는 안정적일 것으로 예상되는 기술, 지식, 음식 선호도, 운동 능력 등에서 매일 혹은 시간별로 현저한 변화를 보이는 아동이 포함된다. 또한 필체, 산술 능력, 도구 사용력, 예술적 재능 등에 다양성을 보이는 경우도 해리성 정체성 장애를 의심해 보아야 한다(Courtois, 1988). 부모나 교사는 이러한 차이를 쉽게 알아챌 수 있다. 놀이치료실에서 치료자는 각 인격 간의 서로 다른 성격 유형이나 상당한 차이를 보이는 놀이패턴을 알아챌 것이다. 예를 들어, 아동 자신의 한 인격에 대해 언급하고, 다른 날에는 다른 이름으로 불리기를 원할 수 있다(예: 하루는 'Bobby'로 불리길 원했다가 다른 날은 'Robert'라고 불리길 원하는 것). 또한, 아동은 다른 옷을 입고 싶어 할 수 있는데, 어떤 날은 찢어지고 지저분한 옷을 입으며 난폭하고 거칠게 행동을 하다가, 어떤 날에는 깨끗하고 멋있게 차려입고 조용하고 단정하며 지나치게 예의 바르게 행동할 수 있다.

해리성 정체성 장애를 가지고 있는 아동은 담임 교사나 친구의 이름, 중요한 사건, 소지품 등과 같은 아주 기본적인 것에 대해 너무 자주 잊거나 혼란스러워하는 경우가 흔하다. 그들은 행동이 빠르게 퇴행하거나 연령에 맞는 행동에 현저한 변화를 보일 수 있다. 예를 들어, 아기처럼 계속 말하거나 세 살짜리처럼 그림을 그린다. 과도한 거짓말을 하고 심지어 입안에 과자를 가득 담고서도 "난 과자 안 먹었어."라고 하는 등의 증거가 명백하고 금방 밝혀질 수 있음에도 자신의 행동을 부인하는 모습은, 대체 인격이 행동을 한 것에 대해 주격 인격이 이를 인지하지 못하고 있음을 의미할 수 있다.

더불어, 6, 7세가 넘은 해리성 정체성 장애 아동은 상상의 놀이 친구와 대화를 나눈다는 연구 결과도 있다(Ross, 1989). 이러한 증상 중 하나로만 해리성 정체성 장애를 진단하는 것은 다소 무리가 있다는 점을 유의해야 한다. 이보다는 이 장애를 나타내는 증상을 전반적으로 살필 필요가 있다.

강박장애

강박장애(Obsessive-Compulsive Disorder)를 가지고 있는 아동의 놀이는 경직되어 보일 것이다. 이러한 아동은 상상이나 상징성이 풍성한 놀이보다는 규정된 역할들로 놀이를 하는 경향이 있다. 아동은 또한 구조화된 게임을 선호하며 규칙을 자신이 알고 있는지 확인하고 이를 정확하게 따르려 한다. 강박장애를 가진 아동의 놀이에 해석적 가치를 부여하는 것은 어려움이 있다. 치료자는 아동의 놀이가 더욱 확장될 수 있도록, 관습적으로 정해진 한도에서 벗어나는 것도 분명하게 허용되고 있다는 것을 이 아동에게 가장 먼저 보여 주어야 한다. 필요하다면 치료자는 아동이 일반적인 한계에서 나아간 확장된 경험을 하도록 돕는 상황을 이미 놀이 초반에 구조화해 둘 수 있다. 예를 들어, 아동과 함께 모래 놀이 작업을 할 때 치료자가 '우연히' 모래를 바닥에 흘리고 난 다음, "괜찮아."라고 말해 줄 수 있다.

자기애적 아동

자기애적(The Narcissistic Child) 아동은 다른 사람의 감정에 대한 공감능력이나 동정심이 결여되어 있음을 보여 준다. 아동은 그날 자신의 기분에 따라 아동 주변의 모든 사람의 기분도 자신과 같을 것이라고 간주해 버린다. 사실 이러한 아동은 한 순간의 기분이 하루 종일을 좌우하는 경향이 있다. 예를 들어, 아동이 학교에서 연극을 하는데 선생님이 자신이 원하는 역을 주지 않았다는 이유로 속았다고 느끼며 치료 회기에 오는 날이면 아동의 모든 행동은 아동의 감정을 반영한 자세로 나올 것이다. 아동은 마치 그와 소통하는 모든 사람이 자신을 속인 것처럼 바라본다. 아동은 치료자도 자신과 같은 방식으로 세상을 본다고 추측할 것이다. 물론, 아동의 감정표현은 이성적이지 못한 것이지만, 그 아동으로서는 다른 시각으로 상황을 받아들일 능력이 없다. 아동의 분노는 자신에게 합리적인 설명을 해 주거나 타인에 대한 동정심으로 아동을 위로하려고 하는 사람에게 폭발하기도 한다.

자기애적 아동은 놀이에 빠르게 싫증을 내는 경향을 보이며, 어떤 면에서는 지루하다는 이유를 말하며 억압하는 듯한 태도를 보여 주기도 한다(Kernberg, 1989). 초기에 이러한 아동들은 구조화된 경쟁 게임을 하지만, 이 게임에서 지기라도 하면 아동은

강한 불안과 짜증을 보인다. 이러한 아동의 놀이는 그날의 전반적인 기분에 따라 시시각각 변하기도 한다. 이 아동은 그 순간에 자신이 수용적인 기분이 드는지 아니면 거부당하는 기분이 드는지에 따라 세상에 대한 인식(perception)이 급격하게 동요하기 때문에 놀이에서 일정한 주제를 찾아내기가 어렵다. 자기애적 성향의 아동은 치료자에게 요구적인 면이 있으며, 놀이에서도 이와 같은 특성을 드러낸다.

자기애적 성향의 아동들은 놀이치료실에 녹음기가 있을 경우, 자신의 목소리를 녹음하는 것을 아주 좋아한다. 또한 무대에서 공연하거나, 퍼펫으로 가장하는 것을 좋아한다. 특히 퍼펫 인형극은 자신에게 주의를 집중시킬 수도 있으면서 동시에 감정을 드러내거나 실수가 있을 때에는 이로부터 거리를 둘 수 있어 좋아한다.

정신분열증 아동

정신분열증 아동(The Schizophrenic Child)의 부모는 대부분 자녀가 3~5세에 이르기까지 정상적인 발달을 보인다고 보고한다. 다른 아동들이 또래와의 협동적인 놀이가 활발하게 보이기 시작할 때, 정신분열증 아동들은 퇴행하기 시작한다. 이 아동들은 언어능력이 일정 부분 감퇴하여 다른 사람과의 대화를 멈추거나 괴상한 단어들을 만들어 내기도 한다. 이 아동들의 상상은 괴상하기 때문에 놀이에 있어서도 이상한 내용을 보여 주게 된다. 예를 들어, 자신의 모든 통제력이나 자제력을 빼앗아 가는 어떤 괴상한 존재와의 상징적 관계에 붙잡혀 자신에 대한 감각을 잃을까 봐 두려워 할 수도 있다.

많은 아동에게는 상상의 친구가 있고, 이것이 반드시 심각한 장애의 증상인 것은 아니기 때문에 부모들은 처음에는 아동의 친구가 이상한지를 알아채지 못할 것이다. 하지만 정신분열증 아동은 공상에서 나와 현실로 돌아오는 것을 힘들어하며, 심지어 현실과의 차이를 알아차리는 것도 어려워한다. 치료자는 놀이가 느슨해지고 분리되기 때문에, 놀이에서 패턴을 발견하지 못하게 된다. 정신분열증으로 진단되면, 변화를 위해 놀이치료만 받는 것을 멈추어야 한다. 놀이치료는 치료와 거주가 동시에 가능한 치료 환경에 있으면서 24시간 관찰이 가능한 정신분열증 아동에게 가장 유용하다. 이러한 아동이 좀 더 의식이 뚜렷한 상태일 때, 놀이나 모래 놀이, 미술 작품을 통해 치료자와 작업해 나갈 수 있을 것이다.

제5장

탐색 단계

아동 각각의 발달과 경험은 개별적이다. 그렇기 때문에, 아동의 놀이 형태나 내용도 각기 다르다. 하지만 놀이치료 진행 과정에서 어떤 단계는 거의 모든 아동에게 유사하게 나타난다. 이 장에서는 치료 과정에서 아동이 보이는 놀이의 공통적 특성을 중심으로 각 단계를 설명하고자 한다. 이러한 과정을 밟으면서, 아동은 자신이 가지고 있는 문제를 해결하기 위해 각자의 개성을 드러내게 된다.

그중 첫 번째 단계는 '탐색 단계'로, 이 시기에 아동이 보이는 활동의 특성을 반영하여 이 이름으로 정했다. 이 단계에서 달성해야 하는 목표는 두 가지이다. 첫째, 놀이치료실에서 아동이 친근감과 편안함을 느끼는 것, 둘째, 치료자가 아동과 관계를 형성하기 위해 노력해야 하는 것이다.

이 단계는 아동이 놀이치료실에 들어와서 치료자와의 관계를 처음 맺을 때 시작된다. 아동에게 있어서 이 상황은 학교 상황이나 병원 의사를 만나는 것과는 매우 다른, 처음 접하는 새로운 환경이다(비록 다소 비슷한 부분이 있더라도). 또한, 부모가 아동에게 어떤 일이 벌어질 것인가에 대해 알려 주지 못했을 가능성도 높다. 결과적으로, 이 시기는 아동이 놀이치료자가 어떤 사람인지, 놀이치료 과정이 어떤 것인지에 대해 알아 나가는 시기라 하겠다.

치료실에 처음 들어서면 아동은 놀이치료실과 치료실의 구성, 치료자에 대해 상당히 궁금해할 것이다. 이때, 치료자는 아동이 자신에게 맞는 속도와 방식으로 새로운 것을 알아가도록 허용하는 것이 중요하다. 어떤 아동은 치료자가 안내해 주는 대로 따르는 안전한 길을 가기도 하지만, 어떤 아동은 놀잇감 앞으로 바로 가버리기도 한다. 치료자는 이 순간 아동에게 이 방은 아동을 위한 방이기 때문에 이 방에서는 아동이 원하는 것을 무엇이든 할 수 있다는 것을 알려 줄 수 있다.

초반에는 치료자와 상호작용하는 것보다 놀잇감을 탐색하는 것이 덜 위협적이고 더 흥미롭다. 이 시기에 치료자는 아동이 자신이나 치료자에게 해를 끼치지 않는 한, 그 어떤 것이라도 아동이 표현하고 싶어 하는 것을 수용해 주며 아동을 존중하는 태도를 보여 주어야 한다. 치료자는 아동을 존중하고, 아동이 표현하고자 하는 방식을 수용하며, 아동이 자신의 방식대로 스스로를 드러내고자 하는 욕구를 이해해 주어야 한다. 그 방식이 공격적이고 저항적이거나, 혹은 수줍어하고 위축된 방법이라고 할지라도 말이다(Axline, 1947b). 이러한 수용적 태도는 아동에게 놀이치료실이 신체적으로나 정서적으로 안전한 곳임을 깨닫게 하는 데 도움을 준다.

초기 탐색

초기 탐색 과정에서 아동은 치료자에게 놀잇감에 대한 언급을 할 수 있다. 이러한 언급은 긍정적인 표현(예: "와! 놀잇감이 정말 많네요!")부터, 부정적이거나(예: "별 볼 일 없는 것들만 있네요!") 조심스러워하는 표현까지 다양한 언급이 있을 수 있다. 아동의 이러한 언급들은 아동이 보통 자신의 세계에서 세상이나 사람을 어떻게 바라보는지에 대해서뿐만 아니라, 보호받고 싶은 욕구와 치료자와의 새로운 관계를 형성하는 것에 대한 아동의 신뢰감을 상징적으로 보여 준다. 아동이 어떠한 방식으로 자신을 드러내든지, 치료자는 아동의 경험 수준을 수용하고 아동과 함께할 책임이 있다(Moustakas, 1959, 1992). 더불어, 치료자는 세상에 대한 아동의 인식을 대변하는 이러한 표현들을 존중하고 수용해야 한다. 예를 들어, 아동이 특정 놀잇감을 무서워한다면 치료자는 이 두려움을 진심으로 수용하고, 아동을 설득하려 시도하지 않아야 한다. 아동의 감정과 행동은 아동의 인식에 기반하고 있다. 아동에게 이는 실재하는 현실이기 때문에 반드시 존중되어야 한다.

더불어 치료자는 세상에 대한 아동의 인식을 수용하고 있다는 점을 전달하는 동시에, 치료자가 아동의 메시지를 들었고 이를 받아들인다는 것을 아동이 알도록 해야 한다. 이는 아동의 표현에 잠재되어 있는 보호적 욕구(예: "이 놀잇감들은 자신들이 놀고 있을 때 안전한지 알고 싶어 하는구나.")를 반영해 주는 방식으로 할 수 있다.

탐색 단계 동안 아동은 자신의 호기심을 자극시키는 놀잇감을 살펴보고, 선택하기 위해 끊임없이 놀이치료실을 돌아다니기도 한다. 이런 아동은 잠깐 어떤 놀잇감을 가지고 놀다가 금세 다른 놀잇감으로 관심을 돌릴 것이다. 아동이 놀잇감의 용도에 대해 언급하더라도, 의미있는 내용을 짧게 표현할 것이다. 이런 아동은 초기부터 놀이를 진득하게 지속하거나 어떠한 주제로 이 놀이를 발전시키지는 않을 것이다. 하지만 놀잇감에 대한 아동의 짧은 언급은 나중에 놀이에서 주제로 확인될 만한 의미있는 내용이 된다. 치료자는 이러한 표현들을 포착하여 적절하게 반영해 주어야 한다. 예를 들어, 치료자는 이렇게 반응하며 말할 수 있다. "그 트럭이 얼마나 힘이 센지를 보여 주고 싶어 하는구나.", "이 마술 지팡이는 아무도 모르는 많은 소원을 가지고 있구나." 치료자는 아동이 자신의 표현에 대해 치료자가 경청해 주고, 존중해 준다는 것을 알게 해 주어야 한다. 하지만 이 탐색 단계에서는 초기 면접 회기에서와 마찬가지로 어떠한 방향을 제시해 주어서는 안 된다. 다시 한번 말하면, 이 단계의 주요 목표는 아동 스스로에 대한 아동의 표현을 치료자가 존중해 주는 것이다. 치료자는 그렇게 함으로써 아동을 위한 안전한 환경과 관계를 형성하기 시작한다. 치료자와의 신뢰감 형성은 치료가 이루어지는 데 반드시 필요한 다음 단계인 보호를 시험하는 단계(Testing for Protection Stage)에 아동이 들어갈 수 있게 한다.

탐색 단계에서 아동이 일반적으로 하는 질문

① "이것(놀잇감)이 왜 여기 있어요?"

이 물음은 "왜 내가 여기 있어야 해요?"라는 질문에 대한 은유적 표현이다. 그러므로 이에 대한 치료자의 반응 역시 은유적이어야 한다. "이건 아주 귀중한 거야. 이 놀잇감이 반갑게도 여기 있어서 더 잘 알아갈 수 있겠다."라는 식이다. 치료자와의 관계는 아동에게 안정감과 익숙함을 주는 놀잇감을 통해 형성되기 시작한다. 사실 이 단계에서 치료자가 아동에게 직접 반응하는 것은 아동에게 위압감을 주거나 간섭받는 느낌을 줄 수 있으므로 아동보다는 놀잇감을 통해 말하는 것이 바람직하다. 놀잇감을 통해 반영하는 것은 아동이 안전감을 유지하고 치료자가 표현하는 아동에 대한 존중을 경험하도록 돕는다. 이러한 치료자의 반영은 누군가가 아동의 관점으로 그 경험을 이해하고 있고, 아동의 표현이 경청될 것이며, 존중되고, 아동에게 의미 있는 타당한 표현으로 반영될 것이라는 점을 아동이 느끼게 한다.

② "이것(놀잇감)은 어떻게 가지고 놀아요?"

아동은 어떻게 놀아야 하는지 알고 있다. 결국 이 질문의 은유적 의미는 "내가 여기서 뭘 해야 하는 거예요?"이다. 이에 대한 반응으로 치료자는 "그것은 뭐든지 될 수 있어. 원한다면 트럭도, 로켓도, 우주선도 될 수 있어. 여기서는 네가 놀고 싶은 방식대로 가지고 놀면 돼."라고 말해 줄 수 있다. 이러한 반응은 아동이 치료실에서 자신이 있는 그대로의 모습대로 있어도 된다는 것을 알게 해 주고, 다가오는 놀이치료의 의존 단계에서 아동의 상상 놀이가 수용될 것임을 알게 한다.

③ "이런 놀잇감으로 놀아본 적 있어요?"

이 질문은 "내가 놀 때, 선생님은 나랑 같이 놀 거예요, 말 거예요?"라는 의미가 있다. 이에 대해 치료자는 "놀잇감을 가지고 혼자 놀고 싶어 하면 그렇게 해도 돼. 나도 같이 놀고 싶거나, 놀자고 초대해 주면 나도 같이 놀게."라고 반응하는 것이 일반적이다. 이러한 반응은 아동이 자신의 세계에 치료자를 초대하면, 치료자는 언제든지 놀이에 함께할 수 있다는 것을 알게 해 준다.

④ "다른 아이들도 만나요?"

이 질문은 "내가 당신에게 얼마나 중요한 존재인가요?"라는 은유적 의미를 갖고 있다. 이렇게 물을 때, "응. 네가 이 방에 있을 때는 네가 가장 중요해."라고 답해 주는 것이 좋다. 이러한 반응으로써, 놀이치료실 안에서 관계의 초점을 되돌리고 이 아동에게 초점을 맞추는 것은 매우 중요하다.

⑤ "선생님은 왜 이런 일을 하세요?"

이 질문은 "내 곁에서 내가 말하는 나의 세상을 봐 줄 수 있어요?"라는 은유적 표현이다. 이럴 때 치료자는 "나는 아이들에게 관심이 있거든. 내가 어렸을 때, 내 일상은 항상 내가 원하는 대로 되지는 않았거든. 가끔 큰 사람들한테는 작은 사람들을 위한 시간이 없더라고. 나는 너랑 같이 놀면서 네가 어떤 생각을 하는지 알고 싶고 네가 어떻게 지내고 있는지 듣고 싶어."라고 반응해 주는 것이 좋다. 이러한 반응은 아동에게 치료자가 아동 중심적이라는 것을 알려 준다.

이것이 가족치료와 놀이치료의 다른 점이다. 가족치료에서는 부모와 협력하는 것이 중요한 반면, 놀이치료에서는 치료자 자신과 아동이 협업을 이루어야 한다. 가족치료에서도 아동에게 협조를 구해야 하는 일이 있기는 하지만, 치료자가 아동의 관점에 대해 지나치게 신경을 쓰다보면 가족들과 갈등을 겪는 일이 생기기도 한다. 그러므로 놀이치료에서는 가족 체계를 아동이 기능하는 체계로서 바라보는 것이 중요하다.

⑥ "여기 살아요?" 또는 "이 놀이치료실에 항상 계세요?"

이 질문은 보통 놀이치료 후반기에 나오는 질문이기는 하지만 탐색 단계의 끝 무렵에도 질문될 수 있다. 이 질문은 "여기서 나도 살아도 돼요? 계속 함께 있어도 될까요?"라는 의미를 지니고 있다. 치료자를 안전한 존재로 느끼기 때문에 아동은 "여기서는 내가 지내는 다른 어느 곳보다 안전하다고 느끼기 때문에, 항상 당신 옆에서 머무르고 싶어요."라는 메시지를 보내는 것이다.

이 질문에 대해 치료자는 "너와 만나는 동안에 난 언제나 여기에 있을 거야. 그리고 나도 너와 함께 있는 것이 좋단다."라고 반응해 주는 것이 적절하다.

자발적인 놀이의 시작

치료자가 세심한 배려를 기울인다면 초기 단계의 놀이치료가 진행되면서 아동은 편안함을 느끼게 된다. 그렇게 되면 자연스럽게 놀이를 시작하게 되어 치료자의 도움을 필요로 하는 경우가 별로 없을 것이다. 이러한 초기 단계의 자발적인 놀이는 아동이 존중이나 돌봄, 수용, 이해를 경험하고 존중의 과정이 존재한다는 중요한 표현이기도 하다. 그리고 이러한 자발적인 놀이는 아동이 느끼는 안전감을 표현할 수 있고, 치료자에 대해 보다 신뢰를 갖게 되었고, 덜 경계하게 되었다는 의미이기도 하다. 아동들이 첫 회기가 좋았다고 표현하는 것은 드문 일이 아니다. 일반적으로 "나도 이런 방을 가졌으면 좋겠어요."나 "여기서 살았으면 좋겠어요."라는 표현을 한다.

첫 회기의 마무리

놀이치료의 탐색 단계에 들어서는 아동은 모든 것이 신기하기만 하다. 그리고 첫 번째 회기가 끝날 즈음이면 자신이 존중받는다는 느낌을 강하게 느끼며, 이 경험을 좋아하게 된다. 이러한 느낌은 아동이 자발적으로 주 호소 행동을 줄이도록 이끌어 주고, 일시적으로 좋아지는 듯 보이게 한다. 하지만 이러한 징후는 매우 짧은 시간 동안만 나타나는데, 이는 아동이 보다 안전하고 깊은 관계를 형성하기 위해 놀이치료에서 새롭게 발견한 안전감을 치료자에게 맞서는 데 사용하기 시작하기 때문이다. 아동은 이제 이 관계를 만들어 주는 요소들인 수용과 이해에 대해 알게 되고 아동이 어떤 때에 덜 받아들여지게 되는지에 대한 치료자의 수용과 이해의 수준을 마주하고 알아가려는 준비를 하게 된다. 이 깊은 관계는 보호를 시험하는 단계(The Testing for Protection Stage)에서 형성되고, 본격적인 놀이치료 단계로 접어들게 한다.

Maria의 치료 회기

다음 사례는 6세 여아인 Maria의 첫 번째 놀이치료 회기를 발췌한 것이다. Maria는 너무도 말을 안 듣는다며 엄마에 의해 의뢰되었다.

회기	해석
1. M: (놀이치료실에 들어와서 모래상자로 가더니 모래 안으로 두 손을 넣는다) 이게 뭐예요? T: 그건 모래야.	1. 치료실 안으로 걸어가면서 '내가 왜 여기 있는 거지? 이게 무슨 일이지?'라고 묻는 것이다. 모래는 촉감을 느낄 수 있는 놀잇감이므로, 모래가 주는 또 다른 주제는 '내 감정을 어루만져 줄 거예요?' 이다. (제2장의 '모래상자' 참조.)
2. M: 저도 알고 있었어요. T: 그랬구나.	2. Maria는 이곳이 아동을 위한 장소라는 것을 확인하고 싶어 한다.
3. M: (방을 둘러보며 조심스레 웃는다.)	3. 그녀는 불안감과 망설임을 가지고 자유롭게 탐색하는 경험을 하고 있다.
4. T: 여기에는 다양한 놀잇감이 있어. 모두 네가 원하는 여러 가지 방법으로 갖고 놀 수 있지.	4. 치료자는 아동이 탐색하고자 하는 욕구를 지지해 주고 격려해 주어 이러한 새로운 경험들에 안전감을 느끼면서 익숙해지게 해 준다. 은유적으로 '여기는 네가 되고 싶은 무엇이든 될 수 있어.'라는 의미가 있다.
5. M: 칠판(화이트보드)도 있네요. (긴장한 웃음) 가지고 계실지 몰랐어요. (방을 살펴본다). T: 그래, 칠판도 있어.	5. '기대하지 않았는데, 정말 내가 좋아하는 것들이 여기 있군요.'라는 의미이다. 놀이치료실에서 Maria에 대한 집중과 치료자의 자상하고 허용적인 태도는 아동에게 놀라움으로 다가온다.
6. M: 정말 많은 놀잇감이 있군요. (긴장한 웃음) T: 선반이 놀잇감으로 채워져 있지.	6. 이 은유는 '이곳은 나를 잘 돌봐 줄 수 있는 장소라는 걸 알겠어요. 그리고 내가 무슨 말이든지 다 할 수 있겠어요.'이다.
7. M: (모래로 돌아가며) 깨끗하고 부드러운 모래네요. 학교에 있는 것보다 부드러워요.	7. 아동은 이곳에서의 경험이 학교에서의 시간보다 안전한 것은 물론이고, 다르다는 것을 알아차린다.
8. T: 모래 느낌을 좋아하는 것 같네.	8. '너는 여기에 있는 놀잇감들도, 네가 여기 있는 것도 좋구나.'라는 은유적 표현이다.

9. M: 근데…… 손에 붙는 것만 빼구요.(손의 모래를 털어 내며) 다른 것 만지기 전에 모래를 털어야 해요.	9. '나를 꼼짝 못하게 하는 많은 감정을 다 루어야 다른 놀잇감으로 넘어갈 수 있어요.'라는 은유적 표현이다.
10. T: 그래, 모래는 털어야 해.	10. 치료자가 은유적 의미를 확인하고 있다.
11. M: (방을 둘러보며) 여긴 모든 게 다 있네요. T: 그래. 여기도 있고, 저기도 있어. (방의 다른 면들도 가리킨다.)	11. '선생님에게 말하고 싶은 감정이 너무 많지만, 지금 모든 게 조금 두렵기도 해요.'라는 은유적 표현이다.
12. M: 여기 전화놀이도 있네요.(휴대전화를 집어들며) 난 전화놀이 좋아해요. 저희 엄마도 이런 걸 전화기, 전화부, 전화선으로 가지고 있어요. T: 그러니까 너는 전화기로 이야기하는 걸 좋아하는 구나.	12. '나는 누군가에 대해서 이야기해야 해요. 바로 엄마에 대해서인데, 난 엄마와 좀 더 연결되었으면 하거든요. 왜냐하면 엄마는 나랑 있기보다 다른 사람에게 관심이 더 많아요.'라는 은유적 표현이다.
13. M: 맞아요, 이건 가짜로 하는 거예요.(전화를 들어 번호를 누르며) 번호 하나를 누르면 다른 것도 다 눌러지네요. 이상해요. 이건 뭐예요? 소리가 나는 게 있네요(돌려 보고 살펴본다). 이건 좀 망가진 것 같아요. 이건…… (선반에 되돌려 놓고 다른 것을 집어 든다) 이게 좀 더 새것 같아요. (수갑을 보며, 흥분해서 말한다) 오 수갑이다! 신기하네요. T: 여기는 수갑도 있어.	13. 아동은 엄마가 전화에 매달려 시간을 보내기보다 Maria에게 더 많은 관심을 가져주기를 원한다. '그게 제가 바라는 소원이에요. 그런데 제 소원이 실제로는 일어나지 않는 걸 보면, 아마도 내가 좀 이상하거나 받아들여질 수 없는 무엇인가가 있는 것 같다는 생각이 들어요. 나한테 흠이 있는 것 같아서 좀 마음이 아파요. 앞으로가 더 나아졌으면 좋겠어요.' 감정적인 문제들로 인해 수갑에 이와 같은 강렬한 정서가 투영되었다.
14. M: (열쇠를 집어들며) 이게 열쇠죠. (수갑을 살펴보며) 이상하네요……. (조심스레 웃으며) 할 수가 없는데……. 어떻게 잠그지……? 어디다 넣지? 아마 여기…… 내가 잘못 넣었나 보다. (큰 목	14. 수갑이 나타내는 주제는 (엄마와의 관계에서의) 통제력이다. '어떻게 하면 나에게 중요한 사람이 내가 원하는 곳에 있도록 할 수 있을까요? 엄마는 이 관계에 나를 잘못 끼워 넣고 있어요.'를

소리로) 나는 이렇게 잘못 넣기만 해요! 이렇게 하는 거 맞아요? T: 음, 나도 잘 모르겠어. 네가 구멍에 제대로 넣은 것 같아 보이거든. 작동되게 할 수 있는 건 네가 다 한 것 같은데.	표현한다. Maria는 자신이 행동은 잘못되었고 시키는 대로만 해야 한다고 느끼고 있다. '이게 제가 느끼는 엄마와의 관계예요.'라는 의미를 지닌다.
15. M: 그렇게 했어요. 그런데…… 그래도 안 잠겨요. 아! 내가 다른 열쇠로 했나 봐요. 맞는 열쇠를 찾아볼게요. (계속 수갑에 여러 열쇠를 끼워본다.) 어 이것도 아니네. 이건 맞을 거야. 이젠 정말 맞았으면 좋겠는데. 안 되잖아! 정말 바보 같아. (선반에 다시 넣으며) 수갑이…….	15. '알아요. 그런데 여전히 잘 안 돼요. 이렇게 잘 안 될 때면 제가 뭔가 잘못하는 것 같아요.'라는 의미이다. 주의: 치료자는 탐색 단계에서도 주제가 미리 드러날 수 있다는 점을 알고 있어야 한다. 치료적 관계에 대한 신뢰감이 제대로 형성되지 못하기 때문에 드러난 주제가 일정한 방향으로 유지되지 않는다고 할지라도 말이다. Maria의 퇴행적인 말투는 치료자에게 아동이 영아 수준의 언어 표현을 보이던 시기부터 이러한 관계 문제를 경험해 왔다는 것을 알려 준다. Maria는 이 놀이 경험을 끝까지 유지하지 못하고 끝을 낸다. 이제 아동은 엄마와 관계에서 느꼈던 좌절감과 실패감을 겪게 되면서 보다 강렬한 경험과 장벽을 느낀다. 아직 이 시점에는 이러한 경험을 다룰 수 있는 치료적 관계가 형성되어 있지 않지만, 이후에 이러한 계기가 있다면 아동은 더욱 강렬한 경험을 할 수 있을 것이다.
16. T: 이렇게 해도 안 되는 걸 네가 원하는 대로 작동하게 하는 게 네게 정말 중요하구나.	16. 엄마가 통제 방식을 바꾸고 Maria에게 더욱 시간을 내어 주기를 바라는 치료적 주제에 대한 은유적 표현이다.
17. M: (치료자를 바라보며) 네, 맞아요. (방	17. '이것이 잘 작동하도록 하지 못하기 때

을 둘러본다.) 오! 헬멧도 있고, 오! 장난감 칼도 있어요. 이거 좀 이상해요. (칼을 살펴보며) 좀 더럽네요.

문에(통제) 나를 다치게 하는 정서적 침범으로부터 나를 보호해야 해요.'
'이건 저에게 이상한 느낌을 주네요……. (두 번째 반복된 표현) …… 그리고 더럽게 느껴져요……. (수치심과 모욕감)' 여기에서 더럽다는 표현은 실질적으로 칼이 더럽다는 의미가 아니라 자신이 부끄럽고 창피하다는 표현이다.

18. T: 응, 여러 종류의 칼이 있지.

18. Maria가 물건이 이상하다고 한 말과 가끔 감정이 달라지며 변화하는 것을 치료자가 확인하고 있다.

19. M: 이건 망가진 거 같아요. 이건 크네요.
T: 그래, 큰 칼이다.

19. '나에게 중요한 의미가 있는 어른과의 관계가 깨져 있다.'라는 의미이다.

20. M: 네, 큰 칼도 필요해요. (칼집에서 칼을 빼면서) 응, 뽑아지네. 정말 큰 칼이다. 큰 칼이야!(선반에 다시 놓는다.) 선생님, 내 성을 어떻게 쓰는지 알아요?

20. '나에게 엄마는 매우 중요한 사람이고 꼭 필요해요. 엄마가 나를 위해 있어 줄 거란 걸 알고 있어야 해요.'라는 의미이다.
큰 칼의 상징은 아동의 정체성을 결정해 주는 사람으로, '내 성을 어떻게 쓰는지 알아요?'라는 표현에서 아동의 성과 같은 의미이다. 모녀관계가 서로 얽혀 있다는 것을 추측하게 해 준다.

21. T: 음, 너는 알고 있겠지.

21. '나는 네가 드러내고 싶어 하는 너의 모습을 알고 싶어.'

22. M: (화이트보드 앞으로 걸어가서) 알죠.(조심스럽게 웃으며 마커를 든다) 내가 어떻게 쓰는지 보세요. (이름을 소리 내어 말하며 쓴다) 다 썼어요. (조그만 미소를 짓는다) 나 1학년이에요. (지우개를 살펴보며) 이거 굉장히 부드럽

22. '내가 원하는 나의 정체성을 알고 있어요. 내가 지금 가진 정체성과 내가 원하는 것은 달라요.' 이로 인해 아동은 불안이 약간 유발된다.
"내가 어떻게 쓰는지 보세요."라고 Maria가 말한 후, 조금 있다가 "다 썼어

고 좋은데요.	요."라고 말하는 것은 어른이 되기를 바라기보다, 자신은 이해받아야 할 필요가 있는 아동이라는 점을 은유적 표현한 것이다. '나 1학년이에요.'라는 것은 자신이 여전히 아이라는 것을 알려 주기 위한 것이다. 지우개를 살펴보며 "이거 굉장히 부드럽고, 좋은데요."라고 한 말은 '선생님이 저랑 함께해 주는 방식이 좋아요. 안전하고 편안함을 느껴요.'라는 의미이다.
23. T: 네 성을 어떻게 쓰는지 배웠나 보네.	23. '너는 너라는 아이로 있는 것을 좋아하고, 아이 같이 행동하는 것도 좋아하는구나.'
24. M: 그럼요. 내 이름도 쓸 줄 알아요. 이렇게요……. (Maria가 칠판에 자신의 이름을 쓴다)	24. '선생님과 함께 있어서 안전함을 느껴요. 안전함을 더 느낄 수 있게 선생님과 친해질 거예요.'
25. T: 오, 이름이랑 성을 다 쓸 수 있네.	25. '너 자신에 대해서 이야기해 줘도 돼.'
26. M: (웃는다.)	26. 앞선 은유적인 표현이 Maria에게 약간의 불안을 야기한다. 아동은 어떤 부분에서는 노출되었다고 느끼며, 너무 빠르게 관계를 맺는 것은 아닌지 두려워한다. 아동은 치료자와의 관계를 좋아하게 되는 것에 양가적 감정을 느끼고, 어머니와의 관계도 이럴 수 있다.
27. T: 이름을 다 쓸 수 있네.	27. 이러한 반응은 아동이 원하는 것보다 더 가도록 한다. 은유적으로, Maria가 이미 걸어간 것보다 더 앞으로 가도록 요구하는 것을 의미할 수 있으며, 이는 아동이 일상에서 경험하며 힘들어하는 기대감과 유사하다.

28. M: (웃으며) 제 중간 이름만 빼구요. 제 중간 이름은 Gloria인데 어떻게 쓰는지 아직 몰라요. 같은 반에 저처럼 중간 이름이 Gloria인 친구가 있는데, 제 생각에 어떻게 썼냐면…… G……. (이름을 말하며 소리 나는 대로 적어본다.) T: 맞게 적은 것 같아.	28. '내가 알고 있는 것을 보여 주고 싶어요. 하지만 제대로 잘하고 있는지는 모르겠어요. 나의 경험에 대해 말할 수 있는지 시도해 볼게요.'
29. M: 맞아요. 제 생각엔 이렇게 썼던 것 같아요. 여기 농구 골대도 있네요. 그런데 농구공은 어디에 있어요? (선반을 살핀다.) T: 아무 공이나 농구공처럼 쓸 수 있어.	29. '최대한 제가 누구인지 이야기하려고 애쓸 거예요.'라는 의미로 이 경험은 어른의 기대와 관련이 있기 때문에 Maria는 초점을 어른에게 맞추어 농구공으로 화제를 바꾼다. 농구 골대는 아동들이 자신보다 키와 몸이 큰 어른을 상대하는 경험을 하게 한다.
30. M: 이건… (고무공을 집어들고) 아주 쉬워요. (공을 던져 보지만 골대에 넣지 못한다.) 아! 잊고 있었어요. (웃으며) 이거 좀 어려워요. (웃으며 다시 공을 던져 골대 아래의 벽을 맞춘다.) 오……. (웃는다) 잘 던졌다. (공을 던져 골을 넣는다.) T: 와! (박수친다.)	30. Maria는 놀이치료실에서 치료자가 자신과 함께해 주고 있다는 점 때문에 자신감을 느낀다. 이 자신감은 자신이 얼마나 어려운 것을 하고 있는지를 잊게 한다. 이후 아동은 사실 자신이 하는 놀이가 그렇게 쉽게 이루어지지 않는다는 점을 기억하게 된다. 아동이 자신을 냉소적인 태도로 보다가 과업을 성취해 내는 모습에 주목할 필요가 있다.
31. M: 골에 정확히 들어갔어요! T: 그래, 네가 넣었어! M: (공을 던졌지만 두 번 다 넣지 못한다.) T: 거의 맞추었는데.	31. '때때로 나도 제대로 할 때가 있어요.'
32. M: 다시해요. (뛰면서 공을 던져 보지만 실패한다.) 어떤 때 보니까 점프하면서 공을 넣는 사람도 있던데, 난 못하겠어	32. '(사람들을) 기쁘게 하기 위해 나도 노력해요. 제가 제대로 할 수 있게 계속 뛰어 볼 거예요. 조금만 더 하면 잘할

요. (공을 던지지만 넣지 못한다) 어휴, 또 거의 들어갔는데.

수 있었는데, 원하는 만큼 해내지는 못한 것 같아요.'

33. T: 거의 들어갈 뻔했는데.

33. 이 말은 격려하는 말이지만 아동이 힘겨워하는 주변의 기대와 같은 유형의 말이기도 하다. 그보다는 '네가 원하는 걸 해내기 위해서 열심히 하네.'라는 말이 더 좋을 것이다.

34. M: (공을 던져 버리고, 보물상자를 집어 든다.) 이제, 어디 보자……. 여기에 가짜 돈이 있을 것 같아요. 눈 감아 보세요. (보물상자를 연다.)

T: 오~ 오~ 오! 돈이 엄청 많다.

34. Maria는 자신이 기대 수준에 못 미쳤다는 점에 실망감을 느낀다. 아동은 보물상자로 시선을 돌리지만 가짜 돈이 있다는 이야기를 하는데, 이는 거짓된 가치를 의미하는 것으로 자신의 심정을 이야기하고 있다. 눈을 감으라는 것은 아무도 자신의 내면의 가치를 볼 수 없다는 의미이기도 하다.

35. M: 네, 돈이 정말 많네요. 정말 (보물상자를 선반에 다시 놓는다.) 오, 블록이다!(색깔 블록을 만져본다.) 음 이건…… (선반에서 지갑을 꺼낸다.) 으잉, 여기에는 아무것도 없네요!

T: 네가 원하는 게 없나 보다.

35. Maria는 이 순간 자신에 대한 가치감을 느끼지 못하고 있고, 따라서 그 가치를 인정하지도 못한다. 아동은 블록으로 옮겨 가는데, 이후 아동의 정서적 흐름이 막히게 된다. 아동은 다시 지갑에 들어 있는 가치로 다시 돌아와서 그 안에 가치 있는 것은 아무것도 없다고 이야기한다.

36. M: 아무 것도 없어요. (지갑을 선반 위에 다시 올려놓고 손전등을 집는다.) 여기 배터리가 있는지 모르겠네요. 이거 어떻게 켜요? 속임수가 있을지도 모르겠네요. (불을 켜고 웃는다.)

T: 오, 네가 켰어!

36. 때때로 Maria는 자신에게 중요한 사람인 엄마가 갖는 기대 때문에 자신이 아무런 가치가 없다고 느낀다. 그래서 아동은 공허함을 느끼기 시작하고, 자신이 속고 있다고 믿으면서 평소라면 할 수 있는 일에도 자신감을 잃게 된다.

37. M: (웃으며 아동의 반대편에 있는 벽에 불을 비추다가 탄식한다.) 보이네요. (탄

37. 성공해야 한다는 내적 압박감으로 인해 불안과 안도감을 느낀다. 아동은 성

식하며) 아, 어둡지가 않아서 할 수 없네요. (손전등을 끄고 선반에 다시 둔다.)	공했다는 것을 확인하려 하지만, 곧 충분히 어둡지 않아서 불을 잘 볼 수 없다는 이유로 확인하는 것을 취소한다. 아동은 자신이 뭘 하든지 자신이 실패할 것이라는 생각을 가지고 있는 것이다.
38. T: 어둡게 할 수 있어.	38. 치료자는 확인할 수 있는 기회를 만들어 아동이 지닌 실패의 예감을 깨 주려고 하고 있다.
39. M: 그렇죠. 불을 꺼요. 아니 여기에는 젖병도 있네요.	39. 아동은 자신의 성공을 인정하지 않고, 이러한 능력이 아기였을 때부터 있었다고 말하기 위해 젖병으로 관심을 돌리며 자기 만족(self-fulfilled)을 유지하려고 한다.
40. T: 네가 원하는 어떤 방법으로든 놀기 위해서 있는거지.	40. '여기에서는 네가 원하는 모든 것이 될 수 있어. 네가 아기였을 때 네가 그렇게 되고 싶었던 것처럼 말이야.'
41. M: 오, 손인형이다. (손에 호랑이 손인형을 집어넣는다.) 나, 인형놀이 잘해요. (높은 목소리로) 어흥! 몽~땅 잡아먹을 거다! T: 우릴 몽땅 잡아먹을 거라구?	41. Maria는 놀이치료에서는 뭐든지 원하는 것이 될 수 있다는 확인을 받았다. 이로 인해 아동은 자신감을 얻어 자신이 인형놀이를 잘한다고 말하고 있다. 인형은 대인관계를 보여 주는데, 여기에서 아동은 관계가 얼마나 공격적인지를 이야기하고 있다. 아동의 높은 목소리는 이 관계가 아동에게 야기하는 불안을 상징한다.
42. M: (낮은 목소리로) 오, 안 돼, 우리를 먹지 마. (선반에 인형을 놓고, 방을 가로질러간다) 여기 다른 것도 있어요. (나비 손인형을 집어 든다) 이건 뭐예요? 손, 어디다 넣는 거예요? (손인형의 안을 들여다본다) 이거 속임수예요.	42. Maria는 공격성이 구체화되지 않도록 부탁하고 있다. 아동의 낮은 목소리는 치료사의 개입을 멈추게 하려는 욕구를 의미한다. 아동은 나비 손인형에서 손을 집어넣는 구멍을 찾지 못하자, 이것이 속임수라고 생각한다. 속임수에

T: 그러니?

M: (손인형을 뒤집는다) 오!

T: 그게 뒤집어졌네.

대한 두 번째 언급을 보이고 있는데, 이는 아동이 중요한 다른 사람들에게 반복적으로 속았던 경험이 있음을 추정할 수 있게 한다.

43. M: 음, 이게 변하면…… 어…… 이거 여기 있었지요? (선반에 되돌려 놓는다.)

43. 나비 손인형을 뒤집어 애벌레가 되자, 아동은 손인형을 하나로 묶고 있는 벨크로 줄에 집중한다. 이러한 경험은 아동의 내적 정서를 당분간은 통제하기 위함이다.

44. M: 오……. (벌 손인형을 집어 든다.) …… 여기 벌도 있네요. 나 이거 어떻게 하는지 알아요.(미소 짓는다.)

T: 너는 손인형에 대해 많은 것을 알고 있구나.

44. 아동은 자신에게 중요한 다른 사람들에 대해 자신이 어떻게 느끼는지 인식하고 있다는 것을 손인형에 대해 잘 알고 있다는 표현으로 나타내고 있다. 치료자는 아동이 손인형에 대한 지식이 상당함을 인정하고 있다. 또한 치료자는 '너를 믿을 거야.'라는 메시지를 전달한다.

45. M: 저도 알아요. (벌 손인형의 발들을 자신의 손가락에 끼우려 애쓴다.) 벌의 발이 너무 많아서 손가락에 끼우지 않고 해야 해요.

45. '때때로 나는 틀린 것 같아서 제가 원하지 않더라도 다른 사람의 방식에 맞춰야 해요.'

46. T: 손가락이 더 필요하구나.

46. '너는 잘해 내기 위해서 모든 노력을 기울이는구나.'

47. M: 음, 그냥 벌이 있는 척해 봐요. 윙~ 위~ 잉~ (벌이 날다가 아동의 어깨에 앉는다.)

47. '저와 가까운 사람(엄마)은 다정해 보이지만, 원한다면 나를 따끔하게 만들 수도 있어요.'라는 의미이다. 벌이 내는 소리는 이 순간 아동이 위험하다는 것을 의미한다.

48. M: 됐다. (벌 인형을 내려놓고, 늑대 인형을 집어 든다.) 오, 크고 나쁜 늑대예요.(늑대 손인형을 자신의 손위에 두고

48. Maria는 늑대 손인형으로 놀잇감을 바꾸며 이 강한 대상은 원래도 위협적이지만, 기분이 좋지 않을 때는 언어적으

낮은 목소리로) 너희들을 다 잡을 먹을 거다. 내 이름은 크고 나쁜 늑대다.

로도 공격한다는 것을 표현한다.

49. T: (우는 목소리로) 어……. 무서운 늑대네.

49. 공격을 받을 때 움츠려 들게 되는 Maria의 모습을 치료자가 대신 보여 주고 있다.

50. M: 나는 커다란 이빨도 있다. 봐라! (치료자에게 늑대 손인형의 입을 벌려 보여 준다.)

T: 정말 커다란 이빨이다.

50. 공격에 대한 아동의 표현이 수용되자, Maria는 이제 앞선 공격보다 더 위협적인 공격을 표현한다.

51. M: 그래도 나는 멋있고 부드럽지.

T: 부드러운 늑대네.

51. 늑대의 표면적 특징에 대한 언급은 그 사람을 겉에서 볼 때는 실제 모습과 다르게 괜찮아 보일 수 있다는 의미를 담고 있다.

52. M: (웃으며) 네. (늑대 손인형을 제자리에 놓고, 다른 늑대 손인형을 집어 든다.) 자, 이건 다른 늑대예요. (첫 번째 늑대 손인형을 다시 집어, 양손에 늑대 손인형을 끼우고 높은 목소리로) 우리는 크고 나쁜 늑대들이다! 우리에겐 엄청 크고 거대한 이빨도 있지. 우리는 모두 멋있고 부드러워. 먹기도 잘 먹고. 우리의 날카로운 이빨로……. 우리는 아주 작아. (웃으며 인형들을 잡은 채로 팔을 흔든다.)

T: 얘네들은 부드럽기도 하고, 이빨이 엄청 크기도 하고, 또 작기도 하구나.

52. 치료자가 늑대가 겉으로 드러내는, 부드러운 촉감만을 알아주었기 때문에, 마리아는 웃으며 늑대 인형을 내려놓는다. 또 다른 늑대 인형을 보자, 아동은 다시금 이 관계에서 느끼는 공격적 특성을 경험하게 된다. 이제 아동은 늑대들을 데려와 하나는 크고 하나는 작다고 한다. 이것은 '어떤 때는 괜찮지만 어떤 때는 조심하는 게 좋을 거야.'라는 의미를 드러낸다. 다시 아동은 공격자와 자신을 동일시하고 있다.

53. M: 그리고 선생님을 잡아먹을 거예요. (늑대를 선반에 다시 놓으며 웃는다. 걸어가서 칼을 집어 든다.) 어! 이건 뭐예요? 오……. (칼을 살펴본다) 어떻게 하는 건지 모르겠는데, 방망이 같아요.

53. 잡아먹을 것이라는 경고는 아동이 언제 공격을 받을지 알 수 없다는 것을 암시한다. 공격에 대한 끊임없는 두려움 때문에 아동은 자신이 인지하는 바에 대해 의문을 가지기 시작한 것으로

(바닥에 놓는다.)

T: 방망이 같아 보이네.

보인다. 또한 아동은 엄마의 언어적 공격을 방어하기 위해 대응하는 방법인 자신의 공격성에도 두려움을 느끼고 있는 듯하다.

54. M: (하마 인형을 집어 든다.) 오~ 또 다른 거다. (손에 인형을 집어 들고) 너를 안 잡아 먹을 거야. 난 커다란 이빨이 없어. 그냥 멋있고 둥그런 이빨이야.

T: 이 친구는 둥그런 이빨이 있구나.

54. Maria는 관계에서 비교적 덜 공격적인 부분으로 되돌아간다. 이 부분은 그 사람의 안전하고 덜 공격적인 모습이다. '가끔은 나는 그렇게 공격적으로 보이지 않아.'라는 의미이다.

55. M: 나는 이빨이 별로 없어서 먹을 때 네가 도와주어야 해. 아주 좋은 음식을 먹자. 나는 항상 물고기를 먹어. 나는…… 난 먹고…… 나는 물속에 살아. (선반에 하마 인형을 다시 놓는다.)

T: 하마는 물에서 살면서 물고기를 먹는구나.

55. '나를 돌봐주고 살펴주세요.'라는 의미이다. 부모자녀 관계에서의 양육하는 역할이 뒤바뀐 점을 주목해야 한다. 아동은 자신이 엄마를 잘 보살피고 있다고 믿고 있다. '나는 물에 살아요.'라는 말은 사람들이 이 사람의 사적으로 일상에서 일어나는 모든 부분을 볼 수는 없다는 것을 의미한다.

56. M: 네. (상어 인형을 집어들고) 읍, 상어다! 오, 안 돼! 상어야! (아동의 왼쪽 손에 끼운다.) 이 손이 아니지. (오른손으로 옮겨 끼우며) 난 보통 이 손을 써요. (상어의 입을 살펴본다). 아, 지금은 이쪽 손(오른손)이 필요한데. 사실 두 손이 다 필요해요. 여기다 손을 넣을 수도 있네요. (손을 더 깊게 밀어 상어의 입으로 가져간다)

T: 어, 네가 원하는 대로 할 수 있었네.

56. 아동은 이제 물 밖으로 나오는 대상(엄마)의 공격적인 면을 드러낸다. 아동은 자기가 아무것도 잘할 수 없다는 자신의 관점을 드러내고, 자신을 향한 공격의 가능성에 대해 혼란스러워하며 자신의 행동과 능력을 탓한다. Maria가 '양손이 필요해요.'라고 말하는 것은 '모든 힘을 쏟아서 이 공격을 감당해야 해요.'라는 의미이다.

57. M: 네, 근데 정말 어려워요. (손에서 상어 인형을 빼고 선반에 놓는다.) 어려워요. 그런데 이건 뭐예요? (하마 인형을 집어 들고) 아, 맞다. (다시 선반에 놓고,

57. '나는 공격에서 살아남았지만, 그게 쉽지는 않았어요.'라는 의미이다. 아동은 하마로 돌아가는데, 이를 공격한 대상(엄마)이 다른 사람들이 아는 이전의

생각하는 것처럼 손가락을 가리키며) 이건 했던 거네. (모래상자로 가서 놀기 시작한다.)	모습으로 돌아간다는 것을 암시한다. 아동은 모래상자에서 탐색의 경험을 계속한다.

Maria의 탐색 단계는 아동들이 처음 놀이치료를 할 때 보이는 전형적인 모습을 보여 준다. 이 단계에서 Maria가 여러 놀잇감 사이를 옮겨 다니는 것은 전형적인 모습이지만, 아동이 보인 주요 주제는 아동 개인의 상황에 영향을 받은 개별적인 부분이다. 이 단계의 주요 목표는 치료자와의 관계 형성이다. 동시에, 아동과 아동의 중요한 인물 간의 관계에서 빚어지고 있는 갈등이 놀이에서 드러나게 되었다. Maria는 치료자와의 관계를 발전시켜 가면서 관계에 대한 아동의 견해가 어떤지를 말해 주고 있었다. 앞으로 진전을 보일 놀이 주제의 서막이 이미 이 첫 만남에서 표현되었지만, 아동이 치료자와 앞으로 의존 단계(Dependency Stage)에서 보여 줄 놀이의 내용처럼 깊게 발전되거나 강렬하지는 않았다. 탐색 단계에서 Maria는 안전하고 수용적인 환경에서 자기 자신을 표현할 자유를 받아들이게 되었다.

제6장

보호를 시험하는 단계: 안전한 제한 설정하기

놀이치료에 의뢰되는 아동들이 겪는 어려움은 매우 다양하다. 하지만 놀이치료에 의뢰되는 아동들에게는 공통점이 하나 있는데, 이 아동들이 모두 정서적인 면에서 상처를 가지고 있으며, 정서적으로 건강한 상태로 회복해 나아가는 데에 도움이 필요하다는 점이다. 치료자가 적극적인 지지를 보내기 위해서는 아동의 삶 안으로 들어가야 한다. 예를 들어, 성학대를 지속적으로 받아 왔던 아동은 학대의 공포 때문에 놀이치료실에 혼자 들어가 성인인 치료자와 함께 있는 것을 두려워할 수도 있다. 또한 가까운 사람의 죽음을 경험한 아동의 경우, 또다시 상실의 상처를 입을 것에 대한 두려움으로 인하여 다른 사람에게 영향을 받는 것에 대해 신중해질 수도 있다. 이러한 상황에서 아동이 처음으로 치료자를 만나게 되면, 자신을 이해해 주고, 존중해 주며 부드러운 태도로 친절한 말을 건네는 한 사람을 경험하게 된다. 치료실에 의뢰된 대부분의 아동에게 이런 경험은 아주 생소한 것이다. 따라서 치료자를 신뢰하는 데에 어려움을 보인다. 이러한 생소한 경험은 아동에게 기분 좋은 정서를 불러일으키면서도, 동시에 당혹스러움을 느낀다.

아동은 자신의 아픔에 다시 들어가는 것에 저항하면서도, 한편으로는 자신의 상처를 극복해 나가기 위해 어느 시점에는 이러한 불편한 감정을 재경험해야 한다는 것을 깨달으며 딜레마를 겪는다. 그러나 아동이 상처를 극복하기 위해서는 그동안 불안해서 드러내고 싶지 않았던 자신의 아픔을 치료자가 믿고 수용해 줄 것이라는 것을 깨달아야 한다. 치료자가 적절한 반응으로 아동을 보살피게 되면서, 아동은 천천히 치료자를 신뢰하게 된다. 치료 초기 과정의 어느 순간이 되면, 아동은 놀이치료를 알아가는 기간을 지나, 존중받는 방식으로 관계를 맺는 것이 충분히 편안해지고 스스로 조금 더 깊은 수준의 관계를 맺기 위한 준비가 되었다고 판단할 것이다. 이때 아동은 다음과 같은 질문을 하기 시작한다.

> '이 사람과 함께하는 것이 안전하다는 나의 인식이 정말 맞는 것일까? 정말 사실인지를 확인해 보아야겠다.'
>
> '그래, 나에 대해 지금까지는 좋은 점만 보였지만 이제는 나쁜 모습도 보여서 이 사람이 생각했던 것처럼 나를 정말로 받아 주고 있는지 알아봐야지. 다른 사람들이 싫어하는 나의 모습들까지 보여 주어도 이 사람은 지금처럼 그 자리에 그대로 있을 수 있을까? 나의 감정을 함께 다뤄 주고 내가 통제를 잃지 않도록 도와줄 수 있을까?'

물론 이러한 의문들은 무의식적인 것이다. 하지만 이러한 동기로 아동은 관계를 시험하기 시작한다. 실제로 치료자를 믿고 따르는 과정으로 발전해 가기 위해서는 아동이 치료자를 시험하는 단계가 필수적이라고 할 수 있다. 아동은 자신이 보호받고 있다는 것을 알고 싶어 하며, 치료자가 자신들의 행동이나 감정이 통제 밖으로 벗어나지 않도록 하는지 알고 싶어 한다. 어느 정도가 되면 아동은 특이하게도, 자연스럽게 표현된 자신들의 강렬한 행동이나 감정이 스스로를 압도할 수 있다는 것을 깨닫는다. 이러한 점에서, 보호받지 않은 상태에서 경험하는 강렬한 행동과 감정은 상당한 충격을 안겨 줄 수 있다.

예전에는 아동이 치료실에 들어서자마자 치료자가 제한 설정을 해야 했다. 하지만 이런 식으로 어떤 제한을 설정하는 것은 치료자와의 관계에서 신뢰감을 형성할 기회나 치료자를 시험하면서 안전감을 느낄 수 있도록 허용해 주기보다는 권위적인 인상을 심어 주었다. 다시 말하자면, 관계 형성 초기에 규칙을 정하게 되면 아동은 치료자가 어떻게 자신을 돌봐 주는지를 시험해보며 확인할 수 없게 된다. 아동이 규칙에 저항하는 과정은 반드시 필요하다. 치료자에 대해 저항하는 과정들을 통해 아동은 치료에 필요한 관계를 형성하게 된다. 아동은 관계에서의 위기를 경험해야 하며, 그렇게 함으로써 치료자의 수용과 이해를 경험하게 된다. 거듭 강조해서 말하지만, 이 과정은 아동이 자신의 내적 상처를 드러내기 위한 안전감을 확보하기 전에 이루어질 필요가 있다. 이 단계의 아동은 관계 속에서의 안전감과 보호받고 있음을 발견하기 위해 치료자를 시험하는 것을 목표로 하며, 치료자는 이 시기에 아동의 욕구를 수용하고 이해하는 모습을 보여 주는 것을 목표로 삼는다.

아동이 치료자를 시험하는 일반적인 방법은 자신의 어려움과 직접적으로 관련이 없는 것들을 고집하면서 치료자에게 저항하는 방식이다. 예를 들어, “집에 이 총을 갖고 가고 싶어요.”라는 식으로 치료자를 시험한다. 이 말은 또한 아동이 주도권을 더 갖고 싶다는 바람을 치료자에게 전달하고 있다. 놀잇감이 아동의 문제와 관련된 상징성을 가지고 있을 수도 있다. 예를 들어, 젖병의 경우는 보다 돌봄을 받고 싶은 욕구를 보여 주고, 요술지팡이는 환경을 바꾸고 싶은 욕구, 총의 경우는 힘을 가졌으면 하는 욕구를 상징적으로 보여 준다. 하지만 앞서 아동이 치료자에게 보이는 대립적인 행동 자체는 아동의 문제와는 관련되지 않는다. 다시 말해, 아동은 자신에 대한 수용적 태도, 보살피는 태도 등 치료자의 반응을 살피기 위해 치료자에게 반대하거나 대립하는 행동을 한다.

치료자에 대한 저항은 여러 가지 모습일 수 있다. 약한 수준일 때는 “놀이를 끝내기 싫어요.” 또는 “오늘 안 나갈 거예요.”라는 등 단정적인 말투를 사용한다. 수줍어하거나 얌전한 아동들은 치료자를 결코 직접적으로 시험하지 않는다. 그보다는 “이 놀잇감을 집에 가지고 가고 싶어요.”라는 등 소극적인 태도로 시험하려 든다. 저항이 표현되는 수준이나 방법과는 상관없이, 아동이 치료자를 시험하는 모습이 보이면, 치료자는 자상하고 이해하는 태도로 아동에게 반응해 주어야 하는 과정이 시작되어야 한다. 치료자는 아동의 저항적인 요구가 뜻하는 바가 무엇인지 그리고 내면적 욕구가 어떤 것인지를 알고 있어야 한다. 아동의 요구는 단순한 힘겨루기 게임이 아니라, 자신의 자율성을 드러내고 싶어 하는 존중에 대한 요구임을 알아야 한다. 아동이 치료자를 시험하는 방식이 직접적이든 간접적이든 혹은 강하든 약하든 간에, 치료자는 아동 개인의 소통방식을 들었고 수용하였으며 이해했다고 반응해야 한다.

치료자는 아동이 놀이 상황을 통해 표면적으로 자신을 표현하더라도, 놀이치료실에서의 즉시성과 치료자와 아동 관계에서의 상호작용에 중점을 두어야 한다. 중요한 것은 아동이 하는 시험이 ‘지금, 여기 그리고 너와 나’의 상황에서 이루어지도록 도와

주고, 치료자가 자신을 이해해 주고 보호해 주고 있다는 확신을 가질 수 있게 해 주어야 한다. 예를 들어, 아동이 "집에 이 총을 가지고 가고 싶어요."라고 말한다면 "너는 안전한지 그리고 네가 원하는 대로 보호받을 수 있는지 알고 싶구나."라고 반응해 주는 것이 적절하다. 이러한 반응은 아동이 요구하는 내용의 이면에 있는 자신의 욕구를 치료자가 이해하고 있으며, 따뜻하고 수용적인 태도로 반응을 할 것이라는 점을 알게 해 준다.

다음의 대화는 치료자가 적절한 반응을 나타내는 대화를 묘사한 것이다.

C: 이 총을 집에 가져갈 거예요.

T: 아주 중요한 총이라서 집에 가져갔으면 하는구나.

C: 집에 이 총이 있으면 좋겠어요.

T: 너 스스로를 안전하게 하는 방법이 있는 게 중요하구나.

C: 아니요. 이 총을 가지고 싶어요.

T: 너에게 이 총은 중요한 것이라는 것을 알겠어.

C: 그래요. 저한테 있으면 좋겠어요.

T: 이 총이 네게 얼마나 중요한지 알겠어. 하지만 너랑 내가 여기에서 가지고 놀려면 놀이치료실에 이 총이 필요해.

C: 정말로 이 총을 갖고 싶어요.

T: 갖고 싶은 건 아는데, 이 총은 여기 있어야 해. 그래야 네가 여기 놀이치료실에 있을 때, 네가 원하는 대로 총을 가지고 놀 수 있거든.

C: 하지만 갖고 싶다고요.

T: 네가 얼마나 총을 가지고 싶은지, 너한테 얼마나 중요한지 아는데, 총은 여기에 있어야 해. 그래야 너와 내가 다시 놀이를 할 때 쓸 수 있어.

C: 다음에 여기 올 때까지 이 총을 숨겨 두어도 돼요?

T: 이 방 안 어디든지 네가 숨기고 싶은 곳에 총을 놔둘 수 있어.

C: (인형의 집 뒤에 총을 숨긴다.) 내가 다음에 올 때 총이 여기 있을까요?

T: 네가 숨긴 이곳에 있을지는 장담할 수 없지만, 이 방에는 확실히 있을 거야. 다음번에 너와 내가 같이 놀이할 때, 총도 쓰자.

C: (문 쪽으로 다가선다.) 몇 밤 지나야 오지……. (자신의 다섯 손가락을 보여

준다.)

T: 두 손가락만 더하면 돼. 그러면 여기서 다시 총을 가지고 놀 수 있어.

C: 오예! (아동이 수긍을 하고 문을 열고 치료실을 떠난다.)

Louie의 사례

하지만 다음의 사례와 같이 어떤 아동의 경우는 보호에 대한 확인이 보다 복잡하게 나타나기도 한다.

Louie라는 여섯 살 난 소년은, 어느 날 아버지와 함께 산으로 드라이브를 갔다. 심장에 문제가 있었던 아버지는 운전을 하다가 갑자기 심장발작을 일으켜 그 자리에서 사망하였다. 차는 도로에서 전복되어 산골짜기로 굴러떨어졌다. Louie는 죽은 아버지와 함께 사람들에게 발견될 때까지 한 시간 동안이나 차에 갇혀 있었다. 그리고 차에서 구조될 때까지 또다시 한 시간을 보내야 했다.

대부분의 부모는 아이가 이렇게 큰 충격적인 사건을 경험했다면 치료를 시작할 것이다. 하지만 Louie의 엄마는 이 충격적 사건이 아들에게 영향을 미쳤다는 사실조차 알지 못했다.

거의 1년이 지난 후에 Louie는 할아버지와 함께 차를 타고 가고 있었는데, 할아버지 역시 갑자기 심장발작을 일으켰고, 차는 도로를 이탈하여 나무를 들이받았다. 이번에 Louie는 차에서 기어 나와 도움을 청하러 갈 수 있었으나, 할아버지는 사망하였다.

여전히 Louie의 엄마는 Louie가 경험한 충격적인 사건에 대해 충분히 공감하지 못했고, 두 사람의 죽음을 경험한 아동을 도와주기 위해서 한 것은 아무것도 없었다. 6개월이 지난 후에 엄마는 재혼을 했다. 엄마는 Louie가 몇 달이 지나도록 새아버지와 관계를 맺지 못하자, 왜 그러는 것인지 이해하지 못했고, Louie의 엄마는 그때 Louie에게 치료를 받게 하려고 마음먹었다. 결국 아이의 고통이 엄마의 인생에 영향을 끼치게 되자 치료를 생각하게 된 것이다.

이 시점에, Louie가 치료실로 와서 "오, 선생님은 놀이치료 전문가네요. 선생님과 관계를 맺어 볼래요."라고 말하는 것은 불가능하다. 만약 아동이 그렇게 했더라도, 아동의 일생에서 중요했던 성인인 아빠와 할아버지의 죽음으로 인한 고통이 아동의 내면에서 폭발했을 것이다. 치료자를 시험해 보려는 마음을 갖기까지도 4회기나 걸렸다. 마침내, 네 번째 치료 회기가 끝날 때쯤 Louie는 반항적 태도를 취했다. "이제 10분 남았어."라고 치료자가 말할 때 Louie는 자동차 놀이를 하고 있었고, 그 말을 듣고 놀이를 마무리하기 시작하였다. 5분이 지나 치료자가 다시 "이제 5분 남았네. 놀잇감들을 정리해야지."라고 하자 갑자기 "정리하기 싫어요."라고 말하면서 나가고 싶지 않아 했다. 아동이 자동차 놀이를 하면서, 아버지와 할아버지를 상실한 고통을 드러내고 있었던 것이다. 아동은 자신이 힘이 없다고 느꼈고, 다시 통제감을 얻기 위해, 반항적 태도를 취했다.

이때 치료자는 "그만두고 싶지 않은 네 마음 알겠지만 시간이 다 되었어. 그리고 나가기 전에, 우리는 놀잇감을 정리해야 해."라고 말했다.

그러자 Louie는 놀잇감을 걷어차며, "정리 안 할 거예요!"라고 소리쳤다.

치료자는 "네가 가기 싫다는 거 알아. 네가 여기 있는 걸 좋아하니까 기쁘기도 해. 하지만 이제는 가야 할 시간이야. 놀잇감을 한 번 더 차면, 네가 괜찮아질 때까지 너를 꼭 잡을 거야."라고 말했다.

Louie는 "싫어요. 그렇게는 안 할 거예요."라며 다시 놀잇감을 발로 찼다.

이러한 파괴적인 행동을 그만두게 하고, 감정을 추스를 수 있도록 하기 위해 치료자는 아동을 진정시킬 필요가 있다. 이 단계에서는 보통 언어적 반응을 해 주는 것만으로 충분하다. 하지만 Louie가 놀잇감을 차는 것을 멈추려 하지 않았을 때, 앞의 사례의 상황은 보다 심각해졌다. 놀잇감은 아동 자신의 연장선임을 의미하기 때문에, Louie가 이 놀잇감을 차는 것은 자기 자신을 차는 것과 같다고 할 수 있다. 이러한 의미를 알고 있기 때문에, 치료자는 Louie가 자기 자신을 다치게 하도록 내버려두어서는 안 된다.

치료자가 아동을 적절하게 존중해 주었을 때, 아동이 신체적으로 저지되어야 하는 상황은 드물게 나타난다. 하지만 이것이 결정적으로 필요한 순간도 있다. 이 사례에서, 치료자는 Louie를 저지하기 위해 아동의 뒤에서 다가가 Louie의 팔을 교차시키고, 상처나 아픔이 없도록 손목과 팔꿈치 사이를 잡아 주었다. 또한, 치료자는 Louie의 손가락을 잡지 않았다. 아동이 저지될 때 손가락이 잡혀 있으면, 몸부림을 치고 비틀다가 아플 수 있고, 손목을 잡게 되면 인대나 힘줄을 늘어나게 할 수 있다. 아동을

저지하는 근본적인 이유는 아동을 보호하기 위해서이지 처벌하기 위해서가 아니다.

만약 치료자가 Louie를 마주보며 다가갔다면, Louie의 개인적인 공간에 들어가게 되어 문제를 더욱 악화시켰을 것이다. 이러한 일이 일어나게 되면, 아동이 힘들어하는 주요 문제가 치료자와 아동 사이에서 말 그대로 폭발하게 된다. 반면에, 놀이치료를 받는 아동이 등 뒤로부터 다가온 가해자에 의해 학대를 받았다면, 등 뒤로 다가가는 접근 방식 역시 아동의 문제를 악화시킬 수 있다.

> 이후 치료자는 만약 Louie가 자신의 머리를 뒤로 세게 젖히면 치료자의 얼굴을 박아 다칠 수 있다는 것을 알아차리고, 자신의 머리를 틀어 Louie의 머리에 치료자의 볼이 가 까워지도록 했다. Louie가 앞으로 몸을 기울이자 치료자는 몸을 앞으로 기울였다. 이 자세에서 Louie의 귀는 치료자의 입 근처에 머물게 되었다. 치료자는 Louie가 내면에 오랫동안 지녀 왔고, 행동하도록 영향을 준 그 에너지를 다시 보내도록 돕기 위해 부드럽고, 평온하고, 보호적인 목소리로 Louie에게 말하기 시작했다. 이 시점에 만약 치료자가 아동을 힘으로만 제압하려 들었다면 오히려 치료를 방해했을 것이다.

아동을 힘으로 저지하는 경우, "지금부터 열을 셀게. 그때까지 진정되면 너를 놔줄게."라고 말할 수 있다. 그리고 난 후 숫자를 세면서 이렇게 말해 줄 수 있다.

> 하나. 화를 내도 괜찮아. 그래도 괜찮아. (잠시 있는다.)
>
> 둘. 화내는 건 괜찮지만, 네가 나를 아프게 할 수는 없어. (잠시 있는다.)
>
> 셋. 네가 표현하고 싶은 기분이 있다는 거 알겠어. 정말 화가 나는 거지. (잠시 있는다.)
>
> 넷. 여기서는 네가 원하는 만큼 너의 기분에 대해 이야기할 수 있는데, 이때 아무도 다치지 않고, 너도 안전해야 해. (잠시 있는다.)
>
> 다섯. 네 기분은 알지만, 여기서는 네가 안전했으면 해. 여기서는 네가 안전하다는 것을 너도 알았으면 좋겠어. (잠시 있는다.)
>
> 여섯. 나는 너의 기분에 대해서 다 알아 가고 싶어. 가끔 화가 나서 언짢을 때가 있지. 그 기분들을 놀이로 보여 주면 좋겠어. 그리고 그럴 때 아무도 다치지 않는다는 걸 알았으면 좋겠어. (잠시 있는다.)
>
> 일곱. 이제 다시 더 안전해졌다고 느끼고 있지. 네 기분을 말해 주고 놀아도 괜찮아.

(잠시 있는다.)

여덟. 이제. 너는 괜찮아질 거야. 기분도 나아질 거야. 다 괜찮아질 거야. (잠시 있는다.)

아홉. 이제 너를 놓아줄게. 이제 네가 너 스스로를 조절하고 있네. 모든 게 괜찮아질 거야. (잠시 있는다.)

열. (아이를 놓아준다.)

하지만 Louie의 경우에는 치료자가 열을 셀 때까지 진정하지 못했다.

여섯을 세고 난 후에도 Louie는 계속 몸부림을 쳤다. 마침 그날 치료자는 반팔 차림이었다. Louie를 붙들고 조금 있다가 앉았는데, 이때 Louie가 치료자의 팔에 침을 뱉었다. 이 치료자는 잘 훈련되어 아동들에 대한 상당한 공감 능력이 있었고, 상징성을 이해했기 때문에, '이 작은 아이가 얼마나 큰 상실의 아픔을 가지고 있을까. 아동의 침은 사실 아동이 울어야 하는 눈물과 경험해야 하는 슬픔을 나타내고 있네.'라고 생각했다. 그래서 치료자는 Louie가 계속 침을 뱉도록 내버려 두었다. 제한이 설정되어야 하는 순간들도 있지만, 치료자는 이 순간은 Louie가 침을 뱉도록 해 주는 것이 더 중요하다고 느꼈다.

그러다 갑자기 Louie는 머리를 숙이고는 치료자의 팔에 이를 가져다 댔다. 치료자는 재빨리 "Louie야. 네게 일어난 일들로 인해서 네 마음이 얼마나 속상한지, 얼마나 슬픈지 알겠어. 하지만 얼마나 아픈지를 알려 주기 위해서 나를 물지는 않아도 돼. 그럴 필요 없어."라고 말하였다.

흥미롭게도, Louie는 물러나서 다시 침을 뱉기 시작하였다. 치료자는 Louie가 치료자를 물지 않았다는 점에서, 아동의 방식대로 존중의 신호를 보내고 있다고 느꼈다. 치료자는 다시 열을 세기 시작하였고, 숫자 세기를 마칠 즈음, Louie는 진정이 되어 풀려나게 되었다. 그 회기는 얼마 지나지 않아서 끝났다.

Louie의 저항은 자신의 상처에 대한 아픔을 재경험하는 데서 오는 두려움과 치료자와 관계를 형성하는 과정에서의 두려움을 전한다는 의미가 있었다. 아동은 마음속으로 이렇게 말하고 있는 것이다.

"만약 내가 남자 어른인 치료자와 관계를 맺기 시작한다면, 내 생애에서 중요했던 두 남자를 상실했던 그 모든 아픔을 다시 경험해야만 할 거예요. 남자인 당신을 받아들이기 위해서, 나는 그 아픔을 수용해야만 하잖아요."

Louie가 치료자의 팔에 침을 뱉었을 때, Louie는 치료자와 관계를 맺는 것과 치료 자체에 스스로 마음을 여는 것으로 인해 자신이 흘릴 눈물과 고통을 표현하고 있었던 것이다. Louie를 차분하게 잡고, 숫자를 세는 동안 Louie의 속마음을 반영해 주면서 치료자는 이 아동의 슬픔, 고통, 분노, 상처를 잘 돌보아 줄 것이라고 이야기해 주었다. 반면에, 치료자가 침을 뱉지 말라고 통제하며 Louie가 상징적으로 표현하는 바를 거부했다면, Louie는 자신이 이해받고 있는 것이 아니라 치료자와 힘을 겨루고 있다고 느꼈을 것이다. 그렇게 되었다면 Louie는 마음의 문을 닫고 치료를 거부했을 것이다. 아동의 행동을 제지하기 위해서 힘을 사용하는 것은 치료 작업을 하는 치료자의 능력만 방해할 것이다.

Louie는 동요와 슬픔을 느끼면서 이 치료 회기를 마쳤다. 그다음 회기에서 여전히 조심스러워했지만, 놀잇감을 선택해 바로 놀이를 시작하였다. Louie가 스스로는 감당하기 어려운 고통 속으로 들어갔을 때 치료자가 Louie를 자상하게 돌보아 주었기 때문에 Louie는 치료자와 신뢰하는 관계로 되어 가기 시작했다.

놀이치료실의 기본적인 제한

아동과 치료자의 안전을 위해서, 놀이치료실에는 지켜야 할 기본적인 제한이 있는데(Axline, 1947b, 1969), 이를 세 가지 영역으로 나누어 보면 다음과 같다.

- 절대적 제한: 아동의 안전과 직결되는 문제로 언제나 지켜져야 한다.
  - 놀이라는 이유로 아동이 스스로를 아프게 하지는 않아야 한다.
  - 놀이라는 이유로 아동이 치료자를 아프게 하지는 않아야 한다.
- 임상적 제한: 임상 현장에서 일반적으로 나타나는 문제들을 포함하고 있다.
  - 놀이치료실에서 놀잇감을 가져가지 않는다.

– 놀이치료 시간이 끝날 때까지 아동은 치료실을 벗어나지 않는다. 단, 아동이 아프거나 화장실에 가야 하는 경우는 예외로 한다.
– 놀이치료 시간이 끝나면, 아동은 방에서 반드시 나가야 한다.
- 상황적 제한: 개인 사례에 따라 다르게 제한을 정할 수 있다.

상황에 따른 제한은 아동이 놀잇감을 망가뜨리거나 놀이치료실을 부수는 등의 아동 개인의 성격이나 욕구에 의해 정해진다. 이러한 상황적 제한은 치료자가 임상적 제한이나 절대적 제한을 하는 것과 관련되어 이루어지게 된다. 치료자와의 관계에서 임상적 혹은 절대적 제한을 받아들일 수 있을 정도의 안전감을 가지고 있지 못하는 아동은 또 다른 행동을 해서 치료자와 더 안전한 관계를 만들어 갈 수 있는 기회를 스스로 마련하려고 한다.

아동이 고의적으로 놀잇감을 파괴하여 상황적 제한이 필요해지는 경우는 아동이 시험을 해 보려 할 때 나타나는 일반적인 행동이다. 아동들이 고의적으로, 또는 자신의 아픔을 보여 주기 위한 수단으로 놀잇감을 망가뜨리는 것을 허용해서는 안 된다. 물론 놀이치료를 하는 도중에 놀잇감이 망가질 수도 있다. 가족 내 보이는 폭력 문제를 다루기 위해 놀잇감을 거칠게 다루는 아동이 있을 수 있다. 이러한 놀이 중 놀잇감이 의도치 않게 망가지게 되면 아동은 치료자의 반응을 걱정할 수 있다. 폭력적인 가정의 아동은 치료자의 눈치를 재빨리 살피며 이러한 걱정을 드러낸다. 자신이 놀잇감을 망가뜨린 것 때문에 매 맞을지 모른다고 생각하며 과하게 주변을 경계하게 되거나 화들짝 놀라는 반응을 보이는 것이다. 이런 경우 치료자는 "아니, 괜찮아. 일부러 그런 게 아니잖아."라고 말해 주어야 한다. 이러한 아동들은 두려움을 경험하고 있기 때문에, 치료자가 안전감을 주는 반영을 해 주는 것이 필요하다. 이런 식으로 놀잇감을 망가뜨리게 되는 아동은 제한에 대한 반항으로 놀잇감을 계속 망가뜨리는 아동과 다르게 대해야 한다.

Tyler의 사례

Tyler는 아버지에게 맞아서 온 다섯 살 남자아이였다. 더 이상 아버지와 한 집에서 살지 않지만 아동과 함께 지내는 엄마도 방임적인 양육 태도를 보이고 있었다. Tyler의 심각한 증상 중 하나는 언어능력의 저하였다.

치료 시간에 치료자는 놀잇감을 망가뜨리지 말라는 제한을 설정했다. 그러자 Tyler는 마치 '왜 그런 제한을 하는지 이해할 수가 없어요!'라고 말하듯 등을 돌리고 주변을 돌아다녔다. 그 순간 아동은 매우 예민해졌고 불안한 듯한 모습을 보였다. 다음은 그 회기의 진행 과정을 발췌한 것이다.

회기	해석
1. C: (구슬을 몇 개 집어 들고) 이 구슬들 봤어요? 하늘까지 갈 수 있을까요? (수를 세며) 하나, 둘, 셋, 넷, 다섯. 모두 5달러예요!	1. Tyler는 자신의 불안을 은유적으로 세고 있었다. 치료자의 제한 설정으로 아동의 불안은 하늘로 치솟은 것이다. 결국 치료자가 제한을 설정했을 때, Tyler는 과거의 경험으로 인한 정서적 고통을 느끼기 시작했다. 또한 Tyler는 숫자 세기에 달러라는 단위를 붙여, 안전과 힘을 은유적으로 표현했다. 이때 치료자는 '강한' 혹은 '안전한'과 같은 단어를 사용하여 Tyler가 다시 힘을 얻도록 지지하는 반응을 보여 주어야 한다.
2. C: (가짜 돈을 주머니에 집어넣는다.) T: 주머니에 그것들이 있으니 정말 강한 것처럼 느껴지는구나. C: (돈을 더 주머니에 집어넣는다.) T: 네 주머니 안에 있으니까 정말 안전해.	2. 치료자는 '나와 함께 있으니 안전해.'라는 은유적 의미를 전달하고 있다.

3. C: (총과 칼을 집어 자신의 허리끈에 밀어 넣는다.)	3. Tyler는 보호받고 싶은 욕구를 전달하고 있다.
4. C: (이 순간을 자신의 경험과 관련지으며) 내 머리에 쥐가 있었어요.	4. 하루는 쥐 한 마리가 Tyler의 침대를 지나 머리로 달려든 적이 있었는데, Tyler는 무슨 일이 일어날지에 대한 두려움을 쥐에게 일어난 일과 관련지어 말하기 시작했다. 다시 말하자면, Tyler는 제한 설정과 가정 내 폭력으로 인해 불안을 느끼고 있다는 것을 표현하고 있다.
5. C: (놀잇감 칼로 치료자의 손을 베어 내는 시늉을 한다.)	5. Tyler는 치료자를 무력하게 하여 자신을 신체적으로 다치게 하지 못하게 하도록 이러한 행동을 했다. 이는 또한 자신감을 되찾으려는 노력이기도 하다.
6. C: (블록을 집어 들고 치료자를 다치게 하려고 치료자를 향해 다가가기 시작한다.) T: 나는 네가 다치게 두지 않을 거야. 그리고 너도 나를 다치게 하면 안 돼.	6. 보호를 시험하는 단계에서 치료자는 아동이 드러내는 문제를 살피고, 현재의 관계로 이를 끌어들여야 한다. 이러한 반응은 Tyler와의 관계에 빠르게 다가가도록 해 줄 것이다. 이후의 단계에서는 다른 방향을 취하게 되겠지만, 이 단계에서 Tyler는 치료자가 관계 안에서 자신을 어떻게 보호해 줄 것인지 알아야 할 필요가 있다. 다시 말해, Tyler가 자신의 내적 고통과 만나는 동안 감정을 조절하지 못하게 될 때 치료자는 적절한 제한 설정을 통해 Tyler를 보호해 주고 안전함을 제공해 주어야 한다. 치료자는 아동이 다시 통제력을 가질 수 있도록 도와야 한다.
7. C: (놀잇감 몇 개를 책상으로 던지기 시작한다. 또 300명의 군인 인형이 들어 있는 바구니에 다가가 그것들도 책상을 향해 마	7. 두 번째 놀잇감을 던진다는 것은 이 행동이 반복적으로 일어나고 있다는 것이다. 그러므로 이때 치료자는 제한 설정

구 던진다.)

T: 화가 많이 났구나. 그렇지만 놀잇감을 던지는 것은 안 돼. (더 이상 던지지 못하도록 책상 위에 팔을 얹는다.)

8. C: (잠시 멈추었다가 치료자의 팔 옆에 자신의 팔을 놓는다.)

9. T: (시간이 약간 흐른 다음에) 이제 놀이할 시간이 5분 남았어.

C: (주머니에 놀잇감을 가득 담는다.) 이것들 집으로 가져갈 거예요.

T: (아동의 말이나 행동에 아무 제한을 하지 않는다.)

(5분이 지난 후에 끝날 시간이 되었다.)

C: (주머니에 놀잇감을 가득 넣고 문을 향하려 한다.)

T: 이제 끝날 시간이구나. 주머니에 있는 놀잇감을 꺼내 놓고 가야 해.

C: 싫어요. 집에 다 가지고 갈 거예요. 뺏으려고 하면 도망갈 거예요!

T: 놀잇감을 집으로 가져가서 놀고 싶구나. 하지만 그 놀잇감들은 이 방에 있어야 하는 거야. 그래야 네가 다음 주에 와서 또 그것들을 가지고 놀 수 있어. (놀잇감을 주머니에서 꺼내는 것을 도와준다.)

C: (아까 놀잇감을 던질 때 제한을 주었던 책상 위에 거칠게 몇 개의 놀잇감을 꺼내 놓고는 바닥으로 모두 떨어뜨려 버린다. 그리고는 문으로 향한다.)

T: (아동보다 먼저 문으로 다가가서 못나가도록 막는다.)

C: (방을 돌며 도망 다닌다.)

을 할 필요가 있다. 이러한 종류의 행동은 치료자가 한계를 설정할 때까지 지속되게 된다.

8. 치료자의 자세를 따라 하는 행동으로 제한을 받아들이고 있다는 것을 보여 준다.

9. 이제 Tyler는 치료자에게 충분한 신뢰를 가지고 있기 때문에 치료자가 미처 살피지 못한 것을 알려 주고 있는 것이다. 즉, 치료자가 보호해 준다는 것을 느끼고 치료자를 받아들이고 있다. 이제 아동은 놀이로 소통하며, 놀이에 상상 놀이와 은유를 담을 수 있게 된 것이다.

T: 놀잇감을 정말 가지고 가고 싶지. 그런데 내가 안 된다고 하니까 화가 나는구나. 나한테 화내는 것은 괜찮지만, 놀잇감을 가지고 갈 수는 없어. 네 주머니가 비었는지 살펴보아야겠다.
C: (할 수 없이 응한다.)
T: (주머니를 살펴보면 하나도 없다는 것을 확인한다.) 이제 가도 괜찮아.
C: 싫어요. 집에 갈 수 없어요. 총 케이스가 발 아래 떨어져 있어요. 아, 칼집이에요. 선생님이 칼집 잊어버렸어요. 그게 내 발 아래 있어요. (주머니에 구멍이나 있었기 때문에 칼집이 떨어져 발 아래에 있었던 것이다.)

Tyler의 사례는 회기를 끝내면서 치료자에게 신뢰를 가지게 되었음을 보여 주고 있다. 그러나 치료실을 나가려 하지 않는 아동들도 있다. 그런 경우에는 치료자가 따뜻하고 나지막한 목소리로 "우리 함께 손잡고 밖에 기다리는 엄마한테 가자."라고 말해 주는 것이 좋다. 그래도 나가지 않으려고 저항한다면 "이제 너를 꼭 껴안아서 밖에 기다리는 엄마한테 데려다줄게."라고 말한다. 하지만 이때 중요한 것은 아동의 눈과 같은 높이에서 눈맞춤을 하면서 말해야 한다는 점이다. 혹시 아동이 바닥에 앉아 있는 경우라도 마찬가지이다. 치료자가 아동 앞에 서서 권위적인 목소리로 그런 말을 한다면, 매우 불안감을 아동이 느끼게 되어 신뢰감을 얻는 데 실패할 수밖에 없을 것이다.

대부분의 경우 치료자가 이러한 말을 하고 아동에게 다가가면, 아동은 방에서 뛰어나오게 될 것이다. 중요한 것은 치료자가 먼저 제한 설정을 말로 언급해 주고 이에 따라 행동하는 것이다. 반항적인 아동의 경우에는 치료자가 자신을 향해 다가오는 것이 매우 두렵게 느껴질 수 있다. 치료자에게 대항적인 태도를 취하는 것이 자신에게 결코 도움이 되지 않을 것이라는 점을 알게 되기 때문이다.

드문 경우이긴 하지만, 아동이 통제력을 잃고 마구 떼를 쓰고 몸부림을 칠 수도 있

다. 이러한 경우 통제력을 회복할 때까지 아동을 붙잡고 있다가 방에서 함께 걸어 나와야 한다.

아동이 치료실에 계속 머물겠다며 주어진 시간보다 10분 이상 시간을 지연시켰다면, 시간 제한을 존중해야만 한다는 것을 깨닫게 해 주기 위해 적절한 행동을 취해 주어야 한다. 예를 들어, 다음 회기를 시작할 때 "이제 우리 놀이 시간이야. 그런데 지난번에 우리가 약속된 시간보다 10분을 더 썼기 때문에, 이번 시간에는 10분 일찍 나올 거야."라고 말해 주어야 한다. 이는 처벌이라기보다는 존중에 대해 알려 주기 위해서이다.

학대 경험이 있는 아동이 놀이치료를 받으러 오는 경우, 보호를 시험하는 과정이 쉽지 않을 수 있다. 치료자는 아동이 치료에서 보내는 시간과 이와 관련된 아동의 패턴에 익숙해져 왔기 때문에, 아동이 시험을 하려는 시간을 가지려 한다는 것을 판단할 수 있을 것이다. 치료 과정 중 이때가 되면, 아동에게 실제로 15분이 남아 있더라도 10분이 남아 있다고 알려 줄 필요도 있다. 그렇게 함으로써 놀이를 마무리할 충분한 시간을 줄 수 있다. 아동의 시험에 적절하게 반응하기 위한 충분한 시간을 마련해 두는 것이 필요하다. 이러한 이유로, 놀이에 열중해 있는 아동에게 "오, 시간을 말해 주는 것을 잊었구나. 이제 끝낼 시간이야. 지금 정리하고 나가야 해."라고 말하지 않는 것이 매우 중요하다. 이런 경우에 마무리를 제대로 할 수 없기 때문에 치료에 역효과를 갖게 될 수 있다.

함께 놀잇감 정리하기

치료자와 아동이 함께 놀잇감을 정리하는 것에는 여러 이유가 있다. 예를 들어, 상상 놀이를 한 뒤에 놀잇감을 정리하면서, 아동이 자신의 아픔에 집중하며 펼쳤던 상상 놀이에서 벗어나 현실로 되돌아오는 전환의 시간을 갖게 하는 것이 좋다. 이렇게 상상에서 현실로의 전환을 위한 시간은, 아동이 치료실을 떠나기 전에, 자신의 안전감을 상실하지 않도록 하기 위해 그리고 자신의 방향을 다시 되찾도록 하기 위해서 놀이치료실에서 가져야 한다. 또한, 치료자와 아동이 함께 놀잇감을 정리하는 것은 아동에게 힘을 주고 아동이 자신의 경험을 재구성할 수 있는 기회를 준다. 그리고 아동의 상상 놀이에서는 할 수 없는, 직접적인 형태의 치료가 이루어 질 수 있는 기회이기도 하다. 예를 들어, "오늘 정말 열심히 했어. 네가 얼마나 강해지고 있는지 알 수 있어."라고 말해 줄 수 있다.

함께 놀잇감을 정리하는 것은 상상 놀이를 하면서 가졌던 감정들을 정리할 수 있도록 도와주는 가치 있는 시간이기도 하다. 아동이 자신의 아픔을 들여다보고, 정리해 나가는 과정은 아동 스스로 강해졌다는 것을 느끼고 힘을 얻도록 하는 치료 과정이다. 만일 예민한 상태로 아동이 떠나게 되면, 그 회기는 실패한 것이다. 회기를 마친다는 것은, 아동의 고통을 닫아 둔다는 의미이며, 결국에는 아동을 둘러싸고 있는 모든 고통을 치유하는 것이다. 따라서 치료자와 아동이 함께 정리를 하며 회기를 마무리하는 것은 치료적 과정에 있어서 아주 중요하다고 할 수 있다.

치료 작업 단계

의존 단계: 고통과 마주하기

놀이치료의 세 번째 단계는 의존 단계(Dependency Stage)이다. 이 단계는 감정적으로 격렬해지는 놀이치료 과정의 작업 단계 중 하나이다. 앞서 이루어진 보호를 시험하는 단계에서 치료자에 대한 신뢰감이 자리를 잡은 다음, 이 단계가 시작된다. 치료자에 대한 신뢰를 바탕으로, 아동은 이제 놀이유형과 놀이 강도의 변화 과정을 통해 치료자에게 의존하며 정서적 안정감과 보호받고 있음을 느낀다.

의존 단계의 특징

이 단계의 주요한 특징은 다음과 같다.

- 아동이 보호의 시험 단계를 거쳤다.
- 아동은 보통 놀이의 내용을 가장하는 상상 놀이로 들어간다.
- 아동의 놀이에 개인적인 의미가 있는 정서적 주제를 담기 시작한다. 자신의 주제를 드러내는 속도를 보호하기 위해, 은유적 형태나 상상 놀이로 주제를 반영한다.

- 앞서 신뢰감이 형성되었기 때문에 아동은 이제 상상 놀이에 치료자를 초대한다.
- 아동은 매우 강렬하고 압축된 형태로 상상 놀이를 구성하여, 이 놀이에 자신의 걱정거리를 표현해 내려 한다.
- 아동의 놀이방식은 아동의 문제가 발생하기 시작했던 발달 시점의 경험을 연상시킨다는 점에서 퇴행을 보인다.

어떤 아동들은 의존 단계의 초기 무렵에는 치료자를 놀이에 초대하지 않는 경향을 보이기도 한다. 이는 다른 사람을 놀이 과정에 참여시키는 것을 허용하기 전에 자신이 상당한 정도의 통제력을 지속하는 것이 필요하기 때문이다.

치유 여정

이 단계에서의 상상이나 은유적 놀이는 아동이 겪은 고통스런 현실을 가장하려는 하나의 방법이라 할 수 있다. 또한, 아동에게 있어서 고통이나 힘든 현실을 극복하려는 표현이기도 하다. 비록 현실 세계에서는 아동이 주변 환경의 희생자이지만 상상 놀이에서는 자신의 감정적 세계를 스스로 통제하고 지배하는 입장이 되는 것이다. 이러한 과정을 통해 아동은 스스로를 치료적 과정으로 이끄는 것이다. 이처럼, 아동에 의해 통제되고 창조되는 상상 놀이는 아동을 치유의 과정으로 이끈다. 놀랍게도 아동은 무의식적인 수준에서이긴 하지만 치유 과정으로 이끄는 데 필수적인 내적 인식을 가지고 있다(Landreth, 1991; Nickerson & O'Laughlin, 1980).

이러한 자기 창조적인 놀이 과정을 치유 여정(healing journey)이라고 일컫는다. 아동은 주어진 놀잇감을 가지고 자신에게 필요한 내용을 만들어 낼 수 있는 내적 지혜를 가지고 있다. 또한, 고통을 헤쳐 나가 치유의 과정으로 다가가기 위해 어떻게 해야 할지, 그리고 어디에서 놀이를 해야 하는지에 대한 놀이 방법도 본능적으로 알고 있다. 신기하게도, 모든 아동의 치유여정은 자신의 경험에서 우러나오는 개인적인 것으로 이루어진다. 각 아동은 놀이에서 자신이 통합할 수 있는 변화 혹은 치유의 정도에 맞게 놀이의 속도를 유지한다.

치료자가 아동이 보여 주는 놀이의 진행을 앞질러 가서는 안 된다. 치료자는 아동이 보여 주고자 하는 놀이나, 놀이회기를 진행하는 동안 아동이 자신의 경험에 대해

통합할 수 있는 능력에 맞게 속도를 맞추어야 한다.

치료자의 책임

상상 놀이의 초기단계에서 아동이 표현하는 내용에 대해 치료자가 경청하고 관찰하고 반응하는 것은 매우 중요하다. 아동은 이 순간에 사건이나 관계에 대한 자신의 아픈 상처를 드러내며 강렬한 에너지를 발산한다.

그러므로 이 단계에서, 치료자는 아동이 체험한 상황과 정서적인 부분을 은유적으로 표현해 내는 놀이 주제에 대해 수용적인 태도를 유지하는 것에 목표를 두어야 한다. 더불어 아동에게 중요한 의미를 지니는 경험들에 대해 이해하고 수용해 주는 치료자의 태도를 아동이 느낄 수 있도록 해 주어야 한다. 치료자는 아동이 은유적이거나 위장된 형태로 표현하는 놀이의 진정한 내용을 알아차려야 한다. 치료자는 아동이 만들어 낸 상상 놀이를 통해 아동과 함께 놀며 경험하며 깨닫게 된다. 이러한 치료자의 태도는 아동을 보다 깊은 내면 단계로 이동할 수 있게 한다. 또한, 자신의 권능감을 찾으려는 아동의 욕구를 격려하고, 새로운 체험을 통합할 수 있는 힘을 가질 수 있도록 도와준다. 치료자가 아동을 존중해 주고, 아동이 발달에 맞는 놀이[1]를 통해 보여 주는 체험을 수용해 줄수록 치료 과정은 빨라지고 보다 깊은 치유 과정으로 나아가게 된다.

이 과정이 진행되기 위해서는 치료자가 아동에게 정서적 보호와 안전을 보장해 줄 것이라는 점을 아동이 믿고 따를 수 있어야 한다. 치료자는 아동의 정서적 표현을 수용해 주고, 아동이 겪은 갈등으로부터 아동을 보호해 준다는 신뢰감을 꾸준히 보여 주어야 한다. 치료자의 이러한 태도에 따라 아동은 전에는 보호받기 위해 사용했던 자신의 정서적 에너지를, 이제는 치료에서 마주할 정서적 체험으로 재창조하는 데 집중할 수 있게 된다. 또한, 아동은 이제 치료자를 놀이에 초대하면, 정서적이고 신체적인 보호와 수용, 이해의 태도로 자신의 놀이에 함께할 것이라는 점을 알아차리게 된다. 치료자는 아동이 체험한 놀이가 아동의 개인적인 사건과 연결되어 다양한

1) 아동의 놀이 방식은 사건이 발생된 시점의 아동 발달 수준의 특징을 나타낸다.

정서적 분위기와 강도로 나타난다는 점을 이해하고, 놀이를 통해 치료자가 이 체험들에 대한 정서적 의미를 이해하고 있음을 아동에게 지속적으로 전달해 주어야 할 책임이 있다.

가끔 아동들은 방해나 침범을 받지 않고 치료자 앞에서 자신의 체험을 놀이로 표현하고 싶어 한다. 이때 아동은 치료자를 놀이에 초대하지 않는 행동을 통해 암묵적으로 자신의 욕구를 보여 주는데, 이러한 경우에 치료자는 아동의 행동을 관찰하며 읽어 주는 반응만을 하거나 침묵해야 한다. 반영을 해야 한다면, 놀잇감이나 아동이 만들어 낸 전반적인 체험에 대한 것이 좋다. 아동이 놀이에서 가장하거나 모호하게 나타내는 것들은 존중해 주기 위해 아동에게 직접적인 반영을 하는 것은 최소화하는 것이 바람직하다. 또한 해석적 반응은 피해야 한다. 상상이나 은유를 통해서 보여 주는 내용들을 상상 놀이 자체로 반영하기보다, 해석적 반응으로 폭로해 버리는 것은 아동이 가지고 있는 놀이에서의 통제력을 상실케 하여 놀이하는 것을 포기하게 만들 수 있기 때문에 피해야 한다. (다양한 치료의 단계에서 적절한 치료 반응을 위한 보다 심도 있는 논의는 8장을 참조할 것.)

이 시점에서, 아동들은 이러한 사건이 자신의 체험이라는 것을 치료자가 알도록 허락하고 싶어 하지 않는다. 치료자가 그들의 현실을 인정하도록 강요하는 것은 통제력에 대한 아동의 욕구를 침해하고 치료적 과정을 방해하는 것이다. 치료자는 아동이 놀이의 연출자이며, 아동이 사건에 대해 확인시켜 주기로 선택하기 전까지는 놀이를 알아내는 것이 아니라, 체험해야 한다는 것을 기억해야 한다. 일반적으로 아동이 정서적 고통을 자신의 통제하에 둘 수 있을 때 이것이 가능해지며, 이때가 되면 아동은 더 이상 상처에 대해 감정적으로 북받치지 않을 것이다. 인물이나 상황에 대해서는 치료적 성장 단계(The Therapeutic Growth Stage)가 될 때까지 밝혀지지 않는다. 실제로 일부 아동의 경우, 치료가 진행되는 동안에도 자신이 겪은 충격적 사건에 대해 알려 주는 놀이를 전혀 하지 않는 경우도 있다.

치료자는 이 단계에서 아동의 일상에 더욱 중요한 사람이 된다. 부모들은 자녀가 내면의 고통에 대해 표현하는 것을 제대로 이해하지 못하기 때문에 그들의 지지적인 태도는 그다지 효과를 거두지 못한다. 따라서 아동이 치료실에 오는 시간은 일주일 중 가장 중요한 시간이 된다. 실제로 한 회기를 치료자의 사정 때문이든, 아니면 아동의 사정 때문이든 간에 거르게 되면, 아동은 버림받았다고 느끼거나 실망하게 된다.

그리고 이로 인해서 다음 회기에 임했을 때 분노를 보이기도 하고, 더 나아가서는 회기 초반의 이전 단계인 보호를 시험하는 단계로 되돌아가 짧게나마 다시 시험하는 시간을 갖기도 한다. 일단 아동이 치료자가 자신의 말을 경청해 주고 있다고 느끼게 되면, 곧 치료자와의 관계는 다시 복구되고 상상 놀이에 다시 들어가게 된다.

모든 아동은 경청받고 싶은 욕구가 있다. 불행히도 이 욕구가 충족되지 못하면, 다음 세대가 그 결과로 인해 고통받게 된다. 한 개인이 어린 시절에 이러한 욕구들을 충분히 만족하지 못한 채 성인이 되면, 누군가와 친밀한 관계를 유지하는 것이 어려울 수 있다. 부모가 되어, 자녀들이 주의를 기울여 달라는 요구를 계속 보일 때, 이들은 자녀들을 귀찮게 여기게 된다. 부모에게 이러한 태도가 팽배할 경우, 자녀들은 학대받는 상황에 놓이게 될 수 있다.

잘 듣는 능력은 타고난 자질이 아니다. 본보기가 있어야 하고 배워야 한다. 따라서 치료자는 이 중요한 기술을 부모에게 훈련시키는 것이 유리하다. 대부분의 부모는 '별 문제 아니네. 넌 어리니까 금방 극복해 낼 거야. 신경 쓰지 마.'라는 식으로 아동의 감정을 경시하는 경향이 있다. 종종 부모들은 이어서 상황을 어떻게 대처해야 하는지 재빠르게 조언한다. 사실 아동이 바라는 것은 그저 반영적인 말을 해 주며 누군가 자신의 고통을 들어 주고 공감해 주기를 간절히 바랄 뿐이다.

다음은 아동의 고통에 대해 귀 기울여 주는 것의 중요성을 잘 설명해 주는 Jamie의 사례이다.

Jamie는 열한 살에 초등학교를 졸업하고 중학교에 들어갔다. 그녀는 항상 말괄량이였다. 하지만 중학생이 되자 친했던 남자아이들이 "다른 아이들이 너를 여자 친구라고 생각할 수도 있어서 너랑 못 놀아."라고 말하기 시작했다. 여자아이들은 Jamie가 자신들과는 공통점이 하나도 없다고 하며 끼워 주질 않았다. Jamie는 집에 돌아와서 울며 "나는 왕따야. 아무도 나를 좋아하지 않고, 나만 따돌려."라고 말하였다.

그러한 Jamie를 엄마는 다정히 안아 주었고, 고통스러워하는 것을 잘 들어 주었다. 그러고 나서 엄마는 "그래, 정말 속상하겠구나. 누구와도 못 어울린다고 생각하면 정말 힘들거야."라며 공감적으로 말해 주었다. 며칠이 지나서, 불쑥 엄마는 "내가 너만할 때가 기억나는데, 내 친구들도 나를 왕따 시켰지. 너무 속이 상해서 울면서 이 세상에서 나를 좋아할 사람은 하나도 없다고 생각했단다."라고 말했다.

Jamie는 엄마를 쳐다보며 "엄마도 그런 일이 있었다는 말이에요?"라고 했다. Jamie는 자신의 엄마도 비슷한 경험을 했다는 것을 깨닫고, 위안을 받아 외로움을 느끼지 않았다.

며칠이 지난 후, 잠자리에 들기 전에 이야기를 나누다가 Jamie의 엄마는 달팽이의 이야기를 들려주었다. 한 달팽이가 길을 지나가다가, 몇몇 '친구'가 장난으로 길에 놓아 둔 유리조각 때문에 베이게 되었다. 달팽이는 너무 속이 상해서 다시는 자신의 껍질 위로 머리를 내놓지 않으리라 결심을 했다. 달팽이는 자신이 좋아하는 따뜻하고 안전한 자신의 껍질 속에만 있었다. 하지만 며칠이 지난 후 달팽이는 배가 고파졌다. 달팽이는 배고픔과 먹을 것을 달라고 아우성치는 듯 한 뱃속의 꼬르륵 소리를 무시하려 애썼다. 달팽이는 달팽이 집 안에서 다른 달팽이들이 밖을 기어 다니는 소리, 노는 소리, 영양가 많고 부드러운 잎들을 먹는 소리 등을 들을 수 있었다. 곧 배고픔이 점점 더해져서 달팽이는 머리를 살짝만 내놓고 밖을 보기로 결정했다. 달팽이 주변에 작은 잎이 남아 있을 지도 모르니 말이다. 하지만 주변에는 아무런 나뭇잎도 남아 있지 않았다. 그래서 달팽이는 그냥 껍질 속에서 움직이지 않기로 굳게 마음을 먹었다. 결국 달팽이는 허약해지기 시작했고, 지금 머리를 밖으로 빼지 않으면 곧 다시 껍질 밖으로 나갈 힘조차 없어질 것이라는 걸 알게 되었다. 마침내, 껍질 밖으로 천천히 머리를 내놓은 달팽이는 조금만 기어가면 커다란 나뭇잎이 있다는 것을 알게 되었다. 하지만 불행히도 어떤 소녀 달팽이가 그 잎을 벌써 먹어 치우고 있었다. 하지만 다른 선택지가 없었기 때문에 나뭇잎으로 미끄러져 갔다. 달팽이는 아주 정중하게 "같이 먹어도 될까?"라고 물어보았다. "물론이지. 이 나뭇잎은 나 혼자 먹기에는 너무나 크거든. 다른 달팽이와 나누어 먹으려고 했지만 너무도 수줍어서 말을 못하고 있었어."라고 대답해 주었다. 잎을 먹으면서 달팽이들은 얘기를 나누기 시작했고, 서로가 같은 놀이를 좋아한다는 것을 알게 되었다. 식사를 끝낸 후 그들은 자신들이 좋아하는 놀이를 하고, 새로운 놀이도 만들어 가며 시간을 보냈다. 조금 시간이 흐르자 다른 달팽이가 그들이 노는 모습이 너무 즐거워 보인다며 같이 놀기를 청했다. 어느 날 집에 돌아온 피곤해지고 더러워진 달팽이는 가족들에게 "머리를 껍질 밖에 내놓기를 너무 잘했어요."라고 말했다.

Jamie는 그 이야기를 듣고 당시에는 아무 말도 하지 않았다. 하지만 며칠이 지나 엄마가 Jamie를 재우려 할 때에, 의기양양한 표정을 지었다. "엄청 흐뭇해 보이는데"라고 반응을 보이자, Jamie는 "나 오늘 껍질 밖으로 목을 내밀었어요. 여자 친구들한테 점심

같이 먹겠냐고 물어봤어요."라고 말했다.

대부분의 성인은 아이들의 말을 경청해 주기보다는 충고를 하려 드는 경향이 있다. 놀이치료의 후반 과정인 치료적 성장 단계에서라면 이처럼 어떤 제안을 하는 것보다 직접적인 방식들이 적절할 수도 있을 것이다. 하지만 의존 단계에서 그런 방식은 시기상조이다. 치료적 제안들은 아동이 자신의 고통을 치료자가 제대로 이해하고 있다고 느끼게 되는 시점에 도달해서야 제대로 받아들여지게 될 것이다. 그전에 아동은 "내가 당신 말을 듣기 전에, 당신이 먼저 내 말을 들어 주세요."라고 말하고 있는 것이다. 치료자가 초기에 이러한 경청 과정을 거치지 않고 어떤 제안을 내놓는다면, 물리적으로는 순순히 제안을 받아들이는 것처럼 보일 수도 있지만, 그러한 제안이 목표하는 바에는 제대로 도달하지 못할 것이다. 아동의 고통을 경험하기 위해서는 아동이 상상 놀이를 시작해야 한다. 아동은 자신이 마주하기에 정서적으로 준비된 만큼만의 놀이를 보일 것이며, 보다 덜 고통스러워지기 전까지 여러 가지 상황에 대해 수차례에 걸쳐 그 내용을 표현해 낸다. 치료자의 개입 행동은 관계를 오염시키고 앞으로의 치료를 방해할 수 있다.

가해자를 알아내기 위한 질문은 치료를 방해할 수 있다

이 단계에서 법의학적인 질문을 하는 것은 아동이 만들어 낸 치료적 결과에 역효과를 주는 일이다. 직접적으로 질문하는 것은 안전감을 주는 상상 놀이에서 아동을 빼내어, 현실에서 자신의 경험을 되살리게 한다. 이러한 상황은 치료자가 아동과의 관계에서 마련해 주었던 보호의 존엄함을 훼손시키며 그렇게 되면 치료 과정이 심각하게 영원히 방해받게 된다. 보호의 상실에 대한 두려움이 지속적으로 남아 있을 가능성이 있기 때문에, 치유 여정 속으로 돌아오도록 아동을 격려하기도 매우 어렵다. 놀이치료에서 그렇게도 안전감을 주었던 정서적 보호가 이제는 단지 임시적인 것이 되게 된다. 이로 인해, 아동은 방어적으로 보호하는 방식의 놀이로 되돌아가게 되거나, 함께 놀이하는 것을 멈추게 될 수도 있다. 방어적인 놀이를 계속한다면, 상상 놀이에 들어가 창조적인 주제는 다룰 수 없게 되는 것이다. 그러한 경우 충격적 사건이 있었던 시기의 발달단계로 퇴행이 일어날 수도 없기 때문에 그저 반복적인 놀이를 거듭

하게 된다.[2)]

보호를 위해 방어하려는 아동의 욕구

일부 아동은 놀이에서 경험하는 정서적 고통으로부터 스스로를 방어하기 위한 강한 욕구를 강하게 느끼며 방어적인 방식으로 놀이를 나타낸다. 이러한 경우, 흔히 강렬한 공격성이나 적개심을 드러내는 놀이 특징을 보여 준다. 치료자라는 존재로 인해 안전감을 느끼기 시작하면서 그동안 참고 있던 분노와 적개심을 마음껏 표출하기 시작한다. 보통 이 단계에서 아동의 놀이가 공격적으로 표현될수록, 아동이 마주하고 풀어 나가야 하는 사건은 그만큼 힘겨운 내용이라 할 수 있다.

이러한 분노와 적개심은 여러 가지 형태로 표현될 수 있다. 예를 들어, 군인들이 모래상자에서 전쟁을 벌이거나, 홍수로 공룡이 죽어 가게 되는 장면을 놀이로 연출할 수 있다. 어떤 아동은 공격받고 있는 요새에서 총을 쏘거나, 나쁜 사람들과 칼로 싸우는 식의 장면을 연출해 내기도 한다. 흔히 치료자들은 이러한 놀이 과정에 참여하도록 지시받거나, 요새를 방어하는 것을 도와주기도 하고 혹은 침입자에 대응해서 싸움을 하기도 한다. 치료자는 이러한 과정에 참여해서 아동이 지닌 보호와 통제에 대한 강한 욕구를 이해하고 있음을 알려 주어야 한다. 치료자가 자신의 놀이를 믿어 주고 자신과 입장을 같이한다는 점을 깨닫게 되면, 아동은 더 깊은 수준으로 놀이를 이끌어갈 확신을 갖게 된다. 이러한 놀이유형은 단순히 놀이의 즐거움을 주지는 못하지만 고통스런 사건에 직면하고, 자신을 너무나 힘들게 하는 고통의 압박에서 벗어나는 경험을 갖게 해 주기 때문에 아주 강력한 치료효과를 발휘할 수 있다. 아동의 고통스런 감정들은 분노나 수치감, 죄책감 등의 여러 정서와 연관되어 있다. 따라서 이 의존단계 회기에서 마지막에 치료자는 "오늘 놀이 재미있었어."와 같은 반영을 절대로 하지 않아야 한다. 이보다는 "우리 오늘 열심히 했다."가 더 적절할 것이다.

2) 반복놀이는 현재 학대환경에 있는 아동도 경험한다. 아동은 가해자가 자신의 환경에서 제거될 때까지 이러한 형식의 놀이를 계속한다. 가해자가 더 이상 가해하지 않지만 여전히 그 환경에 있는 경우에도 반복놀이는 계속되어 치료를 방해할 수 있다.

공격의 표현

치료가 진행되기 위해서 공격적 성향이나 적대감을 표현할 자유가 아동에게 반드시 주어져야만 한다. 치료가 이루어지기 위해서는 상처를 주었던 사건으로 돌아가서 싸워야만 한다. 이러한 과정은 의존 단계에서 매우 중요하다. 하지만 이러한 표현은 아동이나 치료자 모두에게 여러 치명적인 문제를 불러 온다. 예를 들어, 아동에게 이 공격성의 의미는 무엇인가? 치료자에게 이 공격성은 어떠한 의미를 주는가? 치료자는 아동의 표현에 개입하거나 개입하지 말아야 하는지 여부를 어떻게 결정해야 하나? 그 외에도 아동의 분노와 적개심의 표현으로 생기는 역전이 문제, 특히 이러한 체험적 방식의 놀이치료에서는 치료자가 불편감을 느끼게 될 수도 있다.

치료자가 가진 문제 또한 치료자가 아동의 공격적인 표현을 어떤 관점에서 바라보게 될지와 공격성의 수용 여부에 영향을 미친다. 치료자의 인식은 치료 과정의 효과성을 결정하게 된다. 공격적 행동에 대한 치료자의 반응은 아동을 치유 과정으로 이끌기도 하고, 반대로 치유를 방해할 수도 있다. 잘 훈련받은 놀이치료자일지라도 의존 단계에서 실수하는 경우가 많다. 치료자가 아동의 공격성을 다루는 방법에 따라 공격적 감정 에너지를 해방할 수 있도록 촉진할 수도 있고, 반대로 공격적인 놀이를 강화시킬 수도 있다. 공격성에 대한 표현은 개입을 하도록 만드는 중요한 문제이다. 만약 치료자가 아동의 외현적 행동만을 반영한다면, 이런 공격 행동이 더욱 강화될 수도 있다. 단순히 공격성을 드러내고자 하는 행동만을 언어적으로 반영하는 것은 그 행동을 강화하는 것이기 때문에 적절치 못한 개입이다. 아동의 공격적 행동이 어떤 이유에서든 치료자로 인해 초기에 보여 준 강도보다 더 강렬해진다면 이 역시 적절하지 못한 개입이라고 할 수 있다.

공격적 놀이는 아동의 자신감을 회복시키는 데 적절하게 활용될 수 있다. 이를 성취하기 위해 치료자는 아동이 자신의 공격 행동 동기를 인식할 수 있도록 지지해 주어야 한다. 치료자는 항상 아동의 외적 공격성을 내적 정서 에너지의 표현으로 변화시키도록 힘써야 한다. 예를 들어, 아동이 펀치백을 칠 때, 치료자가 "정말 힘 있게 치는구나. 더 세게 치고 싶을 거야. 많이 세게 때려도 돼."라고 반영하면, 치료적 과정이 아니라 공격성을 강화하게 된다.

더 적절하게는, 치료자가 아동이 보이는 공격적 표현 뒤에 숨어 있는 동기가 되는 감정들을 인식할 수 있도록 격려해야 한다. 이를 위해 다음과 같이 말할 수 있다. "너는 정말 그 사람한테 화가 났구나. 너는 너를 대하는 그 사람의 방식을 싫어한다는 것을 그 사람이 알기 바라는구나." 이러한 유형의 반응은 표현 방식(즉, 공격성)에 초점을 맞추지 않으면서도 이해를 받고 있다는 느낌을 주게 된다.

치료자가 자신의 감정을 이해해 준다고 느끼게 될 때, 아동의 놀이는 좀 더 강렬하고 극적인 상황을 보여 주게 된다. 다시 말하면, 치료자가 보여 주는 이해는 아동이 관계나 사건에 대한 개인적인 감정을 더욱더 깊게 표현하도록 영향을 준다. 예를 들면, 아동은 놀이장면에서 자신이 경험했던 희생자 역할을 치료자가 하도록 요구하여, 아동이 경험했던 사건이나 관계에서 느끼는 감정이 어떠한 것인지를 치료자가 경험하게 한다.

이렇듯 놀이가 깊은 수준에 도달하게 되면, 아동은 보통 치료자를 놀이에 끌어들여, 자신이 이전에 경험했던 충격적 사건에서 느꼈던 감정들을 치료자 역시 경험하도록 요구하는 경향이 있다. 아동들은 자신들이 희생양이 되었을 때 느꼈던 감정들에 대해 말하고 싶어 하는 것이다. 아동이 느꼈던 무기력과 모욕감을 놀이를 통해 경험해 본 치료자들은 아동이 자신감을 필요로 한다는 것을 알게 되고, 그러한 감정을 다시 아동에게 반영해 줌으로써 수용과 이해를 받고 있다는 느낌을 가질 수 있도록 도와준다. 이 시점에 아동은 역할을 바꿔, 힘이 있는 상황에서 아동이 고통스런 관계나 사건을 직면하는 희생자의 역할을 하기 시작할 수 있다. 치료자는 가해자의 역할을 하게 된다. 역할놀이를 하면서 보여 주는 서로의 반응을 통해 치료적 효과가 극대화되는 것이다. 아동은 역할놀이를 통해 과거나 현재의 고통스런 감정을 재경험함으로써 치료자가 자신의 감정을 완전히 이해하고 있다는 것을 깨닫게 된다. 아동은 충격적 사건을 놀이를 통해 재경험해 나가는 과정을 통해, 자신의 아픔을 극복하고 감정을 통제할 수 있게 된다. 그 결과 자신의 메시지를 공격적으로 표현해야 할 이유가 줄어들게 된다. 그리고 치료를 위한 동기와 통합이 일어나게 되는 것이다.

놀이가 없는, 언어적 치료의 효과

예를 들어, 치료자가 아동과 함께 놀이를 하면서 "정말 힘들구나. 너무 무서워! 이러한 일이 일어나지 않았으면 좋겠어."라고 반응하는 경우와 반대로 놀이를 하지 않

으면서, 언어적으로만 "넌 정말 화가 났구나. 네가 두려워하는 것 같아."라고 하는 경우를 비교해서 살펴보겠다. 후자의 경우 성인의, 언어적인, 좌뇌형의, 치료자로서의, 체험적 반응에서 동떨어진 반응이라고 할 수 있다. 놀이가 없는, 언어적 반응은 아동으로 하여금 치료자가 자신의 고통을 제대로 느끼고 있지 못하고 있다고 느끼게 할 수 있다. 이로 인해, 아동은 자신의 고통을 이해하고 수용해 준다고 느낄 수 있을 만한 치료자의 반응을 이끌어내기 위해서 반복적(순환적인 놀이)으로 그 사건을 놀이에서 표현하게 된다. 또한 그러한 반복적인 놀이를 거듭할 때마다 자신의 고통을 표현하기 위해 더 심각한 공격성을 보여 준다. 이런 경우, 그 공격성 뒤에 숨어 있는 의미를 보여 주기 보다는 과격한 공격적 행동 그 자체만을 보게 된다. 놀이가 아닌 언어적 반응을 통한 치료는 아동을 보다 공격적으로 행동하도록 하는 결과를 가져오게 된다.

치료의 중요한 역동을 변화시키면서, 아동은 짧은 기간 동안은 상당히 강렬한 공격성을 표현하겠지만, 전반적인 치료 과정으로 볼 때 점차 공격성을 덜 보이게 된다. 아동은 치료자가 단순히 언어적 반응만을 할 때보다, 놀이에 대해서 반응을 보일 때 자신의 고통을 보다 빠르게 해결해 나가게 된다. 아동과 함께하는 치료에서 언어적인 반응만을 사용하는 것은, 아동의 놀이로 가장된 성인치료라고 할 수 있다. 이러한 방식으로 아동에게 공감하는 것은 효율성이 떨어진다. 반면, 치료자가 아동의 놀이로 초대되어 아동의 발달 수준에 맞는 방식으로 놀이가 이루어지면, 이 전체적인 경험의 순간이 아동에게 전해지게 된다. 아동은 자신의 세계가 이해받는 경험을 하게 되는 것이다.

고통스러운 사건이나 관계에 밀착된 정서의 재구조화

앞에서도 말한 바와 같이 치료자로부터 받은 보호와 안전을 통해 아동은 자신의 경험이 이해받고 있음을 느낀다. 이는 아동에게 정서적 고통에 직면하게 할 수 있을 뿐만 아니라 자신감을 회복할 수 있는 주제의 놀이를 이끌어 낼 수 있는 힘을 준다. 또한, 이러한 주제의 놀이가 거듭되면서 충격적 사건으로 인한 정서적 고통이 줄어들게 된다. 그리고 고통스러운 사건이 일어났던 시기의 연령이나 발달단계에 맞는 내면의 안전을 회복할 수 있게 된다. 이렇게 고통스러운 사건으로 인한 감정이 진정되면, 그 고통과 연관된 격렬했던 감정의 폭발이 줄어들기 때문에 자신을 보호할 필요성이 줄어들게 되고, 따라서 부적절한 행동이 크게 감소하게 된다. 이러한 과정을 거치다 보면 놀이에 새로운 의미를 부여할 수 있게 된다. 이렇게 전반적인 놀이치료 과정이 진행되면서 아동은 서서히 내면의 정서를 재구조화할 수 있게 되는 것이다. 다시 말하면, 강렬한 고통을 유발했던 그 사건에 대한 기억을 회상하기 위해서 보여 주었던 부적절한 행동이나 태도들이 점차 사라지면서, 서서히 원경험과 연관되었던 정서들이 재구조화되는 것이다. 아동의 정서는 이제 일반적인 수준에서 현재의 일상에 대한 것을 반영하게 된다. 아동은 고통을 마주하기 위해서 놀이를 하는 것이 목표가 아닌, 성인의 삶을 미리 연습하기 위해 발달에 맞는 놀이를 되찾아 가는 것으로 변화시킨다.

놀이를 통한 재구조화는 둔감화(desensitization) 과정과 유사해 보일 수 있지만, 형식 면에서는 차이가 있다. 성학대 피해 경험이 있는 아동의 강한 두려움 중 하나는 자신의 감정에 압도되는 것에 대한 두려움이다. 따라서 놀이치료에서는 두려움의 대상은 체험에 수반되는 감정이다. 둔감화 치료는 뱀이나 나는 것 등 두려움의 대상에 대한 공포 요소를 없애기 위한 것으로 알려져 있다. 하지만 놀이치료 재구조화 과정은 다르다. 예를 들어, 아동이 성학대를 받았다는 점은 알고 있을지라도, 가해자가 누구인지나 학대가 구체적으로 어떻게 이루어졌는지 정확하게 알 필요는 없다. 실제로 이러한 것들은 가해자로부터 안전하다는 점이 보장되기만 한다면 놀이치료 과정에서는 불필요한 것이다. 놀이치료를 하는 동안 아동은 체험이나 사건과 관련된 정서를 재구조화하게 된다.

더불어 둔감화 과정에서, 치료자는 시간을 두고 내담자가 공포를 주는 대상에게 서서히 접근할 수 있도록 이끈다(Cormier & Cormier, 1991). 공포를 야기시키는 대상에게 현실적으로 적응하기 위한 것이다. 하지만 놀이치료에서는 둔감화 과정과는 달리 상상 놀이 등을 통해 내담자가 스스로 그 과정을 이끈다. 둔감화 과정에서도 내담자와 치료자의 관계는 항상 중요하지만, 놀이치료에서 필요로 하는 만큼은 아니다.

이어지는 이야기: Juan의 사례

제3장에서 Juan의 내담 경위와 초기 회기가 논의되었다. 다음은 Juan이 의존 단계에서 치료적 성장 단계로 나아가는 과정에 대해 설명하는 발췌문이다. Juan의 치료

적 과정 동안, Juan은 새로운 치료자와 만나야만 했다. (치료자가 변경되는 이른 종결에 대한 과정은 제9장을 참고) Juan의 새로운 치료자는 히스패닉계 남성이었다. Juan의 치료자가 히스패닉계 남성이 되는 것에는 여러 가지 장점이 있었다. 예를 들어, Juan과 치료자는 문화적 배경, 인종 그리고 성정체성이 공유된다는 점이 장점이다. 또 다른 공통된 유사성은 치료자가 경제적으로 가난한 가족 안에서 자랐다는 점이다. 어렸을 때, 그는 자신의 놀잇감이 전혀 없었다. 남성 치료자와 Juan의 아버지가 보이는 대조적인 남성상도 역시 중요하다. 치료자는 아주 친절한 사람인 반면, Juan의 아버지는 아주 공격적이었다는 점과 치료자는 아주 민감하고 다정한 반면, Juan의 아버지는 진심 어린 방식으로 돌보는 태도를 보이는 것이 불가능하다는 점에서 차이를 보인다.

다음의 발췌문에서, Juan은 그가 첫 회기에 잠깐 들었던 공과 야구방망이로 되돌아온 것을 확인할 수 있다. 하지만 이번에는 공과 야구방망이를 다른 방법으로 사용한다. Juan은 이제 재미를 위해 이를 사용할 준비가 된 상태로, 이 회기에서 야구를 하기로 결정한다. 공 잡기를 배우는 것은 문화적인 경험이다. 치료자는 자신의 아동기에 한 번도 공 잡기를 해 본 경험이 없었기 때문에 어떻게 공을 잡아야 하는지 몰랐다. 다음 발췌문 중 어느 순간에, 이 사실은 치료자가 역전이를 경험하도록 만든다. Juan이 자주 느꼈던 것처럼 치료자가 스스로 솜씨가 없다고 느끼기 때문에, 어느 순간 치료자는 아웃이라는 Juan의 말을 따라간다. 실제로는 그것이 사실이 아님에도 말이다.

이 회기에서의 치료자의 목표는 Juan이 장난을 칠 수 있고 안전함을 느끼는 환경을 경험할 수 있도록 하는 것이었다. 이러한 경험이 Juan을 아이 같은 상태로 돌릴 수 있기 때문이다. 게임 중 어느 순간에 Juan은 치료자에게 공을 던지고 자신을 잡아서 아웃시키라는 지시를 했다. 하지만 치료자가 Juan의 안타를 잡는 것이 불가능했기 때문에 이 지시를 따르는 것은 어려웠다. Juan이 여러 점수 내는 것이 계속 이어졌다.

다음 발췌문은 두 사람이 함께한 네 번째 회기의 내용으로, 두 사람 간 신뢰 관계는 이미 형성이 되어있는 상태였다. 하지만 이 회기에서 치료자가 자기 자신의 취약함을 허용하면서 치료자에 대한 Juan의 신뢰감이 더욱더 깊어졌기 때문에 Juan은 더욱 아이 같은 상태로 들어가게 된다.

회기	해석
1. J: (공을 친 다음, 1루와 2루로 지정된 곳으로 뛴다. 거칠게 숨을 쉬며 이야기한다.) 하하. 제가 했죠!	1. Juan은 2루에 도착해서 '내가 당신을 잡았어요.'라는 태도를 보인다. 이는 Juan을 대적하는 상대(가해자인 Juan의 아버지)보다 우월하고 싶은 욕구를 반영한다. Juan은 자신이 안전하다는 것은 알지만, 여전히 이기고 싶은 경쟁적인 태도를 지닌다. Juan이 내적 힘을 느끼고 얻는 단계에 있기 때문이다.
2. T: 와! 네가 쳤어!	2. 치료자는 그 힘을 알아차린다.
3. J: 유령 선수가 2루에 있어요. (방망이로 다시 간다.) T: 자 준비하고, 갑니다!	3. 유령 선수는 Juan에게 너무나도 강렬한 정서적 충격을 준 과거의 관계이자 잊을 수 없는 사건에 대한 기억을 의미한다.
4. J: 좋아요. (공을 건드린다). 톡. 이건 스트라이크는 아니고 가볍게 치기예요. 이번 건 베이스를 그냥 지나치니까 무효예요.	4. Juan은 여전히 치료자에게 약해지는 것을 불편해한다. 그래서 자신의 약함을 상징하는 스트라이크를 쳤을 때, Juan은 스트라이크가 아니라고 말한다. 가볍게 치기로 바꿔 무효라고 하며, 연약함을 없애고자 한다.
5. J: (날아오는 공을 친다. 치료자는 공을 잡기 위해 손을 뻗고, 공을 잡는다. Juan이 이것을 보고는 주위로 방망이를 휘두르며 말한다.) 아, 저 아웃이에요.	5. Juan은 지금 일어나고 있는 상황을 가늠하려 하기보다 자신이 아웃이라고 짐작한다.
6. T: (치료자의 손에서 공이 튕겨 나와 땅에 떨어진다. 치료자는 다가가서 공을 집는다.)	6. 치료자는 공을 절대 잡을 수 없다는 것을 알고, Juan이 아웃이라고 짐작하고 말했던 것을 받아들이기로 결정한다. 치료자는 Juan이 놀이에서 만들어 낸 열등감을 경험하고 있다. 치료자는 공을 잘 잡지 못하는데, 이것이 역전이를 만들어 낸다.
7. T: 선수님, 잠깐만요.	7. 치료자는 선수를 유령 선수가 아니라

'선수님'이라고 칭했다.

8. J: (공을 치고 베이스 근처로 뛰어간다. 뛰면서 숨을 거칠게 쉰다.)

8. Juan은 조심스럽게 자신의 성공을 즐기고 있다. Juan은 현재 아동으로서 발달 단계 수준에 맞는 힘을 경험하고 있다. 아직 Juan이 내면화하지는 않았지만, 남성인 아버지상의 존재가 이 경험을 하도록 더욱 이끌고 있다.

9. T: 홈런!

9. 치료자는 이 경험을 인정해 주고 있다.

10. J: 원 아웃이네요.

10. 이 시점에 Juan은 자신의 성취가 아닌 연약함을 다루고 있다.

11. T: 선수 1명도 들어왔어.

11. 치료자는 유령 선수라는 말 대신 선수라는 명칭을 쓰고 있다.

12. J: 여전히 원 아웃이에요.

12. Juan은 다시 자신의 성취보다는 취약성을 다루고 있다. Juan은 이전에 타격할 때보다 몸 움직임이 더 자유로워지고 거뜬해진다. Juan은 치료적 목표로 삼고 있는 즉흥적이고 장난스러움이 묻어나는 움직임을 보이기 시작한다. 아동의 목소리가 더욱 부드러워졌다. 아동이 점차 장난스러운 움직임을 보일수록 이전에 보였던 경쟁적인 움직임은 사라져 간다. 하지만 Juan은 아직까진 (원 아웃처럼) 부정적인 부분에 집중하고 있다.

13. T: 이걸 정말 잘하고 싶나 보구나.

13. 치료자는 아동의 내적 동기를 인정해 주며, 이를 통해 아동의 힘은 내면화되기 시작한다.

14. J: (공을 치고 보다 천천히 그리고 편안하게 베이스 근처로 달려간다.)
T: 또 쳤다!

14. Juan은 모든 베이스로 쉽게 가 버릴 수 있었지만 그렇게 하지 않았다. 그라운드로 향해 갈수록 Juan은 어린 시절 경험으로 돌아가고 있다. 아동은 안전감

J: 예!(키득거리며 주저앉기 시작한다.)

을 느끼기 시작했는데, 여전히 치료자를 관찰하고는 있지만 놀이를 처음 시작했을 때보다는 더욱 안전감을 느끼고 있다.

15. T: 또 홈런이야!
J: (키득거린다.)

15. 이는 안심을 시켜 주는 반영이다. Juan에게는 자신을 존중해 주는 치료자의 존재는 안전하다는 의미를 전달한다. 하지만 Juan은 여전히 치료자를 조심하고 있으며, 왜 치료자가 계속 공을 떨어트리는지 이해하지 못하고 있다.

16. T: 네가 원하는 걸 할 수 있다는 게 좋구나. 네 자신이 자랑스럽게 느껴지고 말이야. (공을 던진다.)

16. 치료자는 성취감을 인정하고 있다. 더불어 치료자는 Juan이 경험하고 있는 자부심의 느낌을 단언해 주며, Juan의 내면화 작업을 강화시켜 주고 있다.

17. J: (공을 치고 베이스 근처로 뛴다. 삼루에서 멈춘다.) 세이프! (키득 웃으며 주저앉는다.)
T: (공을 잡으려고 뛰어다닌다.)

17. Juan은 이제 자신이 느끼는 안전감을 표현하고 있다. 홈런을 할 수 있었지만, 치료자 가까이에 멈춰서 '세이프'라고 말한다. 아동은 바닥에 기대며 아동 발달의 초기 단계로 퇴행했음을 알리고 있다.

18. J: 3루에서 세이프예요.

18. Juan은 자신이 느끼는 안전감을 단언하고 있다.

19. T: (공으로 Juan을 터치한다.) 세이프다!
J: (일어나서 홈베이스로 걸어가 야구방망이를 집어 든다.) 유령 선수가 삼루에 있어요.
T: (공을 던지려고 휘두르지만 공이 떨어진다.)
J: (크게 웃는다.)
T: (공을 던진다.)

19. 치료자는 Juan을 공으로 접촉하면서 '너는 안전해'라는 것을 촉각적으로 확인해 주고 있다.

20. J: (공을 치고 1루로 간다. 그리고 부드러

20. Juan은 1개의 베이스만을 이동한 후,

운 목소리로 말한다.) 아, 세이프다! 유령 선수가 1루에 있어요. 유령 선수는 1루랑 2루에! (공을 다시 치기 위해 돌아온다.) T: 이제 공이 온다. (공이 Juan을 지나간다.)	적절한 톤으로 "아, 세이프다!"라고 말한다. 이제 아동은 자신의 이전 경험을 상징하는 지금의 경험에서 안전하다는 것을 이야기하고 있다.
21. J: 저를 잡을 수도 있었지만, 저는 선생님보다 엄청 빨라요. T: (공을 던지려고 휘두르지만 공이 떨어진다.) J: (크게 웃는다.) T: (공을 던진다.)	21. Juan은 자신의 과거 경험으로 인해 느끼는 약함에 대해, 자신을 계속 방어하고 싶어 한다.
22. J: (공은 스트라이크지만, 치지 못한다.) 이건 팁이에요. 볼이에요. 이건 무효예요. T: 볼 하나. (공을 다시 던진다.) J: (공을 치고 베이스 근처로 천천히 그리고 거뜬하게 뛰어간다.)	22. Juan은 다시 한번 너무 빠르게 약해지지 않도록 조심하려는 자신의 욕구를 이야기한다.
23. T: (공을 집어 들고, 홈으로 슬라이드하고 있는 Juan에게 뛰어간다. 공을 가지고 Juan 곁에 선다.) 너는 세이프! (공으로 Juan을 터치한다.) 너 정말 잘했다!	23. Juan이 홈으로 미끄러져 들어오고 치료자가 Juan을 지켜보며 옆에 서 있었을 때, 아빠와 아들 혹은 부모와 자녀라는 틀이 만들어지며 '너는 안전해.'라는 의미를 전한다. 이후 치료자는 Juan을 터치하며 안전함을 감각적으로 입증한다. Juan은 신체학대를 받았기 때문에 이 부분은 중요하다. 치료자는 '너 정말 잘했다!'라고 언어적으로 반응하며 이를 더 확실히 해 준다.
24. J: (홈런을 또 치고 베이스 근처로 뛴다.) T: 너에게 이 게임이 엄청 잘 풀리는 날이다. 점수가 0 대 5는 되겠어!	24. Juan은 치료자와 함께하는 '집에서는 안전하다'는 경험과 관련된 자신의 힘을 스스로 입증하기 위해 홈런을 친다.
25. J: 아니에요! 15 대 0이에요!	25. Juan은 점수를 5에서 15로 바꾸는데,

	이는 현재 아동이 느끼는 힘의 수준을 나타낸다. 15는 급조한 점수라기 보다 Juan이 내적으로 힘을 얻고 있는 것에 대해 치료자를 칭찬하고 있는 것이다. 치료자가 얻었다고 인식한 것보다 3배는 더 많은 수준으로 이루어지고 있음을 의미한다.
26. J: 커브공 던질 수 있어요? T: 네가 얼마나 잘하는지 보여 주고 싶구나. (공을 던진다.)	26. 이 질문으로 아동은 자신이 관계에서 안전감을 느끼고 있고, 이제 그들의 관계에서 또 다른 변화 경험을 할 수 있다는 것을 나름대로 표현하고 있다.
27. J: (공을 치고, 1루로 뛰어간 다음 야구방망이를 들고 2루에 도착한다. 그런 후 바닥에 자신을 낮추어 양쪽 베이스를 잡은 상태로 키득거린다.)	27. 아동은 자신의 놀이에서 베이스로 뛰지 않고 치료자 곁에 가까이 머문다. 아동은 치료 기간 중 그 어느 때보다도 가장 안전하다고 느끼고 있다.
28. J: 베이스 2개에 세이프예요. (홈 베이스로 돌아와서 다시 치려고 준비한다.) 유령 선수는 1루랑 2루에 있어요. T: (공을 던진다.)	28. 2개의 베이스에서 세이프라는 것은 현재 아동이 앞전의 1루에서만 세이프였을 때보다 두 배 강한 안전함을 느끼고 있음을 의미한다. 안전한 경험은 이제 다시 한번 아동의 체험적 이야기(repertory)로 회복되었다.

Juan의 치료적 목표 중 하나이자, 실제로 놀이치료를 하는 모든 아동의 목표는 아동의 나이와 발달단계에 맞는 권능감을 되찾도록 돕는 것이다. 아동의 삶 속 권위적인 대상 때문에 권능감을 침해받게 된 아동은 어떤 방식으로든 이를 보상하여 자신을 보호하고자 하는데, 보통은 부적절한 행동을 통해 어떤 식으로든 보상받으려 한다. Juan의 보상은 놀이터에서 언어적 · 신체적 공격성을 보이고 도둑질을 하거나 거짓말을 하는 등의 부적절한 행동으로 이루어져 있다. 다른 아동의 경우, 두려움이나 위축된 모습으로 보상 방식을 나타낼 수 있다. 아동이 자신의 나이와 발달단계에 맞는

적절한 힘을 회복하게 되면, 잃어버린 힘을 보상하기 위해 보였던 부적절한 행동은 더 이상 필요치 않게 된다. Juan은 치료자를 통해 어린 시절로 되돌아와서 어린이로서 가질 수 있는 권리의 권한을 갖게 되었다. 아동이 새롭게 스스로에 대한 힘을 느끼고 있기 때문에, 자기 스스로를 과도하게 보호할 필요가 없게 되었다.

회기(앞에서 이어짐)	해설
29. J: (공을 치고 홈런을 하기 위해 베이스 근처로 달려간다.) T: (공을 찾아 주변을 더듬는다.)	29. 아동은 내적으로 경험하고 있는 새로운 행복감을 자기 스스로 확실히 하기 위해 홈런을 할 정도의 힘으로 공을 쳤다.
30. J: (키득거리며) 제가 했어요. 항상요. T: 홈런 치는 걸 좋아하는 구나. (공을 던진다.)	30. 다시 한번 내적 안전감을 경험하는 이 순간의 완전한 경험에 대한 기쁨을 나타내고 있다.
31. J: (공을 치고 베이스를 방망이로 치면서 쉽게 이동한다. 그러는 내내 낄낄 웃는다.) 제가 해냈어요! T: 또 홈런이구나!	31. Juan은 스스로에게 이 경험이 진짜라는 것을 다시 한번 확인해 주고자 반복해서 같은 행동을 하고 있다. 마치 자신의 내면에서 일어나고 있는 일이 실제로 벌어지고 있는 일이라는 것을 믿기 어려워하고 있는 것처럼 보이기도 한다.
32. J: (타잔 같은 소리를 크게 낸다.)	32. Juan은 이제 자신의 아동기 발달단계에 적절한 안정적 경험과 힘을 회복했음을 인정하고 있다. 아동은 이 경험을 형식적인 언어로 설명하기가 어려워서, 원초적이고 거친 힘의 외침과 그의 몸 전체로 표현한다.
33. T: 너는 힘 있고 강력한 타자야. (공을 던진다.)	33. 치료자는 치료자가 경험한 Juan의 힘에 대해 이야기를 나누며 Juan의 내적 경험을 입증해 주고 있다.
34. J: (휘두르고 놓친다.) 스트라이크. T: 스트라이크 하나. (공을 던진다.)	34. 이 순간에 Juan은 자신의 나이와 발달단계에 맞는 아이가 되는 경험을 하고 있다. 더불어서 스트라이크에 대해 자

신을 보호할 필요를 느끼지 못하고 있다. 이제 아동은 연약함을 경험해도 괜찮을 만큼의 안전감을 느끼고 있는 것이다.

35. J: (공을 던지고 베이스 주변으로 가볍게 뛰어간다. 홈 베이스에서 웃음을 터트리며 주저앉는다.)

35. 이 과정에서 Juan은 기쁨을 경험하고 있다. 따라서 일전에 아동이 유지하려고 했던 과잉 각성 상태를 더 이상은 유지할 필요가 없게 되었다.

36. T: (몸을 구부려서 공으로 Juan을 터치하며 웃는다.) 계속 달려가고 있네. 오늘 안타를 엄청 쳤어.

36. 접촉과 언어는 연결되어 두 가지의 정보처리 방식을 활용하고 있다. 촉감은 언어보다 원초적으로 안전에 대한 메시지를 전달하게 된다.

37. J: (손으로 바닥을 짚고 무릎을 꿇으며) 이번에는 저는 땅에 있어요.

T: 너 스스로에 대해 정말 확신이 있구나. 네가 원하는 어떤 방식대로 할 수 있다는 것을 알고 있네. (공을 던진다.)

37. 아동이 놀이치료실의 바닥으로 가는 것은 발달 이전 단계의 문제로 이동해 가는 것을 의미한다. 이를 암시하기 위해 아동의 행동 방식도 퇴행하는 모습을 보일 것이다. Juan은 충분한 안전감과 힘을 느끼고 있어서 이제 아동은 자신의 아동기 전체를 돕는 작업을 하려고 한다. 아동의 과거 충격적인 기억을 재구성하기 위해 이 작업이 이루어진다.

38. J: (방망이를 휘두르고 놓친다.) 스트라이크 하나 (원초적인 방식으로 공을 땅에 굴려서 치료자에게 준다. 아동은 동시에 거친 소리를 내는데, 이는 발달 초기단계의 모습을 암시한다.)

T: (공을 던진다.)

J: (파울 공을 친다.) 파울 볼이에요. 스트라이크 두개.

T: 여기서 무슨 일이 일어날지 봐보자. 선수가 1루로 갔네.

38. Juan은 놀이에서 두 살 수준의 발달 능력으로 퇴행했기 때문에 공을 치는 것에 어려움을 보인다.

39. J: (공을 치고 1루로 달린 다음, 치료자가 공을 들고 아동에게 오자 키득거리며 멈춘다. 크게 미소를 지으며 홈 베이스로 들어오기 위해 몸을 돌린다.) 빨라야 될 거예요. T: 이제 선수가 1루와 2루에 있네.	39. Juan이 1루를 터치하며 자신이 재구성한 과거의 정서적 기억을 확정한다. 아동은 놀이치료를 시작한 이래로 보였던 미소 중 가장 행복한 미소를 보인다.
40. J: (갈 수 있는 최대한의 거리를 두고 홈 베이스 뒤로 물러선다.) T: 넌 공을 그렇게 멀리서도 칠 수 있다는 걸 보여 주고 싶은 거구나.	40. Juan은 이제 자신의 힘을 스윙에 담으며 자신의 경험을 확장한다.
41. J: (공을 치고 1루로 뛰어가서 바닥에 넘어지며 웃는다.) T: 네가 하고 싶은 걸 하는 건 기분이 좋지. 좋은 시간을 보내는 것도 좋고 말이야.	41. Juan은 이제 아이의 모습을 보이며 자신의 기쁨을 축하한다. 아동은 행복한 아동이 보이는 즐거운 방식의, 즉흥적이고 철없는 모습으로 바닥에 넘어진다.
42. T: (회기를 마치고 놀이치료실에서 나오며) 오늘 정말 좋은 시간을 보낸 것 같네. J: 좋은 시간이요? 지금까지 중에 가장 좋은 날이에요!	42. Juan은 가해자와 학대에 대한 자기 자신의 정서와 관련하여, 힘을 회복했음을 확인한다. 아동은 이제 자신의 발달단계에서 더 나아갈 준비가 된 것이다.

치료적 성장 단계: 권능감 경험하기

아동은 자신의 정서적 고통에 직면하고, 자신에 대한 힘을 다시 느끼게 되면서 상실감을 경험하게 된다. 아동이 내적 힘, 통제감, 존엄성을 다시 얻었다는 점에서, 앞 사례에서 보여 준 아동의 놀이는 상처가 된 사건이나 관계의 경험에서 자신을 보호하는 것에 집중되어 있음을 보여 준다. 이제 아동은 충격적인 사건으로 인해 가졌던 압도된 감정 때문에 가질 수 없었던 정상적 발달단계에 맞는 자신의 놀이에 대해 무의식적으로 슬퍼하기 시작한다. 예를 들어, 네 살 무렵 성학대라는 충격적인 사건이 일어났음에도 일곱 살이 되도록 적절한 치료를 받지 못했다면, 그 아동은 3년간 발달

단계에 맞는 놀이 과정을 잃어버린 것이다. 아동들은 '내가 누구인가?'하며 궁금해하기 시작한다. 이 단계 동안 아동의 에너지 수준은 낮으며, 놀이에 거의 감정을 드러내지 않으며 열중하는 모습을 보여 주지도 않는다. 자신의 고통에 직면하기는 했지만 과거의 아픈 경험으로 인해 상실했던 발달단계들을 회복하지는 못하고 있는 것이다. 일반적으로, 이 시기의 아동들은 어떤 가치가 있는 물건(예: 금화 등)을 모래상자에 묻어 두는 놀이를 한다. 그런 다음 모래를 평평하게 만드는 행동을 보여 주는데, 이는 '내 가치는 아직 드러나지 않았어요. 여기에 내 귀중한 가치가 숨겨져 있는지 아무도 몰라요.'라는 것을 상징하고 있다. 또한, 이 시기의 아동들은 공통적으로 망가진 놀잇감을 살펴보기도 하고, 그 망가진 놀잇감을 고치고 싶어 한다.

몇 회기가 지나면, 아동은 그런 상태에서 회복되기 시작하여 '난 나야. 괜찮아!'라는 식의 말을 하며 상실했던 발달단계로 움직이기 시작한다. 이제 고통스런 사건이나 관계 때문에 결여되었던 발달단계들을 행복하게 재경험하는 것이다. 또한, 자신의 고통을 직면하며 얻었던 내적 힘과 권능감을 통합해 가기 시작한다. 아동은 놀이에서 즐거움, 천진난만함, 웃음, 엉뚱함 등과 같이 안정감을 주는 인물들을 보여 주기 시작한다. 또한, 자신의 가치를 발견했기 때문에 이전에 모래상자에 파묻었던 놀잇감을 스스로 꺼내기도 하고, 치료자에게 꺼내 달라고 요구하기도 한다.

아동 행동의 극적인 변화

권능감을 회복하고, 상실했던 발달단계들을 통합시키면, 아동은 자신의 연령이나 발달단계에 걸맞은 정상적인 행동 표현들을 점차 보여 주기 시작한다. 아동의 행동은 작업 단계, 즉 의존 단계의 시작부터 치료적 성장 단계의 끝 무렵까지 극적인 변화를 보여 준다. 아동은 고통스런 사건이나 관계들을 직면하고 극복하기 전에는 자신의 체험이 너무나도 고통스러워서 주로 상상 놀이를 한다. 그리고 자신이 참여하는 강렬한 활동에 완전히 집중하며 상당히 자기중심적인 모습을 보이며, 놀이를 통해 자신의 강렬한 정서를 투사한다. 또한, 아동은 놀이나 치료자와의 관계를 통해 자신의 주변 환경을 적극적으로 통제하고 싶어 하며, 치료자에게 많은 요구를 하기도 하고, 조종하려 들며, 공격적, 적대적[3] 행동을 보여 주고 심지어는 저항하는 행동을 보이기도 한다. 보호에 대한 욕구를 반영하기 위해 놀이에서 공포스럽고 신중하며 방

어적인 태도를 보여 주고, 놀이를 통해 자신의 체험을 재구조화하는 과정을 거치면서 안전감을 갖게 되고, 웃고, 킥킥거리며 진정한 놀이의 즐거움을 보여 주는 자발적이고 우스꽝스러운 특성을 보이는 예행연습 같은 놀이로 전환한다. 그러면서 치료자와 가족 및 또래에게 더욱 협력적으로 상호작용하는 모습을 보인다. 초반에 치료자와의 관계가 극도로 의존적이라고 특정할 수 있었다면, 이제 아동은 치료자와의 관계에서 상호 의존성을 향해 나아가게 된다.

더불어, 아동이 고통스런 사건이나 관계를 체험하게 되면 자존감이나 자아감, 존엄성, 권능감이 상당히 악화되며, 고독감과 외로움을 느낀다. 또한 일상생활에서 불신, 두려움, 무력감을 상당히 보이며, 놀이를 통해 무시당한 경험을 나타낼 수 있다. 이런 특성이 변화하기 시작하면서 아동은 (자신의 연령과 발달단계에 적절한) 존엄성과 권능감을 회복하게 된다. 다른 사람을 신뢰하고 존중하는 태도를 보이면서 연령에 맞은 상호작용을 하게 된다. 치료적 성장 단계에서는 두려움과 신뢰감의 결여로 인해 표면적으로 드러내는 통제력보다는 적절한 행동과 태도로 결정지을 수 있는 내적인 통제력을 갖기 시작한다. 다른 사람이 자신을 어떻게 생각하는지에 따라 자신에 대한 판단을 내리기보다는 스스로의 가치에 의해 자신을 평가할 수 있게 된다.

비현실적인 놀이에서 현실을 반영하는 놀이가 일어나는 치료적 성장 단계는 수개월간 혹은 몇 년에 걸쳐 서서히 진행된다. 사실 종결에 이르기 전에 의존 단계로 퇴행한다거나 공격성이 더욱 심해지는 경우도 종종 생긴다. 한 예로, 치료적 성장 단계에서도 권총놀이를 한다. 간혹 총을 꺼내들고 뭔가에 대고 총을 쏘는 놀이를 보여 주기도 한다. 하지만 이러한 행동은 의존 단계에서 보여 주는 상상 놀이의 강렬하고 압도적인 공격성이 아니라 학대에 대한 기억이 순간적으로 떠오르지만 자신감을 가지고 대응하고 있다는 표현이다. 더 이상 감정에 지배당하거나 무기력해지는 일은 생기지 않을 것이라는 것을 보여 준다.

다음은 치료적 성장 단계에 있는 아동 놀이의 예시이다. Tyrel은 학교생활의 적응에 어려움이 있어서 치료에 의뢰되었다. 그는 사회적으로 미성숙하고 친구가 없었

3) 이러한 적대적 행동은 아동의 발달특성이다. 그렇다고 해서 아동이 적대적반항장애(Oppositional-Defiant Disorder)로 진단될 것이라는 의미는 아니다.

다. 다른 아동들은 Tyrel을 놀리고 비웃었다. 집 근처에서 Tyrel은 자신보다 두세 살 어린 아동과 놀았다. 더불어, Tyrel은 과잉행동으로 약을 복용하고 있었다.

다음 발췌문에서 Tyrel과 치료자는 손인형 놀이를 하고 있다. Tyrel은 나비 인형을 오른손에 가지고 있고 왼손에는 손에 끼울 때 으르렁 소리를 낸 악어 손인형을 꼈다. 치료자는 하마와 사자 손인형을 가지고 있다. Tyrel은 나비가 방 주위를 날게 하고, 마치 새가 얼음에 착륙하는 것처럼 나비를 책상에 어설프게 착륙시켰다. 아동은 다시 나비를 날게 한 다음, 아까와 같은 어설픈 방식으로 책상에 다시 앉게 했다. 이 시점에 Tyrel은 나비가 그냥 무엇이든 제대로 하는 것이 없다고 말했다. 나비는 이후 다시 날아가다가 꽃이 있는 곳으로 떨어져 부딪혔다. 어딘가 어색한 이 나비는 다시 정신을 차린 뒤 날아간다. 다시 한번 더 나비는 책상에 내려앉는다. 한편, 놀이가 변화하며 악어가 나오게 되었는데, 언어적 개입은 보이지 않았다. (이것은 Tyrel 가족의 방식과 비슷하기도 했다.)

회기	해석
1. C: (공중에서 나비가 날다가, 하마와 사자 손인형이 있는 책상 위에 어설프게 내려앉는다.) 안녕, 내 이름은 나비야. T: 안녕, 나는 하마야. C: 안녕, 하마야. T: (낮은 톤의 목소리로) 나는 사자야. C: 어, 나도 알아.	1. 나비는 사회적인 상황에 미숙한 방식으로 들어와 비교적 더 존중받고 현실적인 2마리의 동물을 만난다.
2. T: (두 손인형을 움직이며) 우리도 날 수 있으면 정말 좋겠다. 재미있어 보여.	2. 치료자는 나비의 능력에 대한 존중을 보이고 칭찬을 한다. 나비와 함께 있어도 재미있겠다는 제안을 하기도 한다.
3. C: 여기, 그럼 내 등에 타. T: 그래도 돼? (하마를 나비에 태운다.) 좋아!	3. Tyrel은 동물들을 도와서 태워 줄 수 있는 나비의 힘에 대해 놀라워하고 흥분하고 있다.
4. C: 넌 나비를 항상 믿어도 돼. (하마를 태우고 위로 올라가기 시작한다.) T: (하마 목소리로) 와! 나 올라가고 있어!	4. Tyrel이 자기 자신에 대한 믿음과 다른 사람을 도울 수 있는 힘에 대해 통합하는 모습이 나타나기 시작한다.

5. C: 지금 나무에 내릴래, 말래?
T: 난 이 나비를 믿을 수 있어. 그래, 나무로 올라가 보자. (나무는 그들 뒤에 있는 벽면 한부분에 그림으로 그려져 있다.)

5. Tyrel은 다른 이들이 결정을 내리도록 해 줄 정도로 충분한 힘을 느끼고 있다. 아동은 통제권을 조금 내려 둘 수 있다.

6. C: (노래하며) 이리로 따라와. (말하며) 우리는 저기 위까지 갈 거야…….
T: 좋아. 이렇게 높이 올라오는 건 정말 처음이야. 와…….

6. 노래는 함께 여행하는 것에 대한 기쁨, 아동이 느끼고 있는 자신감을 드러낸다. 아동은 가능한 한 가장 높이 올라가며 자신감을 더 느끼고 싶어 한다.

7. C: 오, 이런! 여길 빨리 떠나야 해, 저기 꿀벌이 있어!
T: (같이 멀리 날아가며) 오 안 돼! 꿀벌이라니.

7. Tyrel은 아직 완전히 자신감이 있지는 않다. 특히 근처에 방해꾼(가해자)이 있을 때는 말이다.

8. C: 오, 안 돼! 빨리 멀리 가 버리자! (Tyrel은 앞으로 움직이며, 빠르게 나비를 위아래로 움직여 본다. 하마는 여전히 나비의 등에 올라타 있다.)
C와 T: 어어 어어!

8. Tyrel은 방해꾼으로부터 도망가고 싶은 강한 욕구를 표현한다. 날개를 이리저리 움직이는 것은 아동이 이 경험 중 느끼는 불안감을 드러낸다. 이는 또한 아동이 도망쳐야 하는 순간에 도망갈 수 있는 그의 힘을 확인해 주기도 한다.

9. T: 나 매달려 있어! 여기 위에 떨어지는 건 조금 무섭다.

9. 치료자는 변화 과정에서 그가 경험하는 미약함을 반영한다.

10. C: 내가 널 잡았어!

10. 아동은 도망을 가야 하는 동안에도 여전히 이 상황에 대해 통제 하고 있음을 확실시하고 있다.

11. T: 널 믿어, 나비야.(같이 책상에 내려앉으며) 어어! (책상에서 같이 잠시 쉰다.)

11. 치료자는 급작스럽게 책상에 빠르게 내려앉는 이 상황을 다룰 수 있는 Tyrel의 능력을 공식화해 준다. Tyrel은 아직 완전하게는 아니지만, 자기 스스로에 대해 믿기 시작하고 있다.

12. C: 이제 나는 저기로 날아갈게.
T: 고마워 나비야.

12. 하마와 나누기 전에, Tyrel은 자신이 내적으로 얻고 있는 힘을 조금 더 통합할 필요가 있다.

13. C: (나비가 소리를 내며 다른 쪽으로 날아간다.)	13. 소리는 아동이 자기 스스로에 대해 내적으로 다르게 느끼고 있음을 반영해 준다.
14. 하마: (사자와 하마가 이야기를 나눈다.) 나 나비랑 여행을 갔었다. 사자: 네가 뭘 했다고? 하마: 나비랑 여행을 다녀왔다구. 나비가 나를 엄청 돌봐 주었어. 우리가 엄청 올라가서 무섭기도 했어. 사자: 에이 설마! 하마: 근데 나비는 믿을 수 있어. 사자: 나비가 너를 잘 돌봐 줬다고? 하마: 나비는 믿을 수 있는 아이라는 걸 난 알아. 왜냐하면 나비도 자기를 믿어도 된다고 하고, 또 나를 정~말 잘 돌봐 줬거든. 그래서 믿을 수 있다는 걸 알아. C: (하마와 사자 간 대화가 이루어지는 동안에, Tyrel은 나비 손인형이 책상으로 돌아와 나비 모양에서 애벌레 모양으로 손인형을 뒤집어 넣으려 한다.) 여기 들어가야……. 이걸 좀 닫을 수 있게 도와줄 수 있어? T: 물론이지. (같이 해결한다.) 이제 됐다.	14. 하마와 사자의 대화는 Tyrel이 자신의 변화 과정을 경험하며 내적으로 느끼는 갈등과 두려움을 반영하고 있다. Tyrel은 나비 손인형을 애벌레 손인형으로 뒤집으며 이 대화를 조용히 들으며 서 있는다. 치료자는 아동이 변화의 과정을 진행해 가며 스스로가 더 힘 있는 사람이라는 점을 믿어도 된다는 것을 다시 한번 확인시켜 주고 있다.
15. C: (애벌레가 기어가는 것에 멜로디를 만들고 노래하며) 나는 좋은 길을 만들지. 하지만 친구들을 위해서 꽤 멋있어질 준비도 되었어. 내가 고치가 되면, 기꺼이 뛰어들어 나비로 변할거야. 나는 밴드처럼 행동하는 면이 있는데. 내가 행	15. 소리는 그 사람(애벌레)이 이전에 지나왔던 것과 자신의 중요성을 수용받는 것을 다시금 경험하고, 앞으로의 변화를 준비하면서 느끼는 기분을 말해 준다. '기꺼이 뛰어들어 나비로 변할거야.'라는 말은 변화를 만들기 위해서 위

진하는 소리를 네가 들으면, 내가 개미 군단이라고 생각할지도 몰라. (애벌레는 반대로 가도록 당긴다.)

험을 감수해야 함을 의미한다. '내가 개미 군단이라고 생각할지도 몰라.'는 세상은 나를 하찮은 존재로 보고, 일에 항상 순응해야만 한다고 생각하고 있다는 뜻이다. 변화는 한 번의 변화로 이루어지는 것이 아니라, 체험적 변화가 여러 차례 이루어지면서 일어난다는 것을 기억해야 한다. 변화가 통합되는 것을 확실히 하기 위해서는 같은 경험이 여러 차례 반복되어야 한다.

16. T: (하마 목소리로) 네가 그 믿을 수 있는 애벌레구나.

16. '네가 완전해지기 위해 애쓰면서 만드는 변화를 이뤄 낼 수 있다는 걸 스스로 믿어도 돼.'라는 의미이다.

17. C: 군대 물결에 타고 싶은 사람 있어?
T: (하마 목소리로) 오, 나 해 봐도 돼?
(사자 목소리로) 나도?

17. 군대는 아동이 자신에게 상당히 수용적이지 않았던 세상에서 살아남기 위해 싸워 왔던 사회적 · 정서적 투쟁을 의미한다. 변화의 과정 중에 아동은 불쾌한 경험에서 나와 자신의 존재에 대해 새롭게 느끼는 체험적 의미로 나아가기 위해서, 자신이 바꾸고 싶어 하는 정서적 공간으로 되돌아와야만 한다.

18. C: (악어 손인형을 올려서 말한다) 누구야…… 손…… 손을 들어, 손이 남아 있다면 말이야.
T: (하마와 사자가 같이) 엇, 저는 손 없어요.

18. Tyrel은 방해꾼 혹은 가해자가 존재하는 곳에서 변화를 만들어 낼 수 있어야 한다. 그렇지 않으면 변화는 지속되지 않는다.

19. C: 그럼 그냥 입을 들어 봐.
T: (하마와 사자의 입을 든다)
C: 그래, 좋아. 하마야.
T: (하마 목소리로) 오, 이런, 저 가 봐야겠어요. 엄마야.

19. 손이나 입을 들어 올리라는 요청은 '누가 이 변화를 만들 수 있다고 믿고 있어?'라는 의미를 담고 있다. 사자와 하마가 모두 이 사실을 믿고 있다.

20. C: (노래를 부르며) 따라 라라라. (하마는 애벌레의 뒤로 다가간다. 애벌레는 기어가고 있다.)	20. 아동은 자신의 변화 과정에 대해 격려받음을 느낀다. 변화하는 경험이 이루어질 시간이 되어 감에 따라 노래를 부르고 있다.
21. T: (하마 목소리로) 어, 이 기차 정말로 가네.	21. 변화가 일어날 수 있음을 한 번 더 확인시켜 주는 말이다.
22. C: (애벌레 목소리로) 이럴 수가. 우리 얼른 가야 해. 이제 네가 떠나야 할 시간이야. 나는 뭔가를 좀 해야 하거든. T: (하마 목소리로) 그래, 알겠어. 고마웠어. 애벌레야. (애벌레가 책상 밑으로 기어간다. 하마는 사자에게 말한다.) 와, 정말 깔끔했어!	22. 이제 변화의 과도기로 나아갈 시간이다. 아동은 하마로부터 지지를 받았지만 이 변화는 내적인 것이기 때문에 혼자서 여행을 떠나야 한다.
23. C: (악어 손인형이 걱정스럽게 뛴다. 이때 Tyrel은 손인형을 손에서 벗는다. 높고 거친 목소리로 노래를 부르며) 여기 보고~ (아동은 아기가 태어날 때 내는 원초적인 소리를 낸다.) T: (하마가 사자에게) 애벌레는 아마 돌아와서 우리를 종종 보러 올 거야. 나는 애벌레를 알아볼 수 있을 것 같아.	23. 다시금 아동은 그의 가해자(아버지)가 같이 있는 상황에 변화를 이뤄 내야만 한다. (아동의 아버지는 아동에게 전혀 관대하지 않았다.) 변화는 마치 새로운 사람으로 다시 태어나는 것과 같다.
24. C: (아까와 같은 높고 거친 목소리로) 아니, 넌 나를 알아볼 수 없어……. (책상 밑에서 나비를 꺼낸다.) 왜냐하면 나는 이제 나비거든. (나비가 날개를 흔들며 공중에 날아오른다.)	24. '넌 나를 알아볼 수 없을 거야. 새로운 나 자신으로 변화했거든.'이라는 의미이다. Tyrel은 자기 스스로에 대해 굉장히 자랑스러워하며, 공중으로 날면서 자신의 존재에 대한 새로운 경험을 통합해 가게 된다.
25. T: 오와, 너 달라졌구나!	25. 변화에 대한 알아차림과 인정을 의미한다.
26. C: 그렇지.	26. 동의하며 확인시켜 준다.
27. T: 너는 여전히 전과 같은 친구야. 아름	27. '너는 우리가 좋아하는 사람이야. 그리

다운 나비가 되었네.

고 더 아름다운 존재로 변화했네.'라는 의미이다.

28. C: 못생겼을 때도 있었지만, 이제 나는 아름다워. 누가 내 등에 타고 싶니?

28. '나는 전에 수용받지 못했었지만, 이제는 수용될 수 있어. 그리고 이러한 생각을 뒷받침할 힘도 가지고 있어.'를 의미한다.

29. T: 맞는 말이네.

29. 치료자는 변화를 다시 한번 인정해 준다. 아동은 자신의 변화를 다른 사람이 알아차린다는 것을 알 필요가 있다.

30. C: 사자……. (나비가 날개를 뻗고 있다).

30. 아동의 친구인 하마와 사자에게 인정받으면서, 아동은 이제 내면화를 경험하게 된다.

31. T: 있잖아, 너는 항상 아름다웠는데, 그냥 우리가 모르고 있었던 것 같아. (사자가 나비의 등에 올라타자 나비가 날아오른다. 이때 하마가 사자에게 말한다.) 나비는 믿어도 돼. 걱정하지 마.

31. 치료자는 자신이 아동을 항상 좋아해왔고, 밖으로 드러나지는 않았지만 잠재력을 가지고 있었음을 은유적으로 말하고 있다. 다시 한번 아동이 자신의 변화를 믿어도 된다는 확인을 시켜 준다.

32. C: (나비 목소리로, 방의 반대편 코너에 도착하자) 오, 안 돼! 돌아갈 수가 없어!

32. 이제 변화가 이루어졌고, 아동은 자신이 스스로에 대해 가지고 있던 과거의 방식이나 생각으로 다시 돌아갈 수 없음을 안다.

33. T: (사자 목소리로) 난 널 믿어. 넌 방법을 찾아낼 거야. (그들은 돌아서 탁자를 향해 돌아가기 시작한다.)

33. 한 번 더 치료자는 아동에게, 아동은 경험을 변화시킬 능력이 있고, 그래도 괜찮을 거라는 스스로에 대한 신뢰와 믿음을 가져도 된다고 이야기 하고 있다.

34. C: (콧노래를 부른다.)
T: 너의 친구들을 믿어야 해.

34. 콧노래는 자신에 대한 믿음을 내면화하는 과정을 보여 준다.

35. C: (나비 목소리로) 우리는 이제 내려야 해. (나비와 사자가 조금 출렁이며 책상에 내려앉는다.) 아이쿠! 나비야, 여기 있어도 돼. 그래, 꽤 부드러운 착

35. Tyrel은 이 확인을 위한 여행을 끝내려고 내려앉으며 나비를 통해 자기 자신에게 변화된 모습으로 있어도 된다고 말한다. 부드러운 착지는 아동 자신의

지였어. T: (사자 목소리로) 고마워. 고마워, 정말 황홀했어!	보다 수용 가능한 면인 부드럽고 친절한 측면의 수용을 의미한다.
36. C: (나비는 다시 날아올라 다른 곳으로 날아가며) 아, 내 남동생에게 가 봐야겠어. T: 그래. C: 응, 동생도 오늘 나비로 변해야 하거든.	36. 아동은 이제 자기 존재의 변화를 수용하고 자신의 이전 발달단계로 퇴행하여 그 단계에서의 자신의 존재에 대한 변화도 이루어야 한다. Tyrel은 남동생이 없다. 남동생은 자신의 더 어린 시절을 의미한다. 아동은 자신의 더 어린 발달단계에서 비슷한 놀이패턴을 반복한다. 자신의 발달단계에서 이루어진 경험을 확인하며, 앞서 보였던 확인과 인정의 과정을 동일하게 이뤄 간다.

제8장

‘놀이의 은유’ 향상

치료적 반응

오늘날 많은 사람은 아동의 표면적 행동에 대해 지시적이고 즉각적인 반응을 보이며 질문하고, 아동에 대한 고정관념을 가지고 있는 성인도 많다. 심지어는 아동에 대한 교육을 많이 받았음에도, 아동의 외면적 기능에 대해서만 주된 반응을 보이기 쉽다. 실제로 많은 정신과 의사까지도 아동의 내면적 특성에 대해서 제대로 알지 못하고 그저 가족체계의 구성원으로서만 취급하려 들고 있는 실정이다. 많은 치료자에게 있어서, 아동과 치료적으로 소통한다는 의미는 이와 상반되는 내용을 의미하기 때문에, 대부분의 유능한 성인이나 청소년 치료자에게 아동치료는 두려움을 안겨 준다.

물론, 최근 들어 아동심리치료의 방법에 대한 연구가 활발해진 것은 사실이다. 하지만 대부분이 치료기법에 한정되어 있다. 아동의 개인적 태도나 성격, 환경 내에서의 문제에 대한 반응 등에 관한 내용을 살펴본 연구는 극히 드물었다. 물론, 아동중심 이론에 바탕을 둔 이론가와 치료자는 아동에 대해 따뜻하고 수용적이고 공감적인 태도를 가져야 한다고 주장하고 있다(Axline, 1947b; Landreth, 1991; Moustakas, 1959, 1992).

아동의 놀이와 언어 표현의 내용에 대해 해석하는 것이 아동에게 많은 도움이 된다는 점을 강조하는 아동학자도 많다. 그들은 아동이 보여 주는 놀이나 대화를 통해 아동에게 충격을 주었던 사건을 명백히 하거나, 설명하려는 시도를 하고 있다(Lewis, 1974; O'Connor, 1991).

또 다른 이론가들은 아동의 행동조절에 기반을 두거나, 아동의 언어 표현에 대한 치료자의 언어적 반응을 치료에 이용하기도 한다. 하지만 아동이 표현하는 언어의 신빙성에 대해서는 많은 의문이 제기되고 있다. 특히 법원같이 신빙성이 중요시되는 곳에서도 아동의 언어 표현에 대해 지속적으로 의문을 제기하고 있는 실정이다(Ceci & Bruck, 1993). 만약 아동이 어휘능력이나 형식적 조작사고의 부족으로 인해 정확하게 언어화할 수 있는 능력이 부족하다면, 어떻게 감정과 같은 추상적 개념을 치료자와 언어로 표현하여 의사소통하는 것이 가능할까? 또한, 선행 사건과 그 결과로 인한 감정 간의 연결 그리고 현재의 행동들이 어떻게 연결되는지를 이어 주는 이유를 어린 아동이 이해할 것이라고 치료자가 기대하는 것도 어려울 것이다.

아동은 놀이를 통해 외부 세계에 대한 자신의 관점을 표현해 내면서 이해나 해결을 구하기 위해 자신만의 은유를 만들어 낸다. 즉, 아동은 놀이를 의사소통의 양식으로 이용한다. 그렇다면 '아동의 놀이를 촉진시키려면 어떻게 해야 하는가'라는 질문을 던질 수 있다. 정확히 어떤 요소들로 인해 단순한 놀이에서 치료적 놀이 과정으로 나아갈 수 있는 것일까? 가장 중요한 요소는 아동을 수용하고 이해하는 치료적 관계이다(Landreth, 1991; Moustakas, 1959/1992, 1973). 하지만 이러한 관계는 저절로 생겨나는 것이 아니다. 이 관계는 서서히, 점진적으로 일어나는 과정으로 치료자가 적절히 반응해 줌으로써 촉진된다. 치료자를 통해, 아동은 자신이 안전, 안심, 수용의 감정을 가지고 있다는 것을 직접 경험함으로써 느낄 수 있는 것이다. 하지만 아동이 치료자를 신뢰하기 전에는, 치료자가 적절한 반응을 보여 주었다 할지라도 자신을 수용하는 정도를 계속 시험할 것이다.

변화를 촉진시키기 위한 적절한 반응 시 고려해야 할 차원

아동의 변화를 촉진하기 위해 반응하는 방법은 특정 차원에 따라 다르다. 이러한 차원에는 놀이치료 과정의 단계, 치료자와 아동 관계의 깊이 정도, 치료자의 반응 양

식이 포함된다.

놀이치료 과정의 단계

① 탐색 단계

치료 과정의 초기 단계, 즉 '탐색 단계'는 아동이 새로운 환경에 접하는 시기로 치료자에 대해서 알아가는 단계이다. 놀이치료실을 탐색하며 새로운 환경에 어떤 기대를 갖는 단계이기도 하다. 이때 치료자는 아동들의 행동이나 존재에 대해 적절한 반응을 해 주어야 한다. 치료자는 이 반응을 통해 치료자가 아동과 함께해 주고, 따라가며, 무엇을 하든지 수용해 줄 것이고, 놀이치료실에서 일어나는 일은 아동이 이끌어도 된다는 점을 아동에게 전하고자 한다. 탐색 단계는 한두 회기 정도로 진행되는 것이 일반적이다. 이 단계에서는 "네가 놀이치료실에 있는 모든 것을 살피고 있구나. 여기서 무엇을 할 수 있을지 알아내고 있네."와 같은 반응을 하게 된다.

다음 내용은 놀이치료 실습을 하는 동안 진행되었던 회기이다. 이 회기는 탐색 단계에서의 적절한 반응에 대한 예시와 관계에서 너무 이르게 나타나는 공감적인 반영에 대한 예시를 함께 잘 보여 주고 있다. 다음은 다섯 살 아동 Scotty의 첫 회기를 발췌한 것이다. Scotty의 부모는 3년 전에 이혼을 했다. 그는 어머니와 함께 살고 있는데 가정에서 성학대를 받고 있다는 의혹이 주변 사람을 통해 제기되어, 결국 보호시설에 보내졌고, 정밀검사 끝에 성학대가 있었음이 밝혀졌다. 가해자는 어머니와 함께 살고 있는 어머니의 남자 친구로 밝혀졌다. 그래서 어머니 곁을 떠나 친아버지와 함께 살기 시작했다. 그런데 새어머니는 얼마 지나지 않아서 Scotty와 어려움을 겪기 시작했고, 이로 인해 치료를 받기로 결정하게 되었다. 첫 치료 회기를 진행하기 전날 유치원 입학식이 있었다. 다음은 놀이치료실에서의 처음 몇 분을 발췌한 것이다.

Scotty: (방을 둘러보다가 주차장 놀잇감을 발견한다. 앉아서 그것을 가지고 놀기 시작한다.)

치료자: (의자를 끌어당겨 아동의 뒤에 앉는다.) 이 방을 살펴보며 여기 뭐가 있는지 보고 있구나.

Scotty: (웃음) 그런 것 같아요. (치료실 다른 쪽을 쳐다본다.) 오! (일어나서 아주 큰 놀잇감 집으로 다가가 들여다본다.) 이게 뭐야?

치료자: 잘 살펴봐. 재미있는 것 같은데.

Scotty: (안을 들여다보고 놀잇감 집을 집는다.) 아주 크네요, 그렇죠? (옆을 보며 다른 것들을 살펴보기 시작한다.)

치료자: 숨겨져 있는 건 없는지 뭐든지 살펴보는구나.

Scotty: (집을 집어 들고 바닥에 놓는다.)

치료자: 무거울 텐데.

Scotty: 네. (다시 자리로 돌아가서 다른 놀잇감 집을 발견한다.) 저기도 있어요.

치료자: 그래. 집이 두 채가 있구나.

Scotty: 됐다.

치료자: 제자리에 두었네.

Scotty: (안을 들여다본다. 구슬상자를 집어 든다. 깔깔거리며 치료자를 쳐다본다.)

치료자: 뭐가 있니?

Scotty: 예, 구슬이 있어요. 아주 커요.

치료자: 큰 구슬이구나.

Scotty: 네. (일어서서 펀치백을 들어 옮기고, 선반 위에 있는 놀잇감을 살핀다.)

치료자: 이제 선반 위에 있는 놀잇감을 살피고 있구나.

Scotty: (총을 쏘아 보곤 내려놓고는 계속 살핀다.) 나도 전에 이런 것 있었는데.

치료자: 네가 알고 있었던 게 여기도 있으니 반갑구나.

Scotty: 예. 이런 게 있었거든요.

치료자: 몰랐네.

Scotty: 난 작은 공도 갖고 있었는데요, 잃어버렸어요.

치료자: 공을 잃어버렸구나.

Scotty: 예.

치료자: 아주 속상했겠구나.

Scotty: 그렇지 않았어요!

치료자: 음, 그렇지 않았구나.

이 치료자는 Scotty가 하는 것을 잘 따라가는 작업을 하였다. 하지만 한 가지 "아주

속상했겠구나."라는 공감적인 말을 했는데, 아동은 아직 이러한 수준의 반응을 받아들일 준비가 안 되어 있었기 때문에 "그렇지 않았어요!"라고 부정하였다. 이 회기에서 아동이 원했던 본질적인 내용은 자신이 하는 행동이나 말에 대해 치료자가 단순히 추적하는 반응 정도로 관찰한 것을 이야기하는 것이다. "그걸 살피고 있구나. 네가 볼 수 있는 모든 것을 알아가고 싶구나. 잘 알아 가는 게 중요하구나."와 같은 반응을 예로 들 수 있다.

② 보호를 시험하는 단계

아동이 놀이치료 환경에 대해 이해하게 되고 편안한 느낌을 가지고 놀이에 임하게 되면, 보다 개인적이고 의미 있는 내용으로 나아가기 전에, 자신을 향해 치료자가 얼마나 전념하고 있는지 그 정도를 시험해 보고자 한다. 아동은 치료자의 제한 설정 정도와 사회적으로 수용하기 어려운 자신의 모습을 치료자가 어느 정도로 수용하는지 시험해 보며 이를 평가한다. 이 단계의 목표는 신뢰감 있는 관계를 형성하는 것이다. 치료자는 제한 설정을 하면서 아동의 감정을 수용하지만 이러한 감정에 압도되지 않도록 보호해 주어야 한다. 이렇게 함으로써 아동은 치료자를 믿을 수 있게 되고, 자신의 미해결된 문제를 놀이를 통해 의사소통할 준비를 하게 된다. 이 단계에서 치료자는 아동이 시험하고자 하는 마음 밑에 흐르는 내면의 감정을 먼저 인식시켜 주면서, 제한 설정을 해 주어야 한다. 예를 들어, 아동이 공격성을 보일 때 "네가 지금 많이 화가 났다는 것을 알아. 화내는 건 괜찮아. 하지만 놀잇감을 망가뜨리는 것은 안 돼."라고 반응해 주어야 한다. 이 시기의 아동과 치료자와의 관계는 아동이 새롭게 대인관계를 형성하는 토대가 된다. 그러므로 치료자는 아동을 인격적으로 존중하고 있다는 대화 양식을 보여 주는 것이 중요하다. 보호를 시험하는 단계를 통해 치료자에 대한 신뢰감을 형성하는 데에는 보통 한두 회기가 걸린다.

다음 발췌문은 치료자의 제한 설정을 시험하려는 세 살짜리 Lindy라는 아동의 한 회기 내용이다. Lindy가 치료를 시작하게 된 것도 사실 이 이유 때문이기도 하다.

치료자: Lindy야. 이제 1분 후면 가야 할 시간이야.

Lindy: 싫어요! 싫어. (놀잇감이 있는 선반으로 다가가서 젖병을 집어 들고 모래상자로 간다. 모래상자에 젖병을 놓고는 수저로 모래를 떠서 넣으려고 하면서 뚜껑을 열려고 하지만 결국 열지 못한다.) 뚜껑 좀 열어 주세요. (다시 수저로 모래를 뜬다.)

치료자: 뚜껑을 열고 모래를 가득 채워 넣으려고 하는구나.

Lindy: 네. (젖병에 묻어 있는 모래를 떤다.)

치료자: (젖병을 잡는다.) 다음 주에 다시 오면 뚜껑 열어 줄게. 지금은 시간이 다 되었거든.

Lindy: (치료자에게 손을 흔들며) 싫어요. 지금 해 주세요! (발을 구르기 시작한다.)

치료자: 지금은……. Lindy야, 여기 있을 때는 뭐든지 네 맘대로 놀 수가 있지. 하지만 시간이 다 되면 그렇게 할 수 없단다. 이제 나가야 할 시간이야.

Lindy: (젖병을 움켜쥔다.) 열어 달라니까요!

치료자: 그래, 다음번에 열어 줄게.

Lindy: 지금 열어 줘요! (발로 마루를 꽝꽝 찬다.)

치료자: (일어나서 아이의 신을 든다.)

Lindy: 싫어요!

치료자: (편안하고 온화한 목소리로 하지만 확고하게) 이제 끝나서 가야 할 시간이야. 다음 주에 또 만나자. 기다리고 있을게.

Lindy: (선반으로 달려가 한 놀잇감을 집어 든다.)

치료자: (그 놀잇감을 잡으려 한다.)

Lindy: (도망간다.)

치료자: 이제 밖으로 나가서 엄마랑 가야지.

Lindy: (치료자에게서 계속 도망친다.)

치료자: (부드럽게 Lindy를 잡는다.) Lindy야, 이건 술래잡기가 아니야.

Lindy: 싫어요!

치료자: (Lindy를 붙잡아 문 쪽으로 데리고 나온다.) 이제는 나가야 해. 시간이 다 되었어.

Lindy: 싫어요, 싫다니까요!

치료자: (문을 연다.) 다음에 다시하자.

이 발췌문은 약한 정도로 시험하는 모습을 보여 주는 예시이다. 예시에서 치료자

는 항상 이러한 시험 뒤에 내재되어 있는 감정을 읽어 주고 따뜻하고 지지적인 반응을 보여 주고 있다. 이 단계에서는 아동의 감정에 대해 언급하기 시작하는 것이 적절하다. 예를 들어 "네가 여기를 좋아하고 즐거워한 것을 알고 있어. 그리고 나 역시 너랑 함께 놀 수 있어서 정말 좋았어. 하지만 이제 마칠 시간이 되었어. 놀이 시간이 끝나면 여기서 나가야 하는 거야."라고 말해 줄 수 있다. 제한 설정을 통해 치료자는 아동을 보호해 줄 것이라는 의미를 전달하게 된다. 이는 매우 중요한데, 왜냐하면 아동은 자신의 문제를 드러내기에 앞서 보호받고 있다는 것을 알 필요가 있기 때문이다.

③ 작업 단계: 의존 단계와 치료적 성장 단계

아동과 치료자가 작업 단계(의존 단계 · 치료적 성장 단계)에 도달할 때까지, 그들 사이에는 모든 의사소통의 길이 열리게 된다. 작업 단계는 놀이치료 과정에서 가장 긴 단계로 아동이 풀어야 할 문제가 얼마나 심각한지, 또 얼마나 오랫동안 가지고 있었던 문제인지에 따라 그 기간이 결정된다. 두 단계에서는 동일한 방식의 치료 반응이 필요하다. 예를 들어, "상어가 물을 마시기 시작하면 고래가 불안해하네." 혹은 놀이 중 "마술 지팡이를 찾을 수 없어, 내 마술이 다 사라졌나 봐."와 같이 반영할 수 있다.

다음으로 탐색 단계의 예로 들었던 Scotty 사례의 다른 회기를 발췌하였다. 아동은 이 회기가 녹화되기 전에 2마리의 공룡이 빨간 차와 마주보고 있는 장면을 오랫동안 공을 들여 만들었다. 근처에 다른 동물들도 있었지만, 이 동물들은 모두 차에 등을 돌리고 있었다. 이 발췌문에서 Scotty는 치료자에게 자신이 받은 성학대 경험을 보여 주고 있다. 하지만 치료자는 그 은유적 의미를 알아차리지 못했다. 빨간 차를 마주보고 있는 2마리의 공룡은 성학대에 대해 알고 있던 두 사람을 표현하고 있는 것이다. 다른 모든 동물은 Scotty의 고통을 무시했던 사람들을 표상하고 있다. Scotty는 놀이에서 공룡 중 1마리가 빨간 차의 앞뒤를 먹기 시작하는 장면을 보여 준다.

이 차가 Scotty가 동일시하는 놀잇감이라는 점에 주목하는 것은 흥미롭다. 아동은 첫 회기부터 그 빨간 차를 인식했다. 그 차를 집으로 가져가고 싶다며 치료자를 시험하기도 하였다. 매 회기가 시작될 즈음이면 실제로 그것으로 놀이를 하든 하지 않든 이 빨간 차를 찾아서 자신의 옆에 놓아 두었다.

Scotty: (차를 다른 동물들이 있는 쪽으로 민다.)

치료자: 계속 가고 있네. 이리저리 흐트러트리고 있어. 뭔가 볼 때면……. 종종 화를 내고 있는 것 같고……. 뭘 하려고 하는 것 같은데…….

Scotty: 하지만 이 차는 그렇게 하고 싶은 게 아니라……. 뭔가를 찾고 있는 거예요.

치료자: 뭔가를 찾고 있구나.

Scotty: (블록이 쌓인 곳으로 차를 민다.) 얘는 그들이 거기에 살고 있다는 걸 알아요.

치료자: 얘는 그들이 거기에 살고 있다는 걸 알고, 일부러 갔구나. 그들에게 화났다는 것을 보여 주고 있구나.

Scotty: 이 차……. 그들은 아닌 것처럼……. 그래서 서로 안 닮았다고 생각하지만, 이 차는 다 알아요. 조금 생각이 났거든요.

치료자: 거기에 있는 것이 조금 생각났구나.

Scotty: (빨간 차로 공룡 1마리를 공격한다.)

치료자: 차가 공격하면서 화가 났다는 것을 보여 주고 있구나.

Scotty: (아까 차의 앞뒤 부분을 먹었던 공룡의 뒤로 그 빨간 차를 가져간다.)

치료자: 차가 뒤로 가서 공룡을 물어 버리는구나. 그(차)는 그(공룡)에게 공룡이 차를 얼마나 아프게 했는지 알려 주고 싶어 하는구나.

Scotty: 네. 그래야 해요. 조금 그렇게 했어요…….

치료자: 때때로 사람들은 다른 사람들을 속상하게 하지, 그러면 화가 나지.

Scotty: (빨간 차가 뒤집혀 떨어진다.)

이 사례에서 치료자는 Scotty가 성학대를 놀이로 표현하고 있다는 것을 눈치채지 못했지만, 아동이 놀이에서 보여 주는 감정을 알아차리고 "얘가 공격하면서 화가 났다는 것을 보여 주고 있구나."와 같이 반영하며 아동의 과정을 촉진시켜 줄 수 있었다. 이처럼 놀이가 보여 주는 의미를 치료자가 이해하지 못했더라도 아동의 감정을 읽어 주는 것은 효과적인 치료를 진행시키기 위해 매우 중요한 것이다. "네, 그래야 해요."라고 반응한 Scotty의 반응을 주목해 볼 수 있다.

④ 종결 단계

놀이의 주제가 실제 생활을 보여 주는 방식으로 옮겨 가 수용할 수 있는 성인들의 행동을 모방하고 놀이의 강도가 급격하게 줄어들게 되면 종결을 고려해 보아야 한다. 종결 단계는 여러 회기로 나누어 진행하는 것이 좋다. 치료자와의 관계가 단절되는 것을 아동이 받아들일 수 있도록 치료적 동맹을 유지시킬 필요가 있다(Thompson & Rudolph, 1983). 보통은 6주 정도의 시간을 두고 종결 과정을 진행시키는 것이 좋으며 매월 한 번 정도로 일정 기간 동안 치료 회기를 유지하는 것도 바람직하다. 치료자와 아동 간 관계의 종결이 다가오는 것에 대해 아동과 이야기를 나누는 것도 중요하다. 예를 들면, "이제 같이 놀 수 있는 날이 2주 남았어. 네가 더 이상 오지 않게 된다니, 정말 보고 싶을 거야. 그렇지만 네가 이제 행복하고 잘 지낸다는 것을 알게 된 것은 좋아."라고 말해 주는 것이 좋다.

다음의 사례는 매우 특별한 종결 회기를 발췌해 놓은 것으로, 모든 종결 단계의 회기진행이 이와 같지는 않다. 이 사례에서 치료자와 Andy라는 아동은 서로에게 아주 특별한 감정을 가지고 있었다. 이 종결 회기를 시작하면서 Andy는 치료자가 자신을 위해 어떤 선물을 준비했다는 것을 알게 되었다. 이 선물은 작은 아이가 자신의 무릎을 안고 머리를 떨어뜨리고 있는 조각상이었다.

Andy: (놀잇감 방망이로 스윙 연습을 해 본다.) 좋아요.

치료자: 이제까지 연습이었어. 이제 진짜 하는 거야. (공을 던진다.)

Andy: (공을 치고 나서 뛴다.)

치료자: 좋아. 아주 잘 맞추었어. 공을 주워야겠네. 어디 있지? 어디에 있는 거야? 네가 이겼잖아. 아! 다 돌고 왔네. 3루까지 다 뛰었네. 홈에 안전하게 들어왔네. 이제는 스스로를 돌보는 법 그리고 모든 베이스를 도는 법까지 다 아는구나.

Andy: (웃는다.) 그런데 어떻게 내가 그 조각상을 좋아하는 것을 알았어요? (야구방망이를 잡고 다시 칠 준비를 한다.)

치료자: 그 조각상이 마음에 드니? 그럴 거라고 생각했어. 너에 대해 많이 생각해 봤는데. 이 조각상이 마침 있었어. 너도 알고 있는 것처럼 어떤 사람들은 슬프거나 울고 싶을 때 목에 뭔가 걸린 것처럼 느끼거든.

Andy: (방망이를 목 뒤로 하고는 어슬렁거리며, 주변을 둘러본다.)

치료자: 너도 누군가와 헤어질 때 목에 뭔가 걸린 것 같은 적 있니? 너와 더 이상 매주 만나지 못한다고 생각하니 지금 내가 그런 것 같아.

Andy: (치료자가 미리 선반 위에 올려두었던 조각상 선물을 만진다.) 그랬어요.

치료자: 응, 너를 정말 사랑해서 내 목에 덩어리가 걸린 것 같았어. 그래서 이 작은 조각상을 주고 싶었어.

Andy: (다시 방망이를 흔들어 보다가 자신의 머리를 살짝 때리자 야구모자 챙이 들려진다.) 내 야구모자예요. 제 머리를 치면 안 되니까요

치료자: 보호했네. 그 어떤 것도 네 머리를 다치게 하고 싶어 하지 않는구나.

이 사례에서 "이제는 스스로를 돌보는 법 그리고 모든 베이스를 도는 법까지 다 아는구나."라고 한 치료자의 반응을 눈여겨볼 필요가 있다. 표면적으로는 이것은 아동이 어떻게 야구 게임을 하는지 안다는 의미이다. 하지만 Andy는 그 말의 깊은 의미를 알아듣고 "어떻게 내가 그 조각상 좋아하는지 아셨어요?"라고 말한다. 치료자는 함께 결말을 지으려 하며, 함께하는 여정을 다시 걷고 있다. 그러자 Andy는 "내 야구모자예요. 제 머리를 치면 안 되니까요"라고 야구모자에 대해 언급한다. 다시 말해, "이제 나를 보호해 줄 야구모자가 있어요."라는 뜻이다. Andy에게 종결은 방망이로 머리를 치는 것과 같은 것으로, 정말로 이 종결로부터 자신을 보호할 필요를 느끼고 있다. 하지만 동시에 이제 스스로 자신을 보호할 능력이 있다는 것을 느끼고 있다. Andy는 치료자와 신뢰하는 관계를 형성하기 이전에는 주변에서 긍정적인 남성상을 경험하지 못하였다. 사실 Andy의 엄마는 파괴적인 관계를 맺고 있었다. Andy가 남성과 경험했던 관계 중 치료자와의 관계가 가장 긍정적이었다. 결과적으로, 이 사례의 종결 단계는 두 사람 모두에게 매우 힘든 과정이 되고 있었다.

반응의 깊이

아동의 변화를 이끌어 내기 위해 고려해야 할 두 번째 차원은 치료자가 보여 주는 반응의 깊이 정도이다. 성인을 대상으로 하는 심리치료와 마찬가지로, 아동은 친밀감이 형성되기 전에는 더 깊은 수준(즉, 해석, 직면, 연결, 통찰 등)의 반응(인정)에 압도

된다. 신뢰(trust, rapport)가 형성된 내담 아동은 더 깊은 수준의 반응 뒤에 있는 돌봄을 인식한다.

① 관찰 반응

초기에 보여 주기 적당한 반응은 관찰 반응(Observational Responses)이라 할 수 있다. 아동의 행동을 관찰하여 묘사하거나 아동이 하는 행동을 쫓아가며 서술하는 식으로 읽어 주는 것이다. 예를 들어, "지금 이 방에 있는 모든 것을 살펴보고 있구나."와 같은 식이다.

이 같은 유형의 반응의 예로 앞에서도 살펴본 다섯 살 난 Scotty의 사례를 살펴보겠다.

Scotty: (치료자에게 권총을 겨누고 쏜다.)

치료자: 나에게 총을 쏘고 있구나.

Scotty: (계속 총을 쏜다.)

치료자: 맞았다.

Scotty: (창문으로 다가가서 바깥을 향해 총을 쏜다.)

치료자: 창 밖에…….

Scotty: (왼쪽으로 돌아서며 총을 쏜다. 그리고는 펀치백을 향해 총을 쏜다.)

치료자: 아, 심장에 맞았네.

Scotty: (다시 펀치백에 총을 쏜다.)

치료자: 눈 사이에 딱 맞았네.

Scotty: (펀치백의 꼭대기에 총을 겨눈다.)

치료자: 머리 꼭대기도…….

Scotty: (몸을 돌려 모래상자 쪽을 향해 총을 겨누고 쏜다. 그러다가 모래상자를 알아보고는 다가가서 모래를 손에 담고 만져 보며 급작스럽게 소리친다.) 모래다! (웃는다.)

치료자: 그래. (아이와 함께 웃는다.)

Scotty: (총을 내려놓는다.) 한번 빠지면 못 나오게 하는 모래 같아요.(발을 들어 모래를 비비다가 다시 모래를 들여다보기 시작한다.)

치료자: 빠졌다가 붙잡히는 모래일 것 같아 보이는구나.

Scotty: 네.

치료자: 확인해 보고 그냥 모래라는 것을 알아내었네.

Scotty: (모래로 돌아가, 손을 모래에 넣었다가 뺀다. 모래상자를 내려다보며 콧노래를 부르며 어슬렁거린다. 치료자를 향해 왔다가 놀잇감이 있는 선반을 살펴본다. 바닥에서 아이가 가지고 놀던 놀잇감으로 돌아온다.)

치료자: 여기에 놀잇감이 아주 많지. 그래서 뭐를 가지고 놀지 결정하기 힘들구나.

Scotty의 놀이는 치료자에게 많은 정보를 주고 있다. 아이가 총을 집어 들고 치료자를 향해 쏘는 것은 "당신을 신뢰할 수 있는지 잘 모르겠어요. 당신이 나를 아프게 하지 못하게 할 거예요."라는 의미이다. 그리고 펀치백을 향해 쏜 것은 자신을 해치는 사람으로부터 자신을 보호하고 싶다는 의미이다. 이 단계는 관찰 반응에서 더 나아갈 수 있도록 하는 신뢰감이 아직 형성되지 않았기 때문에, 치료자의 "거기에 총을 쏘고 있구나. 아, 딱 눈 사이에."와 같은 반응은 아주 적절했다.

또한 모래상자에서 Scotty의 행동도 눈여겨보아야 한다. 모래를 쳐다보고 총으로 만져 보고 나서, 깜짝 놀라는 반응을 보인다. 여기서 아동은 "한번 빠지면 못 나오게 하는 모래 같아요."라고 말하는데, 이는 '내 감정을 드러내는 것이 두려워요. 그 감정에 사로잡힐 것 같고 빠져들어 헤어나지 못할 것 같아요.'라는 의미이다. 여기서 모래는 아동의 정서를 표상하고 있기 때문에, 감정이 자신을 압도할까 봐 걱정하고 있음을 전하고 있다. 아동이 놀라는 반응은 이러한 해석을 확인해 주었다. 여기서도 마찬가지로 치료자는 아직 치료가 진행되고 있는 단계가 아니라 관계가 제대로 형성되지 않았으므로 깊은 수준의 반응보다는 관찰 반응을 보여 주었다.

또 한 가지 주목해야 할 점은 아이가 치료자를 향해 총을 쏘았을 때, 치료자가 쓰러져 죽은 시늉을 하지 않았다는 것이다. 아이가 무엇을 원하는지 잘 알 수 없었으므로 치료자는 그저 "나에게 총을 쏘고 있구나."라고 반응해 주었다. 이때 Scotty가 "죽어요. 죽으라니까요!"라는 반응을 보였다면 아동이 원하는 대로 죽는 척해 주는 것이 적절하다. 아마도 이 단계에서 아동이 총을 쏠 때 치료자가 죽는 척을 했다면, 아동은 자신이 이렇게도 빠르게 누군가에 대해 상당한 힘을 가지고 있다는 것을 깨닫게 되어, 오히려 압도되었을 수 있다.

② 놀잇감을 통한 의사소통

아동을 대상으로 하는 심리치료가 성인 대상의 심리치료와 다른 점 중 하나는 소통의 매체로 놀잇감을 이용할 수 있다는 것이다(Sweeney & Landreth, 1993). 놀이가 아동의 언어라고 한다면 놀잇감은 단어라고 할 수 있다. 아동이 놀잇감을 자신의 단어로 사용할 때, 치료자도 같은 놀잇감으로 반응할 수 있다. 예를 들어, 트럭이 진흙 속으로 가라앉는 놀이를 하는 아동이 있다면 치료자는 "트럭이 무서울 것 같아. 트럭이 어떻게 할 수 없는 일이 일어나잖아. 자기한테 무슨 일이 일어날지 모르고 있어."라고 말해 줄 수 있다. 이처럼 놀잇감에 대한 반응은 결국 아동에게 보내 주는 메시지라고 할 수 있다.

Scotty와 함께한 이 회기의 또 다른 발췌문에서 빨간색 자동차에 대한 아동의 감정을 치료자가 아동에게 전달하는 방법에 주목해 보자.

Scotty: (힘을 주어 자동차를 카펫 위에 있는 놀잇감 주유소에 굴려 보낸다.)

치료자: 여기 차들이 모두 모여 있구나.

Scotty: (다시 그 자동차를 주유소로 민다.) 아직 도착 못했어요.

치료자: 아직 도착하지 못했구나. 주유소로 가려나 보네. 거기에 도착할 때까지 계속 가고 있어.

Scotty: (주유소를 향해 계속 밀며 주변을 살핀다.)

치료자: 얘가 뭔가에 화가 났구나. 그래서 계속해서 달리는구나.

Scotty: 그런 것 같아요. 그래서 기름을 넣어야만 해요.

치료자: 힘을 더 얻어야 하나 보다.

Scotty: (계속 차를 가지고 논다.)

Scotty는 자동차로 자기 자신을 표현하였다. 놀이치료에 임하는 많은 아동이 무생물을 생물처럼 취급하는 놀이를 보여 준다. 아동에게는 차가 속상하다고 하는 것이 자신이 속상하다고 하는 것보다 덜 위험하고 덜 압도적이기 때문이다. 이처럼 놀잇감은 아동에게 자신의 감정에 대해 익명성을 보장해 주고 어느 정도 심리적인 거리를 둘 수 있게 해 주기도 한다.

또한 Scotty가 주유소로 자동차를 굴릴 때 치료자가 "힘을 더 얻어야 하나 보다."라고 반응하는 것에 주목할 필요가 있다. 사실 이러한 아동이 치료에 오는 것도 바로 자신이 계속 나아갈 수 있는 힘을 얻기 위해서이다. 치료자는 아동에게 자동차가 뭔가에 화가 났기 때문에 계속 달리고 싶어 한다는 반응을 해 주었다. 이처럼 계속 앞으로 나아가는 것에 대해 치료자가 공감적인 반응을 보여 주는 것은 아동에게 자신감을 북돋아 주고, 어떤 해결책에 도달할 때까지 나아갈 수 있도록 해 준다.

③ 관계문제 다루기

가끔 어떤 아동은 치료자나 주변의 성인들과의 직접적인 관계를 걱정할 수 있다. 아동은 이에 대해 직접적으로 치료자에게 말하거나 놀이를 통해 은유적으로 표현할 수 있다. 이런 경우, 치료자가 어떠한 일이 일어나고 있는지를 알아채고 관계에 대해 반응하는 것이 중요하다. 예를 들어, 어떤 아동이 치료자에게 정글 속으로의 위험한 탐험을 같이하자고 이끈다면, 출발하면서 치료자는 "우리가 함께 천천히 나아간다면 안전할 거야."라고 말해 준다.

다음은 아동이 자신의 엄마와의 관계를 특정하여 결코 명백하게 표현하고 있지는 않지만, 놀이를 통해 다루는 회기의 좋은 사례이다. 다섯 살인 Carrie는 부모님, 오빠와 함께 살고 있다. Carrie의 오빠는 아홉 살이었는데 온갖 말썽을 부리고 있다. Carrie의 엄마는 통제적이고 비판적인 양육 태도를 보인다.

Carrie와 치료자는 방의 양 끝 쪽에서 무전기를 가지고 놀고 있다.

Carrie: ……소리가 안 들려…….

치료자: ……어 진짜 안 들린다. 지난번엔 들려서 정말 좋았어.

Carrie: (크게) 안 들려요! (키득 거리고 웃는다.)

치료자: 아, 난 들려.

Carrie: (키득거리며) 안녕하세요?

치료자: 안녕.

Carrie: 안 들려요.

치료자: 안타깝네. 난 들리는데. 너랑 진짜 얘기하고 싶어.

Carrie: 여기로 와요.

치료자: 나 여기 있어.

Carrie: 아니요. 이리로 와요.

치료자: 어디? 어디에 있을까?

Carrie: 내 옆이요.

치료자: 오, 그래. 내가 갈게.

Carrie: (치료자가 Carrie 곁으로 가자, 아동은 반대쪽으로 도망치기 시작한다.)

치료자: 어! (Carrie에게로 쫓아가 마주보며) 너한테 다가갈 때면, 너는 도망가네!

Carrie: (키득거리다 소리치며) 여기로 와요!

치료자: 걱정되는데. 네가 도망갈까 봐 걱정돼.

Carrie: 도망 안 가요.

치료자: (Carrie에게 다가간다.)

Carrie: (다시 방 반대쪽으로 도망친다.)

치료자: 너 날 또 속였네!

Carrie: (키득거리며 말한다.) 여기로 와요!

치료자: (Carrie를 향해 다시 다가간다.)

Carrie: (또 다시 반대편으로 도망간다.)

치료자: 아.

Carrie: (다시 다른 쪽으로 도망가며 말한다.) 이리 오라니까요!

치료자: (일어서서) 하지만 내가 거기로 가면 너는 도망칠 거잖아.

Carrie: (방을 다시 가로질러 뛰어다니며 키득거린다.)

치료자: ……내가 여기로 오니 너는 도망가네. 그래서 우리는 절대 가까워질 수 없겠다. 만나지 못하잖아. 그래서 나는 너무 힘이 안 나. (고개를 숙인다.)

Carrie는 어머니로부터 양육과 정서적 친밀감을 얻으려는 시도에서 자신의 허무함을 드러내고 있다. 이 의사소통이 전적으로 놀이의 맥락에서 어떻게 이루어지는지 주목하자.

④ 공감적 반응

성인[1] 심리치료에서 공감적 반응이 중요한 것과 마찬가지로, 아동 심리치료에 있어서도 관계를 맺고 유지하기 위해서 치료자가 공감적 반응을 보여 주는 것은 매우 중요하다. 하지만 아동이 언어적 반응을 이해할 능력이 있는지 확인할 필요가 있다. 또한 치료자가 언어적으로 공감적인 반응을 보여 줄 때, 아동의 작업을 방해하지는 않는지 감별할 필요가 있다. 놀이에서 은유적 표현을 아주 잘 보여 주는 아동에게 치료자가 직접으로 언어적 반응을 하게 되면, 아동은 정서적인 상태에서 빠져나와 인지적인 상태로 들어가게 될 수 있다. 아동은 이전의 고통스러운 일에 대해 새로운 정서적 반응을 경험하며 변화하게 된다. 아동이 이러한 경험을 하고 있을 때, 치료자가 아동에게 직접적으로 언어적 반응을 하는 것은 아동의 경험을 방해할 수 있다.

이와 마찬가지의 이유로 일반적으로 아동에게 질문을 던지는 것은 부적절하다. 하지만 예외가 하나 있다. 놀이를 하면서 아동이 치료자에게 어떤 역할을 하기를 요구하는데, 어떠한 역할을 해 주길 원하는지 잘 알 수 없을 때는 "아빠 인형이 무엇을 해야 해?" 혹은 "내가 화가 난 호랑이야, 아니면 행복한 호랑이야?"라는 식의 질문을 하는 것이 좋다. 이때에도 최소한의 질문을 하는 것이 중요하다. 치료자들에게는 이것이 가장 어려운 부분 중 하나이다. 특히 질문의 끝맺음을 "얘, 너는 정말 모든 것을 네 맘대로 하고 싶구나. 그렇지?" 와 같은 질문의 형식으로 하는 버릇이 있다면 더욱 그럴 수 있다. 치료자는 차라리 잘못된 반응을 하는 위험을 감수할 필요가 있다. 그 반응이 잘못되었다면, 아동이 알려 줄 것이다. 예를 들어, 회기 중에 아동이 치료자에게 "이번 주에 엄마를 만나러 갈 거예요."라고 했다면, 아동을 향한 적절한 반응은 "지난번에는 엄마가 화가 나서 너에게 소리를 질렀기 때문에, 이번에는 무엇을 기대하는 게 좋을지 잘 모르겠구나."일 것이다.

다음은 치료자가 네 살인 남자아이를 대상으로 진행한 사례를 발췌한 내용이다. 아주 엄격한 엄마 밑에서 크는 Caleb은 학습장애와 심각한 조음장애가 있다.

Caleb: (모래를 토닥인다.) 방에 모래도 있네요.

치료자: 그래. 여기에서는 모래로도 놀 수 있어.

Caleb: (눈사람을 만들듯이 모래를 토닥인다. 치료자를 보다가 앞에 있는 일방경

1) 성인상담에서 치료적으로 효과적인 반응에 대한 자세한 내용은 Bergantino, 1981; Carkhuff, 1969; and Gazda, 1975를 참고.

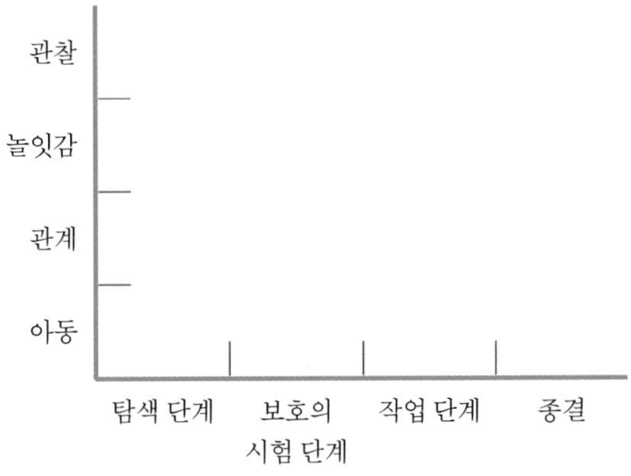

[그림 8-1] 반응의 깊이와 반응 매트릭스의 단계

거울을 쳐다본다.) 저기다 던져도 돼요? (부정확한 발음으로 말한다.)

치료자: 네가 원하면 할 수 있지.

Caleb: (모래를 창문에 던진다. 대부분 모래가 창문 모서리에 쌓이지만, 일부는 옆에 있는 쓰레기통에 떨어진다. 동그랗게 커진 눈으로 치료자를 쳐다본다.) 저기로 들어갔어요.

치료자: 여기저기로 떨어지는 게 재미있네.

Caleb: (부정확한 발음으로) 집에서는 엄마가 이렇게 못하게 해요.

치료자: 집에서는 엄마가 모래를 못 던지게 하는구나.

Caleb: 네!

치료자: ……엄마가 하게 해줬으면 하고 바라는구나.

Caleb: (계속해서 창문에 모래를 던진다.)

Caleb은 놀이치료실에서 허락된 자유를 즐기고 있다. 초반에 아동은 자신의 행동에 대해 엄격한 규제가 없다는 것에 짜릿함을 느끼다가, 이후 자신의 치료적 활동으로 들어가게 된다.

반응 양식

아동이 갈등이나 공포, 혼란, 아픔, 고통, 회의, 절망 등을 언어적으로 전달하는 것은 어렵기 때문에 다른 방법을 활용할 필요가 있다. 실제로 상호작용적인 방식으로 수정해서 말하도록 하거나 재통합을 하도록 하는 것은 많은 아동에게 생소할 수 있으며 상당한 불안을 유발할 수 있다(Donovan & McIntyre, 1990). 아동을 돕기 위해, 치료자가 아동의 방식을 사용하여 소통하는 능력을 기르는 것은 핵심적인 기술이다.

① 놀이

놀이는 아동이 자신의 상처받은 감정을 경험할 수 있게 하고 해결책을 얻거나 자신에 대한 숙달감을 얻도록 돕는 자연스러운 매체이다(Landreth, 1993a). 따라서 아동은 놀이치료의 초기 단계에서 자신의 불편한 감정을 표현하는 상황을 놀이로 창조해 낸다. 이러한 감정에 대해 해결책이나 숙달감을 얻으면서, 아동의 공격적이고 침입적인 주제는 약화되고, 보다 사회적으로 바람직한 행동으로 변화된 놀이를 보일 것이다. 이러한 놀이를 통해서 아동은 이전에 자신을 고통스럽게 했던 일에 대해 보다 새롭고 긍정적인 감정 반응을 경험할 것이다. 예를 들어, 성학대를 받은 아동이 양치기 놀이를 할 경우, 치료 초기 단계에서는 양치기를 시켜 늑대 인형을 때리고 물어뜯어 쫓겨 가게 만드는 놀이를 보여 주지만 후기 단계에서는 양치기를 통해 양들을 안전하게 돌보는 놀이를 보여 준다.

② 은유

가끔 치료가 진행되는 과정에서 아동이 계속적으로 반복적인 놀이를 보여 주는 단계가 있다. 이럴 때 치료자는 이대로 치료가 멈춰 버리는 것은 아닌지, 혹은 아동이 정서적 발달을 그만두는 것은 아닌지 걱정하게 된다. 이런 경우, 치료적인 은유(이야기)를 만들어 내는 것은 유용할 수 있다. 치료가 제한된 시간 동안 이루어질 때에도 이것이 사용될 수 있다. Joyce Mills, Ph.D., Richard Crowley, Ph.D.(Crowley & Mills, 1986), Steve Lankton, M.S.W.와 Carol Lankton, M.S.W.(Lankton & Lankton, 1986)의 연구들은 치료적 은유의 창조에 대한 훌륭한 참고서가 될 수 있다.

놀이 그 자체는 당연히 아동이 만들어 낸 자신만의 은유적 표현이라 할 수 있다. 은유는 이처럼 아동의 창조물(즉, 놀이)일 수도 있고, 치료자가 창조해 낸[즉, 언어적 은유(이야기)] 것일 수 있다(이 장의 뒷 부분에 나오는 '은유적 이야기의 적용 사례'에 있는 Sara의 사례에서 사용된 언어적 은유의 예시 참조).

다음은 아동이 놀이를 통해 보여 주는 은유의 예시이다.

다섯 살 난 남자아이인 Antonio는 2년 전에 아버지가 비행기로 농약을 살포하다가 사고로 사망했다. 아버지는 자신의 비행기가 기둥에 부딪히자, 기둥 뒤에 있는 집에 비행기가 부딪히지 않도록 하기 위해 비행기를 멈췄고, 결국 비행기는 바로 추락해서 아버지는 곧바로 사망했다.

6개월 전, Antonio가 놀이치료를 막 시작했을 때, Antonio 어머니의 가장 친한 친구의 남편이 스노우모바일(snowmobile) 사고로 사망하는 일도 있었다. 그리고 놀이치료가 진행되는 중에 엄마의 남자 친구가 차 사고로 사망하였다. 그 결과, Antonio는 한 남자가 커서 결혼을 하고, 자식을 갖고, 비극적으로 죽는다는 각본을 마음 안에 설정하게 되었다. 치료의 주요 목표는 Antonio가 가지고 있는 이러한 각본을 깨뜨리는 것이었다.

어느 날, Antonio는 치료실 한쪽 벽에 있는 화이트보드에 나무를 한 그루 그렸다. 갈색 나무였는데, 나무 왼쪽의 갈색 가지들은 직각 형태로 삐져 나와 있었다. 하지만 나무의 오른쪽은 왼쪽과 비슷하게 가지를 그리긴 했지만, 작은 초록색 나뭇잎들이 그려져 있었다. 나무는 흔히 아버지상으로 투사되는데, 여기서 Antonio는 왼쪽의 갈색 가지를 아버지로 표현한 것이다. Antonio의 어머니는 최근 새로운 남자 친구를 사귀고 있었는데, 이것이 나무 오른편 가지의 작은 초록색 잎으로 표현된 것이다.

Antonio: (비행기를 모래상자에 놓는다. 비행기 꼬리 부근에 모래를 끼얹어 놀이치료실 안에 날아다니는 시늉을 한다. 놀이치료실 벽면에는 숲을 그린 벽화가 있었는데, 비행기는 먼저 거기로 날아간다. 나무에 약간 부딪치기는 하지만 계속 숲을 날아다닌다. 방을 날아다니다가 아동이 그린 화이트보드의 나무에 부딪히자 비행기는 바닥으로 추락한다. Antonio는 비행기를 집어 들고는 모래상자로 다시 들고 와서 다음과 같이 말하였다.) 연료를 더 넣고 다시 날아야지. (꼬리에 다시 모래를 얹고는 다시 방을 날아다니다가 치료자 쪽으로 돌아 말하였다.) 같이 해요. (아버지의 죽음과 자신의 삶의 과정을 돌이켜보기 위해 치료자의 지지를 얻을 수 있는지 확인하고 싶어 한다.)

치료자: (다른 비행기를 집어 연료를 집어넣고 아동을 따른다.)

Antonio: (비행기가 숲에 부딪히기는 하지만 여전히 날아다닌다. Antonio의 비행기가 다시 나무에 부딪히지만 흔들거리며 모래상자로 착륙해 비행기를 고치고 연료를 다시 넣는다.)

치료자: 이제 1분밖에 안 남았어. 이제 마지막 여행을 해야 해.

Antonio: 안 돼요. 잠깐만요! (비행기를 날린다. 하지만 이번에는 부딪치지 않고 숲을 통과해서 자신이 그린 그림 위를 지나 모래상자에 안전하게 착륙한다.) 내일 또 할 거예요.

③ 언어화

치료자와 아동은 놀이치료 과정에서 많은 말을 주고받는다. 대부분 놀이에 포함되는데, 예를 들어, 아동은 "빨리, 숨어요! 괴물이 오고 있어요!"라고 말하고, 치료자는 "숨었어. 그런데 괴물이 나를 찾을까 봐 무서워."라고 반응해 주게 된다. 이러한 말들은 언어적 반응이라기보다 놀이라고 볼 수 있다. 그러나 가끔 아동이 조용히 놀이를 할 때에는 치료자가 아동에게 공감적 반영을 하게 된다. 예를 들어, 아동이 점토로 멋진 작품을 만들기를 마치고 "정말 만들기 힘들었어요."라고 말한다면 치료자는 "네가 원하는 방식대로 만들 때까지 계속 시도하고 해냈다는 게 스스로도 뿌듯하겠다."라고 반응해 줄 것이다.

다음은 Andy의 의존 단계에 대한 일부 내용이다. Andy는 이 회기의 긴 시간 동안 펀치백을 가지고 놀았다. 어느 시점에 아동은 펀치백 위에 앉아 보려 했으나, 흔들거리는 바람에 펀치백에서 바닥으로 떨어졌다. 아동은 갑자기 벌어진 일에 대해 몹시 분해했다.

Andy: (펀치백을 벽에 세워 놓고 작은 공을 거기에 던진다.) 혼내 줄 거야!

치료자: 걔가 너를 다치게 해서 그게 어떤 기분인지 알려 주고 싶구나.

Andy: 예! 내가 보여 줄 거예요.

치료자: 널 아프게 하는 걸 싫어한다고 알려 주고 싶구나.

언어적 반응은 이처럼 아동에게 직접적·의도적인 방식으로 구조화되어 언어적으로 전달되는 반응이라 할 수 있다.

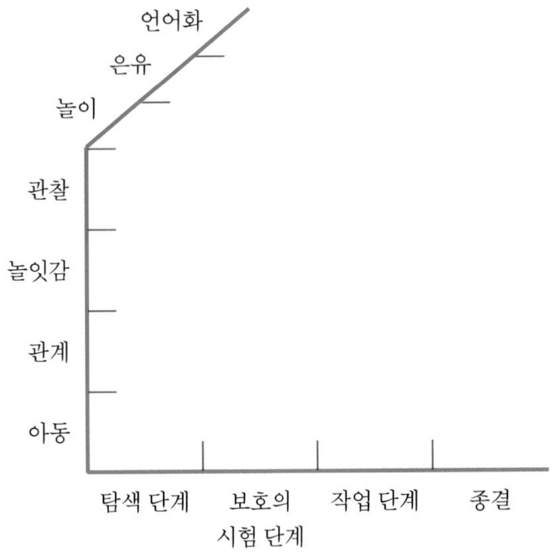

[그림 8-2] 반응 양식, 반응의 깊이와 반응 매트릭스의 단계

차원 간의 상호작용

각 차원 간에는 상호작용 효과가 있기 때문에 차원을 분리하여 개별적으로 생각하기는 어렵다는 것이 분명해졌다. 탐색 단계의 전형적인 반응은 언어 양식을 사용하는 관찰 수준에 머무르는 경향이 있다. 마찬가지로, 아동 수준의 반응은 치료적 성장 단계에서 적절할 수 있지만 탐색 단계에서는 적절하지 않으며 놀이나 언어 양식으로 의사소통할 수 있다. 모든 차원을 고려하면, '4개의 치료 단계[2]×네 가지 반응의 깊이×세 가지 반응 양식'으로 상호관계가 있을 가능성이 있다. (그림 참조) 하지만, 탐색 단계에서는 아동 내면 수준에 대한 공감적 반응이 적절하지 않기 때문에 이 차원을 고려하여, '탐색-아동-놀이', '탐색-아동-은유', '탐색-아동-언어' 반응은 배제한다. 같은 방식으로, 작업 단계나 종결 단계에서는 놀이에 대해 관찰한 내용만 가지고 반응을 보이는 것은 바람직하지 못하며,[3] '작업 단계-관찰-놀이', '작업 단계-관

2) 4개의 치료 단계는 이 두 단계에서 의존 단계와 치료적 성장 단계 반응이 결합된 것과 유사하다고 가정한다.

3) 때로는, 작업 단계에 있는 아동이 탐색 단계 또는 보호를 시험하는 단계로 돌아간 회기를 보일 수 있

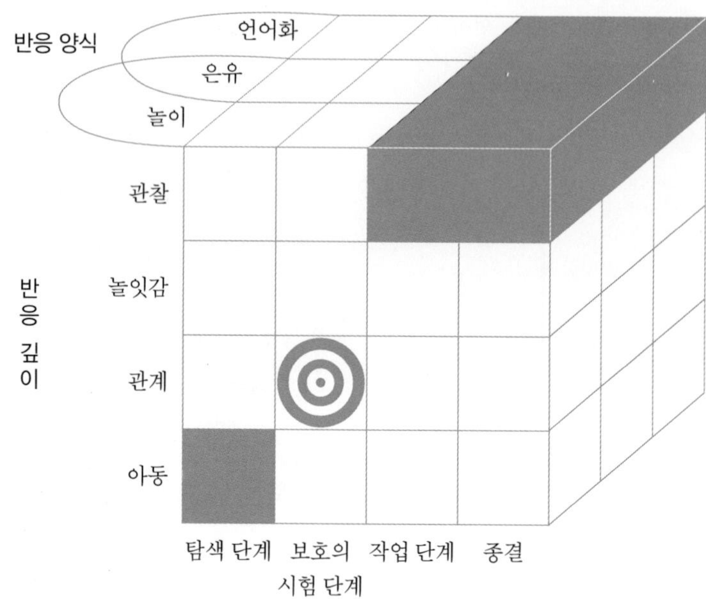

[그림 8-3] 놀이치료에서 반응 매트릭스

찰-은유', '작업 단계-관찰-언어', '종결-관찰-놀이', '종결-관찰-은유', '종결-관찰-언어' 반응이 제거된다. 이러한 아홉 가지 가능한 반응이 제거되고, 39가지 유형의 반응이 남는다. 이러한 유형 분석을 통해 치료 반응의 반복적인 양식의 폭을 설명할 수 있고 초심자인 치료자가 하나만의 올바른 반응만을 찾으려 하는 것에서 벗어나게 할 수 있다.

모든 차원의 반응 유형에 대한 차이점과 유사점을 더 잘 설명하기 위해, 제시된 사례에서 활용할 수 있는 반응 예시를 다음의 표로 나타냈다. 표를 쉽게 이해할 수 있도록 각 단계를 구분하여 제시했다.

다. 지난번 아동을 만난 이후로 어떤 일이 생겼다는 것은 분명하지만, 실제 사건이 무엇이었는지 치료자는 모를 수 있다. 아동이 다시 학대를 받았거나 아동의 삶에 중대하고 불안감을 주는 변화가 생겼을 때 아동은 치료의 이전 단계로 되돌아갈 수 있다. 이러한 경우 아동이 다시 안전감을 충분히 경험하고 성장하는 작업을 할 수 있을 때까지 치료자가 관찰적 차원의 반응을 해 주는 것이 필요할 수 있다.

표 8-1 탐색 단계에서의 치료적 반응의 예

탐색 단계				
반응 양식	언어	"오늘 너는 방 안에 있는 모든 것을 만지길 원하는 것 같구나."	"만약 쌍안경이 말을 할 수 있다면 '난 뭐든지 볼 수 있고 그래서 기분 좋아.'라고 말할 거야."	아동이 쌍안경의 한 쪽씩 눈에 대 보면 "그것을 가지고 나를 가깝게 볼 수도 있고 멀리 볼 수도 있지."라고 말해 준다.
	은유	구슬을 가지고 놀 때 "이 구슬들은 굴러서 어디든지 갈 수 있고 뭐든지 볼 수 있어."라고 반응해 준다.	아동이 트럭을 가지고 방 안을 돌아다닌다. 구석진 곳과 잘 안 보이는 으슥한 곳까지 간다.	아기 곰과 엄마 곰은 살고 있던 숲이 불탔기 때문에 새로운 숲을 찾아간다. 숲에 가까이 가서 아기 곰은 주변을 둘러보며 "당신은 좋은 숲인가요? 내가 배고플 때 먹이를 주고, 졸릴 때 따뜻하게 잘 수 있게 해 줄 거라고 믿어도 되나요? 여기서 안전하게 지낼 수 있을까요?"라고 물어본다. 그때 산 너머 태양이 떠오르며 하늘에는 무지개가 뜨고 나뭇잎은 이슬을 머금고 반짝였다. 아기 곰은 눈을 들어 싱그러운 나무와 바위를 쳐다보다가 자신이 좋아하는 열매가 맺어 있는 수풀을 보자 눈이 휘둥그레진다.
	놀이	아동이 쌍안경을 집어 들고 치료자를 볼 때, 치료자도 쌍안경을 집어 들고 "아! 네가 보이네." 라고 말해 준다.	인형이 쇼핑을 가서 괜찮은 물건을 사기 위해 열심히 여러 곳을 쳐다보고 있다.	아동이 쌍안경을 집어 들고 치료자를 쳐다본다. 치료자 역시 쌍안경을 집어 들고 "정말 네가 가깝게 보이는구나."라고 한다.
		관찰한 내용에 대한 반응	놀잇감에 대한 반응	관계에 대한 반응
	반응의 깊이			

표 8-2 보호의 시험 단계에서의 치료적 반응의 예

		보호의 시험 단계			
반응 양식	언어	"뭐든 다 바닥에 던져 버리고 싶은 건 알지만, 그렇게 하게 내버려 둘 수는 없어."	"인형이 '제발 내 다리 좀 그만 잡아당기고, 내 옷도 찢는 것도 그만해 줘.'라고 말하고 있어."	"이제 놀이치료를 끝내야 할 시간이라고 할 때, 내가 너를 신경을 쓰고 있는지 궁금한가 보구나."	"나를 때리는 것으로 네가 화가 나 있다는 것을 알려 주고 싶어 하는구나. 화내는 건 괜찮지만 나를 때리는 건 안 돼. 대신 베개를 쳐서 네가 얼마나 화났는지 보여 줄 수 있어."
	은유	"넌 지금 자동차를 있는 힘껏 때리고 있구나. 마치 불도저가 자신의 몸과 흙받기에 나있는 움푹 들어간 곳 때문에 아파하고 있다는 걸 세상이 모르게 하기 위해서, 오히려 다른 것을 때리며 돌아다니는 것처럼 말이야. 하지만 주변에 불도저가 때릴 수 있는 것들이 없어지자, 불도저는 혼자가 되었네. 이게 불도저를 더 아프게 한 것 같구나."	"저 군인들은 모든 것을 총으로 쏘고 싶어 하는데, 사람들은 벽을 쌓아 군인들을 막으려 하네. 군인들은 사람들에게 총을 쏘는 대신에 총을 내려놓고 놀면, 그 벽을 지나갈 수 있다는 걸 알아냈나 봐."	2마리 새끼 양을 가진 엄마 양이 있었다. 새끼 중 1마리는 엄마와 같은 색의 흰색 양이었고, 다른 1마리는 검은 양이었다. 양들이 놀고, 먹고 점차 커가면서 검은 양은 왜 자신이 엄마 양이나 언니 양처럼 흰색이 아닌지 궁금해했다. 자신이 다르게 생긴 것에 대해 속상해하며, 자신의 검은 털이 못생겼다고 생각했다. 그래서 엄마 양이 무슨 일을 시키든지 "싫어."라고 대답했다. 엄마 양이 같이 놀려고 하면, 엄마의 얼굴에 돌을 차 버리기도 했다. 이렇게 할 때마다 엄마 양은 엄마와 같이 울타리 옆에 앉아 있게 했다. 그동안 언니 양은 오후 내 놀았다. 그러니까 이 검은 양은 엄마 때문에 자신이 못생긴 거라고 생각했던 것이다.	"네가 정말 곰 인형을 집에 가지고 가고 싶은 것 같네. 곰 인형을 안으면 마치 애벌레가 고치에 들어앉아 있는 것처럼 정말 따뜻하고, 부드럽지. 애벌레는 이것처럼 안락하고 따뜻한 건 없다고 생각할거야. 하지만 애벌레가 고치에서 벗어나서 나비가 되어 날아가게 되면, 다른 것들도 이것만큼 따뜻할 수 있다는 걸 알게 될 거야. 낮에는 햇빛이 나비의 날개를 따뜻하게 해 주고, 밤에는 나뭇잎이 이슬로부터 나비를 보호해 주거든. 나비는 자유롭게 이런 다양한 것을 경험하는 게 즐겁대."

	어느 날 어떤 차가 구멍에 빠져서 나올 수가 없었네. 불도저는 자신이 땅을 파서 경사로를 만들면 차가 빠져나올 수 있다는 걸 알아차리고, 그렇게 도와주고 있구나. 구출된 차는, 이렇게 해 줄 수 있는 차는 불도저밖에 없다며 너무도 고마워하고 있네. 그 뒤로 그들은 친구가 되어 함께 재미있게 지내고 있구나. 구출된 차가 불도저가 만든 경사로를 좋아하고 있어. 그 경사로로 달려가면 그들의 친구들이 있는 곳으로 점프해 가서 몇 시간 동안 즐겁게 놀 수 있는 새로 만든 게임을 할 수 있어서 그런가 보다."		어느 날, 궁궐에서 사람이 나와서 동네 사람들에게, 새로 탄생한 공주님을 위한 이불을 만들기 위해서 가장 특별한 양털을 구한다고 말했다. 그러자 엄마 양은 앞으로 나와서 자기 딸이 가장 부드럽고 윤택이 있는 털을 가지고 있다고 말했다. 특별히 귀한 공주님을 위해서는 특별한 양털이 필요할거라고 말이다. 검은 양은 엄마가 언니 양에 대해 말한다고 생각해서 그 자리를 빠져나가고 있었다. 그런데 그때 엄마양은 "저기 정말 멋있는 검은 털을 가진 내 딸 보이세요?"라고 말하였다. 궁궐에서 나온 사람은 기뻐하며 특별한 아기를 위한 특별한 양털을 가져갔다. 검은 양은 너무 자랑스러웠고, 엄마가 정말로 자신을 사랑한다는 것 그리고 자신이 멋있다는 것을 알게 되었다.	
놀이	놀이를 하는 도중에 아이가 "다른 총이 더 있는지 다른 방도 살펴보러 가요."라고 말하며 멈추었다. 치료자는 "시간이 없어! 시간이 우리를 따라 잡을 거야. 여기 있는 걸로 해 보자."라고 말했다.	상어를 가지고 선반 위의 모든 놀잇감을 건드리고 지나다닌다. 그러다가 악어 옆으로 가자 악어가 "더 이상 건드리고 다니게 놔두지 않을 거야."라고 말하였다.	사탕나라 게임을 하는 중에 아동은 이제 반을 왔을 뿐이고 치료자는 5점만을 더 가면 이길 수 있는 유리한 입장에 있었다. 그러자 아동은 "우리 뒤로 돌아가기 해서 먼저 출발점에 도착하는 사람이 이기는 것으로 해요."라고 주장하였다. 치료자는 아이의 말대로 다시 출발점을 향하는 놀이를 시작하였다.	공격적인 장면을 연출하면서 아동은 칼을 집어 정말로 치료자를 찌르고 싶어 한다. 몸싸움을 하다가 치료자는 바닥에 누우며 "난 이제 죽었어. 더 찌를 필요 없어."라고 말하였다
	관찰한 내용에 대한 반응	놀잇감에 대한 반응	관계에 대한 반응	아동에 대한 공감적 반응
	반응 유형			

표 8-3 작업 단계에서의 치료적 반응의 예

		작업 단계: 의존 단계와 치료적 성장 단계		
양식	언어	"상어가 돌고래를 잡아먹으려고 할 때, 돌고래는 정말 무서워서 어찌할 바를 몰랐어."	"우리가 새로운 행성에 도착하기 위해서는 서로 힘을 합쳐 열심히 일해야만 해."	"엄마가 너를 때릴 때, 정말 무섭고 어떻게 해 볼 도리가 없었을 거야."
	은유	"이제 손가락 사이로 모래가 흘러 내려가는 걸 느끼고 있네. 너의 지금 기분을 느껴도 괜찮은 것처럼 말이야. 모래는 너를 아프게 하거나 더럽게 하지 않을 거야."	야구 게임에서 치료자가 주자를 아웃시키기 위해 열심히 쫓아다니지만 아동은 무사히 홈에 들어온다. 이때 치료자는 "안전하게 홈에 들어와서 기쁘다. 내가 널 아웃시키지 못할 걸 알았구나."	"때때로 너는 아버지가 하는 말에 상처를 입곤 하지. 마치 껍질이 없는 달팽이가 너무도 연약해서 바람에 흩날리는 모래 한 알갱이에도 상처를 입는 것처럼 말이야. 달팽이가 바람이 부는 것은 막을 수 없었지만 또 다른 껍질을 천천히 만들어 낼 순 있었어. 껍질이 튼튼해지면서 모래가 묻어도 별로 아프지 않게 되었고, 결국 완전히 자신의 몸을 보호할 수 있게 되었어. 안전하다는 것을 알게 된 달팽이는 다시 고개를 내밀게 되었지."
	놀이	인형 가족을 가지고 놀면서 치료자가 아기 인형이 되어 엄마 인형에게 "왜 아버지와 헤어져야 해요? 그러고 싶지 않아요."라고 말한다.	아동과 치료자가 새로운 행성으로 가기 위해 우주선을 만들고 있다. 함께 작업을 하면서 발사 날짜도 잡는다. 발사 날짜가 가까워질수록 음식과 연료, 장비 등을 챙긴다. 새로운 미래로 나아갈 이 특별한 여행의 파트너들이 된 것이다.	사냥꾼들(아동과 치료자)이 곰과 용맹하게 싸움을 하여 지치기는 했지만 곰이 숲으로 도망가 사라져 안전함을 느낀다.
		놀잇감에 대한 반응	관계에 대한 반응	아동에 대한 공감적 반응
		반응 유형		

표 8-4 종결에서의 치료적 반응의 예

		종결		
양식	언어	목장에서 말이 행복하게 놀고 있다. 말은 지금 안전하기 때문에 마구간에 갇혀 있을 필요가 없다는 것을 안다.	"네가 정말 좋아. 그리고 너랑 노는 건 너무 재미있어. 이제 너는 더 이상 이곳에 오지 않겠지만 우리는 계속 친구일거야."	"네가 더 이상 매주 오지 않게 되면, 나는 무척 보고 싶을 거야. 하지만 이제 네가 행복해하니까 너무 기분이 좋아.
	은유	"이 인형은 일어설 때 잘 엎어지곤 했어. 하지만 지금은 혼자 잘 설 수 있어. 혹시 넘어지더라도 충분히 강하기 때문에 다시 일어설 수 있다는 것을 알고 있어."	마술 지팡이에게는 힘이 하나도 없었지만, 별님은 "여기 내 별빛을 조금 가져가세요. 내가 마술 불빛을 줄게요."라고 하였다. 비록 그후 그 별을 다시는 보지 못하였지만 별에게서 받은 따뜻함과 행복은 항상 함께 있었다.	"지금 너는 누에고치에서 막 벗어나서 혼자서 날갯짓을 하려고 하는 아름다운 나비와 같아. 나비는 기운도 세고 자유로워. 그리고 저 넓은 세상에 날아가서 무엇을 볼 수 있을까 기대에 부풀어 있어."
	놀이	아동이 "지금 구급차를 운전해서 집에다 나둬요."라고 지시를 내린다. 치료자는 구급차를 운전하며 "이제 이건 더 이상 필요가 없네."라고 반응한다.	아동이 블록으로 뭔가를 만들고 있다. 이전에 아동은 거의 매번 뭔가를 만들 때마다 치료자에게 도와달라고 하였다. 하지만 오늘은 자신감을 갖고 혼자 만들고 있다. 그래서 치료자는 "이제 튼튼한 집을 너 혼자서도 지을 수 있네."라고 반응하였다.	놀이에서 엄마(치료자)가 아기(아동)에게 젖병을 주려고 하자 아동은 젖병을 내려놓고 "이제 이건 그만 먹을래요. 피자가 먹고 싶어요."라고 말한다.
		놀잇감에 대한 반응	관계에 대한 반응	아동에 대한 공감적 반응
		반응 유형		

치료적 반응의 영향 추적하기

치료자의 역할은 치료적 반응을 만들어 내고 전달하는 것만이 아니다. 치료자는 치료자의 반응에 대한 아동의 대응을 판단해야 할 필요도 있다. 아동은 의사소통의 대부분이 은유적이기 때문에 대답에 대한 아동의 반응도 은유적인 것은 당연하다. 다음은 치료자의 반응이 정확했을 때 아동이 보여 주는 여러 가지 유형의 반응이다.

- 아동이 추가적인 놀이 반응을 보일 수 있다. 예를 들어, 아동이 가족 장면을 만들

어 놀이하고 있었다면, 아동은 일반적인 가족 활동에서 나아가 부모가 화가 나서 소리치고 아이를 때리는 장면을 보일 수 있다.

- 아동은 적절한 반응(예: 화내기, 소리치기와 때리기는 아동의 인형이 울게 하고 멈추라고 애원을 하거나 일어서서 그만 울라고 말하기도 하도록 이끌 수 있다.)을 격려받아 더욱 강렬한 놀이 활동을 보여 주도록 할 수도 있다.
- 아동은 즉각적으로 잠시 멈춤(pause) 놀이를 할 수도 있다(예: 방금 들은 것에 대해 생각하는 것처럼 아동이 순간적으로 멈춤 반응[4]).
- 보다 즉각적인 수준에서 아동은 자신과 치료자 사이의 물리적 거리를 줄이고 치료자가 보여 준 공감과 수용에 대해 더 편안함을 느낄 수 있다.
- 아동이 치료자를 놀이에 초대할 수도 있다. 하지만 그 놀이에 대한 치료자의 참여는 적절한 반응뿐 아니라 놀이장면, 그 장면의 의미, 참여하는 치료자의 능력에 달려 있다.

아동이 드러나는 반응을 보이지 않을 수 있지만, 반응이 잘못되었다는 말이 없다면 치료자의 반응이 적절했다고 볼 수 있다. 긍정적인 반응이 없는 경우에도, 이 반응이 부가적인 반응은 아니었지만 아동의 놀이를 방해한 것도 아니라고 볼 수 있다.

치료자가 부적절한 반응을 보여 줄 때, 아동이 나타내는 표현들은 다음과 같은 것들이다.

- 아동이 놀이의 주제를 바꿔 버린다. 예를 들어, 트럭들이 부딪치는 놀이를 하고 있을 때 치료자가 "트럭놀이 좋아하는구나."라는 반응을 보여 주면, 곧바로 혼자서 하는 농구 게임으로 바꿀 수 있다.
- 아동이 놀이의 초점에서 멀어진다(즉, 집중하지 못하고 여러 놀이를 마구잡이로 섞

4) 멈춤 반응은 해리적 반응과 나타나는 시기와 내용 면에서 다르다. 멈춤 반응은 대부분 의존 단계의 후반부에 아동이 새로운 깨달음을 얻으며 보인다. 아동은 그 순간에 새롭게 인식한 것을 이해하는 차원으로 굳혀 나간다. 해리적 반응은 보통 의존적 단계의 초기 시기에 아동이 자신의 경험에 들어가기 시작하며 나타난다. 이는 회피적 반응으로 자기 자신의 경험과 관련한 고통으로부터 스스로를 보호하기 위해 보인다.

어 한다).

- 치료자에게 심리적 거리를 두거나 놀이 활동에서 치료자를 배제시킨다. 심지어 치료자가 못 보게 등을 돌리고 놀이를 하기도 한다.
- 만약 치료자의 부적절한 반응이 지속된다면, 아동이 놀이를 완전히 멈출 수도 있다.

놀이를 통해 아동과 의사소통 하는데 있어서 답이 되는 하나뿐인 치료적 반응을 찾을 필요는 없다. 하지만 치료자가 부적절한 반응을 보여 주어서 아동에게서 긍정적인 반응을 이끌어 내지 못하는 것은 결국, 놀이에 나타나는 아동의 은유도 적절히 이해하고 있지 못한다는 것이다. 따라서 치료자의 반응에 대해 아동이 보여 주는 반응을 힌트 삼아 아동의 메시지를 보다 정확하게 이해해 나가는 것은 효과적인 치료를 위해 매우 중요하다. 치료자가 보다 정확하게 아동을 이해한다면 더욱 효과적인 반응을 만들어낼 수 있다.

은유적 이야기를 통한 놀이의 촉진

놀이치료를 해 나가면서 아동은 내면적 갈등을 해결하기 위해 자신만의 은유를 창조해 낸다. 사실 그것은 그 아동 자신이 만든 해결책이므로 외부에서 주어지는 어떤 해결책보다도 효과가 크다고 할 수 있다. 하지만 아동이 상상 놀이를 반복하거나, 시설의 규제 때문에 치료에 허용되어 있는 시간이 극히 제한되는 때가 있을 수가 있다. 이러한 상황에 은유적 이야기는 원만하게 치료 회기를 이끌어 나가기 위한 놀이치료의 좋은 보조수단으로 이용된다.

은유적 이야기란 무엇인가

은유는 상징적인 언어로, 어떤 생각을 간접적으로 전달하는 한편, 역설적으로 더욱 의미 있는 방식으로 전달한다(Mills & Crowley, 1986). 은유는 신구약 성경의 비유(parable), 문학의 우화(allegories), 시의 이미지(image) 등으로 비록 그 명칭이 달리 사용되었지만, 그 역사는 아주 길다고 할 수 있다. 놀이에서 치료적 효과를 거두게 하는 은유는 희망적 메시지를 전하기 위해 사용되며, 동시에 아동이 스스로의 고통을 어떻게든 해결하여 자기 자신을 도울 수 있다는 것을 알게 하는 힘을 주기 위해서도 활용된다.

시나 소설에서 은유의 아름다움은 한 개인이 무엇을 듣고 싶어 하는지를 넘어, 이 시기에 심리적으로 찾고 있는 것이 무엇인지에 따라, 서로 다른 개인에게 각각의 다른 의미를 전할 수 있다는 점이다. 이야기를 듣는 청자는 미묘하게 전달되는 무엇인가에 대해 듣고자 하는 욕구를 지니고 있기 때문에, 종종 이야기의 많은 세부 내용은 무시된다. 예를 들어, 영화를 시청할 때 스토리의 특정한 장면에 내적으로 몰입한 경우, 그 영화의 폭력의 정도는 완전히 잊게 된다. 은유는 직접적인 표현을 뛰어넘는 어떤 것을 표현하거나 제안하고 있는 것이므로, 한 개인의 경험이 그들의 관점에 얼마나 영향을 주는지 쉽게 확인해 볼 수 있다.

뇌 반구와 상징적 혹은 은유적 언어의 관계

1960년대 중반, 뇌의 두 반구가 서로 완전히 다른 방식으로 정보를 처리한다는 점이 발견되었다(Mills & Crowley, 1986). 뇌의 각 반구는 정보를 처리하는 데 특화되어 있다. 또한 양 반구는 협조적인 방식으로 정보를 통합시키기도 한다. 지난 30년 동안의 연구를 통해 양 반구가 언어 창출과 이해력에 있어서 상승적인 상호작용을 한다는 점이 밝혀졌다. 좌뇌는 언어를 연속적, 논리적, 문학적으로 처리하는 반면, 동시에 우뇌는 전체적이고 암시적인 방식으로 처리한다(Joseph, 1922). 이 사실이 흥미롭기는 하지만, 은유를 사용하는 것과 무슨 관련이 있는지 의아할 수 있다.

> Erickson과 Rossie(1979)는 "증상은 우반구의 언어로 표현되기 때문에 우리가 신화적 언어를 사용하는 것은 우반구에게는 직접적으로 소통하는 방식이 된다."고 이론화하였다. 그리고 증상화와 은유적 의미를 우반구적 방식으로 생각하는 것은, 이론을 은유적으로 접근하는 것이 정신 분석적 방식으로 접근하는 것에 비해 시간을 덜 소요시키는지 설명해 준다고 제안하였다……. 은유는…… 목표 지점인 우뇌의 과정에 직접 닿게 되는 것이다(Mills & Crowley, 1986, p. 17).

본질적으로, 은유적 이야기를 사용할 때, 치료자는 왼쪽 뇌를 통해 인지적으로 대화하며 이야기를 해독하고 암호화한 후 뇌의 다른 쪽으로 이동시킨 다음 이 전체적인 과정을 반복하기보다, 정서적 처리과정의 시작점으로 들어가게 되는 것이다. 은유적 이야기는 자신이 이야기의 메시지에 영향을 받았다는 것이 의식되지는 않지만, 상당히 광범위한 영향을 주어, 그 이후가 돼서야 친숙한 상황에 대해 새로운 반응을 보이고 있음을 알아차리게 된다.[5)]

치료적 이야기를 구성하기 위한 필수 요소

치료 중 은유적 이야기를 만들어 내기 위해서는 아동이 세상을 어떻게 경험하고 있는지 알아야 한다. (예를 들면, 아동의 삶에서 일어났던 몇몇 사건, 아동이 무엇을 좋아하고 싫어하는지, 긍정적이고 부정적인 경험들에 대한 표현들) 더불어, 아동의 정보처리 방식에 대해 아는 것도 도움이 된다(Crowley & Mills, 1985-1986). 신경언어학 프로그램에 대한 학문(Bandler & Grinder, 1975, 1979, 1982; Dilts, Grinder, Bandler, DeLozier, & Cameron-Bandler, 1979)은 한 개인이 어떻게 정보를 처리하고 무엇을 가장 잘 기억하는지에 대한 귀중한 정보를 제공해 준다. 보통 사람들은 듣거나, 보거나, 조작해 본 것에 대해 잘 기억하는데(Crowley & Mills, 1985-1986; Mills & Crowley, 1986), 아동은 성인보다 촉각을 더 많이 사용하는 경향이 있다(Bandler & Grinder, 1975, 1979, 1982; Dilts, et al., 1979). 사람들이 항상 한 가지의 방법만을 사용한다는 것을 의미하는 것은 아니지만, 대부분 이 한 가지 방식을 다른 두 번째 방식과 함께 사용하기는 한다.

아동이 자신의 세계에서 경험하는 '환경'과 비슷한 은유적 이야기를 만들 때 중요한 것은, 직접적인 식별이 이루어지지 않아야 한다는 점이다. "오, 마치 저의 집에 대한 내용 같네요."와 같은 결과를 가져와서는 안 된다. 오히려 아주 미묘할 정도만 식별하도록 하여 '변형의 가교'를 형성해야 한다(Mills & Crowley, 1986). 아동이 이야기를 통해 은유를 경험하도록 해야 한다. 이 경험은 아동에게 힘을 부여하고, 아동이 자

5) 추천 도서: Joyce Mills & Richard Crowley(1986)의 어린이와 내면의 어린이를 위한 치료적 은유 (Theraputic Metaphors for Children and the Child Within)

신의 현실인 '지금–여기'에 이 힘을 가지고 돌아가도록 해 준다. 이야기의 인물로 식별할 수 있는 요소를 만들어 내면, 아동은 느끼고 있던 고립감을 털어 내기 시작한다. 일반적으로, 우리 사회의 사람들은 다른 사람들과 다른 점을 보이는 것에 대해 잘 용인하지 못한다. 특히 아동들에게 있어 자신이 다르다고 생각하게 되는 것은 상당한 어려움을 느끼게 한다. 아동들은 자신과 타인의 차이에 대해 창피해하기 때문에 자신과 비슷한 존재에 대해 알아차리는 것은 이러한 부정적인 정서를 경감시키는데 도움이 된다. 이는 결국, 자신의 경험이 다른 사람과 공유되었다는 것을 의미하기 때문이다.

치료자가 아동의 세계를 조금이라도 담고 있는 환경을 만들어 내면, 그다음으로는 '은유적 갈등'을 만들어야 한다. 디즈니의 라이온 킹(Hahn, Allers, & Minkoff, 1994) 이야기는 이 부분에 대한 좋은 예시를 보여 준다. 이 이야기에 나오는 정서 학대와 추방은 수치심, 죄책감, 무능감과 같은 정서의 경험을 공유하게 만든다. 이러한 경험의 공유는 아동이 느끼는 고립감을 대신하도록 돕는다. 비유적 갈등은 언젠가 왕이 되어, 권력에 눈이 먼 그의 삼촌의 자리를 대신할 아기 사자의 탄생으로 만들어진다.

비유적 이야기를 만들기 위한 다음 단계는 아동의 '무의식적 과정'의 일부를 영웅이나 조력자의 형태로 인격화시키는 것이다. 다시 말해, 치료자는 아동의 능력과 자원을 영웅이나 조력자의 모습으로 담아야 한다. 더불어 아동의 두려움이나 부정적 신념은 악당이나 방해꾼의 형태로 인격화하는 데 활용해야 한다. 이 이야기에서는 아버지가 아기 사자를 데려가 자신의 왕국을 보여 주었을 때, 은유화된 무의식적 과정과 잠재력이 처음으로 드러나고 있다.

> "Simba, 보렴. 빛이 닿고 있는 모든 것이 우리의 왕국이야. 통치자로서의 왕의 시대는 해처럼 떴다가 진단다. Simba, 언젠가 나의 시간이 해가 지는 것처럼 끝나면, 네가 새로운 왕이 되며 해가 새로 뜨게 될 거야."

왕인 Mufasa는, 이어서 자신의 아들에게 왕으로의 책임을 설명한다. 아동은 왕이 되는 힘과 삶의 순환에 대한 존중이 어떻게 함께 가게 되는지를 이해하려고 애쓴다.

하이에나는 Simba 자신의 용기 없음, 지혜롭지 못함, 왕국의 다른 구성원들로부터의 무시에 대한 두려움을 나타낸다.

다음으로는 아동에게 학습적 경험을 마련해 주는 '은유적 위기'가 나타난다. Simba의 삼촌인 Scar는 역설적이게도 Simba에게 오직 용기 있는 사자만이 코끼리 묘지에 갈 수 있다고 강요한다. 그러자 Simba는 자신의 용기를 증명해 내기 위해 반드시 그곳에 가야 한다고 느낀다. 하지만 Simba의 잘못된 허세는, 그의 친구인 Nala에게 도전받게 된다. Nala는 Simba가 진정한 용기가 무엇인지 배우고, 아버지로부터 분리되어 자기 스스로의 정체성을 형성해 가도록 돕는 조력자이다. Simba는 왕의 특징으로 힘과 용기만을 생각하였다. 아직 다정함 같은 모든 사람이 가진 약한 특성은 알지 못하고 있다. 코끼리 묘지에서 Simba는 그의 첫 번째 위기를 만나게 된다. 그 묘지는 하이에나의 집이었는데, Simba는 그들의 왕이 아니었기 때문에 하이에나들은 Simba에게 충성심이라고는 전혀 없었다. Simba는 하이에나에게 도망치면서 자신의 친구인 Nala와 멘토인 Zazu를 보호하기 위해 싸운다. Simba의 아빠가 그들을 구하기 위해 결국 도착한다. Nala는 Simba의 용기를 칭찬하지만, Simba는 자신의 아빠에게 실망을 안겨 줬다는 것에 창피함을 느낀다. 이때 Mufasa는 Simba에게 두려움과 용기에 대해 가르치면서, 과거의 위대한 왕들인 별이 Simba가 격려를 필요로 할 때 항상 그를 이끌어 줄 것이라는 치료적 비유를 만들어 낸다. 이 경험을 통해 Simba는 왕조차도 두려움과 맞닥뜨릴 수 있으며, 용기가 필요할 때에 용기를 낸다는 것을 알게 된다.

그다음에 이어지는 Simba의 '은유적 위기'는 자신의 삼촌인 Scar가 동물무리를 우르르 몰려가도록 하는 상황을 만들어 결국 자신의 아버지인 Mufasa를 죽게 만들었을 때 발생한다. 이때까지 Simba는 자신의 아빠가 전능하다고 믿어 왔고, 자신도 언젠가는 그렇게 될 것이라고 생각해 왔었다. 이제 Simba는 아버지의 죽음과 더불어, Scar가 Simba에게 심고 조장하여 형성된, 자신 때문에 아버지가 죽었다는 생각과도 씨름해야만 한다. Scar는 더 나아가서 Simba의 어머니가 Simba를 절대 용서하지 않을 것이라고 암시하는 폭언을 한다. Simba는 도망가게 된다.

이때 Simba는 가족 없이 살아남는 법을 배워야만 한다는 점에서 '유사한 학습경험'을 제공한다. 다시 한번 하이에나들이 Simba를 죽이려 한다. 도망을 친 후에는 독수리들이 Simba를 잡아먹으려고 한다. 이때 Simba의 새로운 친구인 Timon과 Pumbaa가 "네가 과거를 바꿀 수는 없어. 과거는 너의 뒤에 내려놔."라고 가르쳐 준다. 친구들은 Simba가 자기 자신과 삶에 대한 기대를 조정해 가도록 돕는다. Simba가 자기 자신의 약함을 수용하고, 삶에 대해 긍정적인 면을 보도록 도우면서 말이다. Timon과

Pumbaa는 Simba를 수용해 주면서 다른 사람을 돌보아 주는 것과 책임을 나누는 것은 어떤 것인지 알려 준다. 하지만 Simba의 슬픔과 수치심 모두가 사라지지는 못한다.

예상치 못하게 Nala가 Simba를 찾아와 이제는 Simba가 왕이라는 사실을 상기시켜 준다. Nala는 왕이 되어 동물 왕국을 구할 수 있는 Simba의 잠재력을 알아본다. 하지만 Simba의 수치심은 결코 왕이라는 자리를 받아들일 수 없게 했다. Simba는 결정을 내리기 위해 애쓰지만, 스스로가 무가치하다고 느낀다. 정신적 지주 개코원숭이인 Rafiki는 호수에 있는 Simba의 모습을 보여 주고, 그의 아버지인 Mufasa가 그의 안에 살아 있음을 언급한다.

Simba는 아버지의 아들로서 진정한 왕이 되어야 한다는 책임을 맡으려 고민하면서 은유적 위기를 마주한다. Simba의 "난 그저 나일 뿐인데."라는 대답은 Simba가 왕국을 이끄는 것에 대해 느끼는 수치심과 무능감을 반영한다. Simba는 자신은 모자라고 아버지의 모습에는 따라갈 수 없다고 스스로에 대해 생각하고 있었기 때문이다. Simba는 자신의 아버지가 약점은 전혀 없는 반면, 용감하고 지혜로웠다고 기억하고 있었다.

개코원숭이 Rafiki로부터 격려를 받은 후, Simba는 "바람이 바뀌고 있어요."라고 말하는데 이는 은유적인 말로, 돌아가는 것에 대한 자신의 태도가 바뀌기 시작했음을 의미한다. 그러나 아직까지도 Simba는 과거를 마주하는 것을 두려워한다.

Rafiki는 과거를 상기시키며 "……문제가 되지 않아. 그건 과거에 있어."라고 말한다.

Simba는 "맞아요, 하지만 여전히 제게는 아픈 부분인 걸요."라고 답한다.

Rafiki는 Simba가 과거에서 도망치기보다 과거로부터 배워 나가도록 초대한다. Simba는 실제로, 과거를 통해 배운 것이 있음을 깨닫기 시작한다.

Simba는 자신의 왕국에 가까워지면서 삼촌인 Scar가 다른 이들과 환경을 존중하지 않았기 때문에 그의 통치 기간 동안 왕국이 파괴되기만 했다는 것을 인식하게 된다. Scar가 Simba 자신의 어머니를 신체적으로 학대하는 것을 보게 되자, Simba는 삼촌과 대적할 용기를 가지게 된다. 또한, 다른 이의 행복을 바라는 마음이, 스스로를 심리적으로 보호하고 싶어 하는 욕구를 넘어서도록 한다는 점도 알아채게 된다. Scar가 Simba의 아버지인 Mufasa에게 잘못을 저질렀다는 사실도 Simba에게 힘을 더해 준다. Scar가 Mufasa의 죽음에 책임이 있다는 것을 인정하자, Simba는 격분하며 다른 동물들을 이끌고, Scar와 그의 지지자인 하이에나와 맞서 싸운다. 다시 한번 Scar는

거짓말을 하며 하이에나 탓을 하고, Simba를 다시 수치스럽게 만들려 시도한다. 하지만 이번에는 창피함을 떠맡지 않고 Scar를 제압한다. 여기서의 Scar는 Simba 자신이 과거로부터 가지고 있던 수치심의 상처를 상징하기도 한다. 그렇게 하면서 Simba는 자신이 갈망하던 용기, 권력을 적절하게 사용하는 것, 다른 이의 행복을 돌보는 것과 같은 성숙을 이뤄 낸다.

이 시점에 다음으로 중요한 단계는 '새로운 동일시'로, Simba는 왕의 역할을 하고, 그 역할이 수반하는 책임을 맡으며 이를 이루어 간다. Simba는 이제 자신에게는 힘을 적절하게 사용할 수 있는 힘과 지혜가 있으며, 과거는 뒤로 남겨 둘 수 있게 되었음을 깨닫는다. 다른 동물들도 Simba의 성취를 인정하고 그에게 존중감을 표하며 인사한다. 그들의 왕이 돌아왔음을 기념하고 삶의 순환이 계속되며 이루어지는 그들의 번창을 기원하기 위한 '축하'가 이루어진다.

은유적 이야기의 구성 요소

다음에 제시되는 은유적 이야기의 구성 요소는 Mills와 Crowley(1986)의 연구를 인용한 것이다.

① 유사 환경

주변 환경에 대한 아동의 인식과 민감하게 연계되는 주인공을 등장시킨다.

② 은유적 갈등

은유적 이야기의 주인공이 겪는 어려움과 아동의 어려움 간에 공통점을 갖게 한다. 이는 경험이 공유되었다고 느끼게 하여, 아동이 자신의 고립감을 대신하도록 돕는다(라이온 킹에서 아기 사자는 권력을 좇는 자신의 삼촌에게 정서적 학대를 받으며 힘겨워하면서도 성장해 가야만 한다).

③ 무의식적 과정

영웅이나 조력자의 형태로 아동의 강점과 자원을 인격화시킨다. 아동이 지닌 두려움이나 부정적인 생각은 악당이나 방해꾼의 형태로 추가한다(Nala는 Simba의 용기를 상징하고 있다. Rafiki는 Simba의 힘을 떠올리게 한다. 반면, 하이에나는 Simba가 자신이 가지고 있는 용기와 지혜, 다정한 리더로서의 잠재성을 알아차리지 못하도록 하는 방해꾼으로 표현하고 있다).

④ 유사 학습 경험

은유적 이야기에 나오는 주인공들이 닥쳐올 위기를 극복하기 위해 필요한 능력을 키울 수 있도록 돕는 학습의 경험을 제공한다(Simba는 친구가 되는 것은 어떤 것인지, 친구와 자기 자신을 보호하고 돕는 책임감을 나누는 것은 어떤 것인지, 과거를 내려놓는 것은 어떤 것인지를 배운다. 또한 Simba는 자기 자신의 있는 그대로의 모습으로도 다른 이와 친구가 될 수 있는 수용받을 만하고 가치 있는 존재임을 알게 된다).

⑤ 은유적 위기

은유적 이야기에 여러 위기 상황을 보여 주어 아동 자신이 위기 상황에 대비할 수 있는 힘을 기를 수 있도록 한다(Simba의 아버지가 죽게 되었을 때, Simba는 죄책감과 수치스러움에서 벗어나기 위해 도망을 간다. 하지만 실제로는 도망을 침으로써 자기 자신의 정체성은 잃고 수치심과 죄책감은 여전히 짊어지게 된다).

⑥ 무의식적인 잠재력

은유적 이야기에 등장하는 주인공의 잠재력을 암시해 준다(Rafiki는 Simba에게 연못의 이미지를 보여 주며, Simba의 아버지는 Simba 안에서 함께하고 있음을 상기시켜 준다).

⑦ 동일시

위기를 극복하는 주인공을 통해 자신감을 갖고 새로운 동일시를 경험하게 한다(Simba는 리더의 역할을 맡으며, 다른 사람을 존중하고 힘을 사용하는 적절한 방식이 무엇인지 알아가게 된다).

⑧ 축하

이야기의 주인공이 성공적으로 여정을 마치게 함으로써 새로운 자아 가치 발견을 축하해 준다(Simba의 이야기에서 다른 동물들은 Simba에게 인사하며 존중감을 표현한다).

치료자는 이러한 구성 요소들을 가지고 있는 은유적 이야기를 놀이와 함께 들려줌으로써 아동이 자기 자신에 대한 가치와 이해를 찾을 수 있도록 도와준다. 위기를 성공적으로 벗어나는 주인공을 동일시함으로써 새로운 자기 확신을 갖게 하고, 자신이 무한한 잠재력을 가지고 있다는 존재라는 것을 느끼게 해 준다. 영웅의 여행을 마치고서야 Simba는 그가 새로운 동일시를 이루었다는 것을 깨닫는다. 이것은 심각한 병이나 주요 재난에서 살아남은 사람들이 "나는 생각했던 것보다 많은 힘이 있어요."라고 말하는 것과 같다. 이 사람들은 이루어 낸 성취에 대해 자신감과 자부심을 느낀다.

은유적 이야기의 적용 사례

치료자가 이야기할 때 아동이 늘 자리에 차분히 앉아서 듣는 것은 아니다. 그러므로 치료자는 이야기를 소개할 때 "어떤 이야기가 생각나는데……."라든가 "옛날에 들었던 호랑이 얘기가 생각나는데……."라는 식의 말을 먼저 하여 아동의 주의를 끈 후에 이야기를 들려주는 것이 좋다. 혹시라도 놀이를 하고 있는 상태에서 은유적 이야기를 들려주는데, 도중에 아동이 그 놀이내용을 변화시킨다든가, 자리를 옮긴다면 아동이 원하는 것을 먼저 들어 준 후에 이야기를 마치는 것이 좋다.

Sara는 어머니에 의해 놀이치료에 의뢰된 세 살 난 여자아이이다. Sara의 아버지는 어느 날 밤에 집에서 술에 취해 총알이 든 권총을 아내에게 들이대고 "한 방은 당신에게, 그리고 한 방은 내게 쏠 거야."라고 소리쳤다. 크게 놀란 어머니는 총을 빼앗기 위해 몸싸움을 했다. 그때 잠을 자고 있던 Sara가 일어나 울면서 그 방으로 들어왔다. 아버지는 Sara를 무척이나 아꼈기 때문에 극히 흥분한 상태에서도 아내에게 "그만하고 아이를 좀 돌봐!"라고 말하였다. 그러자 어머니는 "Sara가 그렇게 걱정되면 당신이 돌봐!"하고 소리쳤다. 그러자 아버지는 몸싸움을 그만두고 딸을 달래러 다가갔다. 그 순간 어머니는 총을 빼앗아서 집 밖으로 도망쳐 나와 이웃집에 가서 경찰을 불렀다. 조금 있다 경찰이 도착하였고 아버지를 구속했다. Sara는 아주 민감한 아이였기 때문에 이 사건으로 크게 충격을 받았다.

그동안 아버지가 어머니에게 폭력을 행사한 경우가 여러 차례 있었기 때문에 이 일을 계기로 어머니는 새 아파트로 이사를 하고는 아버지에게는 전화번호조차 알려 주지 않았다. 그리고 법원에서 접근금지 명령을 받아 냈다. 이런 여러 상황은 Sara를 혼란에 빠뜨렸다. "왜 이 새 집에서 사는 거야?", "왜 아빠는 더 이상 오지 않아?", "무슨 일을 한 거야 엄마?" 아동은 그러한 혼란스러운 마음을 어머니에게 분노를 퍼붓는 것으로써 표현하였다. 이러한 분노의 표현은 부모의 이혼 상황에 처한 아동들이 보이는 일반적인 현상이라고 할 수 있으며, 특히 한쪽 부모가 학대자의 경우에 더욱 그러하다. 또한, 대부분의 아동은 자신의 삶에 큰 변화가 생기게 되면 어려운 시간을 보내게 된다. 그렇기 때문에 곁에 남아 돌봐 주는, 좀 더 안전감을 느낄 수 있는 한쪽 부모에게 화를 터뜨리는 것이다. 사실 문제를 일으키는 것은 폭력을 휘두른 부모 쪽인데 정작 아동이 화를 내는 대상은 다른 한쪽 부모인 것이다. 많은 한쪽 부모가 이러한 점 때문에 힘들어하며 전문가의 도움을 청하게 된다.

Sara는 이러한 전형적인 사례로서, 놀이치료를 받은 지 3주 정도가 지난 어느 주말, Sara의 어머니는 치료자에게 전화를 걸어 "Sara는 내가 곁에 오는 것을 거부하고 곁에 다가가면 나를 발로 차기도 하고, 물고 침을 뱉기도 해요. 아이가 그러는 것을 얼마나 더 견딜 수 있을지 자신 없어요."라고 하소연하였다. 치료자는 어머니가 신체학대를 가하지는 않는지 확실하지 않았기 때문에, 치료적 은유를 구상하여 Sara에게 화내는 것은 괜찮지만, 그 화를 어떻게 하는지가 중요하다는 것을 이해시켜 돕기로 결정하였다. 어떤 사람은 그 화로 건설적인 행동을 보이기도 하고 다른 사람은 파괴적인 모습을 보이기도 한다. 치료자는 Sara가 이 분노로 건설적인 무엇인가를 하는 것이 중요하다는 것을 배우도록 돕고 싶었다.

이 사례에 대해 특별히 법원은 치료자에게 방문을 할 수 있는 권한을 주었다. 치료자는 이러한 상황에서는 방문의 빈도를 점진적으로 늘리는 것이 적절하다는 생각을 가지고 있었다. 따라서 치료자는 전화를 통해 Sara와 Sara의 아버지가 부녀 관계를 다시 유지할 수 있도록 해 보자고 제안했다. 아버지와 3분간의 전화 통화를 끝낸 Sara는 자기 방으로 달려갔다. 나중에 보니 바지가 젖은 상태였는데 Sara에게는 그동안 일어난 적이 없는 일이었다.

다음 내용들은 Sara가 치료 단계 중 의존 단계에 있을 때 은유적 이야기를 들려준 부분을 발췌한 것이다. 이 치료 회기에서 아이는 모래가 젖었기 때문에 모래 놀이가 하기 싫다고 했다. 또 모래에서 기분 나쁜 냄새도 난다고 불평했다. 이러한 표현을 통해, 아버지와 전화 통화를 한 후 바지를 적셨던 것은 Sara에게는 일어나기 쉽지 않은 일로, 아버지와의 관계에 대해 Sara가 가지고 있는 감정이 극명하게 드러난 것임을

알 수 있었다. 젖은 모래는 자신이 바지를 적신 사건과 아버지와의 상황에 대한 괴로움을 Sara에게 상기시키고 있다.

치료자: (모래상자로 다가가서 모래로 뭔가를 만든다.) 여기 마을 근처에 서 있는 산에 대한 얘기를 들려주고 싶어.

Sara: 저기……. (모래상자로 다가와 둘러본다.) 난 진흙 가지고 놀기 싫어요.

치료자: 그래, 진흙 놀이가 하기 싫구나. 모래가 젖어서 정말 진흙 같네. (계속 모래상자에서 만들고 있다.) 여기 있는 산(모래를 쌓아놓은 곳을 가리키며)은 그 안에 화나는 것, 뜨거운 것, 끓는 용암 등을 모두 가지고 있어. 정말로……. (부글부글 끓는 소리를 낸다.)

Sara: (달아나며) 싫어요!

치료자: 기분 나쁜 냄새도 난다. 음, 젖었기 때문에 역겨운 냄새가 나고 있어.

Sara: 어, 손톱에 약간 묻었어요. (깨끗하게 해 달라고 치료자에게 손을 내민다.)

치료자: 정말 손톱에 묻었구나. 이렇게 더러운 것이 안 묻도록 돌봐 주는 사람이 있어서 다행이야.

Sara: (놀이치료실 끝 쪽으로 걸어간다.)

치료자: 이건 특별한 산이야. 화산이라고 부르는 거야. 이 속에는 네가 가지고 있는 모든 기분이 들어 있어. 아주 뜨겁고 부글부글 끓는 용암이 들어 있어.

이날 밖은 매우 추웠다. 하지만 놀이치료실은 매우 따뜻했기 때문에 아동은 더 편하게 있을 수 있도록 입고 있던 외투와 신발, 장갑 등 벗을 수 있는 모든 것을 벗었다. 그래서 치료자는 화산이 속에서 마구 끓고 있다는 것을 말하면서 Sara가 더워하고 있는 상황을 연결시켰다. 이렇게 은유적인 이야기를 해 줄 때 주변 환경과 직접적으로 관련이 있는 어떤 것을 연상시킬 수 있게 하는 것이 도움을 준다.

Sara: (놀잇감 코너로 걸어가서 작은 불도저를 집어 든다.) 저기요. 이걸로 진흙을 옮길 수 있어요.

치료자: 그래, 그걸로 진흙을 옮길 수 있겠구나. 그걸로 네가 만지기 싫어하는 더러운 것을 옮길 수 있겠네.

Sara: 네, 이렇게요. (불도저를 가지고 모래상자로 온다.)

치료자: (계속 산을 만들고 있다.) 산 주위에는 여러 가지가 있어. 마을이 있고, 들판도 있고, 물고기가 사는 강도 있어. (모래상자의 다른 곳들을 가리킨다.)

Sara: (불도저로 모래를 퍼 담는다.) 모래를 담았어요. 어디 버려 주실래요?

치료자: 그럼 그렇게 할 수 있지. 그걸 다른 곳에 버리면 네가 더러워지지 않고도 놀 수 있겠다.

Sara: 아휴, 진짜 더러워요.

치료자: 더러운 거 정말 싫어하는구나.

"더럽다."는 Sara가 자신의 가족에 대한 분노와 공격하고 싶은 마음으로 인해 경험하고 있는 느낌에 대한 은유적 표현이다.

Sara: 아휴, 냄새! (놀잇감 있는 곳으로 가서 잠시 보다가 뿅망치를 집어 든다.) 이걸로 때려 줘야지, 이걸로 때려 줄 거예요.

치료자: 쾅 하고 때려 주고 싶구나.

Sara: 근데 이건 말랑말랑해요. (약해요.)

치료자: 그래, 말랑말랑하지.

Sara: 내 손가락도 말랑말랑한데. (나도 약해요.)

치료자: 네 손가락도 부드럽지. 모든 게 말랑말랑해서 아프게 하는 것이 하나도 없으면 좋을 거야. 여기 산 주위에는 사람들이 살고 있는 마을이 있어. 여기야. 여기가 마을이야. 여기도 마을이고, 오, 여기도야. 계속 사람들이 새로운 마을을 만들고 있어. (불도저를 가져온다.) 많은 사람이 있고…… 열심히 일하고 있어. 들에서 식물도 수확하고, 강에서 낚시도 하고 있어.

Scotty: (치료자가 말하는 내용에 따라 모래상자를 쳐다본다. 그러고는 모래를 가로지르도록 불도저를 움직인다.) 내가 했어요!

치료자: 도와주려고 하는구나.

Scotty: 근데 만지기는 싫어요.

치료자: 저 젖은 것을 만지기 싫은 거지, 안 해도 돼.

Scotty: (잠시 있다가 다른 쪽으로 걸어간다.) 저는 마른……. 마른 모래가 좋아요.

치료자: 그래, 넌 마른 모래를 좋아하는구나.

이 시점에서 Sara는 같이 모래 놀이를 하고 싶기는 하지만 젖은 모래에 대한 저항이 더 크기 때문에 아직은 엄두를 못 내고 있다.

Sara: 어, 내가 요술지팡이를 찾았어요!

치료자: 오, 네가 그걸 찾았구나, 아주 멋있는데.

Sara는 안이 반짝이는 지휘봉을 집는다. 이러한 종류의 놀잇감은 안을 보면서 자신을 돌아보게 해 준다.

치료자: (계속 이야기를 이어 간다.) 어느 날, 이 산 속에 있는 아주 뜨겁고 부글부글 끓는 것들이 드디어 밖으로 나오게 되었어. (폭발하는 소리를 내며 산 꼭대기에 있는 모래를 한 줌 집어던지고 팔을 크게 젓는다.)

Sara: 어어!

치료자: 또 폭발해서 흘러나왔어. (모래를 한 줌 집어던지면서 다시 폭발하는 소리를 낸다.)

Sara: 어어! (화산을 바라보며 모래상자의 옆면을 요술지팡이로 두드린다.)

요술지팡이로 모래상자를 두드리는 것은 무의식적으로 자신이 느끼는 분노를 돌이켜보는 것으로, Sara가 경험하고 있는 불안감을 드러낸다.

치료자: 용암이 몽땅 흘러서 마을을 덮치고, 들에도 강에도 다 흘러 들어갔어.

Sara: (바닥에 주저 앉는다.)

치료자: 아! 불쌍한 사람들. 어떻게 해야 할지 몰라서 쓰러졌어.

Sara: (모래상자 앞바닥에 눕는다) 나 싫은데…….

치료자: 화산이 폭발하는 게 싫구나.

아동이 불안해하고 있지만 치료자는 해결을 위한 결말을 향해 가는 이야기를 계속 이어 간다. 아동이 압도되기 시작하면, 행동이 통제할 수 없게 되거나 위축될 수 있다. 치료자가 아동이 압도되지 않도록 보호해 주어야 한다. Sara는 자신의 불안감에 영향을 받고는 있지만 압도되지는 않았다. 놀이치료실은 아동이 불안감을 견뎌 낼 수 있도록 돕는 안전한 장소이다. 아동은 위험을 감수하며 힘을 얻게 된다.

치료자: 하지만 이 산은 속에 너무 뜨거운 것을 가지고 있기 때문에 어떻게 해야 할지 모르고 있어. 그래서 뜨거운 부글부글 대는 것을 없애기 위해서는 주변을 아프게 해야만 한다고 생각하고 있는 거야.

Sara: 어디에요? 난 싫은데.

치료자: 넌 여기서는 안 그랬으면 좋겠구나. 어느 누구도 안 다쳤으면 좋겠구나.

Sara: (모래상자 앞에 서서) 그만두게 하고 싶어요.

치료자: 마을 사람들처럼 너도 그만두게 하고 싶구나. 사람들이 산한테 와서 "더 이상 뜨거운 것을 흘리지 말아 주세요. 그게 물고기들을 다 죽게 하고, 집을 무너뜨리고, 사람들을 다치게 하고 있어요."라고 말했어. 그러자 산은 "하지만 내 속에서 뜨거운 것이 부글부글 끓기 때문에 그걸 없애 버려야만 해."라고 말했어. 그래서 사람들은 다시 "우리를 아프게 하지 않고도 그것을 없앨 방법을 찾아봐야겠어요."라고 말했지.

Sara: 저기, 젖은 거를 좀 집어넣으면 돼요.

치료자: 그럴지도 모르겠네, 젖은 것을 넣는다면 아마도 시원해져서 더 이상 폭발하지 않게 될 거야. 산이 말하네. 내가 어떻게 하면 될지 알았어. 여기에 작은 도랑을 만들어서 내 속에 있는 부글부글 대는 것을 몽땅 흘려보내면, 들을 지나고…….

Sara: 제가 들판도 만들고 있어요.

치료자: 그래, 우리 같이 들판을 만들자. 이제 얘네들이 다 젖어서, 밭이 갈리고, 이제 뜨거운 것들이 이리로 흘러들어가는구나.

Scotty: 아주 뜨거워요.

치료자: 그래, 뜨거운 거다. 뜨거운 게 들을 지나 흘러가고 있네.

Sara: 네.

치료자: 그래, 그런데 이 뜨거운 것들이 들로 흘러 내려오면 좋은 게, 이게 식으면서 정말, 기름지고 기름지고도 기름진 땅을 만든단다. 곡식들은 아주 크게, 아주 크게 자라나고. (천장까지 손짓을 한다.)

Sara: 저기까지요. (천장을 가리킨다.)

치료자: 그래, 모두 저기 저만큼. (천장을 쳐다보며 가리킨다.) 그리고 사람들은 믿을 수가 없었어. 사람들은 "와! 우리 곡식이 얼마나 큰지 좀 봐 봐. 고마워, 화산아, 곡식들을 잘 자랄 수 있게 도와줘서."라고 말했어.

Sara: (모래상자로 가서 놀잇감 삽을 집어 들며) 여기 이거 찾았어요!

치료자: 이제 너도 삽을 가졌구나. 우리 둘 다 삽이 있네.

Sara: 나도 산 만들래요. (모래를 만지기 시작한다.)

치료자: 그래, 속에 아주 뜨거운 것이 들어 있는 산을 2개 만들자. 그리고 도랑을 파서 그 뜨거운 것을 흘려보내자. 부글부글 끓는 뜨거운 것이 들로 흘러가서 곡식들을 잘 자라게. 그리고 이제 마을에 있는 사람도…….

Sara: 나도 심었어요.

치료자: 너도 들에 곡식을 심었구나. 당연히 그랬어. 네가 만든 산이 들판에 뜨거운 것을 던져서 식물이 엄청 크게 자랐으면 하는구나.

Sara: 하나 더……. 하나 더 해야 돼요.

치료자: 뜨거운 것이 나오게 들판을 많이 만들고 싶구나. 그래서 좋은 식물이 많이 생기게 말이야. 그러면 마을 사람들은 산에 가서 "우리 식물이 자라게 해 줘서 고마워, 산아. 이제 겨울에도 먹을 수 있겠어."라고 말하겠네. 그리고 사람들은 큰 축제를 열었네. "우리에게 산이 있어서, 그리고 산이 이제 무엇을 할 수 있는지 알게 되어서 너무 행복해요."라고 얘기를 나누고 있어.

Sara: (삽을 들고 두 손을 번쩍 들며 치료자를 쳐다본다.) 우리가 할 일은 더 이상 없어요.

Sara는 자신이 해결해야 하는 폭발하는 화산이 없었으면 한다. 이는 아동의 화가 폭발하지 않은 것을 의미한다. 아동이 곧 화날 때가 또 있겠지만, 건설적인 방식으로 이를 다뤄야 한다고 깨닫게 되었다는 점이 중요하다.

치료자: 그래, 다음 곡식을 심을 때까지 더 이상 할 일이 없어. 그리고 다음 곡식도 이 뜨거운 물이 흘러가서 아주 잘 자랄 거야.

Scotty: 곡식을 더 심을래요.

이때 주의할 점이 있다. 젖은 모래에 대한 Sara의 저항은 성학대를 암시하는 것일 수도 있기 때문에 이러한 부분에 대해서도 치료를 진행하면서 고려되었다. 하지만 이 치료 회기에서는 아동의 분노와 공격적인 행동에 집중할 필요가 있었다.

이렇게 은유적인 이야기를 포함한 치료 회기 이후, Sara의 공격적 행동은 다소 수그러들기 시작했다. 아래의 내용은 이 효과에 대한 좋은 예시로, 몇 주 뒤에 이루어진 회기의 마지막 5분가량의 내용을 발췌하였다. 치료실에 들어오면서 놀이치료실의 모래가 말라 있는 것을 보고 Sara는 '물을 좀 가지러 가요'하고 말했다. 물을 가져오기 위해 여러 번 다녀오게 되었다. Sara와 치료자는 모래에서 성을 지으며 이 회기를 보냈다. 먼저 Sara가 성을 한 채 만들고, 그 뒤를 이어 치료자가 성을 또 한 채 지었다. 그러자 Sara는 "우리 이 성을 부셔 버리고 함께 성 하나만 지어요."라고 말했다. 자신 바로 앞에 있는 모래를 모래상자 모서리 쪽으로 밀어내다가, 바닥에 모래를 흘리게 되었다 Sara는 치료자를 바라보며, "에고."라고 말했다. 그리고 Sara는 덧붙여서 "괜찮아요, 엄마가 화내지 않을 거예요."라고 말했다.

이 발췌문에서 Sara는 치료자의 옆에서 있는데, 두 사람의 손에는 컵이 있다. 두 사람은 모래를 퍼서 그들의 손 위로 붓고 있다.

Sara: 손에다 이거 부어 보세요.

치료자: 손에다 부으면 어떤 느낌이 드는지 살펴보자. (계속 손에 모래를 부어 본다.) 해 보니 정말 기분이 좋구나.

Sara: 이렇게 손이 더러워져도 엄마는 화내지 않을 거예요.

치료자: 그래, 어떨 때는 뭔가 하다 보면 손이 더러워질 수도 있는 거야.

Sara: (계속 모래를 자신의 손에 부으며 웃는다.) 우리들 엄마는 우리 집에 있어요. 내 엄마는 우리 집에, 선생님 엄마는 선생님 집에요.

치료자: 그래, 엄마들은 집에 있지. 우리는 같이 놀고 있고 (잠깐 있다가) 이제 놀이 시간이 5분 정도 남았네. 곧 오늘 노는 시간이 끝날 거야, Sara야.

Sara: 시간되면 갈게요. 엄마한테 갈 거예요.

치료자: 그래, 우리, 엄마한테 가자.

Sara: 우리 샌드위치도 한 입 더 먹어요.

치료자: 그래, 한 입 더. 정말 재미있구나. 기억할 수 있게 한 입만 더 먹어야겠다.

Sara: (노래를 만들어 내기 시작한다) 냠냠냠. (여러 차례 모래를 컵에 담아서 붓는다. 모래를 뿌린다.)

치료자: 냠냠냠. (모래를 퍼서 아동처럼 뿌린다.)

함께: (함께 노래를 부른다.) 냠냠냠.

Sara: 내가 뭐하는지 보세요. (더 크게 노래를 부르기 시작한다.) 더 크게 노래해요.

치료자: (더 크게 노래하기 시작한다.)

함께: (둘이 함께 큰 소리로 흥얼거리며 모래를 퍼 담는데 모래가 조금 상자 밖으로 나온다.)

Sara: 괜찮아요.

치료자: 그래, 괜찮아.

함께: (Sara와 치료자는 함께 계속 컵에 모래를 담아 뿌리며 큰 소리로 흥얼거리고 웃은 다음 서로를 한참 바라본다. 그러다 다시 모래를 퍼서 던지고 웃고 노래한다. 이것을 여러 차례 하다가 Sara가 바닥에 주저앉는다.)

Sara: 다시해요.

치료자: 한번 더하자, 그러고 나면 이제 우리는 가야만 해.

Sara: 싫어요.

치료자: 그래, 정말 재미있어서 나도 나가고 싶지 않아.

Sara: (다시 모래를 컵에 담았다가 붓고는 키득거리며 다시 주저앉는다.)

치료자: (아동과 같은 행동을 반복한다. Sara와 치료자가 바닥에 주저앉아 다시 키득거린다.)

활용할 수 있는 은유적 이야기의 예시

처음에 치료적 의미를 담은 이야기를 만들어 내는 것이 상당히 어렵게 느껴진다면, 시중에 나와 있는 책들에 이야기를 활용하여 은유적 이야기를 만들어 내는 것도 가능하다. 오스트리아의 심리학자인 Doris Brett이 출간한 『Annie Stories』(1988)도 이러한 책들 중 하나이다. 여러 이야기의 모음집인 이 책은 작가의 딸인 Amantha가 유치원에 가기 전날에 했던 이야기를 기점으로 만들어지기 시작했다. Amantha가 자신의 인생에서 어려웠던 순간을 지내는 몇 년 동안, 자신의 엄마에게 'Annie Story'를 들려 달라고 부탁하였다. Brett은 이 이야기들의 모음집을 다른 이들과 공유하기 위해 책으로 출간하게 되었다.

활용할 수 있는 또 다른 책은 Joyce Mills 박사와 Richard Crowley 박사가 출간한 『코끼리 새미와 낙타 아저씨(Sammy the Elephant and Mr. Camel, 1988)』이다. 이 책은 서커스단에서 일하는 코끼리 이야기이다. 코끼리의 일은 물을 나르는 것인데, 물이 자꾸 새게 되었다. Joyce Mills의 또 다른 책은 『부드러운 버드나무(Gentle Willow, 1993)』로, 죽음에 대한 아동의 이야기이다.

Lee Wallas의 『세번째 귀를 위한 이야기(Stories for the Third Ear, 1985)』와 『치유를 위한 이야기들(Stories That Heal, 1991)』은 어른을 위해 쓰이기는 했지만 아동들에게도 유용하게 사용될 수 있다. Steve와 Carol Lankton의 『매혹적인 우화 이야기들(Tales of Enchantment, 1989)』도 성인을 위해 쓰였지만 아동을 위한 부분도 있다. 특히 이 책의 목록 표는 치료자가 특정 내담자를 위한 치료적 목표를 찾을 수 있도록 해 주며, 목표에 알맞은 이야기도 언급해 주고 있다.

이외에도 치료적 이야기를 담은 책은 많다. 내담자를 위한 이야기를 살펴볼 때, 치료적으로 효과적이고 은유적 이야기에 필요한 구성 요소를 포함하고 있는지 살펴볼 것을 추천한다.

제9장

종결 단계

치료의 마지막 단계는 종결 단계이다. 이 시기가 되면 아동은 일상생활과 관련된 놀이를 하게 된다. 이때가 되면, 치료자들은 아동들이 놀이치료실에 오는 것에 대한 적극성이 떨어지고, 자신의 또래 친구들과 어울려 노는 것을 좋아하게 된다는 것을 알아챌 것이다. 또한 아동들은 치료자에게 의존하던 것에서 벗어나 다른 사회적 관계에 참여하는 변화를 보인다(Landreth, 1991). 이러한 변화들이 드러나기 시작할 때 서서히 종결을 준비해야 한다. 놀이치료란 놀이를 통해 아동이 고통스러운 문제를 이겨 내고, 자신감을 회복하고, 자신에게 상처를 준 사건을 극복해 냄으로써 치유가 이루어지는 과정이다. 결국 치료의 종결을 위해 그 문제 자체를 다루는 것이 중요하다. 종결 시점이 적절할 경우, 아동은 놀이 과정을 통해 만들어 낸 치유의 감정을 안고 놀이치료를 종결하게 된다. 하지만 종결 시점이 적절치 못하면 치유받았다는 느낌을 갖지 못하고 떠나게 되므로, 종결로 인한 상실감에 젖거나, 자신이 버려진 듯한 감정을 느끼게 되기 때문에 새로운 문제점을 갖게 된다. 아동이 치료 종결에 대한 준비를 많이 할수록 놀이치료에서 벗어나는 과정이 더 순조로워진다.

종결은 아주 섬세한 과정이다. 치료 초기 과정을 진행하는 동안, 아동은 치료자를 신뢰하고 의존하게 된다. 이를 통해 아동은 자신이 가지고 있는 힘든 문제를 직면할 수 있게 된다. 결과적으로, 다음과 같은 가설을 가지고 질문을 할 수 있다. 어떤 아이

가 자신을 소중하게 여기고 수용해 주고, 자신의 고통을 함께 경험하고, 안전감과 보호감을 가져다주는 사람과의 관계를 끝내고 싶어 할까? 성인 내담자라고 할지라도 이런 상황에서 치료적 관계를 종결하고자 하는 사람은 아무도 없을 것이다.

치료 과정을 통해, 아동과 치료자는 서로 깊은 애착을 느끼게 된다. 그렇게 치료의 성장 단계에서 아동은 치료자가 정서적 안전감과 보호를 제공해야 한다는 욕구를 내려놓게 된다. 이는 아동이 치료적 과정을 통해 자신의 행복감을 내면화했기 때문에 발생할 수 있다. 이제 놀이 과정은 이 연령의 아동들이 습득해야 할 것으로 예상되는 발달단계를 더 잘 나타내는 놀이로 바뀐다. 이러한 변화들은 치료나 관계를 종료해도 좋다는 신호라고 할 수 있다. 또한, 치료자는 치료자 관계 상실에 대한 자신의 감정을 다룰 필요가 있다.

적절한 종결: 종결을 위한 씨앗 심기

보통 아동이 놀이에 덜 관심을 보인다든가, 내면적인 고통을 드러내던 놀이의 내용이나 방식이 상호작용적인 놀이로 변화를 보일 때, 종결에 대해서 생각해 보아야 한다. 그 시점이 되면 아동이 좀 더 거리낌 없이 치료자와 상호작용을 하기 시작한다. 아동의 놀이는 초기에 보였던 억제된 듯한 놀이에서 벗어나 좀 더 자발적이고, 창의적인 즐거움을 담기 시작한다.

그러한 변화가 보이면 "너도 알다시피, 우리가 항상 이렇게 같이 놀 수는 없는 거야."와 같은 일반적인 진술로 종결의 시작을 알릴 수 있다. 본질적으로, "너는 더 이상 놀이치료실에 들어오지 않을 때가 올 것이다."라는 계획을 아동과 소통하는 것이다. 이는 정식으로 종결을 안내한 것은 아니지만, 아동이 자신의 존재를 존중하고 이전의 만남에서 만들어질 수 없었던 자아와의 직면을 허용한 (놀이치료) 과정을 떠날 준비를 시키는 시작을 의미하는 것이다.

치료자가 종결 안내하기

치료자가 놀이치료를 종결할 시기에 접어들었다고 판단이 되면, 먼저 부모에게 아동의 변화와 현재의 상호작용 방식을 이야기해 주면서 종결문제를 상담해야 한다. 그리고 종결에 대한 합의가 이루어지면, 아동에게 정식으로 종결에 대해 이야기해 주는 것이 매우 중요하다. 이때 부모나 다른 사람을 통해 종결에 대한 말을 전하는 것보다는 치료자가 직접 분명하게 아동에게 말해 주는 것이 바람직하다. 아동이 부모나 다른 사람을 통해 종결에 대해 전해 듣게 되는 경우, 치료자에게 배신감을 느끼게 되고 신뢰가 깨질 수 있다. 이로 인해 치료에서 아동이 얻은 이득 중 일부가 손실될 수 있으며, 치료 종결에도 영향을 끼치며 장래 다른 사람과의 신뢰감 형성에도 악영향을 끼칠 수도 있다.

아동에게 종결을 안내할 때[1)]

실제 종결이 시작되기 전 회기에서 최종 종결에 대해 언급을 해 놓는다. 그런 다음 종결이 도입되는 회기 중 아동이 놀이치료실에서 편안해지면 회기의 첫 몇 분 안에 종결이 시작되어야 한다. 회기의 처음 10~15분이 지나 종결을 알려 주면, 아동이 정보의 의미를 경험하고 이에 반응할 수 있는 시간이 생긴다. 치료자는 아동이 놀이치료를 하게 된 사건으로 인해 삶이 통제할 수 없다는 느낌을 받게 되었음을 기억해야 한다. 따라서 종결을 안내하면 유사한 감정이 표면화될 수 있다. 치료자는 종결하기에 가장 좋은 시기를 결정함으로써 본질적으로는 아동 치료의 마지막 단계를 구성하는 것이다. 하지만 처음 놀이치료를 받기 시작할 때와는 달리 이제 아동은 자신의 환경과 상호작용할 수 있는 새로운 능력을 갖게 되었다. 치료자는 아동에게 종결을 결정한 이유들에 대해서 어느 정도 이야기해 주는 것이 바람직하다. 이러한 이유들로

1) 종결을 안내할 최적의 시간을 결정할 때, 치료자는 아동의 생일을 고려해야 한다. 일반적으로 아동들은 생일에 해당하는 회기 동안 치료를 받고 싶어 하지 않는다. 그들은 회기가 스스로를 검증하고(예: "나는 깔끔한 사람이다.") 자신에게 집중하기를 원하는 경향이 있다. 결과적으로 치료자가 아동의 생일이 종결일에 가까워지고 있음을 알아차리면 가능한 한 생일이 지나서 하는 것이 좋다.

아동이 보인 바람직한 변화들(예: 친구들과 사이가 좋아진 점, 자유롭게 자신의 의견이나 감정을 표현하게 된 점, 향상된 학교생활, 자신의 가치에 대해 강화된 믿음 등)에 대해 언급해 주는 것이 좋다. 종결은 치료 기간에 따라 최소 2회기 이상, 최대 6회기 정도 걸릴 수 있다. 종결 과정의 형식은 놀이치료자의 임상적 판단에 따라 달라질 수 있다. 가끔 치료자는 종결을 도입하고 두 번 연속 회기를 가진 다음 격주 회기로 변경하거나, 한 달에 한 번, 또는 두 달에 한 번 등 후속 치료 회기를 갖기도 한다. 이러한 종결 과정은 아동의 개별적 욕구를 고려한다.

종결 단계

① 아동의 놀이에 작별 고하기

성인들과의 종결 과정은 일반적으로 내담자가 치료 과정을 돌이켜보는 것으로 진행된다(예: "내가 그 문제로 힘들어했었는데…."). 이때의 종결 과정은 언어적 · 인지적인 수준에서 이루어진다. 하지만 아동의 경우에는 이 과정이 체험적으로 작동하기 때문에 놀이를 통해 치료 과정을 돌이켜 보게 된다(O'Connor, 1991). 예를 들어, 치료 초기 단계에서 보였던 행동으로의 퇴행 현상을 보이게 된다(Landreth, 1991).

> Jimmy는 종결 과정을 거치면서, 먼저 치료의 초기 단계인 탐색 단계에서 보여 주었던 놀이로 돌아가는 퇴행 현상을 보였다. 그러고 나서 놀이를 의존 단계에서 보여 주었던 놀이로 변화했다. 아이가 여러 단계를 거쳐 이동하는 것을 알아차린 후 치료자는 "전에 하던 놀이를 다시 하고 있구나."라고 말을 했다.
>
> Jimmy는 치료자에게 돌아서서 "맞아요! 지금 내가 하던 놀이에 안녕이라고 얘기하고 있는 거예요."라고 답하였다. 처음 치료에 들어갔을 때의 경험을 기억하면서, 대부분의 아동은 종결 단계에서 자신이 초기에 관계의 신뢰를 다루기 시작했던 보호의 단계를 시연한다.

이것이 종결의 첫 번째 단계이다. 자신의 놀이와 치료실의 안전한 환경에 작별을 고하는 것이다. 이 장소는 아동의 놀이의 의미가 수용되고 이해받던 곳이었다. 실제로, 아동에게 어려웠던 놀이는 의미 있는 관계의 맥락 안에서 아동에게 어떤 중요한

의미를 부여했던 의미심장한 내용들이 된다.

② 치료자에게 작별 고하기

종결의 마지막 단계는 치료자와의 관계에서 생겨난 감정을 중심으로 진행된다. 치료 초기단계에서 치료자는 아동의 자존감, 안전, 보호 등을 격려해 주고 존중해 주며 신뢰감 있는 관계를 형성하는 데 목표를 둔다. 종결 단계 동안, 아동들은 종결 이유, 관계의 상실, 신뢰와 관계에 대한 주제들에 대해 다시 한번 문제를 겪게 된다. 이 관계의 중요성은 두 개인이 이 독특한 관계를 위해 발전시킨 의미와 함께 초점이 된다. 이를 통해 치료자와 아동은 마지막 순간을 함께하면서, 서로를 응원하고 지지해 준다. 치료자도 아동이 자신에게 얼마나 의미 있는 존재였는지를 밝힐 수 있는 기회이다. 이러한 치료자의 감정을 아동에게 전달하는 것은 매우 의미 있는 일이다. 또한 아동에게 "너는 세상에 많은 영향력을 주는 사람이 될거야."라든가, "넌 정말 창의적인 사람이야. 그리고 너처럼 창의적인 사람들이 말하는 중요한 메시지가 있어"와 같이 아동에게 자신감을 향상시켜 줄 수 있는 말을 해 주는 것도 매우 중요하다. 그 밖에, 놀이치료에서의 성공 경험을 실제 생활에 지속적으로 적용시킬 수 있도록 해 주는 것도 매우 중요하다(제8장에서 이외에 지지적 의사소통과 관련하여 논의).

종결을 할 때는 완전하고 분명해야 한다. 치료자가 "1월이 되면 너에게 생일 카드 보낼게."라는 식의 언급은 추천하지 않는다. 혹시라도 이 약속을 깜박하는 경우, 치료자에게 가졌던 신뢰가 무너지기 때문이다. 치료의 초기 단계에서는 아동이 현재 경험을 하는 것을 중심으로 진행되었다. 그 관계를 기초하는 원리는 "우리는 지금 여기 있고, 나는 여기에 너와 함께 있다"는 것이다. 종결에서도 이 순간의 경험 외에는 기대하지 않고, 지금 여기 이 순간에 존재하는 원칙이 지속된다. "우리가 다시 만난다면, 다시 치료적인 관계를 맺을 수 있을거야. 나는 매주 보던 네가 그리울거야. 그렇지만 나는 네가 잘 지낼 거라고 생각해."

치료자와 이별하면서 아동이 치료사에게 빚을 졌다고 느끼지 않도록 하는 것이 중요하다. 모든 치료자는 아동이 독립적으로 건강한 삶을 영위한 기능을 갖게 하는 것을 목표로 삼아야 한다. 아동이 치료자에게 계속 의존하는것은 성공적인 치료라 할 수 없다. 하지만 어떤 경우에는 치료자가 아동보다도 치료의 종결에 어려움을 겪는 일도 종종 있다. 아동의 힘든 문제를 함께 다루어 나가면서 가졌던 여러 경험 때문에 너무 밀접한 관계를 형성하거나, 심지어 치료사는 아동의 입장이 되어 보기까지 하지만, 더 이상 치료자가 필요치 않다는 식의 아동의 태도에 힘들어지는 경우도 있는 것이다. 이 과정에서 치료자는 만족감을 얻지만, 특별한 아이가 자신의 삶에 들어와 분리될 때마다 인정해야 하는 상실감이 있다.

때때로 치료자는 종결할 때 아동들에게 선물을 주고 싶을 수 있다. 이 경우, 아동에게 힘을 실어 주고 아동이 경험한 내적 과정을 상징할 수 있는 것을 선물로 주는 것이 좋다. 가령 아동의 중요한 놀이에서 특별히 상징성을 포함했던 놀잇감을 줄 수 있다. 은유적 이야기를 쓰기 좋아했던 한 치료자는 내담 아동의 치료 기록을 검토하여 아동의 치료 과정 전반에 걸쳐 나타났던 권능감이 내재된 이야기를 만들었다. 아동의 종결 회기에서 치료자는 아이에게 그 이야기를 들려주었다.

아동과 함께 치료자가 사진을 찍는 것은 종결 과정을 돕는 또 다른 방법이다. 거의 예외 없이 대부분의 아동은 사진 찍기를 좋아한다. 아동들은 치료자의 팔을 낀다든지, 기대는 포즈로 사진을 찍으려 한다. 이때 사진을 2장 인화하여 1개는 아동에게 주고, 나머지 1장은 아동의 파일에 끼워 둔다.

아동들이 놀이방과 놀이 과정에 작별을 고한 후 회기가 남아 있을 때, 놀이방 밖에서 그 회기를 마무리하고 싶어 하는 것은 아주 일반적이다.

> 마지막 두 회기 동안에 아이는 야구방망이와 공을 집에서 가지고 왔다. 그리고는 치료자에게 밖에서 공놀이를 해도 되는지 물었다. 두 사람은 주차장으로 나갔다. 회기 내내 치료자는 공을 던졌고 아이는 공을 쳤다. 그런 다음 마지막 회기에서도 아이는 같은 놀이를 하고 싶어 했다. 아이는 지난주와 비슷하게 공을 세 번 치고 난 뒤, 이번에는 주차장을 훌쩍 넘어갈 정도로 세게 공을 쳤다. 은유적으로 아이는 "내가 얼마나 힘이 있는지 보셨죠?"라고 말했다.
>
> 또 다시 공을 넘기게 되자 "내가 얼마나 많은 힘을 가지고 있는지 보세요. 나는 이제 내 힘을 통제할 수 있어요."라고 말하였다. 아동은 남은 회기 동안 그것을 반복하였다. 이렇게 공을 넘겨 치료자로 하여금 공을 찾으러 가게 만드는 것은 아동이 치료자와의 분리(separation)를 인식하고 있다는 의미이기도 했으며, 자신의 힘을 보여 줌과 동시에 분리에 대해 받아들이고 있다는 것을 보여 주는 것이다.

조기 종결

대부분의 종결 과정은 종결 이전의 각 치료 단계가 정점에 도달되었을 때 순조롭게 진행된다. 아동의 치료가 적절하게 종결되면 아동은 치료 과정에서 얻은 자신의 통합에 대한 성취감을 유지한다. 안타깝게도, 아동들은 대부분 자신의 놀이치료 과정에 관여하기 어려운 상황에 처한다. 부모나 보호자, 사회복지단체, 법원 등에 의해 종결이 결정되는 경우가 많기 때문에, 아동 자신이 종결을 납득할 수 없는 경우가 생길 수도 있다. 즉, 아동에게 적절하지 않은 시점에 치료가 중단되거나 종결될 수 있다. 이런 일이 발생하면, 아동을 위해 특별한 배려를 해야 한다. 어떤 형태의 종결이든 아동이 치료 경험을 어느 정도 마무리 할 수 있도록 최소 두 번의 회기—한 회기는 놀이 과정에 작별을 고하고 한 회기는 치료자에게 작별을 고하는 회기—가 필요하다. 이 과정에서 치료자와 아동의 신뢰 관계가 유지되려면, 아동에게는 이 특별한 관계를 정리하기 위해 전환하는 시간이 최소한 두 번의 회기에서 필요한 것이다. 또한 치료자는 이 치료의 종결이 아동이 치료실에서 보인 말과 행동 때문에 이루어지는 것이 아님을 알려야 한다. 아동들은 상황을 적절하게 설명해 주지 않으면 잘못된 가정(assumption)을 통합하는 경향이 있다. 결과적으로 치료자는 제시된 문제와 이러한 문제가 조기 종결 시 어떻게 다시 나타날 수 있는지에 대해 민감하게 반응해야 한다. 치료자는 조기 종결 시 아동에게 야기될 수 있는 잘못된 결론이나 결과적 감정(예: 유기 또는 상실 문제, 거부 또는 수용되지 않음)을 확인하고 완화할 수 있다. 이러한 가능성을 확인하고 제시함으로써 아동은 치료에 대한 상실감으로 불필요한 문제를 안고 있는 것에서 벗어날 수 있다. 이는 또한 아동이 후속 치료를 다시 받게 될 경우 치료 과정에 도움이 된다.

치료자와 충분한 상의 없이 갑자기 결정되는 조기 종결도 있다. 이러한 조기 종결에서는 아동이 자신의 놀이나 치료자에게 작별을 고할 시간을 갖지 못하는 경우가 많다. 그러므로 가능한 한 치료의 마지막 두 회기는 종결을 위한 시간으로 확보해야 한다. 이때, 치료자는 "아이의 내면적 안정을 위하여 종결 과정으로 최소한 두 회기가 더 필요합니다."라고 부모에게 말해 주어야만 한다. 혹시 부모가 그래도 선뜻 내켜하지 않는다면 "이대로 치료를 끝내는 것은 일종의 폭력으로, 아동을 힘들게 하고, 화나게 하며, 훗날 다른 사람들과 신뢰감을 형성하는 데에도 문제가 될 수 있습니다. 치료를 끝내는 것에 대한 분노와 실망을 털어 내기 위해서는 적어도 두 회기가 반드시 필요합니다."라고 부모를 강력하게 설득해야 한다. 가끔은 한 회기만을 종결을 위한 시간으로 사용할 수밖에 없는데, 이때는 놀이에 대해 작별을 고하게 하고, 나머지 치료자와의 작별을 위한 과정은 전화를 이용할 수도 있다. 어떤 경우든 치료 과정을 종결할 수 있는 창의적 방법을 찾는 것이 중요하다. 그렇지 않으면 아동의 치료 과정은 적절히 종결되지 않는다. 종결 과정의 결여는 아동이 지금 막 놀이를 통해 자신의 고통과 고뇌를 드러낸 경우에 특히 해롭다. 이 경우, 아동은 은유적 놀이를 통해 자신의 고통을 드러낸 것 때문에 치료자가 자신을 버렸다고 생각할 수 있다. 이 때문에 치료자가 다음과 같이 의사소통하는 것이 중요하다. "이런 일이 일어나게 된 건 네가 보여준 놀이나 너와 나 사이에 일어난 일과는 아무 상관이 없어. 다른 이유가 있단다." 만약 치료사에게 필요하다면, "나는 우리의 시간이 끝나길 원치 않아. 지금은 내가 원하는 대로 일이 진행되지 않았어."라고 이야기를 할 수 있다.

> 13개월 동안 Jeremy와 함께 치료를 진행한 후, 그의 부모는 갑자기 치료를 중단하기로 결정했다. 치료자는 마지막 회기에서 아동에게 말했다. "이런 결정을 내리게 되어 나도 슬프고 너도 슬픈거 알아. 하지만 너의 부모님은 그렇게 결정하셨고, 이런 결정이 안타까워. 너에게도 슬픈 일이란 걸 알아." 그리곤 아이를 안아 주고 그들이 서로를 얼마나 아끼는지 말해 주었다.

다시 말하지만, 치료가 조기에 종결되는 경우에는 치료 중 아동이 공유한 어떤 것도 종결의 이유가 아니라는 점을 아동에게 전달하는 것이 매우 중요하다. 또한, 유기 문제가 있는 아동의 경우, 치료자가 명확하게 의사소통하는 것이 중요하다. 방임이나 유기의 문제를 가지고 있는 아동의 경우에는 조기 종결이 치료자의 뜻이 아님을 더욱 분명하게 이해시켜 주어야 한다. 아동이 버려지는 것이 아니라는 점, 다른 사람에 의해 이렇게 결정이 됐다는 점을 말이다.

조기 종결을 피할 수 없을 때도 있다. 예를 들어, 학교에서 놀이치료를 하는 경우, 학기 말이 되어 프로그램을 종결하거나 인턴십이 끝나는 경우, 치료자의 전근 등으로 조기 종결을 할 수밖에 없는 상황이 있을 수도 있다.

Bruce는 인턴십이 끝날 무렵 여섯 살 난 Ryan에게 조기 종결을 안내해야 했다. 그는 Ryan의 양어머니와 이야기를 나누며 상황을 설명했다. 그런 다음 그는 아동을 다른 치료자에게 의뢰할 준비를 했다.

Ryan의 엄마는 Ryan에게 치료실로 가는 차안에서 종결에 대해 말을 꺼냈는데, 아이는 그 말을 듣자마자 "Bruce는 영원히 나랑 같이 놀이하는 친구잖아요!"라고 이야기했다. Ryan의 엄마는 이 내용을 즉시 치료자에게 전달했다. 그 회기는 아동과 치료자에게 매우 정서적으로 섬세하게 진행되었다.

그 후 몇 회기 동안 Ryan은 Bruce와 새로운 치료자와 함께 종결 회기를 진행했다. 그는 Ryan이 Bruce에게 작별 인사를 할 시간을 주면서, 새로운 치료사와의 앞으로 하게 될 일들에 대해 소개했다. 그렇게 두 치료사는 Ryan과 함께 만났고 그는 전환을 위한 시간을 가지면서 새로운 치료사인 Sol과 함께 적응했다. 2회기를 셋이 함께한 후, 새 치료사는 Bruce가 Ryan과 감정을 나눌 수 있도록 밖으로 나가 주었다. Bruce와 함께 작별인사를 하면서, Ryan은 Sol과의 새로운 관계에 직면해야 했다. 마지막 회기에서, Ryan은 Bruce에게 "Bruce, 난 선생님이 싫어요. 그리고 나는 Sol이 좋아요"라고 말했다. 그리곤 대기실에 있는 부모에게 달려갔다. Bruce는 Ryan이 "내가 당신을 사랑하기 때문에 당신이 나를 떠나는게 싫어요."라고 은유적으로 말하고 있음을 깨달았다. 하지만 Ryan은 치료자와의 분리로 인해 너무나 크게 상처를 받았고 버려진 듯한 느낌을 받았다는 이야기를 듣는 것은 매우 고통스러운 일이었다.

그다음 회기에서, 새 치료자인 Sol은 Ryan과 만나 이전 치료자인 Bruce와의 작별로 얼마나 가슴 아팠는지에 관해 이야기를 나누었다. 더불어, Bruce가 Ryan을 얼마나 걱정하는지를 강조하였다.

새로운 치료사와 Ryan의 적응을 촉진하기 위해 가능한 한 모든 조치를 취했지만 상실의 고통은 Ryan에게 극도로 강렬하고 압도적이었다. 아동들의 놀이 표현에는 일반적으로 놀이가 전달하는 것보다 훨씬 더 큰 감정이 있다는 점을 명심하는 것이 중요하다. 이는 긍정적이든 부정적이든 치료사를 향한 아동의 표현이 정말로 진실하기 때문이다.

Miguel의 사례

Miguel은 가정에서 공격적인 행동으로 인해 지역사회 지원 프로그램을 통해 놀이 치료를 받은 아홉 살 아동이다. 그는 가난한 대가족 출신이었다. Miguel은 다른 형제들이 관심 받는 것을 부러워했다. Miguel에게는 아버지와 함께 들판에서 일할 때가 형제자매 없이 아버지와 보내는 유일한 시간이었기 때문에 아버지와 함께 일하는 것을 즐겼다. 치료를 받는 동안 그는 처음에는 주저했지만 치료자와 매우 친밀한 관계를 맺을 수 있었다. 그러나 부모는 이 상담을 권한 담당자와 기관에 반발하여 조기 종결을 원했다.

그의 마지막 종결 회기에서 발췌한 다음의 내용에서 Miguel은 치료자와 화이트보드에 그림을 그리고 있었다. 먼저, 그들은 각자의 완전한 이름을 크고 굵은 글씨로 적었다. 그런 다음 함께 옆 부분에 'Miguel'이라는 이름이 적힌 범선을 그렸다. 배는 바다 위에 있었고 새, 구름, 달, 여러 개의 별이 떠 있었다. Miguel은 사람도 그리기 시작했다.

회기	해석
1. M: 선생님 이름 중에서 한 글자를 지우세요.(자기 이름의 끝 글자인 l을 지운다.) T: 그래. 내 이름에서 한 글자를 지울게.	1. 이 은유는 '선생님과 함께하고 싶지만, 나는 놀이방을 떠나야 할 거예요.'라는 의미이다. Miguel은 그의 이름의 끝 글자이자, 이 경험에 대한 자신의 마지막 시간이기 때문에 "l"으로 시작했다.
2. M: 중간에 있는 글자를 지워도 돼요. (말을 하며 손으로 머리를 긁는다.)	2. 말로는 표현할 수 없지만 종결로 인해 여러 감정을 느낀다. 그 하나는 불안이다. (말을 하며 머리를 긁는 행동을 통해 드러난다.)
3. T: 좋아. 중간에 있는 글자도 지울 수 있구나. (그녀는 중간에 있는 자기 이름의 글자를 지우고 Miguel 이름을 보면서 말한	3. 치료자는 종결에 대한 Miguel의 감정에 대해 이야기하고 싶어 한다. 그리고 자신이 아이를 소중히 생각한다는 것도 이

다) 그런데 어떤 글자부터 지워야 할지 잘 모르겠어.

야기하고 싶어 한다.

4. M: (자기 이름의 또 다른 글자를 지우고 나서 치료자에게 차례를 넘긴다. 치료자와 아동은 이렇게 해서 각자 3자씩 더 주고받은 후, Miguel은 새를 한 마리 지운다.)

4. 다시 말하지만, 이 행동은 그가 그들의 관계와 치료 과정의 의미에 대해 가지고 있는 강한 감정에 대한 은유이다. Miguel의 시선이 자신의 이름 위에 그린 새로 이동한다. 이 새는 놀이치료실 벽에 그려져 있는 새를 닮았고, Miguel이 이곳에서의 경험을 상징적으로 나타낸 것이다. 이는 또한 그가 놀이 회기에서 경험한 자유를 새로운 관점에서 나타내는 것이다.

5. T: 아, 나도 그림을 지울 수 있을 것 같아. 이름만 지우지 않아도 되는 거구나. (새 한 마리를 지우면서) 나는 이 방에서 우리가 정말로 소중한 시간을 보냈다고 생각해. (Miguel이 지울 차례가 된다.)

5. 그림 지우기 게임에서 놀이치료 과정의 경험 기억으로 옮겨 가는 것이다. 이것은 아동과 치료자에게 그 경험이 추억이 될 때 서로에게 의미 있다는 것을 증명한다.

6. M: (달을 지운다.)

6. 달은 그림에서 위쪽에 있는 가장 큰 상징이다. Miguel은 자신을 보호해 주고 존중해 주던 사람을 잃고 있다는 것에 대해 이야기하고 있다.

7. T: 달이 없어졌네. 별들이 아직 많이 남아 있기는 하지만 달이 없어지니까 괜히 슬퍼져. (자신의 이름 중 한 글자를 지운다.)
M: (차례가 되자 자신의 이름 중 한 글자를 지운다.)

7. 치료자는 이 관계가 끝나고 이 경험의 밝음(존재)이 기억 속으로 희미해져 가고 있는 Miguel의 슬픔을 인정한다. 이 은유는 Miguel 치료자와 치료 과정이 그의 삶에서 밝은 부분이었다는 것이다.

8. T: (구름을 지운다.) 이제 구름을 지울게.
M: (별을 지운다.)

8. 치료자가 그린 구름은 Miguel과 회기 내에서 종결 중 경험하고 있는 그녀의 슬픔을 상징적으로 나타낸다.

9. T: (다시 별 하나를 지운다.) 빛나는 별도 하나 사라졌네. 이제 우리가 함께 그린 그림을 지워야 하니까 아주 속상해. 나는 새 한 마리를 떠나보내야 할 것 같아. (새를 한 마리 지운다.)	9. 치료자는 안내를 해 주던 별의 상실과 그들의 경험(그림)이 어떻게 그녀에게 감정을 불러일으킬지 안다. 치료자는 빨간색 새 중 하나를 지운다. 빨간 새는 치료 경험에 대한 그녀의 강렬한 감정(경험의 밝음 또는 이 경험을 상실한 분노)을 나타낸다. 치료자는 상징보다는 이름의 글자를 지우는 것이 더 나았을 것이다.
10. M: (사람의 머리 부분을 지운다.)	10. Miguel은 이제 치료자와 놀이치료 과정에 함께한 모든 것에 대한 작별을 고하기 시작한다.
11. T: 머리를 지웠구나. 이제 사람이 떠나기 시작하는구나. (그녀는 자신의 이름 중 한 글자를 지운다.) M: (자신의 이름 중에 한 글자를 지운다.)	11. 이제 치료적 관계가 종결 단계로 접어들고 있음을 치료자가 알려 주고 있다. 또 치료를 끝내는 것이 Miguel에게 얼마나 중요한지, 이러한 상실을 뛰어넘어 자기 통제력을 갖고 안전을 추구하기 위해 스스로 움직여야 한다는 점을 언급한다.
12. T: 정말 그림들이 사라지는 게 슬프구나. 그럼 이번에는 남아 있는 구름을 지울래.	12. 남아 있는 구름들을 지우는 것은 많은 밝은 면이 있었던 이 경험을 끝내는 것에 대한 치료자의 슬픔을 나타낸다.
13. M: (자신의 이름 중 한 글자를 지운다.) T: (자신의 이름 중 한 글자를 지운다.) M: (다시 자신의 이름 중 한 글자를 지운다.)	13. Miguel은 그림이 희미해지고 있다는 것이 분명해지자 상징보다는 자신의 이름에 초점을 맞춘다.
14. T: 네 이름도 거의 다 지워졌구나. 네 애칭이네. 그리고 내가 그걸 기억할게. (다시 자신의 이름을 지운다.)	14. Miguel은 자신과 깊은 관계로 알고 지내는 친구들이 부르는 닉네임을 의미 있는 방식으로 남겼다. 치료자는 그것이 가깝고, 의미 있는 관계에 있을 것임을 알아차린다.
15. M: (자신의 이름 중 한 글자를 지운다.)	15. 이제 작별 고하기 단계가 막바지에 이

르렀다.

16. T: 이제 나의 행복한 별들을 지워야 할 때인 것 같구나.(별 하나를 지운다.)	16. 치료자는 끝이 다가옴을 알고 있고, 이 불가피하고 의미 있는 시간이 끝나가는 것을 바꿀 수 없다는 것을 알고 있다.
17. M: (다른 별을 지운다.)	17. Miguel은 함께 시간을 끝내는 것에 대해 치료자와 같은 감정을 반영하고 있다는 것을 확인한다.
18. T: 너의 사람 그림에 머리는 지워졌지만, 너의 얼굴은 언제까지 기억할거야.	18. 사람 그림의 주요 상징으로 초점을 돌리면서 이별의 감정과 서로를 기억하려는 감정에 집중한다.
19. M: 나는 사람 그림을 그렸지만 선생님은 없잖아요. (사람의 다리를 지운다.)	19. 이는 더 해석적인 반응에 가까우며, Miguel은 이 사람 그림이 치료사를 의미하는 것이 아님을 말한다(이 사람은 Miguel을 의미한다). 사람의 다리를 지우는 것은 지지(support)와 기반(grounding)이 사라지고 있음을 보여준다.
20. T: 이제 다리는 없어졌네. 몸만 남았구나. 그 사람은 서 있을 수 없겠구나.(별 하나를 지운다.) 빛나는 별들이 희미해져서 사라져 버리는 건 싫은데.	20. 치료자는 Miguel이 놀이치료를 지속하기를 원하고, 이 종결이 Miguel의 선택이 아님을 인정한다.
21. M: (한쪽 팔을 지운다.)	21. Miguel이 치료자와 맺은 접촉이 이제 종결된다. 그는 놀이치료의 종료 시점에서 벌어지고 있는 일들을 인지하고, 이에 대한 정서적 분리를 시작한다.
22. T: 이제 나는 그 사람을 볼 수 없구나. 하지만 너를 만날 수 없더라도 나는 너를 기억할거야. T: (별을 지운다.)	22. 치료자는 이 분리를 그에 대한 기억으로 바꾼다.
23. M: (또 다른 팔을 지운다.) 이제 옷만 남았어요.	23. 이러한 표현은 두 사람이 더 이상 연결되어 있지 않고, Miguel에게는 여전히

T: 정말 옷만 남았구나. M: (자신의 이름 한 글자를 지운다.) T: (별을 하나 지운다.)	이별에 대한 감정이 남아 있다는 은유적 표현이다. 사람마다 이 과정이 얼마나 힘든지 느낄 수 있다.
24. M: (셔츠를 조금 지운다.) 누가 이걸 물어뜯어 버렸어요.	24. Miguel은 이제 누군가가 나의 것을 조금 빼앗았고 나의 일부가 사라졌다는 은유를 통해 이별이 자신에게 고통스러운 감정이라는 것을 깊이 느낀다. 그는 이별이 그에게 얼마나 고통스러운지 그녀에게 알려 준다.
25. T: 누군가가 그걸 물어뜯어 버렸구나. 정말 아프겠다. 그 사람을 보니 아픔이 느껴져. (자신의 이름에서 한 글자를 지운다.)	25. 치료자는 두 사람의 분리를 인정하면서 그가 경험하고 있는 상처를 반영한다.
26. M: (셔츠를 모두 지운다.) 셔츠를 벗어 버렸어요.	26. 이별은 자신이 거절당하거나 버림받은 느낌을 들게 한다. 이는 아동이 나타내는 소외감과 자신의 특별한 능력을 확신하기 어려워하는 것과 비슷한 주제이다.
27. T: 그리고……. 셔츠를 버렸다고? 셔츠를 버렸다니 마음이 아프구나. (별을 지운다.) 나는 내 닉네임을 남겨 둘거야. (닉네임은 치료자 이름의 짧은 버전이다.) M: (자신의 이름 한 글자를 지운다.)	27. 치료자는 Miguel이 경험하고 있는 분리와 종결에 대한 상실감에 공감을 표현한다. 치료자가 짧은 이름을 남기는 것은 그녀가 이 관계를 끝내는 데 어려움을 겪고 있다는 사실을 상징적으로 보여 준다.
28. T: 이제 네 이름이 모두 지워졌구나. 하지만 난 네 이름을 꼭 기억할거야. (별 하나를 지운다.) M: (자신의 이름 중 남아 있는 마지막 글자를 지운다.)	28. Miguel은 자신의 이름을 인식할 수 있는 마지막 글자를 완전히 지움으로써 치료자와 아동만이 인식할 수 있는 관계가 의미로만 남아 있다는 것을 은유적으로 나타낸다.
29. M: (사람의 마지막 부분을 모두 지운다.)	29. 이 관계는 현재에서 끝나기 때문에 이제 기억으로 남겨진다.

30. T: 그 사람도 사라지고, 빛나는 별도 사라지고.(별을 하나 지운다.) 하지만 그래도 난 너를 기억하고 우리가 함께했던 특별한 시간들을 기억할거야. M: (또 다른 별을 지운다.)	30. 치료자는 상실을 인정하고 관계의 일부인 특별한 경험에 의미를 부여한다.
31. T: 아직도 밝은 별이 남아 있네. (배 밑에 있는 물을 지운다.) 네 배는 물 위를 가니까 여기도 지워야겠어. 왜냐하면 너와 배가 물로 항해하러 갈 거기 때문이야. M: (별 하나를 지운다.)	31. 치료자는 이 경험에 여전히 밝은 부분이 있다고 말한다. 그런 다음 그녀는 Miguel이 놀이치료에서 경험한 지지적 관계를 통해 아동이 계속해서 항해를 할 것이라고 전한다.
32. T: (배 위의 돛을 지운다) 나는 네가 항해하다가 바람을 만나더라도 계속 나아갈 수 있을 거라고 생각해. M: (또다시 별 하나를 지운다.)	32. 치료자는 Miguel에게 아동에게는 잠재력이 있고 인생을 살아가면서 자신의 목표를 달성할 수 있다는 것을 알려 주고 싶어 한다.
33. T: 이제 남아 있는 내 이름을 지울게. (자신의 이름에서 남아 있는 한 글자를 지운다.) M: (별을 하나 지운다.) T: 이제 별이 3개만 남았네. (자신의 이름 한 글자를 지운다.) M: (다시 별 하나를 지운다.)	33. 치료자는 그림에서 자신을 제거하는 것 외에는 선택의 여지가 없다는 깨달음을 경험한다. 그녀는 이제 이름을 알아볼 수 있는 마지막 글자를 지운다.
34. T: (이름 마지막 글자를 지운다.) 이제 내 이름도 다 지워졌어.	34. 이제 치료자는 그림 밖으로 나오고, 기억 속에만 존재한다.
35. T: 나는 배가 떠나는 것을 보고 싶지 않은데……. 음……. 이건 너무 슬픈 일이야. (배 주위의 물을 지운다.)	35. 치료자가 Miguel에게 치료를 통해 직접적으로 제공한 지지는 배가 미래로 항해하면서 끝이 난다.
36. M: 이제, 우리는 두 글자를 지울 수 있어요. T: 그래 M: (그의 이름에서 두 글자를 지운다.)	36. 이제 Miguel은 그가 종결 과정의 마지막에 가까워졌다는 것을 알고 속도를 높인다.

37. T: 너는 아직 글자 2개가 남았는데, 내 것은 모두 없어졌네. 난 아직 빛나는 별 2개가 남아 있는 게 기뻐. (배 아래에 남아 있는 물을 지운다.) 자, 이제 물도 없어졌다.
M: (그의 이름 두 글자를 지운다.)

37. 치료자는 두 사람의 관계에 대한 기억이 될 2개의 빛나는 별을 통해 은유를 제공한다. 지지적인 관계의 끝을 깨닫는 것은 물이 지워지면서 더욱 명료해졌다.

38. T: 마지막 별 1개가 사라졌네. 오, 난 이제 어쩌지? 오, 나는 배를 잃어버릴지도 몰라.
M: (그의 이름 두 글자를 더 지운다.)

38. 치료자는 놀이에서 Miguel의 움직임을 나타내는 상징을 지우기 꺼려 한다.

39. T: (배의 나머지 부분을 지운다.) 자, 비록 배가 사라졌어도, Miguel은 내 마음속에 영원할거야.
M: (마지막 별을 지운다.)

39. 치료자는 그들 관계의 끝과 관계의 의미의 중요성을 전달한다.

40. T: 마지막 빛나는 별이네. (배에 새겨져 있던 'Miguel'의 이름 일부를 지운다.)
M: (그의 이름을 몇 개를 지운다.)

40. 끝이 가까워지고, 자신이 떠날 것이라는 은유이다.

41. T: (새겨진 이름을 더 지운다.) 나는 너의 이름을 지우고 있어. 그리고 나는 너를 기억할 거야.
M: (그의 이름을 더 지운다.)
T: (마지막으로, 새겨진 아동의 이름을 지운다.) 자, 배에 새겨진 우리 이름이 다 사라졌구나.

41. 치료자는 관계가 끝나가고 있으며, 이것은 치료자에게 있어서 중요한 관계임을 반복해서 전달한다.

42. M: (아동의 이름에서 한 글자를 더 지운다.) 저랑 같이 지우고 싶으세요?
T: 그래, 이제 두 글자만 남았구나. (한 글자를 지운다.)

42. 관계에서 Miguel의 상징은 이제 지워지고 있다. Miguel은 그림의 나머지 부분을 함께 지워 달라고 치료자에게 요청한다.

43. M: (마지막 글자를 지운다.)
T: 우리 놀이치료 시간은 이제 끝나지만, 나는 너와 여기서 함께 시간을 보

43. Miguel은 그림 그리기를 끝내고 놀이치료 시간을 마무리한다. 둘은 이제 놀이치료 과정이 끝났고, 관계가 기억으

냈던 순간들을 기억할거야. 여기에서의 시간을 기억하기 위해서 내가 너를 위해 선물을 준비했어.	로 남게 되었음을 알고 있다. 치료자는 그에게 놀이치료에서 그들 관계의 의미를 상징하는 선물을 준다.

치료자는 Miguel에게 놀이치료실에서 가지고 놀던 것과 비슷한 파란색 차를 선물했다. 치료자는 이 자동차를 통해 놀이치료실에서 이들이 자신의 상처를 치유했던 특별한 마법 같은 변화 과정을 그에게 상기시켰다. 그녀는 항상 아동이 자신의 내면에 특별한 마법의 힘을 가지고 있을 것이며 자동차가 아동 자신 안에 있는 그 특별한 힘을 상기시켜 줄 것이라고 말했다.

종결은 치료의 절정 단계이며 치료의 모든 노력의 과정이 병합되는 지점이다. 바람직한 종결은 치료의 체험이 얼마나 잘 통합되는지에 따라 결정되며, 특히 아동의 미래에 있어 중요하다.

놀이치료실 기본 놀잇감 목록

- 비행기
- 동물(가축)
- 공
- 동물(야생)
- 자동차
- 클레이
- 병원 놀이 세트
- 인형
- 인형 집
- 가족 피규어
  - 성인 남자
  - 성인 여자
  - 남자 아이
  - 여자 아이
  - 아기
- 총
- 칼
- 돈/금화
- 악기
- 그림물감
- 퍼펫
- 곰 인형
- 전화기

놀잇감의 상징적 의미

- 비행기: 탈출, 거리, 속도, 수색, 자유, 안전, 보호 등.
- 동물(야생): 공격성, 두려움, 생존, 힘, 강함 등.
- 동물(가축): 보호, 가족, 관계, 취약함, 순응, 의존성 등.
- 젖병: 퇴행, 양육, 구강, 모방 주제, 의존성, 아기, 형제자매, 소변 등.
- 공: 상호작용, 관계, 신뢰, 재평가, 경쟁, 안도함 등.
- 쌍안경: 원근감, 관계(가까움/먼), 감시, 사냥, 찾기, 탐색, 친밀감, 과도한 경계, 자기탐색 등.
- 담요: 퇴행, 안전함, 보호, 경계 등.
- 블록: 방어, 경계, 건축, 한계, 경직, 폐쇄, 구조, 보호, 장벽, 취약성 등.
- 배: 지원, 무의식, 안정/불안정, 정서성, 균형, 취약성, 보안 등.
- 책: 독서치료, 비밀, 과거, 미래, 현재, 정체성, 지식, 도피, 은유 등.
- 상자: 비밀, 알고 있는/알 수 없는, 내용이 없는 존재, 숨김, 제어, 억제, 경계, 믿음, 확인, 선물, 자아, 존엄성, 내재 등.
- 부서진 장난감: 문제, 자아, 정체성, 패배, 변화, 보상, 무력감, 투쟁 상처, 손실, 조절 등.
- 카메라: 증명, 검증, 확인, 과거, 진실, 증거, 변화, 기억, 지식 등.
- 자동차: 운동성, 동력, 탈출, 갈등, 안전, 보호, 여행, 부모, 방어, 가족 문제 등.
- 분필/칠판: 환경, 세계, 창조, 감정표현, 통합, 창의성 등.
- 클레이: 공격성, 조작성, 창조성, 자존감, 변화, 표현, 압박, 접촉, 양육 등.
- 의상: 관계, 의사소통, 익명성, 환상, 충동, 변장, 범인 등.
- 장갑: 회피, 거리두기, 안전, 내용에 대한 통제 등.
- 모자: 정체성, 역할, 기대, 환상, 권력, 부정 등.
- 가면: 인간관계, 의사소통, 익명성, 환상, 충동, 범인, 변장 등.

- 선글라스: 숨김, 회피, 거리두기, 안전 등.
- 가발: 관계, 의사소통, 익명성, 환상, 충동, 위장, 사람 등.
- 병원 놀이 세트: 치유, 회복, 존중, 힘, 생사, 고통, 신체 이미지, 위기, 변화, 침입, 내재 등.
- 혈압계: 내재적 문제, 분노, 침착함, 심리상태, 내면화된 감정, 변화욕구 등.
- 수술도구: 위기, 개입, 침입, 조치, 위험, 해결, 통제, 고통, 취약함, 치유 등.
- 청진기: 내재적 감정, 미지의, 공개되지 않은, 확인, 관계 등.
- 주사기: 침입, 침해, 통증, 치유, 두려움, 충격, 접촉, 침투 등.
- 온도계: 내재적 감정, 병든/문제없는, 도움의 필요성, 위기, 위험, 변화욕구
- 요리: 양육, 축하, 보호, 구강, 관심, 무시, 요구 등.
- 인형: 정체성, 퇴행, 형제자매, 해부, 경쟁, 친밀감, 우정, 양육, 관계 등.
- 인형의 집: 가족, 가족의 상호작용/태도, 환경, 보안 등.
- 가족상: 권한, 권력, 양육, 가해자, 보호, 종속, 상호작용, 경쟁, 관계, 보안, 수락, 거부 등.
- 남성: 아버지, 남성 인물, 모델, 형제, 삼촌, 선생님, 돌보미 등.
- 여성: 어머니, 여성 인물, 모델, 자매, 이모, 선생님, 돌보미 등.
- 여자 아이: 자기, 자매, 시터, 정체성, 상, 친구, 또래 관계, 사회적 등.
- 남자 아이: 자기, 형제, 시터, 정체성, 상, 친구, 또래 관계, 사회적 등.
- 아기: 양육, 형제자매, 경쟁, 퇴행, 욕구, 역사, 과거, 기타.
- 핑거페인팅: 접촉, 관여, 영향력, 기반, 퇴행, 보안 등.
- 손전등: 통제, 비밀, 두려움, 탐색, 리더십, 의존성, 관찰, 스캔 등.
- 게임: 삶의 통제, 경쟁, 성공/실패, 순응, 권한 부여, 구조, 저항, 변화, 역량, 협력, 환경, 가족 등.
- 양육 도구: 자아상, 자아개념, 변화, 사고, 확인, 돌봄, 양육 등.
- 총: 공격성, 통제력, 분노, 적대감, 힘, 죽음, 고통, 침입, 충격, 보호, 경계 등.
- 열쇠: 암호, 제어, 알 수 없음, 억제, 보호됨, 경계, 보안 등.
- 부엌 놀이 세트: 가정, 양육, 돌봄, 방치, 형제 간 갈등, 관계, 가족, 존중, 가족생활 모습, 정서적 지원 등.
- 칼: 도구, 공격성, 침투성, 힘, 방어성, 보호, 침입, 성적 고통 등.

- 빛: 통제, 권력, 비밀, 탈출, 숨기기, 부정, 변화, 비참함 등.
- 요술봉/수정구: 환상, 소망, 목표, 변화, 욕망, 미래, 자원 필요성 등.
- 공기놀이: 관계, 그룹화, 가족, 동료, 상호작용, 사회적, (게임 참조) 등.
- 거울: 자아상, 자아개념, 기억, 과거, 변화, 생각, 확인 등.
- 모델: 일관성, 성취, 동기 부여, 집중, 지속성, 목표, 검증 등.
- 화폐/금화: 안전, 권력, 통제, 손실, 사기, 자존감, 가치, 값어치 등.
- 괴물 피규어: 공포, 신비, 두려움, 미지의, 친근감, 비밀, 힘, 양면성, 환상, 공격성, 갈등, 범인, 관계, 복수, 공격 등.
- 악기: 자기표현, 내재적, 소통, 창의성, 접촉, 기분 등.
- 그림물감: 거리감, 표현, 접근하기 어려운 욕구, 환경, 태도, 자원, 창의성, 세계관 등.
- 베개: 침대, 안전, 영토, 왕좌, 부모, 괴물, 공격성, 휴식, 짐 등.
- 카드놀이: 돈, 통제, 권력, 비밀, 자발성, (게임 참조) 등.
- 퍼펫: 관계, 가족, 가해자, 피해자, 의사소통, 익명성, 환상, 충동, 태도, 위장 등.
- 퍼즐: 문제해결, 결정, 완료, 성취, 통합, 해결, 그림을 만들기, 모으기 등.
- 모래: 건설, 파괴, 환경, 공동체, 감정, 변화, 감정 세계, 창의성 등.
- 아래 모래를 채운 밥백(펀치백): 공격성, 갈등, 가해자, 권력, 관계, 복수, 가족 등.
- 군인: 갈등, 공격, 침략, 무력, 삶-죽음, 투쟁, 사람, 생존, 집단 등.
- 공간(상자, 텐트, 집): 숨김, 있음과 없음, 부끄러움/존중, 거리감/접촉, 수용, 신뢰, 경계 등.
- 검: 공격성, 거리, 갈등, 방어, 보호, 침입, 관계, 힘 등.
- 녹음기: 자기, 관계, 증거, 존재, 검증, 안심, 일관성, 통제, 관찰, 확인 등.
- 타깃 놀잇감: 자신감, 목표설정, 적절성, 성공욕구, 기대감, 실패에 대한 두려움, 경쟁, 조절, 적응력 등.
- 곰 인형: 따뜻함, 양육, 안전, 우정, 자아, 보호 등.
- 전화: 통신, 거리, 안전, 제어, 전원, 연결 해제 등.
- 조립식 장난감/레고: 구조, 건설, 완성, 마감, 목표달성 등.
- 공구: 자원, 변화, 영향, 건설, 보안, 권한, 자신감, 문제해결, 의사 결정 등.

※ 놀잇감들은 느낌이나 감정, 능력에 대한 욕구 또는 결핍을 상징할 수 있다.

놀이 배경이 가진 상징적 의미

- 은행: 가치, 값어치, 보안, 손실, 품위, 비밀, 가족 등.
- 해변: 안전, 자유, 놀이, 촉감, 안전, 아이다움 등.
- 신체: 자아, 고통, 침입, 위반, 힘, 근원, 생명 등.
- 다리: 전환, 변화, 횡단, 경계, 연결, 길, 모든 것의 위 등.
- 파묻힘: 죽음, 은닉, 회피, 보류, 공개되지 않은, 은밀한, 우울 등.
- 캠핑: 기본, 가족, 생존, 유동적/활동적, 탈출, 피난처, 구원, 변화, 피난, 고요, 원시 등.
- 성: 집, 권위, 보호, 침입할 수 없는, 경계, 과거, 가족, 추위, 경직성, 힘, 안전, 신체적 경계 등.
- 동굴: 보호, 수호, 은닉, 비밀, 미지, 피난처, 양면성, 싸임, 무덤, 갇힘, 봉쇄 등.
- 묘지: 과거, 죽음, 상실, 기억, 두려움, 역사, 미지, 호기심 등.
- 교회: 가족, 가치, 죽음, 보호, 두려움, 도덕, 힘, 죄책감, 구원 등.
- 서커스: 흥분, 통제, 압도, 마법, 주의, 혼란 등.
- 도시: 지역사회, 친구, 이웃, 군중, 활동, 그룹화 등.
- 절벽: 위험, 두려움, 조심, 경계, 생사, 통제 불능의 두려움, 경계에 접근 등.
- 사막: 공허, 분노, 혼자, 비양육, 정서적 공허, 방치, 생존, 무방비, 방랑자, 취약, 노출 등.
- 공룡: 과거, 역사, 죽음, 힘, 멸종, 두려움, 갈등, 상실, 환경 등.
- 지하 감옥: 고문, 무의식, 감옥, 포획, 고통, 감금, 범죄현장, 강렬한 과거 등.
- 농장: 양육, 문명화 된, 보호, 가정, 사회, 통제 가능한, 기초 등.
- 불: 분노, 격렬함, 고통, 파괴, 흥분, 열기, 분노, 전멸, 통제 불능의, 통제 불능 제어 등.
- 안개 낀 곳: 불분명, 의심스러운, 통제력 부족, 불확실, 숨겨진, 둘러싸임, 어디에

나 있는, 소모된, 싸여있는 등.

- 숲: 예언, 탐험, 싸여있는, 은신처, 은닉, 구조, 유실 등.
- 요새: 집, 권위, 보호, 뚫을 수 없는, 경계, 가족, 권력, 안전, 신체적 경계 등.
- 얼어버린 곳: 정지, 제어, 일시정지(시간), 아연한, 부재의, 부동의, 무력감, 사망, 소멸 등.
- 정원: 성장, 발달, 양육, 가족, 돌봄, 아름다움, 외모, 내적 자아, 평화 등.
- 유령: 사람, 두려움, 기억, 복수, 고통, 손해 없는 상실, 보류, 가해자, 죄책감 등.
- 유령의 집: 비밀, 무의식, 집, 가족, 과거, 두려움, 대가족, 미해결된, 무서운 등.
- 병원: 위기, 회복, 통증, 침입, 치유, 침해, 위험, 생사 등.
- 집: 집, 보안, 내재적인, 보호, 갈등, 결혼, 부모, 가족 등.
- 다락방: 역사, 과거, 가족, 오래된, 추억, 보관 등.
- 침실: 격리, 자아, 보호, 침해, 비밀, 검증, 신원 등.
- 욕실: 내부, 배변 훈련, 신체 조절, 청결 등.
- 지하: 숨겨진, 미해결된, 깊은, 두려움 등 (동굴 참조)
- 주방: 양육, 가족, 욕구 등 (식기류 참조)
- 보이지 않음: 피해자, 가치를 감한, 극도의 경계, 고통, 회피, 비밀, 강력함 등.
- 섬: 홀로, 고립, 버려짐, 생존, 피난처, 분실, 인질 등.
- 감옥: 감금, 처벌, 유죄, 기피, 판결, 통제, 구속, 경계, 보호 등.
- 정글: 공포, 소란, 생존, 위험, 극도의 경계, 무력감, 폭력, 불안, 혼란, 통제력 상실, 보안 부족 등.
- 번개: 침입, 분노, 충격, 극도의 경계, 타격, 신체적 학대, 예상치 못한, 보이지 않는 등.
- 지도: 검색, 탐색, 경로, 여정, 탐구, 보물, 계획, 전략, 문제해결 등.
- 미로: 혼동, 미지, 확신, 탐색, 지구력, 경로, 상실, 압도, 도전, 장애물, 패배/극복 등.
- 산: 기대, 성취, 압도, 곤경, 장애물, 권력 갈등, 도전 등.
- 밤(어둠): 무서움, 경계, 교활, 감추기, 의존, 고립된, 보이지 않는, 통제력 상실 등.
- 바다: 압도적, 두려움, 생존, 변화, 깊이, 내재적, 만연, 통제력 상실 등.
- 수술실: 위기, 통증, 강력한, 침입, 내재적인, 돌봄, 변화 등.
- 우주공간: 고립, 버려짐, 고독, 공허, 생존, 의존, 미래, 평화 등.

- 피크닉: 가족, 양육, 안전, 즐거운, 축하 등.
- 인형극: 법, 은유, 가족, 관계, 위장, 드러내기 등.
- 인종: 경쟁, 관계, 도전, 승패, 갈등, 힘 등.
- 비: 우울, 슬픔, 울음, 실망, 얼룩짐, 깨끗함, 새로움 등.
- 무지개: 희망, 변화, 개선, 다름, 새로운 관점, 안전 등.
- 식당: 양육, 축하, 방치, 배고픔 등.
- 강: 힘, 여정, 경계, 갈등, 에너지, 투쟁, 자원, 힘, 방향을 정하고 싶은 욕구, 분리 등.
- 항해: 힘, 탈출, 지지, 감정, 안정/불안정 등.
- 학교: 통제, 권한, 권력, 변화, 사회, 또래, 관계, 집단화, 수용/거부 등.
- 눈(눈이 내리는 상황): 추위, 숨겨진 분노, 양육 결핍, 궁핍 등.
- 폭풍: 혼란, 분노, 고통, 절박, 불안, 내재적 등.
- 햇살: 치유, 따뜻함, 웰빙, 변화, 희망, 배려, 자아 등.
- 늪: 부담감, 투쟁, 슬픔, 수렁 등.
- 천둥: 분노, 힘, 두려움, 극도의 경계심, 동요, 폭언, 힘, 에너지 등.
- 토네이도: 분노, 파괴, 통제 불가능, 두려움, 불안, 무력, 감정, 에너지의 오용 등.
- 보물: 가치, 은닉, 값, 보안, 권력, 보호, 손실, 탐색 등.
- 지하: 숨김, 회피, 보류, 미공개, 비밀 등.
- 수중: 무의식, 압도, 깊은 공포, 미지 등.
- 전쟁: 침략, 갈등, 분노, 파괴, 전멸, 위반, 가해자, 공격, 복수, 죽음, 관계 등.
- 물: 감정, 유연성, 자유, 유뇨, 불안, 자궁, 구강, 슬픔, 깊이, 내재적, 퇴행, 원시적, 무의식, 공격적 충동, 조심스러운 아동으로의 접근가능성, 억압된 아동을 위한 자유, 폭발적인 아동을 위한 진정 등.
- 동물원: 통제, 관람, 감옥, 포획, 봉쇄, 보호, 공포, 관찰 등.

동물의 상징적 의미

- 악어: 공격적, 두려움, 구강 공격적, 잠복, 충동, 침해, 취약, 배고픔, 추구하는, 통제 등.
- 곰: 힘, 강함, 공격성, 위협, 남성, 아버지, 철회, 독립, 접촉, 싸움, 대결, 두려움, 외톨이, 방랑자, 내면화, 분위기 등.
- 비버: 안정성, 지속성, 일중독성, 열정, 구조적, 강박, 조직성 등.
- 새: 탈출, 자유, 원근법, 혼자인, 사물 위, 거리, 탐색, 활공 등.
- 황소: 공격적, 비열한, 강함, 영토적, 침입, 남성적이고, 화가 난, 떠들썩한, 격노, 강압 등.
- 나비: 탐색, 자유, 아름다움, 변형, 부활, 비행하며 탐색 등.
- 고양이: 온화, 독립적, 따뜻함, 민첩, 게으름, 변덕, 계산적, 호기심이 많은, 냉담한 등.
- 치타: 재빠름, 탈출하는, 민첩한, 혼자인 등.
- 소: 양육, 음식, 유순, 온순, 순응, 비주장적인, 어머니 등.
- 돌고래: 친근함, 사회성, 도움, 호감, 구조자 등.
- 사슴: 재빠른, 여성스러움, 우아함, 단단히 디디고 선, 물러남, 연약함, 비행, 온화함 등.
- 공룡: 과거, 역사, 죽음, 힘, 멸종, 두려움, 갈등, 생존, 환경 등.
- 개: 보호, 공격성, 친구, 애완동물, 양육, 동반자, 충성심 등.
- 용: 힘이 센, 미지의, 두려운, 오해를 받는, 예상치 못한, 현명함, 신비로운, 싸움, 분노, 환상 등.
- 독수리: 자유, 존중, 탈출, 사냥꾼, 먼 거리의, 동경, 감시, 독립, 자율 등.
- 코끼리: 느림, 힘이 센, 온화함, 억제하는, 안정적이고, 어색함 등.
- 물고기: 취약, 원시, 퇴행, 신속, 미끄러움, 탈출 등.

- 여우: 교묘한, 교활함, 관찰력, 경계심, 사무적, 과제 지향, 비열함, 불신 등.
- 염소: 안정성, 거리감, 냉담함, 확실히 디디고 선, 기초가 튼튼한 등.
- 고릴라: 힘, 강함, 아버지, 남성, 두려움, 이동성, 원시성, 인간, 본능 등.
- 기린: 회피, 순진함, 원근감, 포부, 과도히 경계하는, 비공격성 등.
- 기니피그: 무방비, 귀여움, 의존적, 유순한, 신뢰하는, 취약한, 피해자 등.
- 말: 힘, 속도, 비행, 아름다움, 안정, 탈출, 지구력, 접촉, 지지, 내적, 존중 등
- 캥거루: 안전, 어머니, 양육, 보호, 이동성, 출생/아기, 임신, 유대감, 애착, 폐쇄 등.
- 아기 고양이: 연약함, 장난기 많은, 순진함, 부드러움, 순수함 등.
- 코알라: 사랑스러운, 껴안는, 포옹하는, 공격적이지 않음, 매달리는 등.
- 아기 양: 연약함, 양육, 보호, 무고함, 아기, 구조 등.
- 사자: 힘, 위험, 통제, 속도, 장엄, 웅장한, 위엄 있는, 자랑스러운, 활보하는, 포식자, 방랑자, 아버지, 권위, 귀족, 배회자, 위협, 침략자 등.
- 쥐: 조용함, 두려운, 온순함, 두려워하는, 숨는, 광적인, 관찰력이 있는, 경계하는, 비밀스러움, 불안함 등.
- 원숭이: 장난기, 불안, 사회적인, 영토적인, 행복, 어리석음, 두려움, 기동적, 매달림, 어린아이 같은, 공격적인 등.
- 부엉이: 현명함, 지혜, 경계, 야행성, 관찰력 있는, 목격하는, 조용함, 내적인, 초연함, 관여하지 않는, 멀리 있는 등.
- 앵무새: 정체성, 기대, 적합한, 모방, 성찰, 일상, 구조, 확인 등.
- 돼지: 흙투성이, 더러움, 배고픔, 거부, 청소부, 유순함, 게으름, 바람직하지 않은 등.
- 토끼: 취약성, 양육, 보호, 경계, 신속, 호기심, 감시 등.
- 들쥐: 더러움, 신뢰할 수 없는, 계산적, 적응적, 생존, 바람직하지 않은 등.
- 코뿔소: 방어적, 강인함, 보호하는, 호전적, 은둔적, 알려지지 않은, 강력함, 혼자인 등.
- 상어: 공격성, 두려움, 가해자, 강력, 교활, 예측 불가능, 끈기, 인내 등.
- 양: 친근감, 일원, 따뜻함, 소속감, 격리된, 유순함, 추종자 등.
- 뱀: 교활한, 남근적인, 사악한, 위험한, 고독한, 신비로운, 애착이 없는, 냉담한 등.
- 다람쥐: 긴장, 신속, 극도로 경계하는, 축적하는, 보안 등.

• 백조: 우아함, 아름다움, 감탄, 수려함, 존중 등.
• 호랑이: 재빠른, 결투하는, 강함, 혼자인, 활보하는, 위험한, 통제, 빠른, 포식자, 방랑자, 자급자족의 등.
• 거북이: 수줍음, 조용함, 방어력, 수동적, 느림, 집요함, 인내심 등.
• 유니콘: 마법, 판타지, 소원, 미지, 아름다움, 혼자 등.
• 늑대: 침략자, 가해자, 불신, 이기적, 배고픈, 교활, 혼자인 등.
• 얼룩말: 대비, 선명, 독특, 흑백, 결정력, 제한된 힘 등.

아동 정신병리의 평가 도구와 평정 척도

- The ADD-H: Comprehensive Teacher's Rating Scale (ACTERS) (Ullmann, Sleator, & Sprague, 1984).
- The Attention Deficit Disorders Evaluation Scale (ADDES) (McCarney, 1989).
- The Bellevue Index of Depression (BID) (Petti, 1978).
- The Burks' Behavior Rating Scale (Burks, 1977).
- The California Preschool Social Competence Scale (Levine, Olzey, & Lewis, 1969).
- The Child Behavior Checklist (CBCL) and the Revised Child Behavior Profile (Achenbach & Edelbrock, 1983).
- The Childhood Autism Rating Scale (CARS) (Schopler, Reichler, & Renner, 1986).
- The Children's Apperception Test (CAT) (Bellak & Bellak, 1976).
- The Children's Assessment Schedule (CAS) (Hodges, Kline, Stern, Cytryn, & McKnew, 1982).
- The Children's Depression Inventory (CDI) (Kovacs, 1981).
- The Children's Depression Rating Scale-Revised (CDRS-R) (Poznanski, Grossman, Buchsbaum, Banegas, Freeman, & Gibbons, 1984).
- The Children's Eating Attitude Test (ChEAT) (Maloney, McGuire, & Daniels, 1988).
- The Children's Eating Behavior Inventory (CEBI) (Archer, Rosenbaum, & Streiner, 1991).
- The Connors' Parent Rating Scale-Revised (Goyette, Conners, & Ulrich, 1978).
- The Connors' Teacher Rating Scale-Revised (Goyette, et al., 1978).
- The Depressive Self-Rating Scale (DSRS) (Birleson, 1981).
- The Eyberg Child Behavior Inventory (ECBI) (Robinson, Eyberg, & Ross, 1980).

- The Gordon Diagnostic System (GDS) (Gordon, 1983).
- The Hand Test (Wagner, 1983).
- The Hopelessness Scale for Children (Kazdin, Rodgers, & Colbus, 1986).
- The House-Tree-Person Technique (H−T−P Technique) (Buck, 1996)
- The Kiddie Schedule for Affective Disorders and Schizophrenia (K−SADS) (Puig-Antich, Chambers, & Tambrizi, 1983).
- The Leyton Obsessional Inventory-Child Version (LOI−CV) (Berg, Rapoport, & Flament, 1986).
- The Louisville Behavior Checklist (LBCL) (Miller, 1984).
- The Martin Temperament Assessment Battery (Martin, 1984).
- The Parent Symptom Questionnaire (PSQ) (Conners, 1970).
- The Personality Inventory for Children-Revised (PIC−R) (Wirt, Lachar, Klinedinst, Seat, & Broen, 1984).
- The Piers-Harris Children's Self-Concept Scale (Piers & Harris, 1969).
- The Preschool Behavior Questionnaire (Behar & Springfield, 1974).
- The Revised Behavior Problem Checklist (Quay & Peterson, 1987).
- The Revised Children's Manifest Anxiety Scale (RCMAS) (Reynolds & Richmond, 1985).
- The School Behavior Checklist (Miller, 1977).
- The Teacher Questionnaire (TQ) (Conners, 1969).

표 1 정신병리 평가 도구 및 평가 척도: ACTeRS, Connors' Parent Rating Scale-R, Connors' Teacher Rating Scale-R, GDS

평가 도구	ACTeRS	Connors' Parent Rating Scale-R	Connors' Teacher Rating Scale-R	GDS
평가 연령	5-12	3-17	3-17	3-16
평가 항목				
공격성		×		
주의력 부족	×	×	×	×
불안		×		
자폐증				
품행 문제		×	×	
우울				
산만함				
섭식문제				
정서반응성				
불안/공포증				
절망감				
과잉 행동	×	×	×	
미성숙함				
충동성		×		×
학습 문제		×		
강박/강박 신경증				
반항 행동	×			
인격 장애				
정신병리/정신병리 행동				
심신증(정신 신체증) 문제		×		
학교 적응		×		
사회적 능력				
사회적 문제	×			
피검사자				
부모		×		
교사	×		×	
아동				×
치료사				

표 2 정신병리 평가 도구 및 평가 척도: CARS, Eyberg Behavior Inventory, Child Behavior Checklist, Louisville Checklist

평가 도구	CARS	Eyberg Behavior Inventory	Child Behavior Checklist	Louisville Checklist
평가 연령	0–10	2–17	3–16	4–17
평가 항목				
공격성			×	×
주의력 부족			×	
불안			×	
자폐증	×			
품행 문제		×	×	×
우울			×	
산만함				
섭식 문제				
정서반응성				
불안/공포증			×	×
절망감				
과잉 행동			×	×
미성숙함				×
충동성				
학습 문제				×
강박/강박 신경증				×
반항 행동		×		
인격 장애				
정신병리/정신병리 행동				×
심신증(정신 신체증) 문제			×	×
학교 적응				×
사회 적응			×	×
피검사자				
부모		×	×	×
교사			×	
아동			×	
치료사	×		×	

표 3 정신병리 평가 도구 및 평가 척도: PIC-R, California Preschool Scale, Martin Temperament Battery, Burk's Behavior Scale

평가 도구	PIC-R	California Preschool Scale	Martin Temperament Battery	Burk's Behavior Scale
평가 연령	3–16	3–5	3–7	3–6
평가 항목				
공격성	×			×
주의력 부족				×
불안	×			×
자폐증				
품행 문제	×			
우울	×			
산만함			×	
섭식 문제				
정서반응성			×	
불안/공포증				
절망감				
과잉 행동	×		×	
미성숙함				
충동성				×
학습 문제				
강박/강박 신경증				
반항 행동				
인격 장애	×			×
정신병리/정신병리 행동	×			
심신증(정신 신체증) 문제	×			
학교 적응				
자아존중감				
사회 적응	×	×		×
피검사자				
부모			×	×
교사		×	×	×
아동	×			
치료사			×	

표 4 정신병리 평가 도구 및 평가 척도: CAT, Preschool Behavior Questionnaire, House-Tree-Person Technique, The Hand Test

평가 도구	CAT	Preschool Behavior Questionnaire	House-Tree-Person Technique	The Hand Test
평가 연령	3-10	3-6	3 and Older	5 and Older
평가 항목				
공격성		×		
주의력 부족		×		
불안				×
자폐증				
품행 문제				×
우울				
산만함		×		
섭식 문제				
정서반응성				
불안/공포증				
절망감				
과잉 행동		×		
미성숙함				
충동성				×
학습 문제				
강박/강박 신경증				
반항 행동				
인격 장애	×		×	×
정신병리/정신병리 행동				
심신증(정신 신체증) 문제				
학교 적응				
자아존중감				×
사회 적응				
피검사자				
부모				
교사		×		
아동	×		×	×
치료사				

표 5 **정신병리 평가 도구 및 평가 척도: CDI, Hopelessness Scale for Children, Piers-Harris Self-Concept Scale, CDRS-R**

평가 도구	CDI	Hopelessness Scale for Children	Piers-Harris Self-Concept Scale	CDRS-R
평가 연령	8–13	7–17	5–12	6–12
평가 항목				
공격성				
주의력 부족				
불안			×	
자폐증				
품행 문제	×	×		×
우울				
산만함				
섭식 문제				
정서반응성				
불안/공포증				
절망감		×		
과잉 행동				
미성숙함				
충동성				
학습 문제				
강박/강박 신경증				
반항 행동				
인격 장애				
정신병리/정신병리 행동				
심신증(정신 신체증) 문제				
학교 적응				
자아존중감			×	
사회 적응				
피검사자				
부모				×
교사				×
아동	×	×	×	×
치료사				×

표 6 정신병리 평가 도구 및 평가 척도: ChEAT, CEBI, Kiddle SADS, RCMAS

평가 도구	ChEAT	CEBI	Kiddle SADS	RCMAS
평가 연령	8–13	2–12	6–17	6–17
평가 항목				
공격성				
주의력 부족				
불안				×
자폐증				
품행 문제				
우울			×	
산만함				
섭식 문제	×	×		
정서반응성				
불안/공포증				
절망감				
과잉 행동				
미성숙함				
충동성				
학습 문제				
강박/강박 신경증				
반항 행동				
인격 장애				
정신병리/정신병리 행동			×	
심신증(정신 신체증) 문제				
학교 적응				
자아존중감				
사회 적응				
피검사자				
부모		×	×	
교사				
아동	×		×	×
치료사				

표 7 정신병리 평가 도구 및 평가 척도: LOI-CV, Children's Assessment Schedule, Parent Symptom Questionnaire, DSRS

평가 도구	LOI-CV	Children's Assessment Schedule	Parent Symptom Questionnaire	DSRS
평가 연령	8–18	7–16	3–17	7–13
평가 항목				
공격성				
주의력 부족			×	
불안			×	
자폐증				
품행 문제			×	
우울				×
산만함				
섭식 문제				
정서반응성				
불안/공포증		×		
절망감				
과잉 행동			×	
미성숙함				
충동성			×	
학습 문제			×	
강박/강박 신경증	×			
반항 행동				
인격 장애				
정신병리/정신병리 행동		×		
심신증(정신 신체증) 문제		×	×	
학교 적응				
자아존중감		×		
사회 적응				
피검사자				
부모			×	
교사				
아동	×	×		×
치료사		×		

표 8 정신병리 평가 도구 및 평가 척도: BID, School Behavior Checklist, Revised Behavior Problem Checklist, TQ

평가 도구	BID	School Behavior Checklist	Revised Behavior Problem Checklist	TQ
평가 연령	6–12	3–13	5–16	3–17
평가 항목				
공격성		×	×	
주의력 부족			×	×
불안			×	×
자폐증				
품행 문제			×	×
우울	×			
산만함				
섭식 문제				
정서반응성				
불안/공포증				
절망감				
과잉 행동			×	×
미성숙함				
충동성				
학습 문제				
강박/강박 신경증				
반항 행동		×		
인격 장애				
정신병리/정신병리 행동			×	
심신증(정신 신체증) 문제				
학교 적응		×		
자아존중감				
사회 적응		×		
피검사자				
부모			×	
교사		×	×	×
아동	×			
치료사			×	

참고문헌

Achenbach, T. M., & Edelbrock, C. S. (1983). *Manual for the child behavior checklist and revised behavior profile*. Burlington, VT: Author.

American Psychiatric Association. (1987). *Diagnostic and statistical manual of mental disorders: DSM-III-R* (3rd ed. rev.). Washington, DC: Author.

American Psychiatric Association. (1994). *Diagnostic and statistical manual of mental disorders: DSM-IV* (4th ed.). Washington, DC: Author.

American Psychological Association, American Educational Research Association, & National Council on Measurement in Education. (1985) *Standards for educational and psychological testing*. Washington, DC: American Psychological Association.

Archer, L. A., Rosenbaum, P. L., & Streiner, D. L. (1991). The children's eating behavior inventory: Reliability and validity results. *Journal of Pediatric Psychology, 16*(5), 629-642.

Axline, V. M. (1947b). *Play therapy*. Cambridge, MA: Houghton Mifflin.

Axline, V. M. (1950). Entering the child's world via play experiences. *Progressive Education, 27*, 68-75.

Axline, V. M. (1964). *Dibs in search of self: Personality in play therapy*. Boston: Houghton Mifflin.

Axline, V. M. (1969). *Play therapy* (revised edition). New York: Ballantine Books.

Bandler, R., & Grinder, J. (1975). *The patterns of the hypnotic techniques of Milton H. Erickson* (Vol 1). Palo Alto, CA: Behavior & Science Books.

Bandler, R., & Grinder, J. (1979). *Frogs into princes*. Moab, UT: Real People Press.

Bandler, R., & Grinder, J. (1982). *Reframing: Neuro-linguistic programming and the transformation of meaning*. Moab, UT: Real People Press.

Barlow, K., Strother, J., & Landreth, G. (1985). Child-centered play therapy: Nancy from baldness to curls. *The School Counselor, 33*, 347-356.

Behar, L., & Springfield, S. (1974). A behavior rating scale for the preschool child.

Developmental Psychology, 10, 601-610.

Bellak, L., & Bellak, S. S. (1976). *Children's apperception test*. Larchmont, NY: C.P.S.

Bemporad, J. R., Smith, H. F., Hanson, G., & Cicchetti, D. (1982). Borderline syndromes in childhood: Criteria for diagnosis. *American Journal of Psychiatry, 139*(5), 596-602.

Berg, C. J., Rapoport, J. L., & Flament, M. (1986). The Leyton obsessional inventory-child version. *Journal of the American Academy of Child Psychiatry, 25*(1), 84-91.

Bergantino, L. (1981). *Psychotherapy, insight and style: The existential moment*. Boston: Allyn & Bacon, Inc.

Birleson, P. (1981). The validity of depressive disorder in childhood and the development of a self-rating scale: A research report. *Journal of Child Psychology and Psychiatry, 22*, 73-88.

Bolig, R., Fernie, D. E., & Klein, E. L. (1986). Unstructured play in hospital settings. *Children's Health Care: Journal of the Association for the Care of Children's Health, 15*(2), 101-107.

Bow, J. N. (1988). Treating resistant children. *Child and Adolescent Social Work, 5*(1), 3-15.

Bow, J. N. (1993). Overcoming resistance. In C. E. Schaefer (Ed.), *The therapeutic powers of play* (pp. 17-40). Northvale, NJ: Jason Aronson, Inc.

Brett, D. (1988). *Annie stories*. New York: Workman Publishing Co.

Bromfield, R. (1989). Psychodynamic play therapy with a high functioning autistic child. *Psychoanalytic Psychology, 6*(4), 439-453.

Bromfield, R. (1992). *Playing for real: The world of a child therapist*. New York: Penguin Books.

Buck, J. N. (1966). *House-tree-person (H-T-P technique) revised manual*. Los Angeles: Western Psychological Services.

Budd, L. (1990). *Living with the active alert child*. New York: Prentice Hall.

Burks, H. F. (1977). *Burks' preschool and kindergarten behavior rating scales*. Los Angeles: Western Psychological Services.

Burris, A. M. (1994). Somatization as a response to trauma. In A. Sugarman (Ed.), *Victims of abuse: The emotional impact of child and adult trauma* (pp. 131-137). Madison, CT.

Butler, A. (1978). *Play as development*. Columbus, OH: Merrill.

Carkhuff, R. R. (1969). *Helping and human relations: A primer for lay and professional helpers*. New York: Holt, Rinehart, & Winston.

Cattanach, A. (1992). *Play therapy with abused children*. London: Jessica Kingsley

Publishers Ltd.

Ceci, S. J., & Bruck, M. (1993). Suggestibility of the child witness: A historical review and synthesis. *Psychological Bulletin, 113*(3), 403-439.

Conners, C. K. (1969). A teacher rating scale for use in drug studies with children. *American Journal of Psychiatry, 126*, 152-156, 884-888.

Conners, C. K. (1970). Symptom patterns in hyperkinetic, neurotic, and normal children. *Child Development, 41*, 667-682.

Cormier, W. H., & Cormier, L. S. (1991). *Interviewing strategies for helpers: Fundamental skills and cognitive behavioral interventions* (3rd ed.). Pacific Grove, CA: Brooks/Cole Publishing Company.

Courtois, C. (1988). *Healing the incest wound*. New York: Norton Publishers.

Covington, S. (1988). *Leaving the enchanted forest: The path from relationship addiction to intimacy*. San Francisco: Harper and Row.

Crowley, R. J., & Mills, J. C. (1985-86). The nature and construction of therapeutic metaphors for children. *British Journal of Experimental and Clinical Hypnosis, 3*(2), 69-76.

Danielson, A. (1986). *Att bygga sin varld: Handbok Ericametoden*. Stockholm, Sweden: Psykologiforlaget.

Delaney, R. (1991). *Fostering changes: Treating attachment disordered foster children*. Fort Collins, CO: Corbett Publishing.

Delpo, E. G., & Frick, S. B. (1988). Directed and non-directed play as therapeutic modalities. Children's health care: *Journal of the association for the care of children's health, 16*(4), 261-267.

Despert, J. L. (1946). Psychosomatic study of 50 stuttering children. Roundtable: Social, physical, and psychiatric findings. *American Journal of Orthopsychiatry, 16*, 100-113.

Dilts, R., Grinder, J., Bandler, R., DeLozier, J., & Cameron-Bandler, L. (1979). *Neuro-linguistic programming* (Vol 1). Cupertino, CA: Meta Publications.

Donovan, D. M., & McIntyre, D. (1990). Child psychotherapy. In J. G. Simeon & H. B. Ferguson (Eds.), *Treatment strategies in child and adolescent psychiatry* (pp. 177-197). New York: Plenum Press.

Dulcan, M., & Popper, C. (1991). *Child and adolescent psychiatry*. Washington, DC: American Psychiatric Press.

Einbender, A. (1991). Treatment in the absence of maternal support. In W. N. Friedrich (Ed.),

Casebook of sexual abuse treatment (pp. 112-136). New York: W. W. Norton & Co.

Erickson, M., & Rossi, E. (1979). *Hypnotherapy: An exploratory case book*. New York: Irvington.

Esman, A. H. (1983). Psychoanalytic play therapy. In C. E. Schaefer & K. J. O'Connor (Eds.), *Handbook of play therapy* (pp. 11-20). New York: John Wiley and Sons.

Fagan, J., & McMahon, P. P. (1984). Incipient multiple personality in children: Four cases. *The Journal of Nervous and Mental Disease, 172*(1), 26-36.

Fossen, A., Knibbs, J., Bryant-Waugh, R., & Lask, B. (1987). Early onset anorexia nervosa. *Archives of Disease in Childhood, 62*, 114-118.

Garmezy, N. (1986). Developmental aspects of children's responses to the stress of separation and loss. In M. Rutter, C. Izard, & P. Read (Eds.), *Depression in young people* (pp. 297-324). New York: The Guilford Press.

Garvey, C. (1977). *Play*. Cambridge, MA: Harvard University Press.

Gazda, G. M. (1975). *Human relations development: A manual for health sciences*. Boston, MA: Allyn & Bacon.

Gelinas, D. (1983). The persisting negative effects of abuse. *Psychiatry, 46*, 313-332.

Gil, E. (1991). *The healing power of play: Working with abused children*. New York: Guilford Press.

Gil, E. (1993a). Individual therapy. In E. Gil & T. C. Johnson (Eds.). *Sexualized children: Assessment and treatment of sexualized children and children who molest* (pp. 179-210). Rockville, MD: Launch Press.

Gil, E. (1993b). Sexualized children. In E. Gil & T. C. Johnson (Eds.), *Sexualized children: Assessment and treatment of sexualized children and children who molest* (pp. 91-100). Rockville, MD: Launch Press.

Ginott, H. G. (1960). A rationale for selecting toys in play therapy. *Journal of Consulting Psychology, 24*(3), 243-246.

Gordon, D. (1978). *Therapeutic metaphors*. Cupertino, CA: META Communications.

Gordon, M. (1983). *The Gordon diagnostic system*. DeWitt, NY: Gordon Systems Inc.

Goyette, C. H., Conners, C. K., & Ulrich, R. F. (1978). Normative data on revised Conners' parent and teacher rating scales. *Journal of Abnormal Child Psychology, 6*, 221-236.

Guerney, L. F. (1983). Client-centered (nondirective) play therapy. In C. E. Schaefer & K. J. O'Connor (Eds.), *Handbook of play therapy* (pp. 21-64). New York: John Wiley and Sons.

Gunsberg, A. (1989). Empowering young abused and neglected children through contingency play. *Childhood Education, 66*(1), 8-10.

Hahn, D. (Producer), Allers, R., & Minkoff, R. (Directors). (1994). *The Lion King* [Film]. (Available from Walt Disney Home Video)

Haley, J. (1973). *Uncommon therapy: The psychiatric techniques of Milton H. Erickson*. New York: W. W. Norton.

Harris, J. R., & Liebert, R. M. (1984). *The child*. Englewood Cliff, NJ: Prentice-Hall, Inc.

Health Care Financing Administration (HCFA), U. S. Department of Health and Human Services. (1984). Final rule. *Federal Register, 49*(1), 234-334.

Higgs, J. F., Goodyer, I. M., & Birch, J. (1989). Anorexia nervosa and food avoidance emotional disorder. *Archives of Disease in Childhood, 64*, 346-351.

Hodges, K., Kline, J., Stern, L., Cytryn, L. & McKnew, D. (1982). The development of a child assessment interview for research and clinical use. *Journal of Abnormal Child Psychology, 10*, 173-189.

Hoopes, M. M., & Harper, J. M. (1987). *Birth order roles and sibling patterns in individual and family therapy*. Rockville, MD: Aspen Publishers, Inc.

Irwin, E. C. (1983). The diagnostic and therapeutic use of pretend play. In C. E. Schaefer & K. J. O'Connor (Eds.), *Handbook of play therapy* (pp. 148-173). New York: John Wiley and Sons.

Joseph, R. (1992). *The right brain and the unconscious: Discovering the stranger within*. New York: Plenum Press.

Kazdin, A. E., Rodgers, A., & Colbus, D. (1986). The hopelessness scale for children: Psychometric characteristics and concurrent validity. *Journal of Consulting and Clinical Psychology, 54*, 241-245.

Keith, D. V., & Whitaker, C. A. (1981). Play therapy: A paradigm for work with families. *Journal of Marital and Family Therapy, 7*, 243-254.

Kempe, R., & Kempe, H. (1984). *The common secret: Sexual abuse of children and adolescents*. New York: W. H. Freeman.

Kernberg, P. (1989). Narcissistic personality disorder in children. *Psychiatric Clinics of North America, 12*(3), 671-694.

Kluft, R. (1985). The natural history of multiple personality disorder. In R. F. Kluft (Ed.), *Childhood antecedents of multiple personality* (pp.197-238). Washington, DC: American Psychiatric Press.

Kovacs, M. (1981). Rating scales to assess depression in school-aged children. *Acta Paedopsychiatria, 46*, 305-315.

Landreth, G. L. (1987). Play therapy: Facilitative use of child's play in elementary school counseling. *Elementary School Guidance and Counseling, 21*, 253-261.

Landreth, G. L. (1990). *Keynote address*. Association for Play Therapy International Conference, Vancouver, British Columbia.

Landreth, G. L. (1991). *Play therapy: The art of the relationship*. Muncie, IN: Accelerated Development.

Landreth, G. L. (1993a). Child-centered play therapy. *Elementary School Guidance and Counseling, 28*(1), 17-29.

Landreth, G. L. (1993b). Self-expressive communication. In C. E. Schaefer (Ed.), *The therapeutic powers of play*. Northvale, NJ: Jason Aronson, Inc.

Lankton, C. H., & Lankton, S. R. (1986). *Enchantment and intervention in family therapy: Training in Ericksonian approaches*. New York: Brunner/Mazel

Lankton, C. H., & Lankton, S. R. (1989). *Tales of enchantment: Goal oriented metaphors for adults and children*. New York: Brunner/Mazel, Inc.

Lask, B., Britten, C., Kroll, L., Magagna, J., & Tranter, M. (1991). Children with pervasive refusal. *Archives of Disease in Childhood, 66*, 866-869.

Lask, B., & Bryant-Waugh, R. (1992). Early onset anorexia nervosa and related eating disorders. *Journal of Child Psychology and Psychiatry, 33*(1), 281-300.

Leland, H. (1983). Play therapy for mentally retarded and developmentally disabled children. In C. Schaefer & K. O'Conner (Eds.), *Handbook of play therapy* (pp. 436-455). New York: John Wiley & Sons.

Levine, F., Olzey, F. F., & Lewis, M. (1969). *The California Preschool Social Competence Scale-Manual*. Palo Alto, CA: Consulting Psychologist Press.

Levinson, B. M. (1962). The dog as a "co-therapist". *Mental Hygiene, 46*, 59-65.

Levinson, B. M. (1964). Pets: A special technique in child psychotherapy. *Mental Hygiene, 48*, 243-248.

Levinson, B. M. (1965). Pet psychotherapy: Use of household pets in the treatment of behavior disorder in childhood. *Psychological Reports, 17*, 695-698.

Lewis, J. M. (1993). Childhood play in normality, pathology, and therapy. *American Journal of Orthopsychiatry, 63*(1), 6-15.

Lewis, M. (1974). Interpretation in child analysis: Developmental considerations. *Journal of*

the American Academy of Child Psychiatry, 13, 32-53.

Livingston, R. (1987). Sexually and physically abused children. *Journal of the American Academy of Child and Adolescent Psychiatry, 26*(3), 413-415

Lofgren, D. P., Bemporad, J., King, J., Lindem, K., & O'Driscoll, G. O. (1991). A prospective follow-up study of so-called borderline children. *American Journal of Psychiatry, 148*(11), 1541-1547.

Looff, D. (1987). *Getting to know the troubled child*. Malabar, FL: Robert Krieger Publishers.

Lord, J. (1985). *A guide to individual psychotherapy with school-aged children and adolescents*. Springfield, IL: Charles C. Thomas.

Lowenfeld, M. (1939). The world pictures of children. *British Journal of Medical Psychology, 18*, 65-101.

Lowenfeld, M. (1979). *The world technique*. London: Allen & Unwin.

Lowery, E. F. (1985). Autistic aloofness reconsidered. *Bulletin of the Menninger Clinic, 49*(2), 135-150.

Maloney, M. J., McGuire, J., & Daniels, S. R. (1988). Reliability testing of a children's version of the eating attitudes test. *Journal of the American Academy of Child and Adolescent Psychiatry, 27*, 541-543.

Maloney, M. J., McGuire, J., Daniels, S. R., & Specker, B. (1989). Dieting behavior and eating attitudes in children. *Pediatrics, 84*(3), 482-487.

Martin, R. P. (1984). *The temperament assessment battery-interim manual*. Athens, GA: Developmental Metrics.

McCarney, S. B. (1989). *Attention deficit disorders evaluation scale (ADDES)*. Columbia, MO: Hawthorne Education Services.

Miller, L. C. (1977). *School behavior checklist*. Los Angeles: Western Psychological Services.

Miller, L. C. (1984). *Louisville behavior checklist manual*. Los Angeles: Western Psychological Services.

Miller, C., & Boe, J. (1990). Tears into diamonds: Transformation of child psychic trauma through sandplay and storytelling. *Arts in Psychotherapy, 17*, 247-257.

Mills, J. C. (1993). *Gentle willow: A story for children about dying*. New York: Magination Press.

Mills, J. C., & Crowley, R. J. (1986). *Therapeutic metaphors for children and the child within*. New York: Brunner/Mazel, Inc.

Mills, J. C., & Crowley, R. J. (1988). *Sammy the elephant and Mr. Camel: A story to help children overcome enuresis while discovering self-appreciation*. New York: Magination Press.

Moustakas, C. E. (1953). *Children in play therapy*. New York: McGraw-Hill Book Co. Inc.

Moustakas, C. E. (1955). Emotional adjustment and the play therapy process. *Journal of Genetic Psychology, 86*, 79-99.

Moustakas, C. E. (1959). *Psychotherapy with children: The living relationship*. New York: Harper and Row.

Moustakas, C. E. (1973). *The child's discovery of himself*. New York: Jason Aronson, Inc.

Moustakas, C. E. (1992). *Psychotherapy with children: The living relationship*. Greeley, CO: Carron Publishers. (Original work published 1959.)

Murray, J. B. (1991). Psychophysiological aspects of nightmares, night terrors, and sleepwalking. *The Journal of General Psychology, 118*(2), 113-127.

Nemiroff, M. A. (1990). *A child's first book about play therapy. Washington*, DC: American Psychological Association.

Nickerson, E. T., & O'Laughlin, K. B. (1980). It's fun- but will it work? The use of games as a therapeutic medium for children and adolescents. *Journal of Clinical Child Psychology, 9*(1), 78-81.

Oaklander, V. (1978). *Windows to our children: A Gestalt therapy approach to children and adolescents*. Moab, UT: Real People Press.

O'Connor. K. J. (1991). *The play therapy primer: An integration of theories and techniques*. New York: John Wiley & Sons, Inc.

Perry L., & Landreth, G. (1990). Diagnostic assessment of children's play therapy behavior. In C. E. Schaefer, K. Gitlin, & A. Sandgrund (Eds.), *Play diagnosis and assessment* (pp. 643-662). New York: John Wiley and Sons Inc.

Petti, T. A. (1978). Depression in hospitalized child psychiatry patients: Approaches to measuring depression. *Journal of the American Academy of Child Psychiatry, 17*, 49-59.

Petti, T. A. & Vela, R. M. (1990). Borderline disorders of childhood: An overview. *Journal of the American Academy of Child and Adolescent Psychiatry, 29*(3), 327-337.

Pfeffer, C. R. (1979). Clinical observations of play of hospitalized suicidal children. *Suicide and Life-Threatening Behavior, 9*(4), 235-244.

Piaget, J. (1952). *The origin of intelligence in children*. New York: International Universities Press. (Original work published 1936)

Piaget, J. (1954). *The construction of reality in the child*. New York: Basic Books. (Original

work published 1937)

Piaget, J. (1962). *Play, dreams, and imitation in childhood*. New York: Norton Publishers.

Piers, E., & Harris, D. (1969). *The Piers-Harris children's self-concept scale*. Nashville, TN: Counselor Recordings and Tests.

Plaut, E. A. (1979). Play and adaptation. *The Psychoanalytic Study of the Child, 34*, 217-232.

Poznanski, E. O., Grossman, J. A., Buchsbaum, Y., Banegas, M., Freeman, L., & Gibbons, R. (1984). Preliminary studies of the reliability and validity of the Children's Depression Rating Scale. *Journal of the American Academy of Child Psychology, 23*(2), 191-197.

Puig-Antich, J., Chambers, W. J., & Tambrizi, M. A. (1983). The clinical assessment of current depressive episodes in children and adolescents: Interviews with parents and children. In D. P. Cantwell & G. A. Carlson (Eds.), *Affective disorders in childhood and adolescents: An update* (pp. 157-179). New York: SP Medical and Scientific Books.

Putnam, F. W. (1991). Dissociative disorders in children and adolescents: A developmental perspective. *Psychiatric Clinics of North American, 14*(3), 519-531.

Quay, H. C., & Peterson, D. R. (1987). *Revised behavior problem checklist*. Coral Gables, FL: University of Miami.

Rapoport, J. L., & Ismond, D. R. (1990). *DSM III-R guide for diagnosis of childhood disorders*. New York, NY: Brunner/Mazel.

Reynolds, C. R., & Richmond, B. O. (1985). *The revised children's manifest anxiety scale*. Los Angeles: Western Psychological Services.

Robinson, E. A., Eyberg, S. M., & Ross, A. W. (1980). The standardization of an inventory of child conduct behavior problems. *Journal of Clinical Child Psychology, 9*, 22-28.

Rorschach, H. (1942). *Psychodiagnostic* (5th ed.). Bern, Germany: Hans Huber. (Original work published 1921)

Ross (1989). *Multiple personality disorder: diagnosis, clinical features, and treatment*. New York: John Wiley and Sons.

Schopler, E., Reichler, R. J., & Renner, B. R. (1986). *The childhood autism rating scale-CARS*. New York: Irvington Publications.

Shapiro, S. (1992). Trauma, ego defenses, and behavioral reenactment. In S. Shapiro & G. M. Dominiak (Eds.), *Sexual trauma and psychopathology: Clinical intervention with adult survivors*. New York: Lexington Books.

Sheldon, S., Spire, J. P., & Levey, H. B. (1992). *Pediatric sleep medicine*. Philadelphia: W.

B. Aunders Company.

Sjolund, M. (1981). Play diagnosis and therapy in Sweden: The Erica method. *Journal of Clinical Psychology, 37*(2), 322-325.

Sjolund, M. (1983). A "new" Swedish technique for play diagnosis and therapy: The Erica method. *Association for Play Therapy Newsletter, 2*(1), 3-5.

Sjolund, M. (1993). *The Erica method: A technique for play therapy and diagnosis: A training guide*. Greeley, CO: Carron Publishers.

Sperry, R. W. (1968). Hemispheric deconnection and unity in conscious awareness. *American Psychologist, 23*, 723-733.

Sweeney, D. S., & Landreth, G. (1993). Healing a child's spirit through play therapy: A scriptural approach to treating children. *Journal of Psychology and Christianity, 12*(4), 351-356.

Terr, L. (1990). *To scared to cry*. New York: Basic Books.

Thompson, C. L., & Rudolph, L. B. (1983). *Counseling children*. Monterey, CA: Brooks/Cole.

Treasure, J., & Thompson, P. (1988). Anorexia nervosa in childhood. *British Journal of Hospital Medicine, 40*, 362-369.

Ullman, R. K., Sleator, E. K., & Sprague, R. L. (1984). *A new rating scale for diagnosis and monitoring of ADD children*. Psychopharmacological Bulletin, *20*(1), 160-164.

Wagner, E. E. (1983). *The hand test*. Los Angeles: Western Psychological Services.

Wallas, L. (1985). *Stories for the third ear*. New York: W. W. Norton & Co.

Wallas, L. (1991). *Stories that heal: Reparenting adult children of dysfunctional families using hypnotic stories in psychotherapy*. New York: W. W. Norton & Co.

Weiner, I. B. (1982). *Child and adolescent psychopathology*. New York: John Wiley and Sons Inc.

Wenning, K. (1990). Borderline children: A closer look at diagnosis and treatment. *American Journal of Orthopsychiatry, 60*(2), 225-232.

Whitaker, C. A., & Bumberry, W. M. (1988). *Dancing with the family: A symbolic-experiential approach*. New York: Brunner/Mazel, Inc.

Wirt, R. D., Lachar, D., Klinedinst, J. E., Seat, P. D., & Broen, W. E., Jr. (1984). *Personality inventory for children-Revised*. Los Angeles: Western Psychological Services.

찾아보기

Ⓓ

DRG 20

DSM-Ⅲ-R 53

DSM-Ⅳ 20

Ⓔ

Erica 기법 129

ㄱ

가족치료 40, 48, 49, 50, 120, 147, 175

가치감 25, 183

강 113

강박장애 53, 168

검 107, 302

게임 87, 91, 301

경계 73, 92, 94, 103, 106, 113, 144, 161

곰 인형 109, 299, 302

공 62, 70, 71, 217, 218, 238, 286, 299, 300

공감적 반응 249

공격 150, 186, 187, 259, 274

공격성 40, 92, 95, 139, 142, 184, 187, 213, 215, 222, 227, 239

공격적 놀이 213

공룡 79, 212, 242, 303, 306

공포 25, 164

공포심 162

과녁 107

관찰 반응 245, 246

괴물 모형 98

구조화된 놀이 35

군인 106, 302

권능감 25, 31, 33, 38, 50, 99, 207, 222, 225, 226, 227

권력 19, 107, 135, 144

권한 52, 63, 75, 97, 100, 272

그림 98, 115, 125, 145, 299, 302

금화 97

기질적 병인 39

ㄴ

녹음기 107, 169, 302

놀이치료 18, 23, 27, 30, 33, 35, 40, 42, 43, 45, 46, 47, 50, 53, 54, 55, 58, 59, 71, 93, 110, 120, 142, 145, 146, 148, 150, 157, 166, 169, 171, 174, 176, 184, 188, 198, 216, 272, 282, 283, 287, 288, 291, 295

ㄷ

다리 113
담요 73, 75, 106, 300
도구 301
돈 77, 97, 183
돈/금화 299
동물 69, 124, 130, 145, 156, 228, 241, 267, 299, 300
두려움 33, 34, 50, 79, 87, 90, 103, 104, 106, 114, 144, 153, 172, 186, 189, 196, 222, 227

ㄹ

레고 63, 110

ㅁ

마술 지팡이 96, 173
망가진 놀잇감 76, 111
모래 놀이 59
모래상자 26, 53, 61, 101, 102, 103, 130, 188, 212, 226, 245, 253, 275
모형 자동차 97
무력감 19, 71, 160, 163, 165, 227
무지개 115
미술작업 69
미용도구 92

ㅂ

바닷가 112
박스 106
반응성 애착장애 57, 156, 166
반응성 장애 39, 40
반응의 깊이 244
발달문제 46
밥백 104, 302
방어기제 31, 33, 56
뱀 63, 64, 216, 307
범불안 장애 158, 160
베개 99, 302
병원 놀이 세트 80, 81, 82, 299, 301
보보인형 104
보호를 시험하는 단계 22, 24, 166, 173, 176, 205, 209, 239
부서진 장난감 300
분노 30, 41, 57, 68, 92, 134, 138, 144, 160, 161, 197, 212, 213, 272
분리불안 42, 122, 159
불안 36, 44, 63, 102, 110, 114, 160, 162, 169, 180, 183, 200
불안장애 42, 158
블록 73, 300
비구조화된 놀이 30
비행기 59, 68, 97, 253, 299, 300
빛 95

ㅅ

사람 모형 60, 85
상상 놀이 37, 39, 59, 62, 67, 74, 83, 93, 96, 145, 151, 152, 174, 201, 203, 204, 205, 206, 207, 208, 209, 211, 216, 226, 227, 263
상어 104, 106, 187, 241, 260, 307

상자 74, 106, 300

상징 37, 180, 292

상징적 55, 59, 162

상징적 의미 66, 67, 115

상징적인 의미 20, 64

상황적 제한 198

선택적 함묵증 50

섭식장애 47, 165

성적 학대 96, 113, 139

성학대 28, 64, 81, 95, 189, 216, 225, 237, 242, 252, 278

세계 기법 129, 131

소아기 붕괴성 장애 55

손인형 100, 101, 184, 185, 228

손전등 77, 87, 96, 301

수면장애 47

수술 114

수정 구슬 96

신뢰 26, 29, 31, 54, 106, 144, 159, 172, 176, 197, 201, 202, 244, 245, 246

신뢰감 179

신체학대 81, 221, 272

신체화 163

신체화 장애 45

쌍안경 72, 257, 300

ㅇ

아스퍼거 55

악기 98, 299, 302

애착장애 58

야뇨증 47

역기능적 가족 48, 49

연장 111

열쇠 93, 178, 301

온도계 81, 301

외상 19, 25, 28, 29, 30, 31, 33, 48, 50, 60, 71, 81, 91, 93, 114, 138, 161

외상 경험 133, 138

외상 후 스트레스 160, 161

외상성 스트레스 42, 43

외상적 사건 20, 22, 33

요술지팡이 191, 275

용 306

우울감 45

우울감을 동반한 적응장애 45, 46

우울을 동반한 적응장애 163

유뇨증 161

유령의 집 113

유분증 47, 161

은유 27, 35, 37, 45, 50, 53, 59, 60, 65, 66, 69, 79, 92, 105, 106, 107, 152, 177, 201, 208, 252, 263, 264, 265, 290, 296

은유의 의미 78

은유적 20, 71, 74, 132, 137, 177, 181, 207, 233, 248, 261, 289

은유적 갈등 266, 269

은유적 놀이 206, 288

은유적 위기 267

은유적 의미 174, 178, 199, 264

은유적 이야기 107, 263, 265, 269, 270, 271, 272, 279, 280, 286

은유적 표현 103, 144, 173, 175, 177, 178, 179, 181, 250, 252

은유적인 이야기 273, 278
은유적인 표현 181
은행 112
의상 61, 78, 300
의존 단계 22, 25, 174, 188, 211, 226, 227, 254, 272
인형 62, 67, 69, 83, 152, 164, 184, 186, 257, 260, 299, 301
인형의 집 84, 301
임상적 제한 197

ㅈ

자기애적 54
자기애적 아동 168
자살 163, 164
자폐 55
작업 단계 25, 241
재외상화 29
적대적 반항장애 41, 156
적대적 반항장애 아동 42, 165
전반적 발달장애 55
전화 110, 178, 272, 299, 302
전화기 62, 178
절대적 제한 197
정서 학대 266
정신분열증 56, 169
정신지체 54
정체성 25, 33, 52, 53, 74, 76, 137, 142, 143, 144, 165, 180
젖병 61, 69, 184, 191, 240, 300
제한 23, 28, 138, 150, 160, 198, 199, 203, 263
제한 설정 138, 190, 199, 200, 239, 241
조기 종결 287, 289
존중의 과정 23, 24, 175
종결 26, 63, 255, 281, 282, 283, 286, 287, 290, 292, 295, 297
종결 단계 22, 25, 243
주방 놀이 94
주사기 81
주요우울장애 46
주의력결핍 과잉행동장애 56
지시적 놀이 29
지시적 놀이치료 33, 37
지시적인 놀이 29
진단 155, 163
집 62, 106

ㅊ

책 74
청진기 80, 301
초기 단계 175
초기 상담 51, 117, 120, 123, 155, 162
총 30, 92, 93, 135, 164, 191, 192, 200, 212, 227, 246, 259, 299, 301
치료적 관계 21, 22
치료적 동맹 23, 243
치료적 성장 단계 22, 25, 111, 208, 211, 216, 226, 227
치료적 은유 252
치유 여정 206, 211

ㅋ

카드놀이 99

카메라 76, 77, 300

칼 62, 95, 164, 180, 200, 212, 259, 299, 301

ㅌ

탐색 단계 22, 23, 173, 176, 179, 188, 237, 241, 255

텐트 106

퇴행 28, 43, 69, 73, 83, 112, 179, 206, 211, 220, 224, 227, 234, 284

팅커토이 63, 110

ㅍ

퍼즐 101, 302

평가 118, 128, 131, 133, 140

품행장애 40, 156

핑거 페인트 86

ㅎ

학대 19, 26, 28, 42, 46, 50, 56, 77, 78, 82, 88, 89, 92, 95, 96, 104, 110, 133, 148, 149, 151, 152, 162, 167, 189, 195, 203, 209

해리 56, 152

해리성 정체성 장애 53, 152, 167

혈압계 80, 301

저자 소개

Carol Norton 박사는 심리학자이자 공인된 놀이치료사/슈퍼바이저이며, 25년 이상의 정신건강과 대학 교수 경력을 가진 아동놀이치료 전공 교수이다. 그녀는 미국 전역과 캐나다에서 놀이치료와 아동정신병리학에 대한 정신 건강 및 교육 환경에 대한 광범위한 컨설팅을 수행했다.

Byron Norton 박사는 심리학자이자 공인된 놀이치료사/슈퍼바이저이며, 아동놀이치료 전공 교수이다. 노던콜로라도대학교의 상담심리 전공 교수 출신인 그는 30년 넘게 대학원생들을 대상으로 놀이치료를 가르치고 지도했으며, 미국과 캐나다 전역에서 정신건강, 병원 및 교육 환경에 대한 광범위한 컨설팅을 수행했다.

역자 소개

박현숙(Park Hyunsook)

숙명여자대학교 아동복지학과 학사, 석사

숙명여자대학교 아동심리치료 전공 문학박사

한국놀이치료학회 놀이심리상담사 1급

한국미술심리치료연구학회 미술심리상담사 교육전문가

현 마인드카페 원장

숙명여자대학교 일반대학원 강사

〈역서〉

발달놀이치료(공역, 학지사, 2021)

모험놀이치료(공역, 학지사, 2018)

아들러놀이치료(공역, 학지사, 2017)

진미경(Jin Mikyoung)

숙명여자대학교 대학원 교육학과 석사

The University of Texas at Austin Ph.D (The Human Development and Family Science)

한국놀이치료학회 놀이심리상담 교육전문가

한국상담심리학회 상담심리사 1급

청소년상담사 1급

Advanced Certified Adlerian Play Therapist

현 숙명여자대학교 아동복지학부 교수

〈편저 및 역서〉

Play Therapy in Asia(편저, The Chinese University Press, 2017)

Disorganized Attachment and Caregiving(편저, The Guilford Press, 2011)

Attachment: Expanding the Cultural Connections(편저, Routledge, 2010)

발달놀이치료(공역, 학지사, 2021)

모험놀이치료(공역, 학지사, 2018)

아들러 놀이치료(공역, 학지사, 2017)

정호연(Jeong Hoyeon)

숙명여자대학교 아동복지학과 학사, 석사

한국놀이치료학회 놀이심리상담사 2급

청소년상담사 2급

보건복지부 임상심리사 2급

현 숙명여자대학교 아동복지학부 강사

　숙명여자대학교 아동심리치료 전공 박사 수료

놀이치료를 통한 아동과의 만남
–체험적 접근–

Reaching Children Through Play Therapy: An Experiential Approach

2024년 6월 20일 1판 1쇄 인쇄
2024년 6월 25일 1판 1쇄 발행

지은이 • Carol C. Norton, Ed.D. · Byron E. Norton, Ed.D.
옮긴이 • 박현숙 · 진미경 · 정호연
펴낸이 • 김진환
펴낸곳 • (주)학지사
04031 서울특별시 마포구 양화로 15길 20 마인드월드빌딩
대표전화 • 02-330-5114 팩스 • 02-324-2345
등록번호 • 제313-2006-000265호

홈페이지 • http://www.hakjisa.co.kr
인스타그램 • https://www.instagram.com/hakjisabook

ISBN 978-89-997-3139-6 93180

정가 23,000원